本书是上海市政府决策咨询城市治理重点专项

"精细化导向的城市管理法制化研究"（2017-A-082-B）成果

城市
精细化管理的
法治研究

王宇熹　编著

上海人民出版社

序　言

习近平总书记强调，走出一条符合超大城市特点和规律的社会治理新路子，是关系上海发展的大问题。城市管理应该像绣花一样精细。城市精细化管理，必须适应城市发展。要持续用力、不断深化，提升社会治理能力，增强社会发展活力。"立法先行、依法治理"是我国政府在城市治理中始终坚持的原则。要实现城市管理的精细化目标，根本保障是法律法规的精细化，智能化和标准化仅是实现目标的技术手段和路径。由于城市精细化管理背后必须是依法管理，因此，城市精细化管理必然对政府行政法律法规精细化提出了更高的要求。

城市管理法律凝聚的是从城市创立以来历任城市管理者的智慧和经验。我国很多特大城市虽然发展速度较快，但城市发展历程普遍较短，立法经验并不算丰富。纽约作为世界级经济中心大都市，与我国特大城市有着类似的海纳百川的发展历程，在精细化管理中积累了丰富的立法经验。因此对标纽约，向先进的世界大都市借鉴和学习立法经验，是缩小我国城市精细化管理短板的路径，具有重要的现实意义和应用价值。

虽然我国特大城市在依法治理城市领域取得了一定成绩、积累了一定经验，但总体来讲机遇与挑战并存，阻碍城市管理精细化的法律问题和瓶颈仍然大量存在，主要表现在以下两个突出问题：

问题一，行政职能部门权力没有实现精细化法定赋权。在国务院的推动下，国内城市行政职能部门近年开始梳理和公布权力清单，但还存在一些问题和不足。首先，赋权主体不清晰。理论上，应该由市人民代表大会制定专门的地方法律对各职能部门权力进行准确定义和赋权。现实操作中，相关职能部门自行组织人员研究与本部门职能相关法律后，公布权力清单，相当于自己给自己赋权。其次，赋权法律依据不透明。部分职能部门在公布权力清单的同时，并未同步公布与权力对应的法律依据。造成的主要不良后果有三个：第一，权力清单颗粒度的随意性。权力清单背后往往聚集着部门行政审批和行政许可利益，公布的权力清单颗粒度越细，行政部门可操作空间越小。为规避对权力的有效监管，仍然有一些行政部门的权力清单存在颗粒度过大的问题。类似问题也存在于行政执法部门的自由裁量操作标准中。第二,权力清单的不完整。有些法律涉及多个职能部门交叉,职能部门为规避责任,往往都不将其列入自身权力清单。因此,职能部门有意或者无意遗漏了相关高风险、低利益的权力。第三,权力清单的越界。本不属于本部门的权力由于历史原因保留至今,职能部门不愿意放弃这部分利益,在没有明确法律支持的背景下,利用赋权法律依据不透明作为掩护,违法列入权力清单。

问题二,法律体系没有实现精细化立法。首先,国家层面法律法规缺乏地方立法的细化支持。国家层面法律由于面向全国,往往颗粒度较粗,也留下了地方政府继续细化立法的空间。以上海为例,上海在落实细化国家法律领域虽然作了很多立法工作,出台了一些地方条例和若干落实《水法》《气象法》《大气污染防治法》《集会游行示威法》《义务教育法》《残疾人保障法》《野生动物保护法》《土地管理法》《教师法》《防震减灾法》《食品安全法》《邮政法》等办法,但仍然存在较多法律空间需要继续细化。其次,立法理念和立法技术的粗放。行政法律精细化程度的一个重要评价标准就是法律条文的颗粒度,法律条文颗粒度越细,城市依法进行精细化管理的难度也就越低。第一,法律条文中普遍缺乏准确的法律定义。每一部法律都必须精确定义其适用的对象和法律实施主体。虽然近年国家立法中(例如国家网络安全法)开始注意到法律定义问题,但存量法律中的定义缺乏直接导致法律适用对象和实施主体的模糊,法律中的"有关部门、有关单位"的模糊表述往往成为部门之间相互推诿责任、阻碍城市精细化管理的源头诱因。第二,立法理念上过度强调法律适用面的宽泛性。放之四海皆准,必然是以牺牲法律条款的精细化为代价。很多法律条文看似覆盖各种可能性,但由于颗粒度较粗,在实务中严重缺乏可操作性,无法指导城市精细化管理。第三,城市管理缺乏系统化、精细化"教科书式"的法典索引。现有的城市管理,都是以职能部门为中心,按照各自对粗放法律条文的理解去解释,法律条文缺乏系统化梳理和归类,存在散、乱、杂的特点,导致无论是执法者还是执法对象很难直接快速找到法律依据。除此之外,很多法律问题还涉及多个部门职能交叉,存在大量的政府管理法律协调和法律冲突问题。因此必须建立以城市功能为目录的法典,重新规划细化组合现有的法律法规,才能有效地解决类似问题。

依法治国,就是把权力关进制度的笼子,法律颗粒度代表的就是笼子的孔眼。行政法律越精细,对于权力的约束和监督就越强。虽然我国的国情与外国不同,但外国法律对我国仍然有借鉴意义,可以研究有实际借鉴意义的部分。

笔者利用在纽约访学一年的便利条件,翻译了约1 200万字的《纽约市行政管理法典》。在此基础上，本书聚焦我国特大型城市社会关注的热点问题，挑选整理出我国特大型城市各级领导、管理者和学者亟需借鉴的精华内容，同时对纽约立法经验进行了深入分析和点评。借鉴其城市精细化管理的成功法治经验，并从立法技术、公共管理和公共政策的角度进行详细点评，期望起到抛砖引玉的效果，能够给国内特大城市的管理者、政策制定者、立法者、学者以启发和参考。

目录
CONTENTS

1 城市公共安全篇

1.1 公共安全

1.1.1 报警

纽约市所有制造工厂、酒店、廉租公寓、公寓、办公大楼、寄宿房屋、仓库、商店、办公室、剧院和音乐厅的所有者和业主,以及政府及相关人员负责的医院和收容所、公立学校和其他公共建筑物,教堂和其他聚集了大量人员进行礼拜、教育或娱乐的公共场所,以及所有码头、舱壁、码头棚、舱壁棚或其他滨水建筑物的地方,应按照警察行政长官的规定,向警察局通报事故或危险警报。

★**立法经验点评:**此条从法律上规定所有公共场所相关负责人必须承担起向警方提供公共安全事故或者危险警报的义务,从源头上确定了公共安全警报提供主体的法律责任。

1.1.2 汽车无线电安装许可证

1. 任何人不得在汽车上安装能够在警方专用频率上接收信号的无线电接收装置,或在没有警察行政长官签发许可证,或者由警察行政长官酌情自行决定,并按照警察行政长官规定行事的情况下,使用或拥有无线电装备。除非被警察行政长官撤销,该许可证自其发布之日起一年内届满,并且不得在发放许可证时从其安装的车辆转移。每辆装备的年费为 25 美元。许可证费用可以在支付相同金额和类似条件下续订。

2. 警察行政长官有权自行决定颁发无线电接收设备许可证,以便能够接收分配给警方使用的频率装备给联邦、州和市政府雇员,而无需缴纳年费。

3. 违规。任何违反本条规定的人,一经定罪,将处以不超过 25 美元的罚款或 30 天监禁,或两者兼施。

★**立法经验点评:**此条从法律上规定和保障警察专用无线电频率信号的公共安全属性,以及使用许可相关费用与违法处罚办法。

1.1.3　禁止使用能解密警察通信的设备

1. 除非该人获得由纽约市警察局颁发的正式授权许可证,任何人在纽约市拥有或使用任何能够解密、解码警察无线电广播或视频信号的仪器或物品都属于违法行为。

2. 违反本条的人犯有轻罪。

★**立法经验点评**:此条从法律上保障了警察专用无线电和视频加密信号的公共安全属性,以及使用许可。对于依法治理我国的民用无线电市场,预防非法干扰和接收警方通信信号,影响公共安全的违法行为有着重要借鉴意义。

1.1.4　禁止非法赌博场所

如果任意两个或以上户主以书面形式向警察行政长官或副行政长官报告,他们有充分理由相信纽约市内的任何房屋、房间或住所,被作为公共赌场、游戏场所,用于赌博或被用于猥亵、淫秽目的的娱乐,或出售彩票,那么警察行政长官或副行政长官中任何一位可以书面授权警察进入该场所,可立即逮捕发现的违法人员,并扣押所有游戏或彩票工具,将违法人员送交刑事法院法官,将扣押物品交给财产管理员办公室。警察行政长官或副行政长官有责任根据法律法规,严令检控被捕者并销毁相关物品。

★**立法经验点评**:此条从法律上保障了市民对非法聚众赌博、色情、彩票、游戏等娱乐场所的举报机制和警察入户搜查处置的权力。由于美国法律对个人隐私保护比较严格且公民普遍持枪,警察没有搜查令或者明确犯罪线索,不能进入私宅。因此在警方搜查有非法赌博嫌疑场所时,为避免错误举报信息造成的误判和误伤,立法部门设置了相关法律程序,必须是两个及以上户主,书面报告并签字且有陈述充分的理由,其目的就是降低执法风险。

1.1.5　向警方报告和储存遗失的金钱或财产

1. 任何人如果发现价值超过 10 美元的遗失金钱或财物,应在发现财物后10 天内向警方报告并将财物存入警察署。此类金钱或财物应随即转交给财产管理员,财产管理员应将其登记到失物目录中。在没有合法失主认领的情况下,财产管理员应将这些金钱或财物保留 3 个月,并将其转交给发现和存放该物品的人。如果发现并存入此类金钱或财物的人在警方通过挂号邮件通知后30 天内不出现,在上述 3 个月期限届满之后,则该金钱或财物应按照纽约市宪章第 109 条规定,在"纽约市记录"中刊登广告 10 天后,以公开拍卖的方式出售,销售所得应该支付给"纽约市统筹基金"。

2. 任何违反、拒绝或不遵守本条规定的人,一经定罪,将被处以不超过1 000美元的罚款或不超过一年的监禁,或两者兼施。

★**立法经验点评**:鼓励拾到财物的人归还,需要精细化的法律制度保障。本法条虽短,但凝聚了大量立法智慧和技巧。第一是反向约束激励。规定了捡到遗失金钱或者财物的人必须向警方汇报和存入财物的法律义务和违法责任,1 000美元的罚款和一年监禁的处罚力度在美国属于较严厉的处罚,形成了威慑。第二是正向约束激励。此条规定了失物招领程序和期限,如果过期没有合法失主认领,拾到财物的人有合法权利获得财物的产权。如果到期后,拾到财物的人放弃该项权利,该财物将公开拍卖,计入"纽约市统筹基金"用于公共用途(纽约市各个行政部门、董事会、办公室和委员会以及纽约市内所有自治区、县和其他政府部门的所有收入,除了房地产税外,不受法律要求支付转入任何其他基金或账户,都应付入被称为"纽约市统筹基金"的基金)。过期失物拍卖制度既充实了市政府的公共财政,又降低了警方长期保存财物的成本。10美元的阈值过滤了低案值案例,降低了警务工作人员的劳动强度。失物登记制度为失主在全纽约市范围内寻找其遗失财物建立了信息搜索平台。10天的上缴期限设置,一是留给拾到财物的人足够时间去思考是否上缴,二是如果拾到财物的人有急事无法立即赶去警察局上缴失物,10天也足够让其顺路或者安排行程去趟警察局,该法条的设计充分考虑了人性。拾到财物的人在面临利益诱惑时一定内心会挣扎,是承担高昂的违法风险,据为己有?还是规避法律风险交还失主,还有机会获得该财物?在这样的法律制度设计下,相信大部分人的理性选择都会是后者。

1.1.6　扩音装置或设备监管

1. 立法声明。特此声明,使用或操作任何无线电装置或设备或用来放大任何无线电、录音机或其他发声设备或仪器声音的装置或设备,或用于复制任何设备或仪器的声音或者放大人声或其他声音;在任何建筑物、处所的前面或外面,或在任何窗户、门口或该建筑物、处所的开口内,邻近或毗邻公共街道、公园或其他地方,或在任何公共街道、公园或地方内,或任何展台、平台或其他构筑物内操作,或从任何飞机或其他设备用于飞行、飞越纽约市上空,或在船上或者纽约市海域管辖范围内,都不利于公众的健康、福利和安全。因为这种扩音装置的使用或操作会在公共街道、公园和公共场所转移行人和车辆操作员的注意力,从而增加交通危害并造成生命和肢体伤害。特此宣布,这种使用或操作扰乱了作为公共用途公众宁静享用公共街道、公园和场所的权利,扰乱了邻居居民生活的治安、安静和舒适。因此,禁止使用或操作这种装备用于商业目的。对这种扩音装置的使用和操作进行适当监管,对于保护纽约市居民的健康、福利和安全,确保人民的健康、安全、舒适、便利地使用公共街道、公园和公共场所是非常重要的。作为立法确定的事项,特此宣布,监督和管理用于商业和商业广告之外目的的此类扩音装置和设备的使用费用,应由使用此类装置和设备的人员承担。

2. 定义。正如本节所使用的:

(1)"公共假期"一词系指《纽约市建筑法》第24条中明确规定的那些日期。

(2)"扩音装置或设备"一词系指任何无线电装置或设备,或用于放大从任何收音机、留声机或其他制造声音装置,或用于复制或放大人声或其他声音的任何装置或设备。

(3)"在任何公共街道、公园或场所内部或附近使用或操作任何音响装置或设备",是指使用或促使使用任何音响设备或设备在任何建筑物、地方或处所的前方或外面,或在任何窗户、门口或开放该建筑物、地方或处所,或毗邻公共街道、公园或地方;在任何公共街道、公园、地方,或从任何展台、平台或其他结构,或从任何其他飞机或其他飞行设备飞越纽约市听到的飞行声音,船上或纽约市管辖范围内的水域。

3. 用于商业和商业广告目的的扩音装置或设备的使用和操作。任何人在任何公共街道、公园或场所内部,附近或邻近使用或操作任何音响设备或器具,用作商业及商业广告用途,均属违法。

4. 许可证要求。用于商业和商业广告以外目的的扩音装置或设备的使用和操作。任何人在任何公共街道、公园或地方内,附近或邻近地方使用或操作任何音响设备或设备都是非法的,除非此人一开始就获得了警察行政长官颁发的许可证,否则警察行政长官应遵守本条规定和许可证规定的条款和条件。

5. 应用。每个在任何公共街道、公园或场所中,附近使用或操作扩音装置或设备的许可证申请人,应在该扩音装置或设备将被使用或操作的日期之前至少5天,向警察行政长官提交书面申请,将在警察限制区内使用或操作扩音装置或设备。应描述建议使用或操作扩音装置或设备的具体位置,建议使用或操作的日期、时间或小时;以分贝或任何其他有效的声音测量方法来衡量的建议使用音量,以及警察行政长官认为必要的其他相关信息,以使警察行政长官能够执行本节规定。

6. 签发许可证;条款。警察行政长官不得拒绝任何符合本节规定的申请人的任何特定时间、地点或使用许可。除非本细则 7 规定的一项或多项理由,或不支付费用,或者为了防止在发放许可时出现重复发放情况。只有在 5 个连续日历日以内并且只能在同一地点才能签发多日许可证。根据本节签发的每份许可证应描述可使用或操作此类扩音装置或设备的具体位置,此类装置或设备可在此位置操作的准确时间段、最大音量、可用于这种操作以及可能必要的其他条款和条件,以确保公众使用公共街道、公园或公共场所的健康、安全、舒适、便利。保护城市居民的健康、福利和安全,并确保邻近居民的治安、安静和舒适。

7. 特殊限制。以下情况,警察行政长官不得颁发使用扩音装置或设备的许可证:

(1)在学校、法院、教堂或任何医院或类似机构工作时间的 500 英尺范围内的任何地点。

(2)在经警察行政长官调查后,应确定车辆、行人交通或两者的条件,使用此类扩音装置或设备会对行人或车辆操作人员的安全构成威胁的任何地点。

(3)在经警察行政长官调查后,应确定过度拥挤街道或其他条件,使得使用扩音装置或设备将剥夺公众享有任何公共街道、公园或场所的安全、舒适、方便和安静地享受公园或其他公共用途的场所的权利,或者对行人或车辆操作人员的安全构成威胁。

(4)在运输过程中的任何车辆或其他设备。

(5)晚上 10 点到第二天上午 9 点之间;要么

(6)在工作日晚上 8 点或日落(以较晚者为准)至上午 9 点之间,以及在周末和公共假日晚上 8 点或日落(以较晚者为准)至上午 10 点之间,在任何合法占用住宅用途的建筑物的 50 英尺范围内的任何地点。50 英尺的距离应从该建筑物的外墙上最接近申请许可的地点的那一点直线测量。

8. 费用。根据本节规定签发的单日许可证申请人,每个申请人须支付 45 美元费用以使用每个扩音装置或设备,并且根据本节规定发放多日许可证每个申请人应为第一天使用每个扩音装置或设备支付 45 美元的费用,并且为每额外的一天使用每个扩音装置或设备支付 5 美元的费用,最多可以支付四次额外费用。允许使用此类扩音装置或设备的许可证应当向美国政府、纽约州和纽约市政府部门的任何局、委员会或部门免费发放。

9. 例外。本节的规定不适用于任何教堂或犹太教堂在其自营场所内使用或操作与宗教仪式有关的任何扩音装置或设备。

10. 违规处罚。

(1) 任何人违反本条任何规定,一经定罪,将处以不超过 100 美元的罚款或 30 天的监禁,或两者兼施。

(2) 任何人违反本条任何规定,根据本条颁布的任何规则或根据细则 6 颁发的许可证条款,均应承担民事诉讼中以警察行政长官或环境保护行政长官,或环境管理委员会名义要求的民事处罚。第一次违规金额为 250 美元,第二次违规金额为 500 美元,第三次违规金额为 750 美元。但是,任何人如果在 6 个月内发生第 4 次以及后续的任何违规行为,都将被归类为持续违规者,并且对于每次违规行为应承担 1 000 美元的民事罚款。

11. 规则。警察行政长官有权制定执行本条规定所需的规则。

12. 警察部门和环境保护部门有权执行本条的规定。

★立法经验点评:纽约对公共场所使用扩音装置进行了严格监管。本法律条款的借鉴价值在于从立法声明中清晰阐明了主要原因和动机:立法者认为原因一是扩音装置分散了行人和车辆驾驶员注意力,可能导致交通危害,影响公共安全。原因二是扩音装置扰乱了公众宁静享用公共街道、公园和公共场所作为公共用途的权利,扰乱了邻居居民生活的治安、安静和舒适。因此必须采取法律监管措施:第一,在公共场所使用扩音装置或者设备用作商业及商业广告用途,均属违法。第二,非商业用途的使用,必须得到警察行政长官的许可,并详细规定使用地点、时间、音量等内容。立法规定了许可证制度,使用扩音装置的个人或者机构必须向政府支付相关监管费用。该许可证使用需要支付较高的首笔费用,最多延期 4 天,每天还需额外付费,到期后需要重新申请,等待审批,增加了扩音装置使用的经济成本,间接降低了许可申请的频率。同时为了限制警方任意发放许可证书,法律也不厌其烦作出了特别详细的规定条款。该法条对超过三次违法行为后的加重经济处罚原理,对于我国治理广场舞、公园噪音扰民有着重要的参考借鉴作用。在我国大中型城市关于广场舞噪音扰民的相关处罚和立法仍然是空白,由于缺乏法治保障和执法依据,往往是由居委会工作人员和社区民警对广场舞组织者进行教育劝导,让其表示愿意配合,降低音量。也只能依靠居委会安排志愿者、社区协管员进行定期巡查,对噪音扰民情况及时进行劝导,但预防噪音扰民的效果并不好,往往屡禁不止。

1.1.7　无人值守车辆

1. 任何驾驶或掌管机动车辆的人在没有停止发动机的情况下,没有移除车钥匙或其他装置就允许该机动车无人照看地留在纽约市街道或通道上,属于违法行为。

2. 违规。任何违反本条规定的人，一经定罪，将处以 250 美元罚款或不超过 2 天监禁，或两者兼施。每当警务人员发现违反本规定的机动车辆时，警务人员可以停止发动机并取出车钥匙，并且如果其所有者或司机不在场，则应将车钥匙从车辆上取下后，一小时内送到最近的巡逻区派出所。如果钥匙或装置被送到最近的巡逻区派出所，警务人员应在车辆上贴上标签，注明车钥匙可以取回的地方。

3. 本条的规定不适用于纽约州公共服务委员会规定的任何驾驶或负责多用途车辆人员在发动机用于操作加工设备并且车轮被塞住时以及紧急制动器应用于将车辆固定到位的情形。

★**立法经验点评：**纽约市是一个汽车社会，公共道路上发动机未停止的无人值守汽车，容易被不法分子或者未成年人非法开走，可能用于针对路人的恐怖袭击或者造成交通事故，是对公共安全的潜在威胁。本条款对这种行为进行了警察执法和违法处罚的详细规定。警察被法律授权拔下马路上未熄火汽车的车钥匙，但不能私藏，必须在一个小时内送到最近的派出所，并告知驾驶员在哪里可以取回车钥匙。我国大中型城市尚未意识到对此类威胁公共安全的危险行为进行立法监管，其经验值得交通监管部门和立法部门借鉴。

1.1.8　街头表演

1. 在任何房屋或建筑物的正面或外部进行任何攀登的展示都是非法的。

2. 任何人在任何建筑物的窗户或空地上，在街道或人行道上向公众展示任何木偶或其他人物、芭蕾舞或其他舞蹈表演、喜剧、闹剧、戏剧或其他娱乐节目都是非法的。

3. 违规。任何违反本规定的人，一经定罪，将处以不超过 25 美元的罚款或 30 天监禁，或两者兼施。

★**立法经验点评：**该法律对完善我国大型城市摩天大楼非法攀爬行为和街头表演有重要借鉴意义。近年来越来越多的国人为寻求刺激和极限挑战，加入了爬高楼的行列。被攀爬的建筑物高度较高，其中还有一部分是尚未开放的建筑物，很可能还未通过竣工验收，发生危险的概率较大。不仅攀爬人的人身安全没有保障，而且还可能给周边第三人的人身财产安全造成损害，危及公共安全。最大问题在于国内法律既没有禁止也没有开放，也就是说没有明确由哪个部门来管理、审批；甚至国内网络还出现了一些所谓的爬楼攻略。现行《治安管理处罚法》《刑法》等规定了扰乱公共秩序、危害公共安全的行为及其法律后果，但对于攀爬高楼等新型行为还没有作出针对性的精细化规定。在管理和处罚上难以对症下药,规制效果不佳。对爬楼的行为应规范化管理,尽快建立健全与户外攀爬有关的法律法规,做到精细化依法管理。应完善立法,即从法律层面明确禁止攀爬高楼及类似行为,明确该行为的法律后果,发挥法律的指引、教育、强制作用,预防此类行为发生。该法条还对纽约公共场所街头表演进行了严格监管。纽约街头艺术家很多,但为了保障公共安全和街道畅通,不分散司机注意力,对于在道路街道和人行道上的街头表演木偶、芭蕾舞、其他舞蹈、喜剧、闹剧等容易分散注意力的表演行为,纽约市政府持坚决禁止的态度。纽约街头艺人表演的活动多种多样,形式不拘一格,雅俗共赏,给游人增加了不少乐趣。纽约对街头艺人的管理经历了一个从取缔到有效管理的过程。街头艺人必须取得合法执照,在规定的场所从事特定范围内的卖艺活动,本法律规定了相关的罚金和监禁处罚责任。我国上海和深圳对街头艺人也进行了持证上岗管理。

1.1.9　路边揽客

1. 任何人站在任何商店或建筑物的门前或门口的人行道或街道上,招揽路人注意在商店或建筑物中展示或销售的商品,或为商业或服务目的的招揽顾客,或通过口头或手势进行尝试,或通过分发传单或其他印刷品,或通过使用机械或扩音装置,诱使或说服路人进入该商店或建筑物,或任何其他商店或建筑物,或接受任何业务的服务均属于违法行为。

2. 任何人违反本条规定的,一经定罪,将处以 50 美元以下的罚款,或不超过 10 日的监禁,或两者兼施。

★立法经验点评:商家通过声音、商品、传单等方式在路边揽客的行为会分散行人和驾驶员注意力,阻碍人行道交通通畅,妨碍公共安全,因此纽约市对路边揽客行为进行了法律禁止。在我国很多城市商业街区,通过非法手段在路边拦截行人进入商铺获得人流量的现象屡禁不止,对过往行人形成了骚扰,属于不正当竞争,该条法规对于完善我国城市商业街区的公共秩序治理有着重要借鉴作用。

1.1.10　禁止城市涂鸦

1. 任何人不得在任何公共或私人建筑物或教育设施等其他建筑物或任何其他私人财产上书写、涂绘或画任何铭文、图形或标记;或以任何方式粘贴任何类型的贴纸或标签,除非获得财产所有人或经营人的明确许可。

1-1. 就本条而言,"他人财产"是指一个人不占有但租用或租赁的所有财产,包括不动产;但该条款不包含作为此人住所的地点。

1-2. 就本条而言,"教育设施"是指附属于某机构的任何建筑物,该机构拥有一份注册学生名单,并且每周用于教育目的的时间超过 12 小时,学生超过 6 名。

2. 任何人不得持有气溶胶喷雾罐、宽头不可擦洗标记工具或酸蚀工具,意图违反本细则 1 的规定。

3. 任何人不得向任何未满 21 岁的人出售气溶胶喷雾罐、宽头不可擦洗标记工具或酸蚀工具。

3-1. 21 岁以下的人不得在其他人的财物内或其上,拥有气溶胶喷雾罐、宽头不可擦洗标记工具或酸蚀工具。如该物品装在制造商密封的包装内或完全封闭在一个锁定的容器内,则该细则不得视为禁止拥有气溶胶喷雾罐、宽头不可擦洗标记工具或酸蚀工具,该容器应包括袋子、背包、公文包和其他容器,可用钥匙或密码锁关闭和固定。

3-2. 本部分不适用于任何人在违反本细则 1-1 的情况下在另一人的财产内或在其财产上拥有气溶胶喷雾罐、宽头不可擦洗标记工具或酸蚀工具的人,其中:

(1) 拥有人、经营人或其他控制该物业、建筑物或设施的人同意以书面形式使用或拥有气溶胶喷雾罐、宽头不可擦洗标记工具或酸蚀工具;要么

(2) 该人在拥有人或控制该财产人的监督下使用或拥有气溶胶喷雾罐、宽头不可擦洗标记工具或酸蚀工具;要么

(3) 该人员在其工作地点,并且在此类工作过程中,宽头不可擦洗标记工具或酸蚀工具可以被广泛使用或正在被使用,并且只有经过书面许可才能使用,或在其雇主或雇主代理人的监督下使用;要么

(4) 此人在教育机构,并且使用或将要使用或将要在他或她入学的教育机构使用气溶胶喷雾罐、宽头不可擦洗标记工具或酸蚀工具,并且正在参加教育机构的课程要求使用或拥有这些物品;要么

(5) 该人是针对另一人的财产,如果这种使用或占有是必要的,则该人使用或将使用气溶胶喷雾罐、宽头不可擦洗标记工具或酸蚀工具,在政府机构同意使用或拥有的其他情况下,在另一人的财产之内或之上使用。

4. 所有销售或要约出售气溶胶喷雾罐、宽头不可擦洗标记工具或酸蚀工具的人员不得在展出时放置此类装置、标记工具或酸蚀工具,只能展示不含油漆、油墨或酸蚀的此类工具样品。

5. 就本条而言,术语"宽头不可擦洗标记工具"是指任何毡尖笔或类似工

具,其含有不溶于水的液体,并具有半英寸或更大的平直或成角度的书写表面。就本条而言,术语"酸蚀工具"是指可用于蚀刻、绘制、雕刻或以其他方式改变或损害玻璃或金属物理完整性的任何液体、膏状物、糊状物或类似化学物质。

6. 任何人违反本细则1的规定,即属犯A级轻罪,可处以不超过1 000美元的罚款或不超过一年的监禁,或两者兼施。任何人违反本细则2规定,即属犯B类轻罪,可处以不超过500美元的罚款或3个月以下监禁或两者兼施。任何人违反本细则3或4的规定,即属犯有轻罪,可处以不超过500美元的罚款或不超过3个月的监禁,或两者兼施。任何先前被裁定违反本细则3或细则4规定的人,均犯A级轻罪,可处以不超过1 000美元的罚款或不超过一年的监禁,或两者兼施。任何人违反本细则3-1的规定,均应构成违法行为,处以不超过250美元的罚款或不超过15日的监禁,或两者兼施。当某人被判定违反本细则1或2规定的罪行或企图违反此类规定,而且法院判处这种判决包括缓刑或有条件释放的判决时,在适当情况下,根据刑法的规定,将被告成功参与涂鸦消除计划作为判决条件。

7. 除了根据细则6规定的刑事处罚外,违反细则1、2、3或4规定的人每次违规的民事处罚不超过500美元,这可以在环境诉讼之前程序中恢复。任何先前已被判定违反本细则1、2、3或4规定的人应对每次违法行为的民事处罚负责,每次违法行为可在环境诉讼程序之前收回。此类诉讼应在该委员会之前提供可退回的违规通知来启动。任何人如发现违反本细则1的规定,除加上这些处罚外,张贴或以任何方式放置贴纸或标签,违法者须承担清除未经授权贴纸或标签的费用。

8. 除了警务人员外,消费事务、卫生、环保、交通部门的官员和雇员也有权执行本条规定,并可对违反规定的行为发出违规通知、出庭票或传票。

9. 应有可反驳的推定,即在违反本细则1的情况下,以任何方式贴在或放置在任何贴纸或标签上的姓名、电话号码或其他个人识别信息,违反本条的规定,可能是

(1) 以任何方式贴上该贴纸,或

(2) 指导、准许受该人控制的下属、代理人、雇员或其他人士参与该等活动。

10. 应有一项可反驳的推定,即如果出现在以任何方式贴在、附在或放置在违反本细则1的贴纸或标签上的电话号码属于电话应答服务,并且不容易获得其他电话号码或地址。为了找到在其中宣传的人员或业务,此类电话应答服务应根据违反本细则1的规定承担法律责任。

11. 卫生部门行政长官应被授权发出传票以获取官方电话记录,以确定行

政长官合理相信任何人或实体身份,违反本细则 1 规定的行为,方法是粘贴、附着或以任何方式放置贴纸或标签。

12. 根据本节规定实施刑事罚款或民事惩罚的目的,违反本细则 1 规定而粘贴、附着或以任何方式放置的每张贴纸或标签,均应被视为单独侵权的标的物,应处以刑事惩罚或民事罚款。

★立法经验点评:涂鸦一直是困扰纽约市公共秩序的一大难题。涂鸦和街头艺术之间有时难以准确判定。优美的涂鸦艺术可以增加纽约市的城市街区美感,而乱涂乱画可能对公共秩序形成滋扰。在布鲁克林区和布朗克斯等城市治安较差区域,城市涂鸦问题非常严重。因此纽约市政府对涂鸦下重拳立法整治,本条款对涂鸦实施者的涂鸦行为进行了精确定义,并对任何意图违反涂鸦规定的人拥有喷雾罐、不可擦洗标记工具或者酸蚀工具进行了法律禁止,特别是针对 21 岁以下青少年自身拥有涂鸦工具,对向其出售、让其容易接触到涂鸦工具的第三方也作出了更严格的法律禁止。在涂鸦犯罪的量刑上,也进行了A、B、C 三级区分,经济处罚和刑事处罚并举,对于累犯者则进行重罚。

1.1.10.1 反涂鸦工作组

1. 特此设立一个由至少 7 名成员组成的反涂鸦工作组。市议会发言人应任命 3 名成员,市长应任命其余成员,其中一名成员担任主席。工作组的成员应在本节生效之日后 30 天内任命,并应无偿提供服务。特别工作组的任期为12 个月。

2. 该工作组应:

(1)评估纽约市涂鸦问题的范围和性质,包括地理集中度、犯罪者概况和未来趋势。

(2)检查旨在遏制涂鸦破坏行为的现行法律条款的有效性,并提出修正案以加强此类立法。

(3)审查当前的执法活动,明确执法责任并提出增强执法能力的方法。

(4)确定全市现有的所有公共和私人防涂鸦项目。

(5)调查并努力打击司法管辖区的非法涂鸦行为,考虑在纽约市复制此类方案并提出进一步的方案倡议。

(6)提出一个协调、全面的反涂鸦计划,包括预防、教育、清除和执法。

(7)与民间团体、社区委员会和其他有关团体和个人保持定期和系统的联系。

(8)协助建立区政府和社区反涂鸦工作队。

3. 工作组至少每季度召开一次会议,并向市长和市议会发布最终报告,详细介绍其活动和建议。

★**立法经验点评:**本法律条款从顶层设计上专门设置了纽约市反涂鸦工作小组,并详细规定了其组织机制、工作内容协商和政策建议机制。这为纽约市推进反涂鸦工作提供了强有力的法律制度保障。

1.1.10.2 举报奖励

根据警务行政长官的建议,纽约市长被授权提供并支付不超过500美元奖励给任何提供信息的举报人,从而导致任何可能违反本节禁止涂鸦规定的人受到逮捕、起诉或定罪。警官、治安官员或任何其他执法官员、纽约市政府官员或雇员都不能直接或间接地收取或接受任何此类奖励。

★**立法经验点评:**纽约市长被法律授权对提供举报涂鸦者线索并导致违法人员成功定罪者进行不超过500美元的金钱奖励。但为了避免利益冲突和道德风险,警察、执法官员、政府雇员都不可以接受此类举报奖励。

1.1.10.3 未能清除涂鸦补救办法

1. 定义。就本节而言,以下术语应具有以下含义:

(1)"涂鸦"是指未经商业建筑或住宅的所有者同意,在公共场所将任何字母、单词、名字、号码、标志、口号、消息、绘画、图片、编写或其他任何可见标志画、凿、挠或蚀刻在商业建筑和住宅建筑或其任何部分上。任何类型的信件、字号、名称、号码、标志、口号、信息、图画、文字或其他标志,均未获得业主同意。涂鸦推定可以被业主推翻,业主可以通知纽约市管理部门允许这些涂鸦标记,并打算保留在建筑物上。

(2)"商业建筑"是指任何使用建筑物或使用其中一部分的建筑物购买、销售或以其他方式提供商品或服务,或用于其他合法商业、专业服务或制造活动的建筑物。

(3)"住宅建筑"是指包含一个或多个住宅单元的任何建筑物。

(4)"公共场所"是指公众或大量人员进入的场所,包括但不限于公路、街道、道路、人行道、停车场、广场、购物区、娱乐场所、游乐场、公园、沙滩或交通设施。

2. 保障财产免于涂鸦的责任。每幢商业大厦及住宅大厦的拥有人须保障并安排该大厦免于涂鸦。

3. 纽约市涂鸦清除资金的可用性视年度拨款情况而定,由市长指定的一个或多个机构提供涂鸦清除服务,以减少商业大楼和住宅建筑物上的涂鸦,而不向物业业主收费。任何商业或住宅建筑的业主可以要求这样的一个或多个机构通过纽约市的涂鸦清除服务从该建筑物移除或隐藏涂鸦。

4. 通知业主的扰民行为。如果商业或住宅建筑物的业主违反细则2,政府应通知该建筑物的业主该建筑物已被确定为滋扰物,并且自该建筑物接到通知之日起35天后,或自该通知发出之日起50天后,如果该业主在最初的35天内要求延期,除非该业主通过移除或隐藏涂鸦来消除这种滋扰,并通知政府已做出消减,业主同意该标志并且打算保留在该建筑物上,否则应被视为业主已授权纽约市政府或其承包商或代理人进入或访问该物业并使用其认为合适的方式去除或隐藏涂鸦来消除这种滋扰。这种许可不应被视为包括进入任何商业或住宅建筑物的许可。

5. 通知内容。

(1) 因物业上的涂鸦而被确定为扰民的通知应提供给:①商业或住宅建筑的业主,将该通知的副本邮寄到该建筑在最新评估卷中的地址(如有),②按该业主提供给财政专员的通讯地址提供给记录在案的业主,以便财政专员进行沟通。

(2) 此书面通知应至少:①描述城市的涂鸦清除服务;②查明已成为滋扰的财产;③表明如果业主在通知日期后的35天内,或者如果该业主在最初的35天内要求延长后,在该通知发出后的50天内,但未能清除:(i)通过清除或隐藏涂鸦并通知纽约市政府或者(ii)通知政府部门,业主同意该涂鸦并且打算将其留在建筑物,纽约市或其承包商或代理商可以进入或访问该财产,并使用其认为适当的方式通过移除或隐藏涂鸦来消除这种滋扰;④指明业主为了传达任何信息或根据细则4提出任何请求而可以联系市政府的方法;⑤为业主提供一个电话号码,以便询问有关纽约市涂鸦消除服务的任何问题。

6. 清除纽约市涂鸦。

(1) 如果拥有人在根据本细则4规定的通知之日起35天内或如果该拥有人在最初的35天内要求延长后50天内,未能通过移除或隐藏涂鸦来消除这种滋扰,或者通知纽约市政府,业主同意该标记并且打算将其留在建筑物,纽约市政府或其承包商或代理商可以进入或访问该财产,并使用其认为适当的方式,通过移除或隐藏涂鸦来减轻滋扰。

(2) 在任何情况下,纽约市都不得清除比涂鸦所在地更广泛的区域。

7. 表示允许进入建筑物。

(1) 如果在根据本细则6进入或访问该建筑物后,纽约市政府已确定需要进入商业或住宅建筑物以提供涂鸦清除服务,则它应请求业主明确允许进入这样的建筑物以提供涂鸦清除服务,在提出此类要求时,纽约市政府应通知该建筑物的业主已确定有必要进入该建筑物以提供涂鸦清除服务,并且该业主可以选择:①准许纽约市政府或其承包商或代理商进入该建筑物以提供涂鸦清除服务;②通过清除或隐藏涂鸦来消除这种滋扰,并将消减的情况通知纽约市政府;③通知纽约市政府,业主同意该标志并打算留在该建筑物上。这种要求应说明业主为了传达任何信息或根据本节规定提出任何请求而与纽约市政府联系的方法。

(2)所有人未能在该请求之日起 35 日内或在该请求发出之日起 50 日内遵守本分段第 1 款①,②或③项,如果此类所有人在最初的 35 天内要求延期,将导致根据本细则 8 发布违规通知。

(3)本细则所称"业主",是指依规定向房屋保护与开发部门登记作为房屋所有人或代理人的人,或由财务行政长官为方便交流而保存记录中确定的房屋所有者。

8. 违规通知。

(1)尽管本节有任何相反规定,如果纽约市政府已确定无法向特定财产或财产上的特定地点提供涂鸦清除服务,则由市长指定的一个或多个机构应为按照《纽约市宪章》第 1049-a 条第 2 款规定的方式,向业主发出违法通知。该通知应表明,业主违反了本细则 2,并且在收到通知后 60 天内未能清除或隐藏涂鸦,或同意该标记存在将被处以在本细则 9 中设定的处罚。

(2)尽管有第 1 款的规定,但不足 6 个住宅单元的住宅楼不得依据本细则发出违法通知。

(3)尽管有第 1 款的规定,但含有 6 个或以上居住单位的商业大厦,在任何 60 天内发出违法通知均不得超过一次。

(4)尽管有第 1 款的规定,商业或住宅建筑物的所有者已根据本细则 7 给予纽约市政府或其承包商或代理商许可进入该建筑物以提供涂鸦清除服务的,根据此细则发出违规通知。

9. 未能清除商业和住宅建筑物涂鸦的罚款。商业或住宅建筑物的所有人根据本细则 8 给予书面通知,并且在收到该通知或同意该标记后 60 天内未能清除或隐藏这种涂鸦,应承担不低于 150 美元,但不超过 300 美元的民事罚款。这种民事处罚可以在环境管理委员会的诉讼程序中恢复。

10. 规则制定。市长指定提供涂鸦清除服务的机构应有权实施本节规定。

★立法经验点评:值得注意,纽约市将任意张贴的贴纸或标贴也归为涂鸦一类,违规者将受到经济和刑事重罚,这为整治我国大城市"牛皮癣小广告"有着重要借鉴意义。纽约市采取了三大措施整治涂鸦。第一,从组织机制上,专门立法成立市级立法机构和市长组成的反涂鸦工作领导小组。第二,对提供举报涂鸦者线索进行金钱奖励。第三,在控制增量基础上,对未消除的纽约市存量涂鸦难题,进行了补救规定。首先规定物业所有者必须承担起预防所拥有建筑物涂鸦的法律责任。其次规定了清除纽约市涂鸦的主要资金来源,不向业主收费。接着通过程序告知业主相关涂鸦已经形成社会滋扰,给予其一定时间开展自我补救。如果业主同意保留该涂鸦,应书面通知市政府,否则市政府将安排工作人员上门清除涂鸦。如果逾期不予配合将违法,会受到经济处罚。

1.1.11 井盖防盗

1. 除本细则4规定的情况外,任何人不得移除或者运输任何井盖穿越或跨越公共街道,井盖包括但不限于地面街道或人行道开口的公共设施或进入地下空间、结构、设施或其他封闭空间的盖子;或作为下水道系统、燃料储存系统或供水系统开口的盖子。

2. 违反本条规定的,应当承担2 500美元以上、10 000美元以下民事罚款。根据本条发出的违规通知书应退还给环境管理委员会,该委员会有权实施此类民事处罚。

3. 除本细则4规定的民事处罚外,任何明知故犯者均犯有轻罪,一经定罪,将处以不少于500美元、不超过10 000美元的罚款或不超过30天的监禁,或两者兼施。

4. 本细则中的禁止规定不适用于此类井盖的所有者、此类所有者的正式授权代理人或适当的法律授权机构。

★立法经验点评:一个井盖的经济价值很小,甚至还达不到我国大多数城市犯罪的立案标准。但一旦被盗走,洞口轻者致人伤残,重者夺走其生命,对城市公共安全会形成巨大隐患。在中国城市发展中,由于井盖被盗导致的人身伤害和财产损失事件非常普遍,但并未出现专门针对偷盗井盖的监管法律。纽约市对该种危害公共安全的违法行为进行了区分,对于不知道属于违法行为的违法者,处以2 500美元至10 000美元的经济罚款,远远超过了偷盗井盖获得的十几美元收益,违法成本巨大。如果是明知故犯者,除了经济处罚外,还有可能被判处不超过30天监禁的刑事处罚。较高的经济处罚和较低的刑事处罚相结合,使得井盖偷盗者这种轻微犯罪得到有效遏制。这对于治理我国城市管理中普遍存在的井盖丢失难题有着重要的借鉴意义。

1.1.12　张贴发布信息

1. 任何人以任何方式在纽约市的路边、排水沟、石板、树木、灯柱、遮阳棚柱、电线杆、电话杆、公用垃圾箱、公交垃圾箱、公交候车亭、桥梁、高架结构、高速公路栅栏、桶、箱、停车收费表、邮箱、交通控制装置、交通支柱、交通标志（包括杆）、树箱、树坑保护装置、长椅、交通屏障、消火栓、公用电话、邻近街道、所有草地上，或其他纽约市拥有的财产上或任何私人财产上进行粘贴、张贴、绘画、打印、钉任何传单、海报、通知、标志、广告、贴纸或其他印刷材料的行为均为非法行为。违法主体还包括指示或准许任何受雇人、代理人、雇员或其他人从事这些行为，或从事该活动的实际控制人。但是本条不适用于由市议会张贴发布或在市议会指导下，或由任何纽约市政府机构或由其指示的任何传单、海报、通知、标志、广告、标签或其他印刷材料，或根据《纽约城市宪章》第14章授予的专营权、特许权或可撤销权。

2. 应有可推翻的推定，即在本细则1所述的任何物品或建筑结构上的任何传单、海报、通知、标志、广告、标签或其他印刷材料上出现姓名、电话号码或其他识别信息的人：

（1）以任何方式粘贴、张贴、绘画、打印、钉或以任何方式粘贴此类传单、海报、通知、标志、广告、贴纸或其他印刷材料，

或（2）指示或允许受其控制的受雇人、代理人、雇员或其他个人从事此类活动。

★立法经验点评：参见1.1.13。

1.1.13　保护政府广告

任何人拆毁、污损或销毁任何由纽约市政府机构张贴，或在其指示下的告示、标志、广告、海报、贴纸或其他印刷材料，或依据《纽约城市宪章》第14章给予的专营权、特许权或可撤销的同意书，即属违法。

★立法经验点评：本条法规对纽约市内在任何公共、私人物品或者建筑结构上采取任何方式张贴和发布信息行为进行了法律规定，本条款的特点是非常详细列举了几乎各种信息发布载体类别、载体发布手段，以及各种信息发布可能地点类型，可能出现的随意张贴行为进行了细致和严格的限制，包括各种可能的场所、各种可能的印刷材料，这些都被列入违法行为。对于犯罪主体，纽约法律特别规定了那些在背后指使雇用人员进行随意张贴小广告的实际控制人，也是法律惩罚的重点对象。并且从法律上保障允许根据印刷材料上的联系方

式和姓名等识别信息推定违法人员。该法条还授权卫生部门行政长官可以通过依法获取电信记录等个人隐私信息的方式确定违法者的身份和位置,进行处理。此法条为我国整治屡禁不止的城市小广告提供了重要立法经验借鉴。除此之外,该法条还对合法发布广告进行了法律保护。对于违反者,规定了经济处罚,对于累犯,加重处罚,并承担相应的清理费用。对于伤害树木的行为以及逾期不回应法院罚单的,都有额外罚金。如果犯罪主体是公司,则公司领导和股东将承担法律责任。本法条对纽约政务部门张贴的合法广告进行了法律保护,如果有人拆毁、污损和销毁这些经过政府部门授权的公共性质宣传广告或者告示即属于违法行为。同时对官方机构通过张贴告示发布信息的行为进行了法律豁免。

1.1.14　管制刀具

纽约市立法部门通过前期详细的立法调查后发现,在公共场所、街道和公园拥有大型刀具是对纽约市民公共健康、治安、安全和福利的威胁;这导致了许多凶杀、抢劫、伤害和袭击市民案件;这种情况鼓励和促进犯罪行为并有助于青少年犯罪和流氓行为;如果不禁止在纽约市的公共场所、街道和公园内没有合法目的地藏有或携带这类刀具,暴力犯罪和其他危害公共安全和福利的危险性会增加。

1. 在公共场所、公开场合佩戴或携带刀具,而此类刀具未被用于合法目的是不必要的,并且对公众构成威胁,应予以禁止。

2. 任何人在任何公共场所、街道或公园内携带任何长度等于或大于4英寸的刀,均属违法。

3. 任何人在公共场所、街道或公园携带任何带外露或未外露刀片的刀,都是非法行为,除非该人实际上是在为了在本细则4中阐述合法目的而使用这种刀。

4. 细则2和细则3的规定不适用于:

(1) 根据总参谋长颁布条例正式授权携带或展示刀具的纽约州军人;

(2) 刑事诉讼法界定的警务人员和治安官员;

(3) 经警察行政长官授权参加特别活动的参与者;

(4) 为执行联邦法授权的官方职责而在美国的军队或其他部门工作的人员;

(5) 急救医务人员或自愿或有偿履行救护车驾驶员职责的;

(6) 当这种刀①正在被用于或运送到用于狩猎、捕鱼、露营、徒步旅行、野餐或任何通常需要使用该刀的工作、交易或职业;或②由戏剧团体成员、演习团队、军队或准军事单位或退伍军人组织,在会议、游行或其他表演或惯例中展示或携带这种刀;或③直接运送到购买地点或进行研磨或修理的地方,包装方式不允许在运输时容易接近该刀;或④由美国男童子军或女童子军注册会员或类似组织或社团展示或携带,并且此类展示或携带是参与此类组织或社团活动所必需的。

5. 违反本条即为违法行为,可处以不超过 300 美元的罚款或不超过 15 日的监禁,或者两者兼施。

★**立法经验点评:**纽约市对公共安全存在重大隐患的刀片长度超过 4 英寸的刀具、折叠刀具进行了严格管制,在公共场所、公开场合佩戴或携带此类刀具、销售此类刀具都属于违法行为,必须承担对应的民事责任和刑事责任。本法条还详细列举了携带此类刀具的例外情况。这对于我国屡禁不止的管制刀具违法犯罪行为预防立法有着重要的借鉴意义。

1.1.15　禁止出售折叠刀具

1. 纽约立法部门通过前期详细的立法调查后发现,在市区公共场所、街道及公园内持有一打开就上锁的折叠刀,对市民的健康、和平、安全及福利构成威胁;在公共场所、街道及公园内藏有这类刀,已导致多宗针对市民的凶杀案、抢劫案、伤残案及袭击事件。这种情况鼓励和助长少年犯罪、青年犯罪和黑社会犯罪;如果不解决这一情况,暴力犯罪和其他破坏公共安全和公共福利行为会有增加的风险。据发现,刀片 4 英寸或更长的折叠刀,刀把锁在打开位置,刀刃设计和使用的目的几乎完全是为了刺伤或威胁。因此,为了纽约市安全,应禁止在纽约市管辖范围内销售此类武器。

2. 任何人如在纽约市的司法管辖区内出售或要约出售任何刀片长度为 4 英寸或更长的折叠刀,而该折叠刀的构造须使其开启时锁在一个打开位置,而又不能在没有压下或移动松开装置的情况下关闭,即属违法。

3. 不受本条限制的是进出口商人,他们运送或收到 4 英寸或更长刀刃的锁紧折叠刀,这些刀计划在国际、州际或州内商业运输或运送到城外的某一地点。此类散装货物应保留在未开启的原始装运包内。

4. 违反本条即构成违法,将处以不超过 750 美元罚款或不超过 15 日监禁或者两者兼施。任何违反本条款的人员将受到每次违法不超过 1 000 美元的民事处罚。

★**立法经验点评:**由于纽约市犯罪率较高,折叠刀具往往是犯罪分子主要的作案工具,折叠刀具泛滥助长了纽约市少年犯罪、青年犯罪和黑社会等违法事件。因此本法条是从刀具销售源头上预防,在纽约市范围内禁止销售折叠刀具,并对非法出售者给予经济重罚。但立法者还周全考虑到了例外情况,对于运输那些保留在未开启原始装运包内的折叠刀的进出口商人,并且刀具不在纽约市内销售的,不受该法规的限制。

1.1.16　非法砍伐树木或植物

未取得对该财产有司法管辖权或控制权的机构的书面同意,任何个人、商业机构、法人、代理人、雇员或受该个人、商业机构或法人控制的人,如在任何纽约市公共财产上砍伐、移走或以任何方式毁灭或毁坏任何树木或其他形式的植物,即属违法。上述规定不适用于从事适当和授权履行其指定职责的任何政府机构雇员。

1. 违反本条有关树木规定的个人、公司、实体、代理人、员工或受该个人、公司控制的个人应被逮捕,一经定罪,应视为犯有轻罪,并处以不超过 15 000 美元的罚款,或对每次此类违法行为处以 1 年以下监禁或同时处以罚金和监禁。这种公司、代理人、员工或个人,或公司控制下的个人也应对每次违法行为承担不超过 10 000 美元的民事罚款。处理本条授权的民事处罚的程序应通过向环境管理委员会送达违规通知书开始。环境管理委员会有权施加本处规定的民事处罚。

2. 违反本条有关任何其他形式规定的个人、公司、实体、代理人、员工或受该个人或公司控制的人,应被逮捕,一经定罪,应视为犯有轻罪,并将处以不超过 1 000 美元的罚款或不超过 90 天的监禁,或对每次此类侵权行为同时处以罚金和监禁。

★立法经验点评:纽约市内绿化水平较高,在繁华大都市的路边和中央公园内的参天大树保护完好,绿树成荫。在寸土寸金的纽约,树木和植物之所以能保护得如此完好,主要是纽约市对随意砍伐或者移动纽约市公共财产上的树木或者植物,有着非常严格的法律约束。一旦违反,违法者立即会被逮捕,如果毁坏的是树木,则罚款 15 000 美元或判处 1 年监禁。如果破坏对象不是树木而是其他植物,则罚款 1 000 美元或判处 90 天监禁。这条对于保护我国城市绿化树木和植物有着重要借鉴意义。

1.1.17　租赁车辆急救箱

1. 包括驾驶员在内的 10 人或以上座位的所有租赁车辆,无论租期长短,都应给受伤人员提供紧急医疗援助并随时保持在车上备有急救箱设备。

2. 任何人、单位或公司因违反本条规定将被判处 100 美元罚款或 30 天监禁。

★**立法经验点评**：座位在 10 人以上的出租车辆，如果发生车祸，在交通拥堵、地段偏远或者救护车难以赶到现场时，可能需要大量急救药品和器具。为维护公共生命安全，法律强制要求汽车装备急救箱，否则将处以民事或刑事处罚。此条规定对于完善我国道路交通公共安全有着非常重要的借鉴意义，现场急救箱可以大幅降低事故伤亡率。

1.1.18　商业自行车

1. 术语含义：

自行车。是指任何专门由人力驱动的轮式装置以及任何不能在纽约州电机部门注册的电动辅助装置车辆。

自行车操作员。是指代表商业企业使用自行车并且由该企业支付酬劳，通过自行车交付任何类型的包裹、文件、纸张或物品的人。

用于商业目的的自行车业务。是指代表自己或他人提供任何包裹、文件或任何物品的人、公司、合伙企业、合资企业、协会、公司或其他实体骑自行车的类型。本节所载内容不得解释为适用于 16 岁以下使用自行车仅运送日报或通告的人。

2. 纽约市内使用自行车作商业用途的企业，没有供公众开放使用，必须按照交通部门规定的表格向交通部门提供以下信息：

（1）根据商业公司法，该企业有权在该州开展业务的名称；

（2）可以向其提供服务的注册代理人和该代理人的地址，或者如果该企业指定秘书为其代理人接收该程序，则该代理人的秘书可以邮寄此类流程的副本，并且

（3）监管部门要求的任何其他信息。

3. 为商业目的的使用自行车的企业必须为其每个自行车操作者分配一个三位数字的识别号码，但运输部门可以颁布规则要求具有四位或更多位数字的识别号码。这种业务必须向其每个自行车操作者发放一张身份证，其中包含自行车操作人的姓名、身份证号码和照片以及该企业的名称、地址和电话号码。自行车操作员代表任何此类企业应在送货或以其他方式操作自行车时携带此类身份证。自行车操作员应按照警察部门或运输部门的授权雇员或法律授权的任何其他人的要求下出示该身份证。

4. 为商业目的使用自行车的企业应保留自行车操作员名册。这样的名册应包括每个自行车操作员：姓名；家庭地址；开始日期；卸货日期（如适用）；识别

号码;以及要求的自行车安全课程的完成日期。根据警察部门或运输部门的授权雇员或法律授权的任何其他人的要求,应将这些名册提供给其检查。

5.（1）为商业目的使用自行车的企业应自费提供或确保适用于其每个自行车操作员的防护头盔。该企业不得要求其自行车操作员自费提供这种头盔。这种头盔应该:

（ⅰ）符合美国消费品安全委员会制定的标准;和

（ⅱ）如果头盔缺少任何零部件或损坏其头部,从而损害头盔的功能,头盔不再处于良好状态。如果此类头盔不再处于良好状态,则予以更换。

（2）每个自行车操作员在代表商业目的使用自行车的企业进行交付或以其他方式操作自行车时,应佩戴防护头盔。"穿戴保护性头盔"是指将头盔与头盔绑带牢固地固定在头部。

（3）每个自行车操作员在进行交付或出于商业目的使用自行车进行业务交付之前,应完成自行车安全课程学习。"自行车安全课程"是指交通部门提供的关于安全骑车和遵守交通、商业自行车法律的信息。

（4）交通行政长官应在交通部门网站上张贴本节规定的自行车安全课程内容。

6. 尽管自行车可由任何自行车操作员提供,但自行车用于商业目的的企业应自费提供或确保每辆自行车配备以下装置:

（1）车灯。至少100英尺距离内能够发出声音信号的车铃或其他装置但不得使用警笛或哨子;

（2）刹车。反光轮胎或者交替地安装在每个车轮辐条上的反光反射器;以及根据《车辆和交通法》第1236条规定的其他设备或材料。该企业不得要求任何自行车操作员自费提供此类设备,费用由经营者承担。

7. 为商业目的使用自行车的企业应负责遵守有关自行车操作人员的规定。任何此类企业或根据此规定可能颁布的任何规则或条例违反本节的任何规定,均为纽约市刑事法院法官可裁决的违法行为,并且一经定罪可处以100美元以上、250美元以下罚款或者15日以下监禁或者2年以上有期徒刑或者拘役。此外,任何违反本细则任何规定的业务均应受到100美元的民事处罚。30日以内违反同一规定或者规则的,处以250美元的额外民事罚款。这种民事处罚可能是对任何刑事处罚的补充,并且可以在有管辖权的任何法院或法庭或环境管理委员会的诉讼或程序中针对此类企业进行追偿。

8. 出于任何商业目的使用自行车操作人员,没有携带本细则3所要求的身份证,或未按照该细则的要求出示身份证,或未能佩戴本细则5所规定的防护头盔或本细则所规定反光服饰的,属于交通违法行为。一经定罪,应当承担不低于 25 美元但不超过 50 美元的罚款。企业未提供本细则 3、5 或 9 所要求的保护性头盔、身份证或反光服装。对于此类交通违规应作为肯定性的辩护,这种交通违法行为可以由根据《车辆和交通法》第 2A 条授权的行政法庭裁决。

9. 为商业目的使用自行车的企业应规定并要求其每个自行车操作人员应在身体的上部穿戴一件反光夹克、背心或其他服装,如代表这种业务交付或以其他方式操作自行车最外面的衣服,背面应标明该企业名称,以及根据本细则 3 所指定的自行车操作员的个人识别号码、字母和数字不得低于 1 英寸以便在不小于 10 英尺的距离处清晰可读。

10. 本节的规定应由警察部门或运输部门授权雇员或法律授权任何人员强制执行。

★立法经验点评:本条最大的立法特色是定义了商业目的用途的自行车。将非商业用途和商业用途自行车进行区别监管,是治理我国快递、外卖行业自行车和电动车乱象的重要法治解决思路。对商业用途自行车操作员,本条法律要求进行身份证登记并随身携带,并要求驾驶人员佩戴头盔和反光标志,确保每辆自行车配备必要的安全装备。要求自行车商业业务经营公司对操作员名册进行登记管理,并禁止此类公司使用任何机动小型摩托车开展商业业务,明确了公司和员工的法律责任。对于解决我国商业用途自行车、公共自行车、快递公司电动自行车管理难题有着重要的借鉴作用。

1.1.19 车辆竞速和比赛

1. 定义。就本节而言,以下术语应具有以下含义:

(1)"车辆"应与《车辆和交通法》第 1 条规定的术语具有相同的含义。

(2)"参与"或"帮助或教唆"应指合理地表明、已经发生或即将发生的比赛、展示或竞赛过度的特技行为或情况;包括但不限于:出现一个装在车辆上的氧化二氮的气罐;明确的比赛邀请;以某种方式标记的起点或终点;对比赛结果下赌注;展示特技行为;充当起跑人员或旗手;将车辆推到起跑线;或在活动或集会上指挥交通。

(3)"特技行为"是指在公共场所或向公共场所开放的私人财产中以不合理的方式干扰他人使用公共街道或以危害公众健康或安全的方式操作车辆,车辆操作者或其乘客通过高速度加速车辆;将车辆抬高到一个或多个车轮失去与地面接触的程度,通常称为"后轮支撑车技";快速旋转车辆,通常称为"甜甜圈";利用发动机的动力和制动力使车辆的后轮旋转,加热后轮胎产生烟雾;或者无论车辆是否处于运动状态,通常称为"加速轰鸣",增加车辆发动机的每分钟转数,从而导致不合理的噪音。

2. 除《车辆和交通法》规定的情况外,任何人不得在任何高速公路、街道、小巷、人行道上或任何公共或私人停车场或区域进行任何涉及车辆的竞赛、展示或比赛,或对这种竞赛、展示或比赛进行协助或怂恿。

3. 除《车辆和交通法》规定的情况外,任何人不得参与涉及车辆的特技行为,或协助或怂恿这种特技行为。

4. 除《车辆和交通法》规定的情况外,任何人不得参加任何竞赛、展示或比赛,涉及车辆的竞速或特技表演的活动或聚会。"参与"将意味着对比赛结果、竞速或特技行为的展示或比赛,或采取明确的公开行动鼓励人们参加竞赛、展示、竞速或特技行为比赛。

5. 除《车辆和交通法》规定外,任何人不得操作、驾驶或停放摩托车,不论其是否在运动中,除非号码牌易识别且不受"摩托车"、其设备或其上携带任何东西妨碍,包括驾驶者或乘客。就本细则而言,"摩托车"应具有与《车辆和交通法》第 123 条相同的含义。

6. 违反细则 2 或 3 将构成轻罪,可处以 6 个月以下的监禁或不超过 600 美元的罚款,或两者兼施,但违反细则 3 者,监禁不得超过 60 天。10 年内第 2 次违反细则 2 或 3,应判处监禁 1 年以下或不超过 1 000 美元的罚款,或两者兼施。但违反细则 3 的监禁不得超过 120 天。违反细则 4 或 5 将构成违法,可处以 15 天以下的监禁或不超过 250 美元的罚款,或两者兼施。

★立法经验点评:纽约市是一座汽车之城,跑车众多,公路路网发达,民众对赛车有着浓厚兴趣。北京也曾出现过"二环十三郎",违法者在 13 分钟内在交通高峰期跑完北京二环,其间高速危险驾驶,反复变道和穿插,对公共安全造成严重威胁,后被警察强制切断车流,造成大拥堵后才抓住违法者。此事被媒体报导后,效仿青年众多,北京二环晚上非法竞赛者不减反增。究其原因,我国除《道路交通安全法》之外,国内缺乏专门针对汽车竞速和特技表演的地方立法。本条款是除美国《车辆和交通法》之外,纽约市专门针对汽车赛车、特技行为进行的立法限制。对各种非法改装汽车的技术、特技表演技术进行了法律上的精确描述。值得指出的是,该条法律针对的监管对象不仅仅是汽车驾驶员,而是进行了一个更宽泛的定义。"参与"或"帮助或教唆"者,包括了所有汽车竞速的参与者、下注赌博者、安装氮气加速罐者、在起点和终点摇旗者、将车辆推到起跑线上者;或在这样的事件或聚会上指挥交通的人,对这种竞赛、展览或比赛进行援助或怂恿的人都属于违法。这对于治理威胁公共安全的我国城市非法汽车竞速和改装特技表演有着重要的借鉴意义。

1.1.20　公开猥亵

如果一个人在任意 3 年内两次或两次以上有意暴露他或她身体的隐私或私密部位或实施任何其他猥亵行为：

（1）公共场所或

（2）在私人场所内，他或她可以轻易地从公共场所或其他私人场所被看到，并且故意让别人看到。实施连续公开淫秽行为的人应当犯 A 级轻罪。

★**立法经验点评**：此处对于公开猥亵的定义有几个关键词，一是在任意 3 年内；二是两次或以上；三是公开场所；四是虽然在私人场所内，但故意让他人从公共场所看到。美国文化虽然包容和开放，但对于公开的猥亵、暴露隐私部位的行为也实施较严格的监管。该项法律对于治理我国的公开暴露狂、地铁猥亵者有着重要的借鉴意义。必须指出，此条款并未涉及两性接触，因为美国对性侵和性骚扰有着更为严格的法律界定和刑法处罚。

1.2　政府机构的信息披露安全漏洞

1.2.1　定义

1. "个人识别信息"是指任何人的出生日期、社会安全号码、驾驶证号码、非驾驶员身份证号码、金融服务账号或代码、储蓄账号或代码、支票账号或代码、经纪账户号码或代码、信用卡账号或代码、借记卡号码或代码、自动取款机号码或代码、个人识别号码、母亲婚前姓名、计算机系统密码、电子签名或独特的生物识别数据，即指纹、语音、视网膜图像或虹膜图像。本条款适用于所有此类数据，以及维护此类信息的方法。

2. "违反安全"是指未经授权披露或使用代理机构的员工或代理人，或代理机构的员工或代理人以外的其他人未经授权拥有危害安全性、机密性的个人身份信息。出于合法目的，代理机构的员工或代理商善意或无意拥有任何个人身份信息，以及代理人的员工或代理商善意或合法授权披露任何个人身份信息不构成违反安全的行为。

1.2.2　政府机构信息披露安全漏洞

1. 任何拥有或租赁包含个人识别信息数据的纽约市政务机构以及任何保

存但未拥有包含个人身份信息的纽约市政务机构,应立即向主管部门透露主管或经理发现的任何违反安全措施的行为,如果此类个人识别信息是或者被合理地认为是由未经授权人获得的,则通知此类违法行为。

2. 在遵守本细则 1 规定条款后,任何拥有或租赁包含个人识别信息数据的纽约市政府机构应按照本细则 4 规定的程序披露以下违法行为,或者在通知主管或经理后,任何个人身份信息被认为是或被合理地认为是未经授权的人获取,则通知此类违法行为。

3. 在遵守本细则 1 规定之后,任何维护但不拥有包含个人识别信息数据的纽约市政府机构应按照本细则 4 所规定的程序披露任何违法行为。如果个人识别信息被或有理由相信被未经授权的人访问、获取、披露或使用,任何维护但不拥有、租赁或许可包含私人信息数据的纽约市政府机构,应在主管或经理发现后,或在通知主管或经理后,向数据的所有者、出租人或许可人披露任何安全漏洞。

4. 本细则 2 和 3 所要求的披露应尽可能在合理情况下尽快采取合理方法。如果所述方法不违背执法的合法需要或为恢复数据系统的合理完整性而需要任何其他调查或保护措施,则应至少通过以下方式之一进行披露:

(1) 书面通知他或她最后的已知地址;要么

(2) 通过电话向个人口头通知;要么

(3) 以他或她最后知道的电子邮件地址向个人发送电子邮件通知。

5. 如果根据细则 4 在违反情况和受害者身份的情况下不可行或不适宜,则应通过机构选举机制进行披露,前提是此类机制合理针对该个人的方式不会进一步损害个人信息的完整性。

1.2.3　政府机构丢弃个人识别信息

政府机构丢弃包含任何个人识别信息记录,应该以防止检索其中包含信息的方式进行。

1.2.4　政府机构处理电子产品

1. 任何处理包含硬盘驱动器、固态驱动器或能够在断电时存储信息的类似设备(包括但不限于打印机、复印机和计算机)电子设备的政府机构应确保在处置之前删除所有其中包含的信息,可以通过消磁、驱动器物理破坏,包括至少两次完全覆盖的数据擦除或在与所有相关机构协商后由信息技术和电信部门规定的擦除方法进行。

2.各政府机构应要求任何代表其处置电子设备的第三方向机构提供书面证明,证明处置符合本节规定的要求,并应将此证明转发给信息技术和电信部门。每个处置电子设备的机构应每两年向信息技术和电信部门提交一份声明,证明其处置此类电子设备符合本节规定的要求。

3."处理"一词包括电子设备从一个机构转移到另一个机构,当这些设备存储了机密或敏感的信息并且与接收此类设备的机构的工作无关时。

★**立法经验点评**:美国对于个人隐私保护的立法非常严格,就数据的价值而言,谁来记录和用什么工具记录并不重要,重要的是被记录的是谁、是什么。政务公共数据资源的采集整理离不开以政务部门和其委托的第三方机构为代表的记录者和记录工具。但采集整理产生的是次生的权利,动摇不了政务公共数据资源的初始所有权属于被记录对象。在大数据时代,记录者和被记录者之间存在大量的信息不对称,数据的财产所有权人一般不是数据的记录和持有者——所有权人非但不占有数据,连接触、支配自己的数据财产也很困难。被记录主体处于一个尴尬境地:虽然拥有理论上的数据所有权,但实际上却很难行使。反观政务部门作为数据记录者,尽管没有初始产权,却因为拥有记录工具和手段,就控制了记录过程、内容、格式和结果,把数据牢牢握在手中。2016年4月,欧洲议会为了保护与个人数据处理相关的个人数据,促进此类数据自由流动,通过了《通用数据保护条例》(GDPR)作为个人数据处理和流动的法律保障,这也成为欧盟各国政府在开放数据过程中,涉及处理个人相关数据开放时的基本法律指导原则。脸书的个人数据泄露门导致5 000万用户数据泄露使得可能影响到美国总统选举事件后,美国社会对个人可识别数据泄露可能产生的可怕后果产生了高度警惕。本法律主要对纽约市政务部门在处置和抛弃个人识别数据时必须采取的一些安全措施进行了立法指导。首先规定了如果发生个人识别数据泄露事件,政务部门有法律义务必须第一时间通知个人数据的拥有者。在处置包含个人识别数据的硬件时,必须确保在处置之前删除所有其中包含的信息,可以通过消磁、驱动器的物理破坏,包括至少两次完全覆盖的数据擦除,以防止数据泄露。2021年11月,我国的《个人信息保护法》已经全面实施,第三章专门针对国家机关处理个人信息作出了特别规定。

1.3 公开演出场所非法录制

1.3.1 定义

每当在本章中使用时,以下术语应具有以下含义:

1. "录制设备"是指摄影或摄像机,或用于录制或传输现场表演或动态影像的声音、图像的任何音频或视频录制功能的设备。

2. "公开演出场所"是指:

（1）主要用于电影放映的剧场,或

（2）用于电影放映或用于演员操作员现场表演或音乐演出的场所。

3. "未经授权的操作"是指在没有书面授权或业主、经营者、经理或其他控制公开演出场所人的许可情况下进行的操作。

1.3.2　禁止公开演出场所使用录制设备

任何人不得参与或促使或允许他人在公开演出场所未经授权擅自操作录制设备。

1.3.3　处罚

任何人违反本章的规定,即犯有轻罪,一经定罪,应处以不超过 6 个月的徒刑,并处不少于 1 000 美元、不高于 5 000 美元的罚款,或两者兼施,民事罚款不超过 5 000 美元。任何人违反本章规定,即属轻罪,如果其后在第一次定罪后一年内第二次被定罪,可处一年以下有期徒刑,并处不少于 5 000 美元、不高于 10 000 美元的罚款,或两者兼施,民事罚款不得超过 10 000 美元。除可能实施的任何其他处罚或制裁外,此种处罚不得限制或排除任何因此种行动而受害或受冤屈的个人或实体的任何诉讼理由。

1.3.4　例外

本节不应被解释为损害或限制任何执法人员或政府机构或其他公共或私人实体的执法人员或雇员,他们在受雇期间试图捕获任何视觉图像、录音或其他身体特征影像数据:

（1）从事犯罪或其他非法活动的人;或

（2）对任何人进行调查、监视或监控以获取涉嫌违法活动的证据,包括涉嫌违反任何行政规则或条例,涉嫌欺诈性保险索赔或任何其他涉嫌欺诈性行为,或对公共健康或安全产生不利影响的法律或商业行为模式。

1.3.5　标牌

本分段第 1.3.1 条第 2 部分第（2）款规定的场地经营者可在该场地入口处醒目显示一个标志,用至少四分之三英寸高的显眼字母标明,未经授权在公开演出场所使用影音录制设备的操作受法律禁止,可能受到刑事和民事处罚。

1.3.6　规则制定

警察部门可根据需要颁布规则以执行本章的规定。

★**立法经验点评**:文化市场的繁荣要靠强有力的知识产权立法保护,纽约拥有全世界最繁荣的文化演艺市场,在百老汇这条大街上集聚了几百家演艺机构和场所,戏剧、舞台剧、歌剧、演唱会、音乐会、电影院等文化演出场所密度非常高,演出场次也非常频繁。由于互联网发达,手机和录音录像设备越来越小型化和普及,为防止盗版电影和同业竞争抄袭、影响票房收入、侵犯文化创意者的知识产权,纽约市制定了严格的知识产权保护法律法规。对于在电影院、演出场所未获得授权非法录音录像的,都属于违法行为,会被处以经济罚款和6个月监禁。如果一年之内第二次犯罪的,将会被认为是明知故犯,罚款最高限额将上升至10 000美元,刑期也将上升到12个月。该项法律对于保障我国文化市场知识产权保护和长期繁荣发展有着重要借鉴作用。立法者精细化管理的思维体现在,该条款将政府部门进入文化场所调查犯罪取证时的录音录像行为排除在外,同时法律还强制要求文化演艺市场场地经营者竖立醒目标志牌,承担起提醒观众不要违法的义务。

1.4　银色警报系统

1.4.1　定义

1. "管理机构"是指市长指定的任何纽约市机构、办事处、部门、局或政府机构,其费用全部或部分由纽约市财政支付。

2. "银色警报"指纽约市政府机构向公众传达的信息,表明该老人即将面临严重身体伤害或死亡危险的情况下,向执法机构报告失踪的弱势高龄老人信息。

3. "易受伤害老年人"是指由于阿尔茨海默病或类似情况而患有痴呆的65岁或以上的人。

1.4.2　银色警报系统

管理机构应根据本章规定建立一个银色警报系统,当易受伤害的高龄老人被报告失踪时,在老人即将面临严重身体伤害或死亡危险的情况下,将情况迅速通知公众。

1.4.3　程序

1. 当银色警报发布时,政务机构应制定通知给媒体机构、高级服务提供商、医疗机构和社区组织。

2. 政务管理机构应酌情与其他市政机关进行协商,包括但不限于警察部门、消防部门、应急管理办公室、人力资源管理部门、老龄部门、卫生部门、心理卫生部门和运输部门,收集和传播关于银色警报失踪人员的信息。

3. 管理机构应在报告确定易受伤害老年人失踪后 24 小时内,即将面临严重身体伤害或死亡危险的情况下,发出银色警报。银色警报可以通过任何适当手段发布,包括但不限于电子邮件通知、短信、电话、电视广播或无线电广播。银色警报可以在政务管理机构酌情决定下重复发出,直到找到失踪人员或直到管理机构确定发出银色警报不再合适为止。

4. 如果可以提供并且能够传播,发出银色警报相关人的信息应包括但不限于:

(1) 该人的姓名;

(2) 该人的年龄;

(3) 该人的体貌描述;

(4) 见到该人的最后一个已知地点,不包括该人住所的确切地址;

(5) 该人的近期照片;

(6) 该人可能驾驶的任何机动车辆描述,但政务机构如果在这种情况下披露信息不恰当,则不得披露任何此类信息。

5. 管理机构可以酌情对发生失踪的 65 岁以下的人发出银色警报,表明该人即将面临身体伤害或死亡危险,如果失踪人员患有痴呆症,则作为阿尔茨海默症或类似情况结果处理。

★立法经验点评:"银色警报系统"是一项在美国合法广泛利用公共信息平台预警并寻找老年失踪者的法律。它根据报警人或报警电话提供的资料,公布失踪人口信息,提请民众与官方及警方配合,用最快的方式协助寻找老年失踪者,特别是 65 岁以上并且身患阿尔茨海默症、失忆症和其他精神疾病的老人。该条法律对于弱势群体——"易受伤害老年人"提供了额外法律保护,一旦失踪,该人即将面临严重身体伤害或死亡危险的情况下,政务机构将通过各种信息手段发布银色警报,并从法律上定义了向社会公开的银色警报可以包含有关失踪人员的若干关键个人识别信息,但同时法律也强调政务机构也要注意向全社会公开披露个人隐私信息是否恰当或者合适,否则不能进行披露,必须酌情发出。这个系统可以通过商业广播电台、电视台和有线电视台向地区或全国播放失踪者的特征和状态，同时利用电子邮件、电子交通传播系统发出求救信息，并及时收发反馈情报。如果据信失踪者为步行，有关部门会尽快在社区里征询最后见到过失踪者的人，如果失踪者曾经驾车出行，那么广播中可以公布此人车辆或船只颜色、款式、车牌号码和驾照信息，便于搜索。

由于美国法律对于个人隐私信息保护非常严格，没有非常特殊的情况，任何个人或机构都无权搜集和处理个人隐私信息。本条款主要是从法律上授权银色警报政务部门可以和其他政府机构进行协商，收集和传播关于银色警报失踪人员信息。该经验对于我国解决患有老年痴呆症的老年人走失问题有着重要的借鉴意义。

2 退休制度和养老金篇

2.1 政府雇员养老金

2.1.1 雇员分类

1. 各机构负责人有责任向退休制度董事会提交一份声明,说明每位成员的姓名、职位、报酬、职责、出生日期和纽约市服务时间以及该董事会可能要求的其他信息。如该成员主要从事与该成员所拥有的职衔所指明的不同职责,则该机构负责人须核证该成员拥有职衔的原因及可能任期,而该等原因及任期与该政府雇员制度委员会就该成员所拥有的职衔所指明的不同。然后该董事会应将该成员归类为以下分组之一:

(1) 第一组:主要从事需要体力消耗工作的劳动者和非熟练工;

(2) 第二组:主要从事需要体力消耗工作的机械师和技术工人;

(3) 第三组:文书、行政、专业和技术工作人员,主要从事脑力工作,包括主管部门;

(4) 第四组:在不少于2 500名成员的任何其他团体中,根据死亡率或服务经验,可由精算师推荐,并由精算师设立。

2. 该委员会应向该成员证明其所在团体及其加入该团体的日期。当成员职责有此要求时,该董事会可以将该成员分类到另一组,并将该成员调往该组,须随即向其核证其已被调往的组别及他或她被调往该组别的日期。

3. 每位成员在退休之前都应遵守本章的所有规定以及该董事会通过的适用于其团队的所有规则和条例。

★**立法经验点评**:美国政府雇员制度和中国政府公务员制度存在较大不同,在中国受政府雇用并从事体力劳动的工作人员(第一组和第二组),很难成为公务员,往往是劳务外包人员,也难以拿到政府直接提供的养老金。中国的政府公务员主要对应的是美国政府雇员的第三组类型。此条规定各机构负责人需向董事会提供要求的其成员相关的信息,对于从事的与公务员制度委员会规定职责不同的人员进行核证,并指出原因及任期,重新对该等人员按照专业技术类别、体力投入程度和脑力运用程度划分成不同类型组别,并向其提供必要的证明,同时规定成员退休前需遵守本章及董事会的规定、规则和条例。此条在法律上规定了各机构负责人、董事会及成员需要遵守的程序、规定,从而将各个成员的职责明确定位,按照不同的工作性质确定其养老金的适用范围,为养老金精细划分、适用及其调整和发放奠定基础,也对我国政府公务员养老金的精细化提供了借鉴之处。

2.1.2　允许某些非自愿离职成员的养老服务

尽管有任何相反的法律规定,任何成员:

1. 在纽约市服务职业养老金计划职位上;和

2. 在 1931 年 12 月 31 日之后和 1938 年 1 月 1 日之前,由于他在纽约市服务中的职位被取消而被列入优先考虑的合格名单;和

3. 在其名字被列入此名单时是其成员或前成员;须获准向退休制度供款,供款额为他在名列该名单期间本会向该制度供款的款额,以及如他在该段期间内继续在该已废除职位的纽约市服务,则是该款额的定期利息。在向退休制度支付这一数额后,这种服务应记入该成员的名下,包括享受福利的资格。

★立法经验点评:1931 年至 1938 年是美国经济大萧条阶段,曾经有不少政府雇员出于非自愿原因,被政府解除职位。本法律条款就是为了确定某些非自愿离职者被列入优先考虑的合格名单时应获准其以原供款标准向退休制度供款,且应在其支付款项后计入该成员的账户。

2.1.3　撤回会费后重新加入成员

如果一名成员已根据 2.1.7 获得政府福利,则该成员离职时的离职前信贷和成员服务信贷应全部恢复,条件是该成员在离职后 5 年内恢复服务并重新存入提取总额。随后缴款将按其重新任职年龄适用的比率计算。

★立法经验点评:此条体现的是养老金精算平衡思想,对于撤回款项者重新入会需在离职 5 年内将该款项重新存入才可恢复离职前的信贷和成员服务信贷,此后按重新任职年龄适用比率计算其缴款金额,此条对于重新任职者缴款比率、信贷等作出法律规定。该条款对于我国政府公务员离职一段时间后又重新加入公务员队伍的养老金计算提供了一种借鉴思路。

2.1.4　纽约市政府雇员退休制度

退休制度应具有法人团体的权力和特权,并以法人团体的名义处理其所有

业务、投资其所有资金、提取其所有认股权证及付款,以及持有其所有现金、证券及其他财产。

★**立法经验点评:**此条规定纽约市政府雇员退休制度具有法人团体权力和特权以处理所有相关业务,从而使得退休委员会可以公司形式行使相关的权利管理退休事务。

2.1.5 公益组织的贡献及其使用

任何成员在雇用期间由构成公共利益法团或其继承者的任何主管当局或法人团体或其继承者,因退休制度而应付给任何成员应急储备金和养恤基金的款项,均应由该雇用当局或法人团体或继承者支付。

★**立法经验点评:**此条在法律上规定公益组织因退休制度而应付给成员应急储备金和养恤基金的,由该雇用当局或法人团体和继任者支付。

2.1.6 对法院官员和雇员供款

就《司法法》第 39 条第 9 款而言,必须向退休制度缴纳的缴款(会员缴款除外),包括但不限于要求向这些成员缴纳的缴款,即为养老金费用,纽约市主计长应根据该款(b)项的规定向退休制度支付这些缴款。

★**立法经验点评:**此条对于法院官员和雇员的养恤金费用作出规定,纽约市主计长应向退休人员支付此款项,从而保证法院官员和雇员的养老金供款。

2.1.7 规范向成员提供贷款规则

1. 任何在纽约市政府部门服务的会员,如连续担任会员最少 3 年后,可在符合管理局批准的规则规定下,从应急储备基金借款,款额不超过其在年金储蓄基金账户内的款额的 75%。根据本条作出的任何贷款的应付利息率,须比记入该成员账户的经常利息率高 2%。如此借入的款项,连同其任何未付余额的利息,应在支付补偿时从该成员的补偿中扣除,以等额分期偿还退休制度,但此类分期付款应至少为该成员应得补偿的 5%。该成员支付的所有本金和利息应记入或有准备金。

2. 根据本条提供的每一笔贷款均应由退休制度为其成员的死亡提供保险,而不需向该成员支付费用,数额可达但不超过 10 000 美元,详情如下:

(1) 在贷款作出后 30 天内,不得为贷款的任何部分投保。

(2) 自贷款发放后第 30 天至第 59 天起,应按未偿贷款现值的 25% 投保。

(3) 自贷款发放后第 60 天至第 89 天起,未偿贷款现值的 50% 应投保。

（4）在贷款发放第 90 天及以后，未偿还贷款的所有现值均应投保。社员死亡时，应将应支付的保险金额用于减少未偿贷款。

3. 本章虽有相反规定，但仍应作出偿还贷款所需的额外扣减，贷款利息应记入退休制度的适当基金。应在其他应付养恤金中扣除任何应付养恤金时贷款未付余额的精算等值。退休金已减少的退休人员可随时偿还贷款的未偿余额。偿还贷款后应支付的养恤金不受本细则要求的精算扣减的约束。

4. 被取消供款率的成员可以：

（1）如果他不是可变年金计划的参与者，则可以从他在年金储蓄基金的账户中提取任何超过该成员有权取消其供款率的日历年结束时在该账户中到期金额的款项，并可以在他或她选择的时间内将其重新存入该账户；以及

（2）如果他是可变年金计划的参与者，则从年金储蓄基金及可变年金储蓄基金的账户中提取款项，并可在选择的时间内将任何款项再存入前一个账户，而支付该款额的如不是参与者，则超过他在前一账户内本应在他或她有权取消其费率的日历年结束。

5. 自 1971 年 1 月 1 日生效起，所有应偿还年金储蓄基金的未偿还贷款均由或有准备金承担。按正常利息计算的相当于未偿贷款现值的数额，应从或有准备金转入年金储蓄基金，此后所有偿还款均应转入或有准备金。

★**立法经验点评**：此条对于向成员提供贷款的规定和细则作了规范，规定连续三年以上的会员才可按规定从应急储备基金中申请贷款，并应按规定支付高于常规利率的利息，在支付补偿时将未偿还贷款及利息从其中扣除；每一条贷款均由退休制度按贷款发放时间和比例为其投保，以保障贷款金额能够有效收回，防止因贷款人死亡而无法收回未偿还贷款的现象；对于被取消供款率的成员按其是否为可变年金计划的参与者划分，从其年金储蓄基金或年金储蓄基金及可变年金储蓄基金中提取款项，对于 1971 年 1 月 1 日起生效，未偿还贷款由准备金承担，按正常利息计算的相当于未偿贷款现值的数额应从或有准备金转入年金储蓄基金，此后所有偿还款均应转入或有准备金。此条从法律上规范了向成员提供贷款的规则，对于突发情况无法由申请贷款者偿还的款项，按本条相关规定从基金或其他补偿金中抵扣应偿还金额，保证了贷款的收回。这对于我国提高沉淀的大量养老金的利用效率，为投保人本人提供紧急情况下的金融支持和信用支撑提供了借鉴。

2.1.8　超额收益计划

1. 本节中使用的单词和短语应具有以下含义，除非上下文明确要求不同的

含义：

(1)"退休福利"是指根据本章制定的退休制度或可变补充基金支付给受益人的福利,受美国联邦《国内税收法》第 415(b)条规定的限制。

(2)"受益人"是指从退休制度领取退休金的人。

(3)"超额福利计划"是指本节规定的超额福利计划,仅用于根据美国联邦《国内税收法》第 415(m)条的规定支付福利。

(4)"合格参与人"是指根据本细则 4 和 5 有权享受计划年度超额福利计划的重新享受津贴的受益人。

(5)"重置福利"是指根据本细则 5 确定超额福利计划向合格参与者支付的福利。

(6)《国内税收法》是指经修正的 1986 年联邦国内税收法典。

(7)"计划年"是指《退休和社会保障法》第 62 条规定的退休制度的限制年度。

2. 兹制定超额福利计划,其唯一目的是按照美国联邦《国内税收法》第 415(m)条的规定,向因退休金超过美国联邦《国内税收法》第 415(b)条规定的限制而减少了年度退休金的受益人提供替代福利。超额福利计划应由退休制度董事会管理。

3. 特此设立一项基金,称为超额福利基金,如美国联邦《国内税收法》第 415(m)条,其唯一目的是为了向根据本节设立的超额福利计划的合格参与者提供重置福利而保留的基金。该基金应由根据本细则 6 所作的雇主供款组成。对超额福利基金的这种缴款应与退休制度的其他基金持有的资产分开保存,但规定超额收益基金的资产可与其他退休制度资产一起投资,此类超额收益基金资产应与其他退休系统资产分开核算。

4. 因《国内税收法》第 415(b)条而减少某一计划年度退休福利退休制度的所有受益人都应是该计划年度超额福利计划的合格参与人。应确定每个计划年度参加超额福利计划的情况。退休制度的受益人不得在因《国内税收法》第 415(b)条而未减少其退休福利的任何计划年度成为超额福利计划的合格参与人。

5. (1) 对于受益人为超额养恤金计划合格参与人的每个计划年度,该合格参与人应获得超额养恤金计划的替代养恤金,其数额等于因《国内税收法》第 415(b)条而扣减之前应支付给该计划年度合格参与人的退休金全额与因《国内税收法》第 415(b)条而扣减的该计划年度应支付给合格参与人的退休金之间的差额。对于未从该计划年度的退休制度领取退休福利的受益人,不得根据本细则向其支付任何计划年度的替代福利。

（2）根据本条支付的替代福利，须与被替代的退休福利同时支付，支付方式与被替代的退休福利相同。任何时候都不允许符合条件的参与人直接或间接推迟超额福利计划下的福利。

6.（1）每一计划年度雇主对超额养恤金基金的必要缴款应为精算师确定的数额，这一数额是向该计划年度合格参与人支付根据本节应支付的替代养恤金总额所必需的。

（2）根据本章以及其他适用的法律规定，从纽约市和其他公共雇主支付的雇主缴款额分配中，向超额福利基金支付所需的雇主缴款。雇主缴款额的分配应按精算师确定的时间和数额存入超额福利基金。

（3）超额福利计划的福利负债应在计划年度基础上提供资金，但条件是任何雇主对超额福利基金的缴款，包括任何对此类缴款的投资收益，当前计划年度的支付替代福利将用于支付未来计划年份的替代福利。

7. 合格参与者根据本条获得替代福利的权利以及根据本节获得的替代福利，应免除任何州或市税，并且不得执行禁止或附带其他程序和不可分配，除非退休制度特别规定了应付福利。

8. 本节中的任何内容不得解释为意味着或暗示根据本章设立可变补充基金的可变补充付款构成退休金或退休津贴付款，或任何此类可变补充基金构成退休金、退休制度或基金。

9. 本节中的任何内容不得解释为以任何方式影响任何人根据本章适用条款获得可变补充的资格。

★**立法经验点评**：此条制定超额福利计划，设立超额福利基金，以向因相关规定而使得年度退休金减少的合格受益人提供替代性的福利，从而保障从退休制度领取退休金的人的合法利益，对因相关规定对其造成的损失作出补偿。

2.2　警察养老金

2.2.1　养老基金组成

警察养老基金应包括以下内容：

1. 该基金于 1940 年 1 月 1 日开始拥有的资本、利息、收入、股息、现金、存款、证券及信贷。

2. 警察部门不定时对任何成员施加的所有没收收入。

3. 由警务人员提供,支付或给予任何成员的所有奖励、费用、礼物、证明和酬金,但警务专员已经或应该允许由该成员保留的除外。

4. 从财产办事员收到的所有款项,以及出售属于警察部门或由警察部门拥有或控制的任何被宣告有罪、不适合或无法使用的财产而变现、取得或收到的所有款项。

5. 主计长每半年向该基金支付因任何原因缺勤、时间损失、疾病或其他身体或精神残疾而被没收、扣除或扣留的所有款项、薪金、补偿或其任何部分。

6. 在住宅或营业场所拥有和持有手枪或左轮手枪,或在纽约市拥有和携带隐藏手枪或左轮手枪的许可证所收到或获得的所有款项。

7. 在纽约市举行蒙面或化装舞会的所有收入或所得。举办该等舞会,必须先向警方部门缴付不少于 5 美元但不多于 100 美元的牌照费,以供该基金使用。

8. (1) 金额等于但不大于:

① 5%。每名在警队服务满 25 年后选择退休供款警队队员的半月工资、薪金或报酬;

② 6%。警队每名队员在警队服务满 20 年后选择以退休为基础供款的半月薪金或工资,而主计长须每半年从每名队员的工资、薪金或报酬中扣除该笔款项,并随即支付予该基金的受托人委员会。每一成员应被视为同意此类扣减,并应全额收到其工资、薪金或报酬,扣除此类扣减后的款项应完全解除和免除该成员在此类付款所涵盖期间就其提供的服务提出的所有索赔和要求,但其根据本章规定有权享受的福利索赔除外。

(2) 每个成员应在本节生效后 30 天内以书面形式向受托人委员会表明其选择将在服务 20 年后或服务 25 年后以退休为基础作出供款。

(3) 如某成员因分配给他的额外职责而领取额外工资、薪金或报酬,主计长应根据此种额外工资、薪金或报酬作出半个月扣减,除非该成员以书面形式向市议会表示他的选择是根据他第一次收到额外补偿之前收到的工资、薪金或报酬来计算其利益和义务。以前或现在领取上述额外工资、薪金或报酬的议员,须在本条生效后 30 天内如此表示。以后收到这种额外工资、薪金或报酬的成员应在第一次收到后 30 天内表示。如果任何成员已经或将要收到总计 5 年或 5 年以上的额外工资、薪金或补偿,或在本细则规定的期限内收到额外工资、薪金或报酬,主计长应继续根据这些额外工资、薪金或报酬每月扣减一次,即使该成员不再继续收到,除非该成员以书面形式向董事会表示根据他实际收到的工资、薪金或报酬计算其福利和义务。根据本分部作出的额外扣减应使该成员有权根据该额外工资、薪金或报酬领取养恤金。

9. 如果从本节所列上述来源获得的数额不足以支付已经或可能准予的扣减的养恤金、津贴、福利和减薪回报,则应由警察负责专员每年在向部门预算负责人提交部门预算时,要提交一份完整而详细的资金清单,说明该资金的资产以及全部支付所有这些资金所需的金额。每年应在预算中列入足以弥补这种不足的金额。主计长应向受托人委员会支付提供款项。

10. 该受托人委员会获授权并有权收取及持有任何及所有馈赠或遗产,而该等馈赠或遗产可给予该基金或任何在 1898 年 1 月 1 日之前在现为纽约市的任何领土内现有的任何警察退休金基金。

11. 尽管有任何其他法律规定与此相反,在 1995 年 7 月 1 日及之后,该养恤基金的组成应按本分节规定修改。

★**立法经验点评:**纽约市退休系统将政府雇员养老金按照工作种类进行划分,分别规定不同种类公务员所适用的养老金体系。此条法律对警察养老基金的组成作了详细的规定,其主要由 1940 年 1 月 1 日起始的资本、利息、收入、股息、现金、存款、证券及信贷、所有罚没收入、奖励、费用、礼物、酬金、财产变现,出售被警察部门没收、扣除或扣留的财产的所有款项、薪金、补偿或薪金或其任何部分,颁发枪支许可证所收到或获得的所有款项,在纽约市举行蒙面或化装舞会警察局的所有收入或所得,所有馈赠或遗产等。该养老金上述来源获得金额不足以支付已经或可能准予的扣减的养恤金、津贴、福利和减薪回报时,则应由警察负责专员每年在向部门预算负责人提交部门预算时提交一份完整而详细的资金清单,说明该资金的资产以及全部支付所有这些资金所需的金额。每年应在预算中列入足以弥补这种不足的金额。警察提供的是公共安全服务,纽约市是全美国人均持枪率最高的地区,一个家庭可能持有多支枪支,每年的持枪许可证收入作为警察养老基金的资金重要组成来源有利也有弊,从警方经济利益角度来看能够最大可能地保障警察部门养老基金的款项充足和防止养老金赤字,但也造成了纽约市警方和枪支持有者之间存在巨大的利益关联,这事实上导致在美国大规模推广禁枪非常困难。

2.2.2 最低残疾抚恤金

1. 尽管有规定在任何情况下,如果抚恤金是根据该节规定发放的,由于某一成员因实际履行其职务而导致或诱发残疾而退休,则该成员应有权领取不少于自 1965 年 7 月 1 日起支付给一级巡逻员的年薪或补偿金四分之三的抚恤金。如任何成员在 7 月 1 日领取的退休金少于一级巡逻员年薪或补偿金的四分之三,则他的退休金须增加一个数额,而该数额在加上较低的退休金时,须相等于一级巡逻员在 1965 年 7 月 1 日的年薪或补偿金的四分之三。

2. 这种抚恤金应支付给同一人,并应遵守相同的条款和条件,包括关于根据本分节原本应付的抚恤金的终止规定。

3. 根据本条支付的抚恤金应代替根据本分款应支付给成员的抚恤金。

★**立法经验点评**:此条法律对最低残疾抚恤金作了详细限定,抚恤金最低标准为一级巡逻员 1965 年 7 月 1 日起支付的年金或补偿金的四分之三,以保障警察因履行职务导致残疾而退休时能够得到一定的抚恤金,保障其合法利益和生活水平。

2.2.3　额外服务养老金信贷

1. 在服务满 20 年后,选择以退休为基础出资的成员可以继续服务。在服务满 20 年后选择退休供款的成员,在任期届满后,可继续任职。在这种情况下,在服务退休时,应在他的年度服务养恤金中加上退休之日领取的薪金的六分之一,用于每完成一个额外服务年,在这一年内应作出此种扣减。任何此类成员在完成 25 年服务后,应以 5% 的比率扣减,在这种情况下以及在退休后服务时,额外数额也应计入其按 5% 比率扣减的年度服务养恤金。

2. 在服务满 25 年后,选择以退休为基础出资的成员可以继续服务。在这种情况下,退休后的年服务养恤金应加上退休之日每多服务一年领取薪金的六分之一,在此期间,应按照 5% 的比率扣减。

★**立法经验点评**:此条对于服务满 20 年和满 25 年后,选择以退休为基础出资的成员可继续服务,其年服务养恤金应加上退休之日领取薪金的六分之一,并在服务满 25 年后按 5% 比率进行扣减。此条法律对于服务年限达到退休年限者选择继续任职所应为其增加的养恤金作了明确规定,并按相应比率进行扣减。扣减规则主要还是希望减少超长工作领取超高退休金的人数,保持基金运行平衡。

2.2.4　虚伪誓言

任何人如明知或故意以任何方式促使就退休金或退休金付款申索作出或呈交虚假或欺诈性誓章或确认书,则在每宗个案中,须处罚一笔不超过 250 美元的罚款,以受托人委员会的名义起诉及追讨,而该笔款项一经追讨,即须支付予该基金,并随即成为该基金的一部分。任何人在根据本分节的规定取得退休金或退休金付款时,如故意在任何誓言或誓词中作伪证,即属犯罪。

★**立法经验点评**:此条规定为获得退休金而故意在誓言或誓词中作伪证的

行为属于犯罪,需对此种案件没收一笔由受托人委员会以其名义起诉追讨不超过 250 美元的款项,并将此款项作为基金的一部分。该条款对于任何人通过欺诈材料骗取养老金的行为作出了经济处罚,一是提高了在领取退休金中作伪证行为的犯罪成本,二是充实了养老基金。

2.2.5　公益组织贡献及其使用

尽管有本章要求,在纽约市应付款项中,在养老基金任何成员受雇于公共福利公司或其继承人的任何当局、法人和政治团体期间,由于养老基金任何成员而应付给或有准备金的所有款项应由该雇用当局、法人和政治团体或继承人支付。

★立法经验点评:此条规定纽约市应付款中,公益组织成员的养老金款项由公益组织的雇用当局、法人和政治团体或继承人支付。

2.2.6　养老金计算方法

任何在 1966 年 7 月 1 日或该日后出任警务处总督察/行动处处长的警员,在退休时有权领取退休津贴,该津贴包括一笔年金,相当于其在退出警队时累计扣减额的精算值,以及一笔退休金,加上该笔年金后,该笔退休金将相等于其总督察薪金的三分之二。为计算此类退休津贴的年金部分,此类成员的累计扣减额应为此类成员从警察部队退休时所需的扣减额,不得因超额缴款而增加,也不得因提款、贷款、选择性修改、支付其老年缴款和遗嘱保险或法律授权的任何其他交易而减少。

★立法经验点评:此条规定 1966 年 7 月 1 日及之后出任警务处总督察/行动处处长的警员可领取包括相当于其退出警队时累计扣减额精算值的年金及一笔退休金,其总额相当于其警务处总督察薪金的三分之二,并规定此类年金不得因超额缴款或提款等而增加或减少。此条为某些养老金的计算方法作了法律上的规范,保障养老金计算金额的公平合法性。

2.2.7　担任公职继续享受退休津贴

尽管有一般性和特殊性,或者当地法律、宪章、行政法规或相反规定的规定,但不得因领取养恤金者当选纽约州或纽约州任何市、县或其他政治分区、机构或委员会的公职而持有或领取任何补偿而撤销、废止或减少警察养恤基金支付的任何养恤金。

★立法经验点评:此条规定不能因领取养恤金者担任纽约市之外但在纽约

州范围内的其他公职而撤销、废止或减少警察养恤基金支付的任何养恤金,保障其继续享受退休津贴。

2.2.8　既得退休权利

1. 任何会员：

(1) 在 1969 年 7 月 1 日后终止警队服务,但因死亡、退休或解雇而终止的除外；和

(2) 在此类终止之前,已服满 5 年以上许可的警务工作；和

(3) 不会全部或部分撤销其累计的扣减额；和

(4) 至少在此类终止之日前 30 天提交正式签署的延期退休津贴申请；应享有本节规定的延期退休津贴的既得权利。

2.(1) 在符合本细则 1 的条件下,该延期退休津贴将自动归属。

(2) 该退休津贴须在该名被停职的成员如没有停止服务时可退休的最早日期支付。

3. 这种递延退休金应包括：

(1) 年金,其精算值相当于该成员在警务期间的累计扣减额,加上根据《退休和社会保障法》第 43 条转入其贷方的任何累计缴款,因为此类累计扣减额和缴款总额是该成员本可退休服务的最早日期；和

(2) 养老金,连同其年金应等于：

(i) 对于服务期最短为 20 年的任何离职成员,其离职之日年薪的 2.5% 乘以离职之日记入其名下的允许警察服务年数,再加上其根据《退休和社会保障法》第 43 条转入其名下的服务年数；或者

(ii) 如任何中止任职成员的最低退休服务期为 25 年,则在其中止任职之日,其年薪的 2% 乘以其中止任职之日记入其名下的允许警察服务年数,再加上其根据《退休和社会保障法》第 43 条转入其名下的服务年数；和

(3) 从纽约市雇员退休制度转来的服务信贷中,如服务信贷是在 10 月 1 日之前提供的,则每年可领取其最后薪酬六分之一的 55% 的养恤金,如服务信贷是在 10 月 1 日或之后提供的,则可领取其最后薪酬六分之一的 75% 的养恤金。

4. 仅为根据本细则 3 第 1 款和第 2 款确定此种退休津贴的养恤金部分,第 1 款所指年金的计算方法如下：

(1) 不按任何未偿贷款的精算等值扣减年金；

(2) 不按任何额外缴款的精算等值扣减年金；

(3) 不按因该成员选择减少年金缴款以适用其老年和遗嘱保险缴款扣减额

而扣减年金；

（4）没有任何可选的修改。

5. 停止服务的成员累计扣减额及其增加的实得工资准备金的定期利息，应在停止服务后按其未停止服务时适用的利率贷记。

6. 如果成员在未达到最早退休年龄之前死亡，且未发生停职，则应：

（1）向其根据指定的受益人支付其累计扣减额，以便在根据该节应支付此类扣减额的情况下接收其累计扣减额；或

（2）如果该成员未指定此类扣减额，则应向其遗产支付此类扣减额。

7. 被停职的成员可在第一次付款之前的任何时候根据本节的退休津贴选择任何选项。

8. 在停止服务后撤销全部或部分累计扣减额应终止根据本条递延退休金的权利。

9. 如果被停职的成员未全部或部分撤回其累计扣减额，则该成员如未停止工作，应在该成员可以退休的最早日期之前重新担任警务职务，他在其停止工作前有权获得服务信用和地位。他的累计扣减额和其从终止服务之时起至重新任职时增加的实际所得工资准备金，应记入定期利息，如果他没有停止服务，应按适用的费率计算。

10.（1）如停职成员没有全部或部分撤回其累计扣减额，则除本条另有规定外，停职成员如没有中止服务，须在该停职成员本可退休服务的最早日期当日或之后，重新投入警队服务，其退休金的支付只在警队服务期间暂停及没收。

（2）该成员可再次成为养恤基金的成员，如果他在复职后90天内提出正式签署和承认的入会申请。

（3）如果该受益人再次成为养老基金的成员，则其年金的支付也应被暂停并没收，并将其年金储备转入其年金储蓄基金中，并且将成为新成员；但是，其应按照如果其没有停止警察服务其本应缴纳的费率（如有修改前，该中止成员可能有权享有的费率）向该基金缴纳款项。在他随后退休时，在其最后一次恢复成员资格后作为成员的所有服务应记入贷方，其应为此领取退休金，退休金的支付形式由其选择，包括：

（i）在退休时与其累计扣减额相等的精算年金；和

（ii）退休金等于其从其重新加入成员之日起至其后退休日期之间的平均年收入的六分之一乘以其自重新加入之日起在警察部队可允许服务的年数；和

（iii）养老金增量，这相当于其自重返警队之日起可获准在警队服务期间有权领取的增加实得薪酬准备金。

（4）此外，在其随后退休时，他应领取在最后一次复职前正在领取或有权领取的养恤金。

（5）为代替在恢复警务服务期间因任何可选择的退休金而须缴付的任何福利，该受益人可向其普通退休金基金支付应支付的数额，即其普通养恤金超出了迄今给予他的养恤金的款额，在这种情况下，如未中止付款，则应继续并在其死亡时支付此种可选福利。

11. 尽管有其他法律规定，在养恤基金服务满10年或10年以上的离职成员在领取退休金之前死亡，并且在其他方面无权从养恤基金中领取死亡抚恤金的，应被视为在其成员任职的最后一天死亡，有资格领取死亡抚恤金。在这种情况下，应支付的死亡抚恤金应为该成员在提供服务的最后一天死亡时应支付的死亡抚恤金的一半。

★**立法经验点评**：此条对既得退休权利进行详细法律规定，包括服务年限、死亡、退休、解雇、中止、重新加入等各种情况下养恤基金、津贴、福利、养老金的适用情况的选择等，从而精细化地保障警察在各种职业变动情景下的既得的养恤金权利。

2.2.9　解雇

1. 尽管有其他法律规定，当一名警察成员在退休制度中获得至少20年可信的警察服务时，解雇该警察不应妨碍其获得作为退休制度成员或退休成员本应享有的任何权利或福利，退休时其福利也不应因解除或解雇而以任何方式减少。为确定其作为退休制度成员的权利和福利，该成员应被视为在解除或解雇之日退休。

2. 尽管本细则1中有任何相反规定，在退休制度中已获得至少20年可信服务的成员（适用《退休和社会保障法》第14条的成员除外）应丧失其根据纽约州法律或根据另一州或美国法律被判定犯有重罪或罪行（如果在纽约州犯有重罪）时本应享有的退休金。

3. 本条不得解释为以任何方式修改或影响《退休和社会保障法》第14条适用的退休制度的任何成员的权利或利益。

★**立法经验点评**：此条对于解除或解雇某一在退休制度中已获得至少20年可信警察服务的成员时，不应妨碍及减少其原本应享有的退休权利或福利，但当其犯有重罪时将丧失这种应享有的退休金。此条对于被解除或解雇警察退休金或福利有着保障作用，保障其被解除或解雇后能够享有其原本应享有的退休权利和福利不被减少。这对于我国警察养老金的保障有着重要的借鉴意义。在纽约,警察本身就是一个高危高压和高风险职业,收入也不算高,只要满足 20 年可信任的警察服务,即使该警察后期在执行公务中因犯错被警局解雇,该条法律保障其获得作为退休制度成员或退休成员本应享有的任何权利或福利,退休时其福利也不应因解除或解雇而以任何方式减少,这也充分保障了警员的利益。

2.2.10　警务人员可变补充基金

1. 特此设立一个基金,称为警务人员的可变补充基金。该基金应包括根据本章规定可从养恤金基金支付的款项,以及该基金从任何其他来源收到的所有其他款项。

2. 立法机关特此声明,警务人员可变补充基金不得构成、也不得解释为构成养恤金或退休制度或基金,其职能应是按照本分节的规定向合格养恤基金受益人支付不构成养恤金或退休津贴的款项,作为他们根据第 2 章第 1 节或第 2 节领取的福利的补充。立法机关在此保留修改,修改或废除本分节任何或所有规定的权利和权力。

★立法经验点评:此条在法律上专门设立警务人员可变补充基金,其不得构成和解释为构成养恤金或退休制度或基金,是警务人员领取福利的补充性基金。

2.2.11　高级警官可变补充基金

1. 特此设立一个基金,称为高级警官可变补充基金。此类基金应包括根据本章有关规定从养恤金基金支付的款项,以及此类基金依法从任何其他来源收到的所有其他款项。

2. 立法机关特此声明,高级警官可变补充基金不得构成,也不得解释为构成养恤金或退休制度或基金,其职能应是按照本章规定向合格的养恤基金受益人支付不构成养恤金或退休津贴的款项,作为他们领取的福利的补充。立法机关在此保留修改或废除本分节任何或所有规定的权利。

★立法经验点评:此条在法律上专门设立高级警官可变补充基金,其不得构成和解释为构成养恤金或退休制度或基金,是警官领取福利的补充性基金。

2.3　消防员养老金

2.3.1　养老金组成

纽约消防部门养老基金应包括:

1. 该基金于 1940 年 1 月 1 日后产生的资本、利息、收入、股息、现金存款、证券及信贷。

2. 由消防专员不时以纪律处分方式对任何一名或多于一名队员施加的所有没收收入及罚款。

3. 任何成员可为特别服务而支付或给予的所有酬金（金钱、费用、礼物、奖励及薪酬）均由该名成员或多于一名成员保留，但如该名成员或多于一名成员已给予或须给予奖励或其他永久或具竞争性的酬金除外。

4. 除本章另有规定外，所有罚金和罚金诉讼收益，以及根据该章规定应支付的所有许可费，可从曼哈顿、布鲁克林、布朗克斯、皇后区和斯塔滕岛行政区支付或收取。

5. 所有款项、薪酬、工资或薪金或其任何部分，由任何一名或多于一名成员因缺勤而被没收、扣减或扣缴，由主计长每半年向该基金受托人委员会支付一次。

6. 所有馈赠、赠与、设计或遗赠与该基金的任何金钱、不动产或个人财产、财产权利或其他有价值的物品。

7.（1）金额等于但不大于：

① 每名警队服务满 25 年后选择退休供款的警队队员的半月薪酬、薪金或工资的 5%，或

② 每名警队队员在警队服务满 20 年后选择以退休为基础供款的半月薪酬、薪金或工资的 6%，而主计长须每半年从每名队员的薪酬、薪金或工资中扣除该笔款项，并随即支付予该基金的受托人委员会。每一位成员应被视为同意此类扣减并应全额收到其薪酬、薪金或工资，扣除此类扣减后的款项应完全免除该成员在此类付款所涵盖期间就其提供的服务提出的所有索偿及要求，但其根据本章规定有权享受的福利索赔除外。

（2）每位成员应在 1941 年 5 月 15 日或之前，以书面形式向受托人委员会表明其选择在服务 20 年或 25 年后退休的基础上缴款。

8. 如果本节所述上述来源的数额不足以支付已经或可能在以后授予的薪金扣除的退休金、津贴、福利和减薪回报，则应由该委员负责在每年向预算主任提交部门预算时，都要提交一份完整而详细的资金清单，说明这些资金的资产情况以及全部支付所有这些资金所需的金额。每年应在预算中列入足以弥补这种不足的数额。审计员应将所提供的款项支付给受托人委员会。

9. 尽管法律另有相反规定，在 1995 年 7 月 1 日及之后，本养老基金组成应根据本章规定进行修改。

★**立法经验点评**:此条法律对纽约市消防部门养老基金的组成作了详细的规定,其主要由 1940 年 1 月 1 日后的资本、利息、收入、股息、现金、存款、证券及信贷,所有没收及罚款、所有酬金、所有罚金和罚金诉讼收益、所有许可费,因缺勤而被没收、扣减或扣缴、被扣除或扣留的所有款项、工资、薪金或其任何部分,所有与该基金的任何金钱、不动产或个人财产、财产权利或其他有价值的物品的馈赠、赠与或遗赠等。如果该养老金上述来源获得的金额不足以支付已经或可能准予扣减的养恤金、津贴、福利和减薪回报时,则应由委员会每年在向部门预算负责人提交部门预算时提交一份完整而详细的资金清单,说明该资金的资产以及全部支付所有这些资金所需的金额。每年应在预算中列入足以弥补这种不足的金额。这种消防养老基金资金组成来源广泛,法律保障了即使出现养老金缺口,也将由纽约市财政预算资金补充缺口,这样能够最大可能地保障养老基金款项充足,防止赤字。

2.3.2 原计划成员缴款

1.(1)在改进福利计划开始日期之前由本部分规定设立的退休津贴累积基金(应在该开始日期停止存在)。

(2)自该开始日期起,退休津贴累积基金的所有资产,包括截至该日期(包括该日期)的到期应付给退休津贴累积基金的所有未付金额所代表的义务,均应从该退休津贴累积基金转移到由本章设立的或有储备基金,该义务应根据该日期之前根据本章核证成员扣减率和纽约市缴纳率确定。自开始日期起构成退休津贴累积基金资产且应由纽约市支付的任何此类未付金额,应由纽约市根据本节和本章的规定在该日期之前进行核拨和支付。

(3)在上述转账金额中,每个原始计划成员的先前原始计划成员累计缴款,自该起始日期起应转入其应急储备金个人账户。

2.(1)除本细则 3 第 2 款的规定外,在开始日期当日及之后,每名原计划成员须按该细则 3 第 1 款的规定,从其薪酬中扣减其可供支付薪酬中相当于以下数额的部分(因任何有效的增收——自置薪酬方案而将该比例降低前),供款给养恤基金。他应支付的工资缴费的比例(在因任何有效的增加家庭工资收入的计划而减少之前),必须在该开始日期之前的下一个日期向养恤基金缴款。

(2)作为原始计划成员的正常缴费率应在其作为原始计划成员期间保持不变。

(3)根据本章规定应付给现役原计划成员或在其死亡时支付的现金福利,应从或有准备金中支付。原计划成员退休或在执行职务时死亡的,应将相当于其作为成员在纽约市任职的退休津贴准备金的数额从或有应急储备金转入退休津贴储备金。

3. (1) 该委员会须向委员核证,委员须从每名原计划成员的薪酬中,扣除他须按本细则 2 规定向养老金基金供款可得薪酬的比例,而该比例须因任何增加实得薪酬的计划而扣减,但扣减幅度及期间须为任何规定养老金基金成员可获如此扣减的法律(如适用于该成员)规定。在厘定任何成员在发薪期内可赚取款额时,该委员会可考虑在发薪期的第 1 天支付予该成员的补偿率,而如雇员在发薪期的第 1 天并非该成员,则该委员会可略去在少于整个发薪期的任何期间从补偿中扣除的款项。为方便作出扣减,该委员会可修改任何成员所须缴付的供款,款额不得超逾作出该供款所依据的补偿的 1%。尽管法律规定的任何成员的最低赔偿额将因此而减少,但仍应作出本协议规定的扣减。每名成员应被视为同意本协议中规定的扣减,并应全额收到其工资或报酬,扣除此类扣减后的款项应完全解除和免除此类人员在此类付款所涵盖期间就其提供的服务提出的所有索赔和要求,但其根据本章规定有权享受的福利索赔除外。委员须就每份薪金单向主计长核证须扣除的款额。每笔款项应扣除,扣除后应存入或有准备金,并记入作出此种扣除的成员个人账户。

(2) 即使任何其他法律条文有相反规定,如任何原计划成员的消防服务年数相等或超过由他选择的服务退休的最低期限,则该成员在完成该最低期限后及在 1969 年 7 月 1 日或之后所赚取的任何可供支付的补偿中,该部分是通过将上述补偿乘以其作为原计划成员的超过 5% 的正常缴款率(如有的话)获得的,不得在本细则 2 和本细则 3 第 1 款下扣除。本细则第 2 款所载的任何规定均不得影响或损害本章赋予任何上述成员的任何权利。

4. 除以上规定的补偿金外,原计划成员可以一次性将原计划成员按本章规定从基金中提取的总金额一次性存入应急准备基金。如此存入的额外数额应成为其累计缴款的一部分。原计划成员按本章规定提取的累计缴款,应当从或有准备金中拨付。

★立法经验点评:此条规定退休津贴累积基金在改进福利计划开始日期之前停止存在,退休津贴累积基金的所有资产应从该退休津贴累积基金转移到储备基金,先前原始计划成员累计缴款应转入其在应急储备金个人账户中的账户,从其补偿中扣减其可供支付的补偿中的数额,委员须从每名原计划成员的薪酬中扣除按规定向养老金基金供款可得薪酬的比例等,对原计划成员缴款作法律上的详细规定。

2.4　公立学校教师养老金

2.4.1　公立学校养老金制度扩展到公立大学

公立学校教师退休制度的成员资格,除包括本章所列举的教师及本章所述成员外,亦包括纽约市市立大学的所有行政及教学人员,以及目前受雇于该学院的其他成员,而该人员并非为本章所支持的任何其他退休制度的成员。全部或部分由本市委任,以每年由纽约市拨款支付的薪金服务,以及所有受雇于纽约市市立大学的老师,他们每小时、每日、每月或每学期根据退休委员会所采用的适当规则及规例服务,成为退休制度的成员。但这些讲师并非任何其他退休制度的成员,该退休制度须全部或部分由纽约市支持。除以下规定外,本章的所有规定均适用于此类别参与者:

1. 本章所有定义应适用于大学参保者的退休条款。纽约市市立大学及其所有部门,包括高中预科,与本章定义中列举的公立学校一起被视为公立学校系统的一部分。大学参保者以及本章定义中列举的那些人被视为公立学校系统的教师。现任教师应为 1963 年 6 月 1 日起为学院服务的教师。新加入者应为在该日期后指定服务的人员。在将本章定义适用于大学参与者时,应先为目前的教师计算之前的服务,直至该日期为止。

2. 本章构成的退休委员会成员资格不得因纽约市学院雇员退休制度的变化而改变。该委员会的所有职责均应参照大学参保者行使。

3. 本章规定的所有经费,应当以与其他供款人相同的方式为大学供款人和其代表进行管理,纽约市政府每年应为每一位在职大学教师向应急准备基金支付 10 000 美元,且这笔款项应持续支付,直至这些款项的现值等同于退还给或有准备金基金的现值为止。

4. 在计算大学供款人的服务年限时,本章的所有规定均适用,而纽约市学院的所有服务均须记入大学供款人的贷方,教育委员会管理和控制下学校的类似服务记入其他供款人的贷方。

5. 本章的所有规定均适用于大学供款人,但被解雇的大学供款人不得从纽约市教育委员会教师退休基金中支付任何款项,因为该基金是在 1917 年 8 月 1 日之前存在的,对于大学供款人而言,凡为满足退休要求而在各条中指定此种服务的,则此种服务应视为等同于纽约市服务。

6. 根据大学官员和教授退休基金规定正式退休的每一名大学养恤金领取

人,应在 1923 年 5 月 22 日之前,按月定期从第二号养恤金储备基金领取退休时分配给他的相同年度养恤金,纽约市应向第二号养恤金储备基金缴纳相当于付给这些养恤金领取人的数额的款项。

★**立法经验点评**:纽约市专门为公立学校教师建立了公共养老金系统。此条法律将公立中小学养老退休制度扩展到公立大学相关的从业人员,分别规定公立大学参保者所适用的养老金法律条文,包括大学教授、行政、其他教学人员以及受雇于大学的其他成员等。虽然纽约市有很多世界知名大学,如哥伦比亚大学、纽约大学等,但绝大部分都属于私立大学,因此其学费较为昂贵,教职工的薪酬和福利待遇也远远高于公立大学,纽约市只有唯一一所公立大学——纽约城市大学,纽约城市大学(CUNY)是美国第二大的大学系统,超过 54 万名大学生及研究生在纽约市五个区的各所分校就读。包含有 11 个四年制常规大学、6 个两年制社区学院、一个研究生院、一个新闻学院、一个法学院和一个生物医学院。由于属于政府全额出资,本条法律也将公立大学教师的养老金计划并入了纽约市公立学校养老金系统,这为我国大学教师的事业单位养老金改革提供了借鉴经验。

2.4.2　可变年金基金

1. 除已拨备的基金外,还应设立五个基金,统称可变年金基金,分别为:

(1) 可变年金储蓄基金,

(2) 可变年金储备基金,

(3) 可变养老金公积金,

(4) 可变养恤金储备基金,

(5) 作为应急准备金的单独部分,分别设立可变应急准备金。

2. 可变年金基金 A 和 B 应继续使用,但须符合本细则 3 的规定。

3. 在符合本章规定的前提下,退休委员会可设立、修改或废除此类额外的可变年金基金,包括但不限于:

(1) 可变年金储蓄基金,

(2) 可变年金储备基金,

(3) 可变养恤金积累基金,以及

(4) 可变养老金公积金。

每一个可变年金基金都应以创建或修改可变年金基金的决议中所描述的方式进行投资,并且退休委员会应为每个此类基金确立一个新的开始日期和初始单位价值。

4. 在设立、修改或废除可变年金基金时,退休委员会不得采取任何行动,使退休制度不符合 1986 年《国内税收法》第 401(a)条或违反 1986 年《国内税收法》第 403(b)条的递延税款年金计划的规定。

5. 就任何社员或退休成员而言,凡提述任何可变年金基金而无须作进一步说明,须视为提述该社员在该基金内设有账户的一项或多于一项基金。凡在未作进一步说明的情况下,对任何一项可变年金基金的一般描述,须视情况而视为描述该项或多于一项或全部基金。凡援引选举或其他交易的规定,如要求对可变年金基金加以区分,则在新的开始日期当日或之后这种选择或其他交易生效时适用。如退休委员会借决议依据本细则 3 设立一项或多项可变年金基金,则每项或多于一项该等基金均须受本章所指明的适用于基金 A 及 B(视何者适当而定)的条文所管限及受其规定的限制。

★**立法经验点评**:此条规定教师退休制度除已拨备的基金外,应设立可变年金基金,该基金包括五个类型:可变年金储蓄基金、可变年金储备基金、可变养恤金积累基金、可变养恤金储备基金以及作为应急准备金的单独部分,分别设立可变应急准备金。对于这些可变年金基金,退休委员会可不时设立、修改或废除可变年金基金,并进行投资,为其设立新的开始日期及初始单位价值。此条规定退休委员会不得采取行动使退休制度不符合相关法律的递延税款年金计划的规定等。可变年金基金的建立丰富和完善了教师退休制度,为教师退休金提供多个供款渠道,保障养老金款项的充足,能够应对突发情况下养老金供给不足,防止赤字。

2.4.3　资金投入单位价值

1. 退休委员会可与一个或多个机构签订投资和管理可变年金基金的合同。退休委员会应保留确定福利责任和投资的最终权力。与任何一个机构签订的合同期限不超过 5 年,但可与同一机构续签。任何此类合同应在生效日期前 30 天内向纽约州保险总监备案,合同代理机构的运作如影响可变年金计划的运作,应接受保险总监的审查。

2. 退休委员会作为订立一项或多于一项合同的替代办法,只可在保险法准许的范围内,与保险公司订立一份或多于一份可供按可变年金计划支付福利的合约。

3. 出于投资目的,可变年金基金应被视为单一基金,但可由多个机构投资。

4.(1)尽管国家或纽约市法律有相反的规定,各可变年金基金的资产可投资于国内人寿保险公司或储蓄银行允许的国内或国外股票和其他证券,但仅限于以下限制：

（i）不得对任何一家公司及其子公司的股票、股份或可转换为股票的证券进行投资，而在作出该投资时，该可变年金基金所拥有的该公司及其子公司的股份的市值，不得超逾该基金资产总市值的 5％。

（ii）在已发行的股票、可转换为股票的股权、证券或任何法人的任何类别股权中，不得超过该基金所拥有市值的 2％。上述规定不限制可变年金基金资产投资于市、县、州、联邦或公司债务，在法律允许的情况下，不得转换为股票或股份。

（2）除本细则 4 第 1 款允许的任何投资外，即使任何州或市法律有相反规定，各可变年金基金的资产可投资于不符合第 1 款规定条件的投资，前提是：

（i）基金根据本款进行的投资在任何时候不得超过该基金资产的 15％（或任何其他州或纽约市法律可能授权的较高百分比）；和

（ii）该投资须由参与者及受益人的独有利益而作出，基金的受托人须以谨慎、专业、审慎及勤勉的态度作出投资，以同样身份行事及熟悉该等事宜的谨慎投资者会在经营性质相同及目标相同的企业中使用这些投资。

（3）如果本细则条款与州或纽约市法律的任何规定有任何冲突或不一致之处，即规定可投资于任何类型或任何特定投资基金的资产比例，包括但不限于《退休和社会保障法》第 4-A 款的规定，以该分则规定为准。

5. 投资收益以及资产的升值和折旧应在每个月末按比例分配给各个可变年金基金。

6. 部分章节规定不适用于该可变年金基金。

7. 按照本章规定向可变年金储蓄基金和可变养老金公积金存款和转账应立即转换为等值单位。每个月末，每个基金每个人账户中的单位数量应增加 0.327 4％，如果以每年 4％的有效利率投资，则一个月内增加一笔资金的百分比。

8. 1968 年 1 月单位的价值应为 10 美元。此后任何一个月，应按照下列第 1、2、3 款确定：

（1）适用下文第 2 款所述方法月份之前的任何月份，单位价值应等于该月初可变年金储蓄基金和可变养老金累计基金的总资产除以该基金个人账户中当时的单位总数。

（2）退休委员会应当设立本款规定的第一个月。对于这样的第一个月，以及此后的任何月份，单位的价值应等于前一个月的单位的价值，乘以等于(i)由一个月投资 10 000 美元所产生的数额的比率，等于(i)平均 r 的比率。在前一个月的可变年金基金中的投资结果(包括市场价值变化)较少,(ii)根据细则 10 在上述月份内向此类基金收取费用的比率,以及低于(iii)费用 A 的比率。根据本细则 11,从可变年金基金以外的可变年金基金收取或扣除第二个月,(iv)投资 10 032.74 美元,投资金额为 10 000 美元。一个月的有效利率为每年 4%。这样的平均投资率,扣除费用和此类转移,应根据退休委员会制定的规则和程序确定。

(3) 单位价值应确定为最接近的十分之一美分。

9. 退休委员会应:

(1) 公布或规定可变年金基金运作的年度报告。

(2) 向每个有可转让年金储蓄基金和可变养老金公积金贷记单位的供款人提供一份年度报表,显示截至当年年初基金中的单位价值及记入其贷方的单位数目。

10. 对可变年金基金的经营和管理所发生的费用应由该基金支付。

11. 退休委员会应编制因可变年金计划而产生的额外费用(如有)的年度估计数。相等于该等额外开支的款额,须按比例记入并入账,并由可变年金基金应急储备基金除外转拨至开支基金。此类转移应在作出此类估计的月份之后立即按 12 个月分期进行,但与 1968 年 1 月 1 日之前发生的额外费用有关的转移以及与建立 B 基金有关的新开始日期之前发生的额外费用有关的转移,退休委员会应酌情决定按 12 个月至 60 个月分期进行。

12. 资产应按其市值估价,如果没有现成的市场价值,则应按照公认惯例确定的公平市价估值。

13. 从新开始日期开始的一个月,B 基金的单位价值应为 10 美元,此后任何一个月份的单位价值应按照本细则 8 的第 1、2、3 款确定。

★立法经验点评:此条对于管理、资金投入、单位和单位价值、费用等方面作了法律规定。规定退休委员会在保留确定福利的责任和投资的最终权力下可与一个或多个机构签订投资和管理可变年金基金的合同;可在保险法准许的范围内与保险公司订立可供按可变年金计划支付的福利的合约,本细则与纽约州或纽约市法律的任何规定有任何冲突或不一致之处以本规定为准,可变年金基金应被视为单一基金,但可由多个机构投资,1968 年 1 月单位的价值应为 10 美元。此后的任何一个月的单位价值按相关规定进行确定,并由退休委员会编制可变年金计划。提供年度报表,并对由此产生的费用支付作出规定。将资产按市值或公认惯例进行估价。此条对于资金的投入、费用的转移、记账、年金基金的管理等作出法律规定,使其运作有法可依。

2.4.4 可变指定受益人年金与可变联合年金或养老金

1. 对于参加可变年金计划的人员,根据本章选择的关于累计扣减额或死亡抚恤金支付方式的选项还应分别适用于在可变年金储蓄基金或可变养老金公积金中记入其名下的单位。选择权的供款人或受益人可选择以固定或可变分期方式支付指定受益人的年金。如果选择的是:

(1) 固定分期付款,受益人应记入第 1 号养老金储备基金,用于支付指定受益人的年金,并根据本章支付其余额。从持有人账户的可变年金基金中,将相同金额转入选择的第 1 号养老金储备基金。

(2) 可变分期付款,受益人应记入可变养恤金储备基金,其单位价值等同于根据本章规定的其他数额并应从该基金中获得指定的可变受益人年金。如果选择细则 3 是以规定在受益人死亡时支付指定一次总付金额的形式选出的,则供款人账户在可变年金储蓄基金中规定的金额应限制总额不得由他的累计扣减额提供。此处确定的一次性款项应从第 1 号养老储备基金中支付,可变养老金储备基金中计入受益人的单位应减少精算计算的数量以提供该数额。应从可变年金储蓄基金(i)转入可变养老储备基金的数额等于受益人在该基金中贷记的单位价值;以及(ii)如果选择细则 3,转入第 1 号养老金储备基金的款额,须等于该选择所需从受益人账户扣除的单位价值。就本部分而言,单位的价值须为供款人死亡当日的价值。

2. 根据本章选择的有关年金、养老金或退休津贴支付方式的选择权,对于参加可变年金计划的参与者,也应分别适用于可变年金、可变养老金或两者的支付。选择选项是:

(1) 备选方案 I,缴款人死亡时应支付的余额应等于其退休时在可变年金准备金或可变养恤金准备金中记入其名下的单位超过其退休时支付单位的价值。该数额应由持有作出选择账户的可变年金基金支付。

(2) 备选方案 II、III 或 IV 的联合和遗嘱形式,可变年金储备基金或可变养老金储备基金缴款人的账户应作为缴款人及其指定人的联合账户保存。

(3) 备选方案 IV,以规定付款的形式:

(i) 在供款人去世时指定的一次总付款额中,其在可变年金储备基金内的账户所规定的款额,须以其年金储备金不能提供的总款额为限。记入可变年金储备基金缴款人的单位应减少精算计算数量,以提供此处确定的一次总付金额。从可变年金储备基金转入年金储备基金的数额应等于供款人退休时按照该选择要求从其账户中扣除的单位的价值,该款额需从年金储备基金中支付;

但如属 20 年养恤金计划退休人员,则须延后支付。日期、转拨的数额应等于自其退休津贴开始之日起扣除的单位的价值。

(ii) 在供款人退休当日价值相等的若干单位中,供款人去世时须支付的指定的整笔款项,由供款人于年金储备基金内的账户所提供的款额,以供款人的可变年金储备不能提供所选择的总额为限。记入年金公积金供款人账户的金额,应当减少至精算计算确定的单位数所必需的数额,从年金储备基金转入可变年金储备基金,并从可变年金储备基金中支付;但是如果 20 年养恤金计划的退休人员的可支付日期如本章所定义,则此类转移金额应以其退休津贴开始时的单位价值为基础。

3. 如果依照本章支付的总额至少为 500 美元,指定受益人可在缴款人死亡后 60 天内向退休委员会正式提交书面通知,选择向其支付相当于应支付总额 20% 的金额,并将其记入可变年金基金账户,自死亡之日起,该金额等值单位从可变年金基金中支付至未支付部分,并按连续 4 个年度分期支付。受益人在 5 年期满前死亡的,应当向受益人支付相当于其账户单位当时价值的金额。在根据本细则支付任何金额后,应取消此类支付中所代表的单位数量。以便将其自己的账户记入可变年金基金,从该基金中支付的数额与死亡之日的单位等值,记入未支付的部分,并在连续 4 次的每年分期付款中每一次支付一笔数额,相当于当时贷记单位数的四分之一。受益人在 5 年前死亡的,应当向受益人支付相当于其账户中单位当时价值的金额。在根据本分款支付任何款额后,应取消该次付款中所代表的单位数目。

4. 如选择将依据本细则 2 第 1 款或第 3 款第(ii)段须支付的款额作为年金支付,则作出选举的出资人或受益人可以选择具有指定受益人年金以固定或可变分期付款的金额。如果选择是:

(1) 固定分期付款,受益人应记入第 1 号养老金储备基金,用于支付指定受益人的年金。从持有投票人的账户的可变年金基金中,将相同金额转入选择的养老金储备基金。

(2) 可变分期付款,受益人应记入可变年金基金中,并应从该基金中支付指定受益人的可变年金。自供款人死亡之日起,该金额以等值单位支付。

5. 指定受益人的年金应以与受益人计入的单位相当的单位计算。为此目的,退休委员会设立的第 1 个月和随后的几个月内,任何指定受益人年金的此类变量都应按到期月份的单位价值以美元支付,而在第一个月之前的任何月份,这些变量都是可变的。指定受益人的年金应按到期日前一个月内有效单位的价值以美元支付。

6. 就按照细则 2 的条款支付的可变指定受益人年金而言,指定受益人死亡时应支付的余额应等于在死亡之日计算年金超过支付给受益人的单位的超额(如果有的话)价值。如有余额,应从应支付可变指定受益人年金的基金中支付,并立即注销受益人在该基金中的账户。

7. 参与人如为延期支付日期的退休申请人,可在退休津贴开始日期之前的下一个日期之前,按照退休委员会制定的规则和条例,通过向退休委员会提交的选择,作出本细则 2 第 3 款所述的选择;但该参与人可在该项选择提交后及退休津贴开始前的任何时间,按照退休委员会订立的规则及规例,向退休委员会提交取代选择而更改该项选择。

8. 除本章规定的情况外,根据本节进行的可变年金基金之间的转移应为 A 基金转入 A 基金或从 B 基金转入 B 基金,在根据本章可能设立的其他可变年金基金内转移。

★立法经验点评:此条对于选择、可变指定受益人的年金、可变联合年金或养老金作出详细的法律规定。对于参加可变年金计划的人员,选择权的供款人或受益人可选择以固定或可变分期方式支付指定受益人的年金,也应分别适用于可变年金、可变养老金或两者的支付,同时对供款人死亡时,受益人应就此向退休委员会发出的申请及委员会应支付的基金数额计算方法、核减金额、支付期限、应从何种基金中作出支付等作了法律上的规定。此条为可变养老金提供了固定分期和可变分期两种可选支付方式,并对供款人死亡时受益人的后续申请程序等作出规定,以保证可变指定受益人的年金、可变联合年金或养老金的有效支付。我国教师养老金计划中也普遍建立了职业年金制度,但年金的种类、投资渠道和支付方式较为单一,缺乏法律的精细化保障,即使出台了相关的税收优惠方案,但实施效果并不好,纽约的教师可变年金方案为我国完善教师养老金三支柱方案提供了重要参考。

3 城市火灾预防与控制篇

3.1 消防部门与火警系统

3.1.1 定义

1. 就本标题而言,以下术语具有以下含义:

(1)"长官"是指消防行政长官。

(2)"部门"是指消防部门。

2. 除总局以外,消防行政长官根据纽约市宪章设置的分局和办事处,都应归属消防部门:

(1)由消防行政长官负责的消防局职责是扑灭火灾,并负责与之相关的生命及财产的必要和附带保护。该部门须设有消防局,并须由行政长官指定的本署消防部队一名职级高于上尉的成员负责。该部门须就以下事宜执行行政长官的职责及行使行政长官的权力:(i)可燃物、化学品、爆炸品、易燃物或其他危险物质、物品、化合物或混合物;(ii)从该等物质、物品、化合物或混合物中预防火警或对生命或财产的危险,但与结构状况有关的条文除外;及(iii)防止火警及恐慌、通道阻塞、走道、楼梯、防火及灭火装置的设置,以及在领有牌照的装配地方的防火措施。消防局的军警人员和文职人员在执行公务时,应享有治安官员的权力和职责,但其在刑事诉讼中进行逮捕和诉讼的权力应限于下列有关的案件:(i)制造、储存、销售、运输或使用可燃物、化学品、爆炸物、易燃物或其他危险物质、物品、化合物等;(ii)防止火警或由此对生命或财产造成的危险,但与结构状况有关的条文除外,及(iii)火警危险。

(2)由消防行政长官任命的首席和副首席消防官员,必须是消防部门的成员。

3. 尽管一般、特别或地方法律、规则或规章有任何不一致的规定,消防部门总干事在其任期内不得兼任该部门其他任何职务。任何违反本条规定的人,须当作已离职。

4. 尽管有任何其他法律规定与此相反,消防部门的穿制服部队的任何成员在紧接其任用或就职之前已担任过或应当担任纽约市交通管理部门警察局或纽约市住房管理局警察局警察部队成员,应该由该成员服役过的部门确定他是否有资格获得可变补充基金福利,由消防队员可变补充基金支付。

3.1.2 火警报警电报系统

1. 保护。火警报警电报系统只能由行政长官或负责其操作或维修部门的官员和雇员操作或使用,或授权使用它来指导或演习。但是任何人都可以自由操作以传达实际的火灾报警。未经行政长官授权,任何人为了任何目的或拥有任何钥匙而试验或篡改该系统都是非法的。任何人张贴、涂漆、打洞或以任何方式贴在与火警报警电报相连的电线杆上,或与其相连的任何电箱、电线或其他器具,任何标牌、标志、通知或任何形式的公告;或削减、毁坏、改变、损坏、污损、覆盖、以任何方式妨碍或干扰;或以与火警报警箱上的杆或类似的颜色,或任何其他电线杆的颜色或色彩,或以其模仿的方式在其上绘制或彩绘;或同意、允许或参与为他代表的任何此类事情。

2. 放风筝。将任何风筝悬挂、举起或放入与该电报线路相邻的任何街道,或允许与其电线或设备缠绕在一起,即属违法。

★立法经验点评:从该条法律可以看出,纽约设有独立的火警报警电报系统和专用报警线路,为了保护该系统,保证系统有效运行,法律明文规定了其操作权限。至于与火警报警电报系统相连的电线杆、电箱、电线或其他器具,也都受到法律保护,不允许任何人损坏或者污损,或者制造任何色彩误导,以免在真正需要用到系统时耽误了火警报警。即使是在电报线路相邻的任何街道放风筝,都属于违法行为。在国内,我们也应该通过立法建立和保护专用火警报警系统,在遇到地震、泥石流等自然灾害时也能无故障运行。

3.1.3 辅助火灾报警系统

1. 消防报警电报公司。

(1) 支付给纽约市的补偿。所有从事维修和操作辅助火警报警电报系统的人员,这些电报系统从中获得租金、利润或补偿,并且与纽约市维护的火警报警电报系统连接,或者为了他们顾客的利益,被允许使用任何此类火警电报系统服务,应向纽约市支付这种特权的合理补偿,并由委员会根据委员建议由董事会确定的一段时间内支付合理补偿。

(2) 按部门收购。该行政长官经授权并有权在其判断中延长该部门的火灾报警电报系统,通过购买、租赁或许可该电器、设备、装置、专利的全部或部分,任何类型的许可证、特许经营权、权利、合同或其他财产,在纽约市开展业务的任何火灾报警电报或火警信号公司,其价格应与拥有该费用的个人或公司商定,特此授权公司向纽约市出售、出租或许可相同的产品。这种购买、租赁或许可应首先由估价委员会批准,如果得到批准,则应通过总务部门进行。

2. 与消防报警电报系统的私人连接。

(1) 可能需要行政长官。行政长官可以规定所有多个住宅、工厂、办公大楼、仓库、商店和办公室、剧院和音乐厅以及负责所有医院和收容所的当局或人员,公立学校和其他公共建筑的所有者和业主、教堂、教育或娱乐场所以及所有码头、舱壁、码头、码头棚、舱壁棚或其他海滨建筑物而聚集大量人员的其他地方,应提供以下方式向火警报警。任何人违反或拒绝或不遵守本规定,一经定罪,将处以不超过 500 美元的罚款,或不超过 6 个月的监禁,或两者兼施;并且任何此类人员还应对每项犯罪行为缴纳 250 美元的罚款,并以行政长官的名义提起民事诉讼。

(2) 检查和维护。行政长官有权亲自或由其正式授权的雇员进入由业主或其代理人提出的申请,或由行政长官指示提供的建筑物或处所,为了维护、修理、检查或安装火灾,直接向部门传达火灾报警的手段。行政长官有权就此类特殊火灾警报服务的维护和设备收取合理费用,并将行政长官收取的款项支付给统筹基金。

3. 室内火警。

(1) 自动火灾报警。在任何酒店、住宿、公共或私人医院或庇护所、百货商店和公立学校,应在行政长官要求时安置并提供足够可靠的电气或其他内部报警系统,以供行政长官可以将火灾或其他危险的警报立即传达给建筑物的每个部分。为防止或扑灭火灾或在发生火警时提供逃生手段,火警设备及放置或保存在任何该等建筑物内的所有其他电器,须在任何时间保持良好的工作状态及适当的状况以供立即使用,任何穿制服的消防队成员或政府部门授权代表可在任何时间进入任何此类建筑物。

(2) 建筑服务员。在旅馆、住宿房屋、公立或私立医院或庇护所使用或占用的每座建筑物内,所有者或负有其管理责任或管理权的其他人,均应聘用一名或多名建筑物服务员,应按照行政长官设立的规则和规定,定时和定期访问该建筑物的每一部分,以便发现火灾或其他危险源,并及时向建筑物的住户发出警告。应提供时钟打卡器或其他设备,由消防行政长官批准,借此可记录该建筑物服务员的行为。

(3) 消防出口分布图。在本细则 3 第 1 款和第 2 款所述的任何建筑物中,应张贴行政长官指示的卡片,其上应印有显示建筑物的出口、大厅、楼梯、电梯和走火通道的图表,并在大厅和通道内张贴行政长官指示的标志,标明楼梯和消防通道的位置。

★**立法经验点评**:由本条规定可以看出,纽约除了设立火警警报电报系统之外,还有其他一些辅助报警系统,以弥补可能存在的报警不及时的隐患。其中,关于安全出口标示的要求,国内也有相关规定。在任何酒店、住宿、公共或私人医院或庇护所、百货商店和公立学校等人群集聚之处,法律规定都必须安装自动报警装置系统,能够将火警警报信息传达到建筑物的每一个部分。关于纽约的建筑服务员制度,是国内目前没有的。除了技防之外,该法律还强制规定火灾的人防系统,要求建筑所有人或管理责任人必须聘用一名或多名建筑物服务员,定期检查建筑物的火灾隐患。这项规定建立了一套第三方火警巡查预警制度,将防火责任转移给了建筑物所有人,以自律自查代替消防部门的检查,减轻了消防部门的负担。

3.1.4　报告消防部门响应时间

1. 本部分应被称为"紧急事件911响应时间报告法",并可能被引用。

2. 消防部门应跟踪向消防部队或救护车作出反应的911操作员的报告时间与第一个消防单位(仅包括梯子和发动机)或第一辆救护车单元到达火灾现场时间的时间间隔,场景分为以下几类:

(1)结构火灾的平均响应时间;

(2)对非结构性火灾的平均响应时间;

(3)对非火灾应急的平均响应时间;

(4)救护车单位对医疗紧急情况的平均响应时间,并按细分市场细分;

(5)消防单位对医疗紧急情况的平均响应时间,并按细分市场细分;

(6)高级生命支持救护车对高级生命支持医疗紧急救护的响应时间百分比,按分类划分,分为以下几类:(i)少于6分钟,(ii)6至10分钟,(iii)10至20分钟,(iv)超过20分钟;

(7)以下类别火灾单位对结构性和非结构性火灾的反应时间百分比:(i)少于5分钟,(ii)5至10分钟,(iii)10至20分钟,(iv)超过20分钟。

3. 该部门应向市议会和市长提交每月和每年的报告,并在其网站上发布详细的纽约市范围内每个类别的响应时间,并按行政区、社区和分区进行分解。每份报告都应包括该部门对所有相关细分市场的最新定义。

4. 就本节而言,以下术语具有以下含义:

先进的生命支持单位。是指先进的生命保障救护车或急救单位。

部门。是指由消防部门界定的任何部门。

危及生命的医疗紧急情况。是指任何由该部门归类为危及生命的医疗紧急情况的紧急情况。

★**立法经验点评：**在消防和应急事件处置中,消防单位和生命救护单位的响应时间越短,火灾或者受伤者遭受的损失或者伤害有可能会越小,本法律规定了消防部门需要强制报告和统计报告各消防部门和单位的相应时间,除此还详细规定了报告时间的分类。这样的数据统计有助于了解消防部门和医疗急救对每次火警的反应速度和行动的效率,有利于以后的工作训练和救助计划制定,也是对整个911报警系统响应速度的监管考核指标。

3.2　消防违法行为

3.2.1　妨碍消防栓

1. 就消防栓而言,"消防栓街道区域"一词指任何位于以下位置的空间:

(1) 在一条街上;

(2) 在这条街道的中心和一条(i)长度为20英尺的线路之间,(ii)在其中心点具有这样的消防栓,(iii)与最接近该消防栓的路缘平行。

2. (1) 以任何方式妨碍使用任何消防栓,或扔掉、堆放、允许任何积雪或冰块或其他物质被丢弃或堆放(i)使用消防栓时,(ii)在消防栓的两英尺内或(iii)在消防栓街道区域内。所有被发现阻挡任何消防栓的材料或物件,可随即由该部门的高级职员或雇员以面对该消防栓的处所的业主或承租人的风险、成本及费用予以清除。

(2) 报刊亭不得位于消防栓任何方向的10英尺范围内,但该禁止条款不适用于1979年8月1日以前首次获得消费者事务部门许可的报刊亭及1991年8月1日之后继续被许可的这类报刊亭;但是,如果在1979年8月1日以前首次获得许可的报刊亭全部或大部分进行了重建,而1991年8月1日或之后开始进行重建,则该报刊亭应受此禁令限制。

3. 在本细则2第1款确定空间内积聚的所有积雪、冰雪停止倒塌后四小时内,应由该空间的业主或承租人清除,除非

(1) 业主或承租人不得要求从消防栓街道区域或者该业主或承租人的财产中清除积雪和冰,以及

（2）下午 9:00 至早上 7:00 之间的时间不得包括在前述的四个小时内。

4. 除卫生部门外,卫生部门可以执行本节的规定。

★**立法经验点评:**本条规定对于妨碍消防栓使用的几种障碍进行了规定,尽可能减少消防栓周围积雪和报刊亭的存在,使得在使用消防栓时不受障碍干扰。清理积雪的责任在于消防栓所在建筑的业主或承租人,这样的责任分配减轻了消防部门工作人员的工作量,对于业主而言,出于自身的安全考虑,一般情况下也会立即清理积雪,所以在纽约市管理相关的法律制定过程中,立法思路是尽量巧妙以及人性化地分配相关法律责任与义务。

3.2.2　虚假警报

1. 任何人故意给予、发布、制造火警虚假警报,或故意篡改、干扰或扰乱任何火警电报系统或任何辅助火情设备的电台或信号箱,或故意破坏、伤害、污损或移除任何此类箱子或站台,或故意破坏、伤害、污损或移除与火警电报系统相连或构成火警电报系统一部分的电线、电线杆或其他支持物和器具,应对每项罪行处以不超过 1 年的监禁或不超过 10 000 美元的罚款,或两者兼施。

2. 帮助或教唆提供虚假的火警。任何人协助或教唆实施本细则 1 所述的任何行为,应对每项罪行处以不超过 1 年的监禁或不超过 10 000 美元的罚款。

★**立法经验点评:**虚假火警警报对社会的危害极大,其导致的原因可能由于主管故意报假警,或者客观行为干扰了火警报警系统或辅助系统的正常运行,破坏了相关的电路和设备,此条法律规定了故意干扰火警报警系统和虚假报火警的后果。不超过 1 年的监禁或不超过 10 000 美元的罚款在美国算是很严厉的处罚。该法条的目的是为了让较大的犯罪成本起到威慑力,减少相关犯罪,该法律对于帮助和教唆提供虚假火警的行为也进行了严惩。该法律的立法经验对于改善我国大中型城市屡禁不止的报假火警现象有重要借鉴价值,根据我国《消防法》第 62 条规定,谎报火警的行为依照《治安管理处罚法》的规定,处 5 日以上 10 日以下拘留,可以并处 500 元以下罚款。我国目前对于此类行为的处罚力度明显偏轻,并且没有覆盖对破坏火警报警设备行为和协助教唆报假火警行为的处罚。

3.2.3　逮捕涉嫌纵火人员

只要他们认为有足够的证据向任何人指控犯纵火或企图纵火罪,火灾警备主任或副主任、助理消防人员或其他委员授权的其他雇员有责任进行调查和逮捕,或致使该人被捕及被控有关罪行。

★**立法经验点评**：此条规定了消防人员调查纵火人员的法律责任，也依法赋予了他们逮捕涉嫌纵火或者企图纵火人员的权力。

3.3 打击纵火

3.3.1 政策声明

该委员会发现，过去几年里纽约市一些地区发生的纵火事件已经危及生命和财产；造成多人死亡和重伤，许多财产遭到破坏；已经被大面积烧毁的建筑物使纽约市部分地区受到严重负面影响；纵火加剧了社区的恶化；居民被迫逃往其他地区；工业企业和商业企业被迫关闭，火灾保险费增加；为防止这一问题向纽约市其他地区扩散，必须采取重大措施。

3.3.2 组成

由市长办公室代表担任主席的打击纵火部队，是由政府部门、警察部门、人力资源部门、房屋保护与发展部门、财政部门和其他支持人员的代表组成。

3.3.3 举报奖励

1. 任何人提供企图纵火或共谋犯纵火，或重罪谋杀罪的任何人与纵火有关信息导致犯有纵火行为的人被发现、逮捕和定罪，纽约市特此向提供线索的人提供不超过 1 000 美元的奖励。

2. 此项要约受到限制，拨付资金只有在纽约市没有支付其他任何奖励用于导致同一起纵火、企图纵火、共谋、实施纵火引发纵火或重罪谋杀逮捕和定罪的信息时才会支付。

3. 行政长官有权通过海报或任何其他适当的媒介公布本节提出的要约。在法律顾问批准的前提下，行政长官可以确定要约发布的形式。

4. 行政长官有权在海报上张贴含有本节提供的公共财产的海报。

5. 在符合本细则 1 和 2 规定的条件和限制情况下，行政长官应酌情决定应付金额并向主计长证明应获得奖励的人的姓名和应付款项。如果奖励是针对同一信息向多于一个人支付的，则认证可以向指定的人共同支付。

6. 审计员应将被认证人提供的资金支付给该市认领的人员。

7. 本节提出的要约不可用于：

（1）任何在该州任何警察或消防部门或其他执法机构受雇或拥有辅助身份

或其他成员资格的人；

（2）直接或间接从州内任何警察或消防部门或其他执法机构的成员获得信息的人。

★**立法经验点评**：本章从法律上规定了针对纵火行为的措施。立法者已经意识到了纵火行为带来的巨大伤亡和财务损失，所以组成了专门的打击纵火部队，由各个部门的成员组成，集合多方力量严厉打击纵火行为。所采取的手段之一是对举报纵火进行奖励，鼓励公民参与到监督过程中。本条规定的举报奖励较高，是一种具有吸引力的正向激励制度。为了防止有人以权谋私，还作了例外规定，规定因为工作原因得到消息的执法机构成员无法获得举报奖励。《纽约市消防法规》为纽约市的各种活动规定了消防安全要求。这些要求涉及下列事项：应急准备；预防和报告火灾；危险材料和易燃材料的制造、储存、处理、使用和运输；开展各种造成火灾危险的业务和活动；以及设计、安装、运营和维护存放此类材料、企业和活动的建筑物和房舍。

《纽约市消防法规》适用于纽约市的所有人员和场所。每个人都必须遵守《纽约市消防法规》的禁令和消防安全要求。从事受《纽约市消防法规》管制或监督活动的个人和企业也可能被要求取得许可证和证书，授权他们从事这些活动。

新版《纽约市消防法规》于2014年生效。这是第一次定期审查和修订2008年的旧版消防法规，也是纽约第一次对消防法规进行全面修订。这次修订是以国际法规市议会公布的"国际消防守则"为基础进行的修订。

作为2008年第26号地方法的一部分，《纽约市行政法典》要求纽约消防局长至迟在生效之日后第三年及其后每三年审查"国际消防守则"的最新版本，并向市议会提出其根据这类示范守则对《纽约市消防法规》可能作出的修正。

《纽约市消防法规》保持了较高的国际化程度，直接对标国际消防守则，并且通过立法确定每隔三年的间隔期，消防局长需要重新对标"国际消防守则"，并作出可能的修正。从制度上保障了《纽约市消防法规》的与时俱进。

3.4　消防许可证和其他行政许可

3.4.1　总则

许可证和其他认证应按照相关规定进行。

3.4.1.1 许可证要求

根据《纽约市消防法规》的规定,未经消防部门行政许可制造、储存、处理、使用、销售或运输危险材料或可燃材料,或进行操作及维护需要许可证的设施均属违法行为。

《纽约市消防法规》所要求的许可证应从市消防局行政长官处获得签发。许可证和其他费用应在许可证颁发前支付。签发的许可证应始终存放在指定处所内,并应随时准备接受来自消防部门的任何代表检查。

3.4.1.2 许可证类型

纽约市总共有如下三种类型的消防许可证:

1. **特定场所许可证**。该许可证授权许可证持有人在法律要求使用许可证的特定场所或地点制造、储存、处理、使用或销售危险材料或可燃材料,或在特定场所或地点进行操作或维护设施。

2. **全市范围许可证**。此类许可证授权许可证持有人在全市范围内,在法律要求许可证的情况下存储、处理、使用或出售危险材料,或进行操作。全市范围许可证适用于临时存储、处理、使用或销售危险材料或在一个或多个地点进行操作,但需遵守以下限制:

(1) 此类活动在任何地点的持续时间不超过 30 天,并且与该活动相关的所有有害物质在工作日结束时将从该地点移除。在任何一个地点超过 30 天的活动时间段都需要一个特定场所许可证。

(2) 临时储存和使用的有害物质的数量不超过 5 加仑(19 升)汽油或 250 加仑(946 升)任何易燃液体和 300 加仑(1 136 升)任何可燃液体。超过这些数量危险材料的储存或使用,需要具备每个存储或使用场所的特定场所许可证。

3. **交通许可证**。此类许可证授权许可证持有人运输、提取和运送有害物质。

3.4.1.3 同一场所或地点许可证

当同一场所或其他地点或部分地区需要多于一张许可证时,消防局长可以将这些许可证合并成一张许可证;条件是每种类型危险材料、作业或设施都已列入许可证中,并进一步规定,单一许可证总费用应通过将单独许可证合并的费用加起来确定。

3.4.2 许可证申请

申请《纽约市消防法规》所规定的许可证,须按行政长官规定的格式及细节向消防局长提出。申请许可证时应附上设计和安装文件或本法规、规则或消防部门可能规定的其他资料或文件。申请与储存、处理、使用或运输烈性炸药有关的许可证时,应附上美国公民身份证明。

在发放许可证或其他许可证之前,消防局长可以检查建筑物结构、设施、场所、船舶、船只或车辆,以确认申请中列出的事实,确定是否符合《纽约市消防法规》、规则和其他适用的法律、消防局长规定的要求,或评估是否应作为许可证的条件或其他批准施加任何限制。消防部门可要求申请人安排任何此类检查,并要求申请人与他的专业设计人员、承包商或其他适当代表一起参加此类检查。在完成安装或其他工作需要消防部门检查时,申请人应在工作完成后通知消防部门并要求进行检查,安排适当代表出席此类检查,更正在消防检查中发现的任何缺陷,并保持安装或其他工作可供消防部门随时检查,直到获得消防部门批准。

3.4.3 所需消防许可证

根据《纽约市消防法规》,消防局长应颁发下列许可证来制造、储存、处理、使用、运输和销售以下材料,以及设计、安装、操作和维护以下设施和建筑规范:

气雾剂产品。需要许可证才能储存、处理或使用合计数量净重超过100磅(45.4千克)的1级、2级或3级气雾剂产品。

娱乐场所大楼。娱乐场所大楼具有特殊性;需要许可证才能维护或运营。

沥青熔化装置。需要许可证来储存、处理或使用沥青熔化装置。

航空运营。以下航空运营需要许可证:

1. 操作或维护航空器加油车。

2. 操作或维护航空器加油系统。

3. 在批准的直升机机场、直升机停机坪或机场以外的地方进行直升机降落。

4. 进行直升机升降操作。

5. 进行热气球操作。

硝酸纤维素膜。需要许可证储存、处理或使用以下列数量硝酸纤维素薄膜:

1. A 组占用的任何数量。

2. A 组以外的 10 磅(4.54 千克)或更多的数量。

以焦炭为燃料的加热装置。需要许可证才能在建筑工地储存、处理或使用以焦炭为燃料的加热装置。

可燃粉尘生产操作。必须有许可证才能维护或经营谷物升降机、面粉粉碎机、饲料厂或粉碎铝、煤、可可、镁、香料或糖的工厂,或其他生产规定的可燃粉尘的作业。

可燃纤维。在超过 100 立方英尺(2.8 立方米)的数量下,需要储存或处理可燃纤维的许可证。

例外:农业储存不需要许可证。

易燃材料贮存。存储在任何建筑物、结构、场所或设施超过 2 000 立方英尺(56.6 立方米)的可燃空包装箱,总容积盒、桶或类似容器,橡胶(含轮胎)、软木或类似可燃材料,包括可燃垃圾,或超过 1 000 磅(454 千克)易燃的塑料泡沫制品,无论体积,都需要许可证。

例外:在有洒水系统保护的建筑物或构筑物中不需要许可证。

商业烹饪系统。需要许可证来维持或操作商业烹饪系统。

压缩气体。储存、处理或使用压缩气体的数量超过表 3.1 规定的数量需要许可证。例外情况:以下情况不需要许可证:

表 3.1　允许压缩气体的数量

气体类型	数量(SCF)
腐蚀性的	400
易燃的	400
剧毒的	任何数量
不易燃和不氧化,二氧化碳除外	3 000
二氧化碳	4 500
氧化的	504
产生火花的	任何数量
有毒的	任何数量
不稳定的(反应性)	任何数量
遇水反应的	任何数量

对于 SI:1 立方英尺＝0.028 32 立方米。

1. 在机动车辆、飞机、船舶或船只的油箱中储存和使用压缩气体作动力。

2. 在纽约市范围内响应基础上,由经过培训和知识渊博的医务人员处理和使用医疗级气态氧,这些医务人员在全市范围内医疗机构以外的患者地点提供许可的医疗保健。这种例外情况不适用于存储这种气态氧的任何场所。

3. 由经过培训和知识渊博的医务人员储存医疗级液氧,用于在全市范围内医疗机构之外的患者场所提供持照医疗保健服务,但在下述场所除外。该例外包括为确定容器内容物和附加辅助设备而进行连接,但不包括对容器进行填充、再填充或压力测试。

压缩气体。需要许可证才能压缩:

1. 可燃气体,包括管道天然气,压力超过 6 磅/平方英寸(41.4 千帕)。

2. 不可燃、腐蚀性或氧化性气体,包括空气,压力超过 100 磅/平方英寸(689.5 千帕)。

例外:室外空气压缩,而不是在集市或节日。

低温流体。制造、储存、处理或使用(包括分配)超过表 3.2 所列数量的低温流体需要许可证。

表 3.2 许可低温流体数量

低温流体的类型	室内(加仑)	户外(加仑)
易燃的	超过 1	10
非易燃	60	100
氧化(包括氧气)	10	50
不包含上述类型的对身体或健康危害的任何流体	任何数量	任何数量

换算:1 加仑=3.785 升。

例外情况:以下情况不需要许可证:

1. 在机动车辆、飞机、船舶或水运工具的燃料箱中储存和使用低温流体用于动力或冷藏货物。

2. 储存、处理或使用符合 FC4006 规定的液氧家居护理容器和液氧流动容器,适用于 I-1、I-4 和 R 类住宅单元、住宅保健住宅单元和寝室。

3. 由经过培训和知识渊博的医务人员在全市范围内医疗机构之外的患者地点提供医疗级液氧的处理和使用,并在全市范围内作出响应。该例外情况不适用于储存此类液氧的任何场所。

4. 由经过培训和知识渊博的医务人员储存医疗级液氧,用于在全市范围内医疗机构之外的患者场所提供持照医疗保健服务,但在下述场所除外。该例外包括为确定容器内容物和附加辅助设备而进行连接,但不包括对容器进行填充、再填充或压力测试。

干洗设施。需要许可证来维护或运行使用 II 类或 III 类溶剂的干洗设备。

炸药。储存、处理、使用或销售爆炸物要求的许可证如下：

1. 存储、出售或要约出售任何数量的黑色火药和无烟火药。

2. 存储、出售或要约出售任何数量的爆破帽。

3. 存储、出售或要约出售两百个或更多的小型武器弹药。

4. 储存、处理、使用、出售或要约出售任何数量的爆炸物，但上述第 1、2、3 项中规定的爆炸物除外。

消防部门室内辅助无线电通信系统。维修或操作消防部门室内辅助无线电通信系统需要许可证。

烟花。对于涉及烟花的处理、排放或其他使用或储存以供使用的每个展示或其他事件，均需要许可证。

易燃和易爆液体。需要许可证：

1. 储存、处理或使用除涂料、清漆、油漆、汽油和其他石油类 I 类液体外的 I 类液体，其数量超过 5 加仑（19 升），但不要求许可证用于储存或在机动车辆、飞机、船舶或船只的油箱中使用此类液体。

2. 储存、处理或使用少量的汽油和其他石油为基础的 I 类以外的液体涂料、清漆和油漆，数量超过 2.5 加仑（9.5 升），不同之处在于允许不需要用于存储或在机动车辆、飞机、船舶或船只的油箱中使用此类液体。

3. 储存、处理或使用闪点为 300 ℉（149 ℃）或更低的 II 类或 III 类液体，除油漆、涂料和清漆外，其数量超过 10 加仑（38 升），但以下不需要许可证：

（1）在机动车辆、飞机、船舶或水运工具的油箱中储存或使用此类液体。

（2）将燃油储存在 R-3 组的固定式储罐中，用于固定式燃油燃烧设备。

4. 贮存、处理或使用闪点为 300 ℉（149 ℃）或更低的 I 类、II 类或 III 类液体，这些液体通常用于喷漆、上漆、染色或其他类似目的，包括油漆、清漆和涂料，数量超过 20 加仑（76 升）。

5. 储存、处理或使用闪点超过 300 ℉（149 ℃），含量超过 70 加仑（266 升）的石油类 III 类液体，但用于储存和使用机动车辆、飞机、船舶或船只的燃料箱中的用于动力液体不需要许可证。

6. 操作散装工厂或码头或散装转运设施，其中混合、生产、加工、运输、储存、分配或使用易燃和可燃液体。

7. 制造易燃或可燃液体。

8. 储存或使用停泊在私人拥有的海滨财产上或停泊在私人拥有的海滨财

产上的驳船、海船或船只上的燃油。

9. 在移动供热和发电拖车上储存和使用数量超过 10 加仑(38 升)的燃油。

地板装饰。使用第 I 类或第 II 类液体在面积超过 350 平方英尺(33 平方米)的区域内进行地板修整或铺面作业,须有许可证。

水果和作物成熟。需要许可证来维护或操作水果或作物成熟设施或使用乙烯气体进行果实成熟过程。

熏蒸和杀虫雾。需要许可证来维护或操作在固定装置中使用熏蒸剂或杀虫雾剂的设施。

有害物质。要求许可证存储、处理或使用数量超过表 3.3 中规定的有害物质。

表 3.3　允许有害物质的数量

材料类型	数量	材料类型	数量
可燃液体	有关易燃和可燃液体,请参见表 3.2	第 4 类	任何数量
腐蚀性材料		第 3 类	10 磅
气体	参见表 3.1	第 2 类	100 磅
液体	55 加仑	第 1 类	500 磅
固体	1 000 磅	有机过氧化物	
爆炸材料	有关爆炸性材料	液体	
易燃材料		I 类	任何数量
气体	参见表 3.1	II 类	任何数量
液体	有关易燃和易燃液体,请参见表 3.2	III 类	1 加仑
固体	参见表 3.4	IV 类	2 加仑
高毒性材料		V 类	不需要许可证
气体	参见表 3.1	固体	
液体	任何数量	I 类	任何数量
固体	任何数量	II 类	任何数量
氧化材料		III 类	10 磅
气体	参见表 3.1	IV 类	20 磅
液体		V 类	不需要许可证
第 4 类	任何数量	发火材料	
第 3 类	1 加仑	气体	参见表 3.1
第 2 类	10 加仑	液体	任何数量
第 1 类	55 加仑	固体	任何数量
固体		有毒物质	

材料类型	数　　　量	材料类型	数　　　量
气体	参见表 3.1	第 2 类	50 磅
液体	10 加仑	第 1 类	100 磅
固体	100 磅	水反应性材料	
不稳定(反应性)材料		气体	参见表 3.1
气体	参见表 3.1	液体	
液体		第 3 类	任何数量
第 4 类	任何数量	第 2 类	5 加仑
第 3 类	任何数量	第 1 类	55 加仑
第 2 类	5 加仑	固体	
第 1 类	10 加仑	第 3 类	任何数量
固体		第 2 类	50 磅
第 4 类	任何数量	第 1 类	500 磅
第 3 类	任何数量		

换算:1 加仑＝3.785 升,1 磅＝0.454 千克。

表 3.4　允许用于易燃固体的数量

易燃固体的形式	室内(英磅)	户外(英磅)
锭,坯料,重铸件	100	1 000
轻铸件,轻金属制品	100	125
碎片,刨花,粉末,灰尘	1	100
其他易燃固体	1	100

对于 SI:1 磅＝0.454 千克。

危险生产材料(HPM)设施。需要许可证才能存储、处理或使用危险的生产材料。

高堆存储。超过 500 平方英尺(46 平方米)区域中的建筑物或结构或其部分作为高堆摞贮藏区域时需要使用许可证。

热工作业。需要许可证才能使用氧气和易燃气体进行热工作业。

工业炉。维护或操作由法律规定的工业炉需要许可证。

液化石油气(LPG)。储存、处理或使用 LPG 的数量超过表 3.1 中规定的数量要求许可证。

例外情况:许可证不是必需的:

1. R-3 组的固定式 LPG 装置。

2. 机动车辆、飞机、船舶或船舶燃料箱内动力储存和使用液化石油气。

木材堆。储存超过 100 000 平方英尺（8 333 立方英尺，236 立方米）的木材要求许可证。

甲烷回收。从填埋场和相关加工回收甲烷时需要许可证。

汽车燃料分配设施。需要许可证来维护或操作以下类型的汽车燃料分配设施：

1. 车队发动机燃料分配设施。

2. 全面服务的汽车燃料分配设施。

3. 自助式汽车燃料分配设施。

天然气液化设施。维护或运营天然气液化设施需要许可证。

非生产化学实验室单位。要求在实验室单元中储存、处理或使用危险物质的许可证的数量超过 1 加仑（3.8 升）易燃液体，1 加仑（3.8 升）可燃液体或 75SCF（2.12 立方米）易燃气体。

明火。在以下场所使用明火需要许可证：

1. 在任何公共集合场所。

2. 在任何其他公众集合场所。

3. 在有盖的商场大楼里。

有机涂料。在一天内生产超过 1 加仑（4 升）有机涂层的有机涂层制造业务必须有许可证。

装配场所。需要许可证才能维护或经营装配场所。许可期限不得超过 1 年。

便携式燃料空间加热器。储存、处理或使用以下燃料的便携式燃料空间加热器必须有许可证：

1. 易燃液体。

2. 压缩天然气（CNG）。

3. 液化石油气（LPG）。

4. 用管道输送天然气，R3 组除外。

烟火材料。贮存、处理或出售任何数量的烟火材料、物品及装置（烟火材料除外）、物品及装置只用作制造特别效果的用途以外，须持有许可证，包括贮存供出售之用的烟火材料、物品及装置。

硝酸纤维素塑料。存储、处理或使用如下硝酸纤维素塑料需要许可证：

1. 存储、处理或数量超过 25 磅生用火棉胶（11 千克）。

2. 使用任何数量的原硝酸纤维素塑料物品的装配或制造。

制冷系统。需要许可证来维护或操作使用 A1、A2、A3、B1、B2 或 B3 类制冷剂的制冷系统,或者安装、悬挂在屋顶或天花板上的制冷系统。

例外:

1. 小于 5 马力的制冷系统,使用 A1 类制冷剂,未安装在屋顶或天花板上或从屋顶或天花板悬挂下来。

2. 安装在任何建筑物居住部分的制冷系统,安装在机动车辆、飞机、船舶、船只或油罐车中,或使用水或空气作为制冷剂。

修理车库。需要许可证才能维修或修理车库。

特殊效果。需要许可证:

1. 出于任何目的用于任何产生特殊效果的爆炸性、易燃或可燃性物质、物品或设备的任何目的的排放或其他用途,包括符合烟花爆竹定义的烟花,以及烟火材料、物品或设备。

2. 用于爆炸性、易燃性或可燃性材料,物品或设备的特殊效果显示或其他事件的存储,包括符合烟花爆竹定义的烟花和烟火材料、物品或设备。

喷涂或浸渍。要求使用许可证来进行使用易燃或易燃液体的喷涂或浸渍操作,或使用法律规定的粉末涂料。

硫。储存、处理或使用硫含量超过 200 磅(90.8 千克)的,需要许可证。

焦油锅。需要许可证才能储存、处理或使用焦油锅。

轮胎改造工厂。需要许可证来维护或操作轮胎改造工厂。

轮胎、报废轮胎和轮胎副产品。除了安装在车辆上的轮胎外,还需要许可证来存储轮胎、报废轮胎和轮胎副产品,数量超过:

1. 2 500 立方英尺(71 立方米废旧轮胎的总体积)或 1 000 个轮胎,取较小值,无论是在户外,或者在由一个喷水灭火系统整体保护的不燃结构建筑物内。

2. 250 立方英尺(7.1 立方米废旧轮胎的总体积)或 100 个轮胎,取较小值,在可燃的建筑物内,或者在一个没有由喷水灭火系统整体保护的不燃结构建筑物内。

运输有害物质。运输危险材料时需要许可证:

1. 在纽约市内的可通航水域运输的海上船只或水上工具,任何数量的爆炸物在码头、舱壁或其他与该通航水域相通或相邻的其他结构,或位于其上的船舶或船只上交付,超过船只或船只自用所需的数量。

2. 根据适用的法律、规则和条例,运输易燃液体的车辆的总重量超过 1 000 磅(454 千克),运输涂料产品的车辆除外。

3. 运输超过 1 000 磅(454 千克)总重量的可燃液体的机动车辆,但运输涂料产品的车辆根据适用的法律、规则和条例以醒目的方式标记。

4. 运输压缩气体量超过表 3.1 或表 3.2 规定限值的机动车辆。

5. 机动车辆运输任何数量的爆炸物，但小型武器弹药除外。

例外情况：以下许可证不是必需的：

1. 在按照法律和规则的路线和时间要求运行机动车辆中运输危险物品时转运。

2. 机动车辆、船舶、船舶油缸内动力危险物质的储存和使用。

3. 机动车辆、海运船只或用于冷藏货物的船只上的有害物质。

4. 由机动车辆运输医疗级气态或液态氧，由经过培训和知识渊博的医务人员在全市范围内响应的基础上，在全市范围内的医疗机构之外的患者地点提供持牌医疗服务。

★**立法经验点评：**本条列出了《纽约市消防法规》要求的所有许可证，从法律上规定，未经消防部门行政许可制造、储存、处理、使用、销售或运输危险材料或可燃材料，或进行操作或维护需要许可证的设施却没有许可证的行为均属违法行为。利用许可证制度来对各种场所的燃料储存进行严格管理，确立并公开该法律，能够方便市民和企业识别需要有消防许可证的材料、作业和设施，也能用这种审批制度来预防违法的制造、储存、处理、使用、销售或运输危险材料或可燃材料的行为。特别是详细规定了危险固体、气体、液体、危险物质的储藏、运输规范，这对于我国的危险化学品运输和储藏有着重要借鉴价值。

3.5　消防证书批准

3.5.1　批准物品、设备和装置

根据《纽约市消防法规》要求，安装在任何设施中或与任何材料或操作有关的任何物品、设备或装置的制造商应获得设计、安装、操作和维护此类物品、设备和装置的批准证书。

3.5.2　批准条件

出于公共安全利益，如果必要，行政长官可就批准目的或使用此类物品、设备或装置、类型、类别或种类设置批准条件。行政长官可以在单一批准证书中包含多于一种类型、类别或种类的具有类似设计或共同特征的物品、设备或装置。

3.5.3　标记

每份已发出批准证书的物品、设备或装置,或其型号、类别或种类,均应有明显标记或盖上该证明书的号码。

3.5.4　可接受的实验室物品、设备和装置

为测试物品、设备和装置的目的,行政长官可接受的所有测试服务和实验室的当前列表,以及所有可接受的物品、设备和装置当前列表应由消防部门维护,并可供公众查阅。

3.5.5　申请

根据本法典或规则的规定,申请新的或续期的批准证书,须提供行政长官可能要求的资料和文件。批准证书的申请应包括申请批准的物品、设备或设备的完整附图和规格,除非行政长官确定不可行,否则在提交申请书时,该物品、设备或装置应附在申请书上一起提交。行政长官可要求以消防总监指定方式由申请人承担该物品、设备或装置的检查、测试或示范费用,包括由消防总监接受的化验实验室进行检查和测试。在不符合本消防法规或规则规定的测试或性能标准的情况下,物品、设备或类型、类别或种类的物品、设备应以消防局长可接受的方式进行检查和测试。

3.5.6　批准

在确定申请书、设备或装置为其使用目的而设计并可根据本守则、规则及其他适用法律、规则和条例进行安全操作时,专员可批准申请批准书。

3.5.6.1　证书的期限

行政长官授予的每一份证书或续展应在其中规定的期限内,不得超过 3 年,除非该行政长官批准其更新,则证书将在该期限届满时到期。

3.5.6.2　提交证书续展申请时间

申请人可以在证书到期日前 60 个日历日或到期后不超过 1 年的期间内申请续展。行政长官不得续签已过期 1 年以上的证书。持有此类证书的申请人必须申请原始证书并遵守所有原始证书要求。

3.5.6.3 续约

为了公共安全,证书更新应由行政长官酌情决定。鉴于使用物品、设备或装置引起的适用法律、规则或法规,新技术以及安全问题的变化,消防部门可重新评估物品、设备或装置的设计和安全。

3.5.7 过期证书

在证书有效期届满之后安装证书授权的物品、设备或装置应是非法的。

3.5.8 证书撤销和暂停

行政长官可以在任何时候撤销或暂停证书。证书持有人在被暂时吊销或撤销前,须获给予通知及陈词的机会,但在对公众安全有迫切威胁的情况下,可在撤销或暂时吊销后立即给予该通知及发表意见的机会。

3.6 消防资格证书

3.6.1 需要监督

行政长官可要求在制造、储存、处理、使用、维护、检查、测试和运输受本部分法典、规则或其他法律、规章和条例规定约束的材料时,操作或设施由依据本条持有证书的人直接进行或在其监督下操作。行政长官可要求这种监督是对材料、操作或设施的个人监督或全面监督。如果在法典中提及资格证书时未指明证书类型,则应参照执委会指定的适合执行或监督材料、操作或设施的资格证书。

3.6.1.1 工作地点

除本法规或规则另有规定外,行政长官可颁发一个或多个指定工作地点的证书。

3.6.1.2 职责

除本法规或规则规定的其他责任外,合格证书持有人应负责:

1. 根据本守则、规则和任何其他适用的法律、规则和规章的安全生产、储存、搬运、使用、操作、维护、检验、测试、修理或监督所需的材料、装备、设施和应急准备。

2. 向消防部门通报任何火灾、爆炸、泄漏或其他有害物质释放，或与其证书职责有关的其他紧急情况。

3. 在执行或监督需要证书的材料、装备、设施或应急准备时，应将其证书保存在本人身上，或以其他方式随时在该处所内供消防部门进行检查。

3.6.2　应用

本守则所要求新证书或换证证书的申请应以专员可能规定的形式和细节向委员提出，包括专员可能要求的信息和文件。

3.6.3　最低资格

证书申请人应遵守以下最低要求：

1. 年满 18 岁，或法律、法规可能要求的 18 岁以上年龄。

2. 对英语有合理的理解并且能够准确地回答这些申请人在考试时可能会遇到的问题。

3. 提供他的性格、习惯和过去工作的证据。

4. 出示《纽约市消防法规》中规定的资格证明或消防部门对该证书的审查通知。

5. 通过考试，由消防部门或其他实体管理，以检验申请人对规范的材料、操作或设施的法规、法律、规章的知识，以及确保其作为证书持有者安全履行职责所必需的预防措施和其他行动。

6. 申请储存、处理和使用爆炸物有关的资格证书时，应出示美国公民身份证明。

3.6.4　调查

申请人须接受部门就其申请及其资格和适用证书进行调查。

3.6.5　指纹识别

储存、使用和处理爆炸物、烟花、烟火和特殊效果的适用证书申请人应进行指纹识别，并按法律授权的目的进行刑事背景调查。行政长官可规定其他证明书须经指纹检验及刑事背景调查。

3.6.6　证书批准

行政长官可以在确定申请人具有该守则和规则中规定证书所要求的资格

和适用性后,批准证书申请。

3.6.6.1 证书期限

行政长官授予的每一份证书或续展应在规定期限内,不得超过 3 年,除非该行政长官批准其更新,则证书在该期限届满时到期。

3.6.6.2 提交续展申请时间

申请人可以在证书到期日前 60 个日历日或到期后不超过 1 年的期间内申请续展。行政长官不得续签已过期 1 年以上的证书。持有此类证书的人员必须申请原始证书并遵守所有原始证书要求。

3.6.6.3 证书续展

基于对证书持有人资格和适用性审查,证书续展应由执行人员根据公共安全情况酌情决定。该部门可审查资格证书持有人的资格和适用性,并可要求资格证书持有人完成消防部门批准的继续教育计划或提供持证人持续资格和适用性的其他证明。

3.6.7 证书过期

证书有效期届满后,对证书授权的材料、装备或设施进行或提供此种监督是非法的。

3.6.8 证书撤销和暂停

行政长官可随时撤销或暂停证书以查找不当行为或其他正当理由。除了在对公共安全构成直接威胁的情况下,在撤销或暂停后可以及时发出通知,应通知证书持有者有机会在任何此类中止或撤销之前发表意见聆讯。

★**立法经验点评**:本部分详细规定了消防许可证书和资格证书的相关处理办法,从证书的申请、调查、发行、续展、过期等各个方面进行了详细规定,有针对性地规定了整个消防许可证书管理过程中应该遵循的规则,避免了在证书审核实践时面对问题时出现疑问。全生命周期的消防许可证书和资格证书管理,将为易燃、易爆、有毒、有害物质的安全处置和存储各个环节从法律上落实相关责任单位和责任人,这也是有效预防火灾的一种重要管理手段。

3.7 明 火 管 理

3.7.1 总则

本节对所有建筑物和场所中使用明火作出规定。

3.7.2 禁止

1. 禁止在建筑物、房屋、住所、船舶或其他有危险材料的场所或有条件的任何房间或其他区域内引发或允许明火点亮或保持可能导致易燃蒸汽或可燃物质着火。

2. 禁止在禁止吸烟的任何区域使用或维护未经主管机关批准在此类区域使用的点燃火柴或其他火焰。

3. 禁止在任何表面或物品上放置或安排或丢弃明火、火柴或其他燃烧性物质或物体，以防其可能导致可燃物质或可燃垃圾着火或引起不必要的火灾。

4. 禁止在大学和学生宿舍内储存或使用蜡烛、熏香或类似明火产品。

3.7.3 使用明火

根据本节规定，明火只能在 A 组场所和公众聚集场所点燃、维护和使用。

3.7.3.1 燃烧食物和饮料的准备

A 组场所和公众聚集场所的燃烧食品或饮料的制备应符合规定。

3.7.3.2 明火装饰装置

明火装饰装置，包括壁挂蜡烛、火炬烛台、玻璃罐或金属罐中的蜡烛、桌面蜡烛和油灯、独立式蜡烛支架和烛台，应符合以下要求：

1. 不得使用 I 类和 II 类液体和液化石油气。

2. 含有超过 8 盎司（237 毫升）燃料的液体或固体燃料的照明设备必须自行熄灭，并且如果倾翻，则不会以超过 0.25 茶匙/分钟（1.26 毫升/分钟）的速率泄漏燃料。

3. 装置或支架的结构应能防止当装置或支架未处于直立位置时，液体燃料或蜡的溢出速率超过 0.25 茶匙/分钟（1.26 毫升/分钟）。

4. 设备或支架的设计应能够在与垂直方向倾斜 45 度后返回到直立位置。

例外：如果翻倒，设备会自动熄灭，不会以超过 0.25 茶匙/分钟（1.26 毫升/分钟）的速度溢出燃料或蜡。

5. 火焰应封闭，但侧面开口直径不超过 0.375 英寸（9.5 毫米）或开口位于顶部且顶部距离应使放置在顶部的一张薄纸不会在 10 秒内点燃。

6. 外壳应由不燃材料制成，并牢固地连接在明火设备上。

例外：如果设备翻倒，则不需要将外壳连接到任何明火设备上，该设备将自行熄灭。

7. 燃料罐应安全密封存放。

8. 可燃液体的储存和处理应符合规定。

9. 使用的遮阳帘应由不燃材料制成，并牢固地连接在明火装置支架或外壳上。

10. 带蜡烛的烛台应牢固地固定在位以防翻倒，并且应远离使用该区域的居住者，并远离可能接触帷帘、窗帘或其他可燃物的地方。

11. 公用设施的明火装饰装置应符合行政长官颁布的旨在确保此类装置安全使用的适用规则的要求。

3.7.3.3　与可燃物分离
明火应与装饰品、装饰物或其他易燃材料保持安全距离。

3.7.3.4　过道和出口
点燃的蜡烛应禁止放在乘客站立地方或走廊或出口处。

3.7.3.5　文艺演出
如果与戏剧表演一起批准，则应根据法律相关规定使用明火。

3.7.3.6　禁止
在 A 组场所或其他用作公众集会的建筑物或构筑物内点燃、维持或使用明火，即属违法。例外情况如下：

1. 在下列地点和情况下可使用明火，但须根据本守则、规则和许可证，采取预防措施，防止易燃材料着火，并以其他方式确保占用人的安全：

（1）必要时用于仪式或宗教目的。

（2）根据 3.7.3.6，在舞台和平台上作为演出的必要部分。

（3）桌子上的蜡烛牢固地支撑在坚固的不可燃基地上，蜡烛火焰按 3.7.3.2

(5)进行保护。

(4) 根据 3.7.3.1 准备火焰状食物或饮料。

(5) 使用液化石油气在展览或贸易展览中进行演示的明火设备。

(6) 用于食物加热的明火装置。

(7) 符合 3.7.3.2 的明火装饰装置。

2. 符合法律和机械法典要求的非便携式发热设备。

3. 根据"建筑规范"和"管道规范"的要求安装天然气灯具,并采取经批准的预防措施以防止可燃材料着火。

3.7.3.7 供应火焰食物

供应燃烧的食物或饮料须以安全的方式进行,并不得制造高度超过 6 英寸(152.4 毫米)的火焰。液体的浇灌、舀或勺子的最大高度限制在接收贮器上方 8 英寸(203 毫米)。

餐桌上应点燃火焰状食物或饮料。这些桌子应该有不燃的顶部,或者如果顶部是可燃的,它应该由不可燃的垫子保护。垫子在使用时应覆盖桌子的整个顶部。在服务之前火焰应熄灭。

3.7.3.8 位置

燃烧食物或饮品只须在就餐桌的紧邻处配制。燃烧时不得运输或携带燃烧食品和饮料。

3.7.3.9 防火

配制燃烧的食物或饮品的人,须备有一条湿布毛巾,以在紧急情况下及时将火焰扑灭,此外,除所规定的手提式灭火器外,必须准备一个至少为 5-B 级的二氧化碳灭火器,须保持在离燃烧的食物或饮品配制区 25 英尺(7 620 毫米)范围以内,以及厨房与餐厅之间的门口。

★立法经验点评:美国学校在某些节日往往举办蜡烛点灯仪式,或在其他场合营造一种精神或节日气氛。由于蜡烛是引起火灾的共同原因,学校教师和学生往往希望能够合法和安全地举行这些仪式。《纽约市消防法规》禁止在学校和大学宿舍,在任何存放、处理或使用危险物质的地方,或在明火可能点燃可燃材料或蒸汽的地方使用蜡烛。《纽约市消防法规》对在任何集会场所使用蜡烛进行了严格规定。这包括供 75 人以上使用的学校礼堂、自助餐厅和教室。在这些空间内使用蜡烛必须获得消防部门许可,并必须符合法律的详细要求。

《纽约市消防法规》没有具体禁止或规范教室或其他非集会场所(幼儿园至中学12年级)使用蜡烛的情况。鉴于与明火有关的消防安全危险,消防部门不鼓励在人群集聚的场所使用点燃的蜡烛。此外,法律要求教育用房通常有不可燃的饰物,来预防火灾。本条规则还对明火装饰装置、供应火焰食物的餐厅提出了非常精细化的防火要求,例如法律要求含有超过 8 盎司(237 毫升)燃料的液体或固体燃料的照明设备必须自行熄灭,并且如果倾翻,则不会以超过 0.25 茶匙/分钟(1.26 毫升/分钟)的速率泄漏燃料。再例如法律要求明火装置设备或支架的设计应能够在与垂直方向倾斜 45 度后返回到直立位置。明火装置火焰应封闭,但侧面开口直径不超过 0.375 英寸(9.5 毫米)或开口位于顶部且顶部距离应使放置在顶部的一张薄纸不会在 10 秒内点燃。这些非常精细化的防火装置数据很明显是防火科研人员采取了多次防火试验和总结了多次火灾教训后得出的安全阈值,甚至法律要求供应燃烧的食物或饮料须以安全的方式进行,并不得制造高度超过 6 英寸(152.4 毫米)的火焰。液体的浇灌、舀或勺子的最大高度限制在接收贮器上方 8 英寸(203 毫米)。连火焰的最大高度都给出了量化要求,这也让提供火焰食物的从业人员明确了自己的每次服务操作是否触碰了法律的底线,这也最大程度地保障了被服务顾客的人身安全。

3.7.3.10　指导

消防部门对于不属于集会场所的教育机构房间或地区的蜡烛使用提供以下指导。

每当蜡烛被点燃和处理时,应采取以下防火安全措施:

1. 只有在不含有害物质或蒸汽的房间或区域内,蜡烛可以被点燃、携带并保持点亮状态(科学实验室和艺术室可能包含这些材料)。

2. 蜡烛在被点燃、携带时必须与可燃材料(包括窗帘、装饰品、软垫家具和纸张)保持安全距离。

3. 蜡烛只能由成人点燃,或者在成人的个性化和直接监督下点燃,必要时可以进行干预以确保安全照明。

4. 蜡烛只能由成人携带,或在成人的个性化和直接监督下进行,必要时可以进行干预以确保安全处理。

5. 所有参与蜡烛照明或点燃蜡烛的人员应避免宽松的衣服或服装,并应将长发束缚住。

6. 点燃的蜡烛应放在蜡烛架中,蜡烛架可牢固地握住蜡烛,不易倾倒。理想情况下,应该将点燃的蜡烛放置在不可燃的表面或托盘上。

7. 被点燃的蜡烛应该由成年人持续监测,而不是无人看管。

8. 一个或多个手提式灭火器应易于使用,负责监督蜡烛照明和操作以及点燃蜡烛监测的成年人应接受使用培训。

★立法经验点评:蜡烛虽小,相关立法却显得非常精细,这些细致的规定能很大程度上减少由明火带来的危险。在立法之时,对于危险的事物,不应该一味禁止,而是应该通过精细化的法律规定,引导居民采取正确的方式方法使用蜡烛,这样的法律才既人性化又有科学性。该条法规对于我国很多城市禁止燃放烟花爆竹有着重要的借鉴意义。

3.7.4 便携式户外烧烤

以木炭、电力和液化石油气以及管道式天然气作为燃料的便携式户外烧烤炉可以按照本节的要求进行操作和维护。

3.7.4.1 总则

以木炭、电力和液化石油气以及管道式天然气作为燃料的便携式户外烧烤炉,可按照本节和《纽约市消防法规》的要求在任何其他场所储存和使用,但受分区决议或消防部门规则或命令加以限制者除外。固定式户外烤架和其他室外烹饪设备应按照《建筑和机械法典》的规定进行安装,并按照本节进行操作和维护。

3.7.4.2 格栅面积

便携式户外烧烤炉的总炉排面积不得超过 10 平方英尺(0.929 平方米)。

3.7.4.3 间隙距离

便携式户外烧烤炉不得在任何可燃垃圾、可燃物质或任何可燃建筑物表面(包括可燃屋顶和甲板)的 10 英尺(3 048 毫米)范围内存放或使用。在最大可行范围内,在使用中的烧烤炉 10 英尺(3 048 毫米)范围内的窗户、门和其他建筑物开口,应保持关闭。在使用烧烤炉时,进入或离开建筑物时应立即关闭入口门。

★立法经验点评:由于处于寒冷北方和饮食习惯原因,纽约市居民对户外烧烤有着强烈需求,但这些烤炉也是火灾发生的重要原因。本条对便携式烧烤炉的规格及使用作了非常精细化的详细规定,限制了便携式烧烤炉的炉排面积,对阳台使用的容器容积和数量也作出了明确的定量标准,限定了烧烤炉与易燃物料应该保持的物理距离,有效禁止在多个露台及天台使用烧烤,包括在任何有易燃屋顶的私人住宅的屋顶上烧烤。无论在纽约还是在我国国内城市,不少人都有在自家露台和天台进行烧烤的行为,虽然是为了休闲和娱乐,但该项活动确实带来了很大的火灾隐患,在我国城市火灾管理及立法中,应通过法律制定禁止性规定,更应该向居民普及在城市地区利用便携式烧烤炉的危险性,并提醒注意事项。本节对烧烤炉作出了详细规定。所有烧烤,不论使用何种燃料,均须在户外操作,并须远离易燃物料至少 10 英尺,包括易燃建筑表面、可燃屋顶及易燃地板。这项限制有效地禁止在多个露台及天台使用烧烤,包括在任何有易燃屋顶的私人住宅的屋顶上烧烤。有烧烤需求的纽约居民应该就任何屋顶的安全和合法使用咨询工程师、建筑师或纽约市建筑部门。

4 城市卫生和垃圾处理篇

4.1 环卫部门和卫生

4.1.1 定义

在本标题中使用时，以下术语具有以下含义：

(1)"部门"是指环卫部门。

(2)"行政长官"是指环卫部门行政长官。

(3)"街道"包括街道、大道、道路、巷道、高速公路、林荫路、大厅、车道、涵洞和人行横道，各类道路、广场和场所，以及所有公园及停车场内的道路，但任何公园内的道路或码头、舱壁，或按法律规定由港口及码头署监管及控制的道路除外。

★**立法经验点评**：本法条对于"广义街道"的准确定义，让环卫法律覆盖范围不再模糊，有利于执法部门的实际操作和实施。

4.1.2 垃圾收集和处理费率

环卫部门行政长官可以收取和处置灰烬、街道清扫、垃圾、死亡动物、肮脏土地和内脏，以及所有垃圾（包括来自商业、工业、制造业或其他为牟利而经营的机构垃圾）收集的相关费用，收费由区市政局根据地方法律和行政长官的建议而厘定，并按行政长官所订明的条款及条件征收，并必须受有关收集及处置部门规则限制。

★**立法经验点评**：本条法规保障了环卫部门垃圾收集和处理的收费权力和定价机制。

1. 正如本节所使用的：

(1)"住宅"是指位于建筑物住宅部分内的住宅单元，其部分目的是从事除住宅用途外，经法律授权在该地区从事的职业；

(2)"医疗办公室/集体医疗中心"系指位于建筑物住宅部分内的办公室，由法律授权医学专业人士在该地点实施执业；

（3）"其他住宅办公室"系指除了医疗办公室/集体医疗中心以外的办公室，1961 年 12 月 15 日以前成立，位于经法律授权用作办公室的住宅部分；

（4）"指定的可回收材料"应符合本规范所采纳的定义。

2. 该行政长官有权收集以下年度收费和处置住宅占用、医疗办公室/集体医疗中心和其他住宅办公室内的固体垃圾收费，这些办公室位于建筑物内，并接受环卫部门收集和处置服务：

表 4.1　垃圾阶梯收费标准

每周产生的 20 加仑垃圾袋的平均总数，包括指定的可回收材料	年收集和处理费(美元)
不超过 5 个	303.00
6—10 个	563.00
11—15 个	823.00
16—20 个	1 083.00

★**立法经验点评**：纽约市对以住宅为基础的办公场所和医疗等设在建筑物内的办公室专门设置了按照每周丢弃垃圾重量范围进行阶梯收费价格表，并按年度进行收费。此举主要目的是要将办公垃圾和同在建筑物内居民的生活垃圾收集渠道进行精细化分离。

4.1.3　清除商业垃圾；张贴标志

1. 每名业主、承租人或商业机构控制人，均须按本法律规定，由纽约市贸易垃圾委员会授权的垃圾处理人员移走垃圾，或按本法律规定，向纽约市贸易垃圾委员会取得垃圾处理登记号码。除本细则 3 另有规定外，不得将其本身的垃圾移走，但此处所载的任何规定，不得阻止行政长官依据城市宪章所赋予权力，将垃圾从任何商业机构移走。由纽约市贸易垃圾委员会依据本法律指定的垃圾清除区，除已按照本法律的规定向纽约市贸易垃圾委员会注册的商业机构拥有人、承租人或掌管人外，必须移除垃圾，但本法律另有规定者除外。由持牌人根据本细则 2 与其订立协议的持牌人移走垃圾。

2. 每个业主、承租人或商业机构控制人均应明确标明目前为该机构服务的贸易垃圾清运业务的行业或业务名称、地址、电话号码以及领取日期和时间标志，或者如果商业机构自己清除垃圾，则应张贴由纽约市贸易垃圾委员会签发的注册号码。该标志或登记号码应贴在商业机构主要入口附近的窗户上，以便在建筑物外部容易看到。如果不能这样做，则应在商业机构内主要入口附近突出显示此类标志或许可证。

3. 本节不适用于：

（1）未改善或空置的财产或产生罕见垃圾或微不足道垃圾的场所；

（2）住宅占用、医疗办公室/集体医疗中心和其他住宅办公室，接受环卫部门收集和处置服务。行政长官有权决定在特定情况下什么是罕见垃圾或什么是微不足道垃圾。

4.（1）除本分款第（2）款另有规定外，如违反本条任何条文或依据本条颁布的任何规则，可处不少于50美元、不高于100美元的民事罚款，如首次违反本细则2或任何拥有人、承租人或控制人所颁布的任何规则，则可处不少于50美元、不高于100美元的民事罚款。商业机构的业主、承租人或个人在违反通知规定的初始返还日期当日或之前，在违反通知的听证会上提交纠正违法行为证据的，应减为0美元。凡因违反本款行为而发出的违章通知书、出场券或传票，应向环境管理委员会退回，后者应处以本法律规定的处罚。

（2）本法规要求向纽约市贸易垃圾委员会登记的商业机构，如违反该细则或与细则3有关的任何规则，将受到处罚。这种惩罚可以按照其中规定的方式予以收回，或者可以在环境管理委员会以行政长官的名义提起的民事诉讼中予以退回，环境管理委员会将判处不超过1 000美元的罚款。

★立法经验点评：纽约对商业机构的垃圾处理进行严格的行政许可和注册制度，并且相关注册信息要进行现场公示。这样便于垃圾清运部门对商业垃圾的排放进行管理。对于个人的违法行为，罚金范围控制在50—100美元，并给予了个人提交相关纠正违法证据的机会。

运输、贮存和处理含有石棉的垃圾

1. 除按照本节规定外，任何人不得运输、贮存或处置含有石棉的垃圾，或发起或允许任何人运输、贮存或处置此类垃圾。

2. 含有石棉的垃圾不得用于运输、储存或处置，除非这种垃圾是：

（1）以足以防止石棉尘埃向空气中所有可见排放的方式进行湿化；

（2）在密封的容器中密封的同时，该容器应带有：（i）警告标签，述明："小心含有石棉，避免打开或打破容器，吸入石棉对你的健康有害"，或（ii）联邦法律或法规授权的其他警告标签；

（3）定量记录署长批准的表格，以体积、重量或容器（袋）表示；

（4）与任何其他垃圾分开。

3. 含有石棉的垃圾不得贮存，除非事先授权，获得环卫监管部门的许可。

4. 在处理存放含石棉的废料时，每24小时检查一次，以确保空气中没有石棉粉尘的可见排放。如果这样的检查揭示了石棉粉尘在空气中的可见排放,则通过将现有的容器放入密封容器中,以防止进一步排放到空气中,垃圾被湿化并重新包装。

5.(1)含石棉的垃圾必须在行政长官批准的地点处置;

(2)在纽约市批准处置场所处置石棉情况下,环卫部门应在适当的表格上标明收到的石棉数量,以体积、重量或容器(袋)表示。该表格的副本应提交给环境保护部。

6.行政长官有权通过规则和条例来实现本节目的。

7.(1)任何违反本条或根据本条制定的任何规则或条例的行为均构成犯罪,可处以不少于500美元且不超过25 000美元的罚款或不超过一年监禁,或者两者兼施。

(2)除法律授权的任何其他刑事或民事处罚外,违反本条或根据本条制定的任何规则或条例的任何违法行为,将受到不少于500美元且不超过25 000美元的民事处罚。这种惩罚可以通过以行政长官名义提起民事诉讼或在环境管理委员会诉讼中撤销。

★**立法经验点评**:由于石棉粉尘对人体健康和公共安全有重要威胁,虽然早已停用,但石棉作为过去常见的建筑材料,且纽约市的很多建筑寿命都在百年以上,纽约市老建筑中存量石棉仍然很大,为了控制潜在的公众健康危险,纽约市对于包含石棉的制品以及建筑垃圾的运输和抛弃高度重视,制定了严格的石棉废弃物监管和民事惩罚制度。运输方式、处置地点都有严格的法律规定。并且经济处罚上限高达25 000美元,对试图私自处理含石棉垃圾的行为具有巨大的威慑作用。此法规对于我国控制石棉制品作为建筑垃圾被抛弃,减少环境污染有着重要的借鉴意义。

4.1.4　禁止乱抛垃圾

1.(1)任何人不得在任何街道或公共场所、空置地段、风井、外廊、后院庭院、公园或胡同内,扔弃、清扫、投掷或抛洒任何灰烬、垃圾、纸张、尘埃或任何种类的其他垃圾,或指示、容受、准许任何受雇人、代理人、雇员或其他在其控制下的人丢弃任何灰烬、垃圾、纸张、尘埃或其他垃圾。

(2)任何人不得在任何公共场所或公共场所人行道上,或在任何公共或私人建筑物或公共场所共用的场所,或任何公共交通设施或场所的地板、墙壁或楼梯上吐痰。

2.(1)任何建筑物或处所的每个业主、承租人、租客、占用人或掌管该建筑物或处所的人,均须保持并安排该建筑物或处所毗邻的人行道、标牌及路堤石不受任何种类的阻碍及滋扰,并须保持该等人行道、标志、路缘石及风井、区域通道、后院及小巷内无垃圾和其他令人不快的物质。这些人还应当将在与建筑物或房屋毗邻的路缘石和从路缘石延伸 1.5 英尺的道路区域到建筑物或房屋前面的街道之间的垃圾、碎片和其他令人不快的物质移走。但是这些人不应负责清理位于从路缘石到街道的 1.5 英尺的距离内,聚集在集水洼地的垃圾。

（2）每个业主、承租人、租客或负责任何空地的人员应保持和安排人行道、马路标牌和路缘石对接在空闲地段,不受任何阻碍和滋扰,并保持人行道、马路标牌和路缘石的畅通,免受来自垃圾、杂物和其他令人厌恶的材料的滋扰。每个业主、承租人或负责任何空地的人员应保持空置区域无垃圾、杂物和其他不良物品。此类人员还应清除毗邻空地的路缘石与距离路缘石延伸 1.5 英尺的道路区域之间的垃圾和其他不良材料,并将其移到空地前方的街道上。然而,这些人不应负责清理积聚在位于路边 1.5 英尺距离内的集水洼地中的垃圾。

3. 同时正在修改、修理或拆除,或以其他方式在拆除任何建筑物或其部分时,要清除的材料应适当湿润,以便清除灰尘。

4. 任何人,作为车主或负责或控制任何车辆或任何容器的人,不得在街道或公共场所或其他地方乱抛垃圾、掉落或溅出或允许散落、掉落或洒落任何污垢、沙子、砾石、黏土、土壤、石料或建筑垃圾、干草、稻草、燕麦、锯末、刨花或其他任何轻质材料,或制造、交易任何种类的垃圾、灰烬、肥料、其他有机垃圾或其他令人不快的物质。

5. 任何人不得在任何街道或公共场所,丢弃或放入任何人的排泄物、让人不快的动物、有毒液体或任何其他肮脏物质。

6. 任何人不得阻止或以其他方式干扰任何街道的清洁或清扫、干扰街道上清除积雪或积冰工作,或从任何街道收集或清除任何固体垃圾或可回收物料。

7. 违反本条规定的行为构成违法行为,可处以 50 美元以上、250 美元以下的罚款,或者 10 日以下监禁或者两者兼施;但违反本细则 1 或违反细则 6 的行为,在公共场所小便行为的,构成违法行为,仅可处以 50 美元以上、250 美元以下的罚款,或不超过 1 天监禁。

8. 违反本条规定的人应按以下数额承担民事责任,但就本细则而言,"第一次违反"是指针对单一事件发布的任何违规数量:

（1）第一次违规行为罚款不得少于 50 美元,但不得超过 250 美元,但在 12 个月内第二次违反本细则第 3、4、6 款的民事处罚不得少于 250 美元,不得超过 350 美元。在任何 12 个月内或以后第 3 次违反本细则第 3、4、6 款的情况,不

得少于 350 美元,但不得超过 450 美元;

(2) 尽管有本细则 1,对于任何违反本细则 6 的自然人在公共场所小便行为:

(i) 第一次违规,罚款 75 美元;和

(ii) 在 12 个月内发生的第二次违规行为,罚款不得少于 250 美元,但不超过 350 美元;

(iii) 在 12 个月内发生第三次违规行为,罚款不得少于 350 美元,但不超过 450 美元;和

(3) 尽管本细则 1,对于任何违反本条第 1 款的自然人:

(i) 第一次违规,罚款 75 美元;和

(ii) 在 12 个月内发生的第二次违规行为,罚款不得少于 250 美元,但不超过 350 美元;

(iii) 在 12 个月内的第三次违规行为,罚款不得少于 350 美元,但不超过 450 美元。

9. 如果因违反本条规定而发布违规通知并仅规定民事处罚,则该程序应依据规定返回行政审判和听证处。

★立法经验点评:在公共场所乱扔垃圾或者吐痰属于轻微违法,要承担对应的民事责任和刑事责任。并且每个业主、租客都有法律责任保持自身房屋前后无垃圾,范围甚至包括门前街道、路缘石及由路缘石延伸到马路。对于房屋装修时的垃圾应适当湿润,以便清除灰尘。并且不能妨碍他人或者卫生部门清扫马路或者积雪,否则都构成违法会被处以重罚。这从法律制度上保障了环卫部门工作不受阻碍,维护了环卫工人的工作利益。此条对于我国大城市环卫工作的法律制度保护有着重要借鉴意义。对于违法者,经济处罚的力度随着累积次数急剧上升,12 个月内第二次违规罚款上限就高达 350 美元。12 个月内的任何第三次违规行为罚款上限进一步上升至 450 美元。这对于美国居民的乱丢垃圾行为有着巨大的威慑作用。

4.1.5　禁止车辆倾倒垃圾

1. 任何人、其代理人、员工或其控制下的任何人遭受或允许泥土、沙子、砾石、黏土、土壤、石头、岩石、瓦砾、建筑垃圾、锯末、刨花或在自卸卡车或其他车辆运输的任何种类的贸易或生活垃圾、灰烬、粪便或杂物,或任何其他有机或无机物质,或其他令人厌恶物质,以倾倒、存放或以其他方式处置在任何街道、地段、公园、公共场所、码头、舱壁、滑道、通航水道或其他公有或私有的区域内或

岸上。

2. 任何人违反本条规定的行为均有可能被逮捕,一旦被定罪,即视为犯有轻罪,并处以不少于 1 500 美元、不超过 10 000 美元的罚款或不得超过 90 天监禁,或者两者兼施。

3. (1) 任何人违反本细则 1 的规定,第一次犯罪的民事罚款不少于 1 500 美元、不高于 10 000 美元,以后每一次犯罪,应处以不少于 5 000 美元、不高于 20 000 美元的民事罚款。此外,自卸卡车或其他车辆的所有人第一次犯罪应处以的民事罚款不少于 1 500 美元、不高于 10 000 美元,对使用或经营本条第 1 款所述的每一次非法倾倒行为,应处以不少于 5 000 美元、不高于 20 000 美元的民事罚款。在该拥有人业务中,或在该拥有人明示或默示许可下,作出相同规定。

(2) 在环境管理委员会进行的诉讼中发现任何车主、车主—驾驶员或驾驶员违反本条规定而不支付环境管理委员会所判处的民事罚款的,应根据《车辆和交通法》第 1220-a 条的规定,暂停其驾驶执照、经营特权或车辆登记或续签,除了本节规定的任何其他民事和刑事罚款和处罚之外。

(3) 在本分款中,"车主""车主—驾驶员"和"驾驶员"的含义应具有《车辆和交通法》第 1220-a 条第 1 款所述的含义。

(4) 本章的规定也可由小企业服务行政长官和环境保护行政长官就码头岸边和通航水道的码头、水上平台、舱壁和滑道实施。

4. 在违反本细则 1 规定的情况下发出违规通知书,外观车票或传票并仅规定民事处罚的情况下,该流程应退还给环境管理委员会。

5. (1) 任何已被使用或正在被用来违反本条规定的自卸车或其他车辆,应由该部门扣押,直至所有卸货费和保管费以及适用的罚金或保证金已被支付为止,不得放行。对该行政长官满意的数额,或在本条第 2 款中另有规定的数额。行政长官有权制定有关车辆扣押和放行的规定,以及支付此类车辆的搬迁费和仓储费,包括其数量和费率。

(2) 除本节规定的其他处罚外,根据本分段第(i)款扣押的任何车辆中本细则 3 所定义的车主的利益,应在通知和司法裁决后予以没收。

(i) 在民事或刑事诉讼中或在环境管理委员会举行的三次或三次以上的诉讼中被判定或认定对违反本条的行为负有责任,所有这些违法行为均在 18 个月内实施。

(ii) 已被裁定或裁定成立。在民事或刑事诉讼中或在环境管理委员会之前的程序中,如果非法倾倒的材料是根据《环境保护法》第 27-0903 条所颁布的条例认定为危险垃圾或急性危险垃圾的材料。

（3）除下述规定外,有权扣押车辆的市政机构在司法认定没收后,应当在公告至少 30 日后,通过公开拍卖出售该被没收的车辆。任何人,除非根据本款被没收的车主,在车辆上建立所有权,包括部分所有权或担保权益,则如果该人有权交付该车辆,则:

（i）通过付款向纽约市赎回可被没收的所有权权益;和

（ii）在扣押和赎回之间支付合理的车辆保管费用;和

（iii）在司法确定遗产后 30 日内提出索赔。尽管有上述规定,如果纽约市确定非法倾倒的车辆被明确或暗示地允许,确定不会赋予交付车辆的权利。

6. 奖励。

（1）凡根据 1 位或多于 1 位人士的宣誓供词而发出违反本细则 1 的通知书、出庭票或传票,而行政长官在行使其酌情决定权时,决定该经宣誓的陈述,不论是单独或连同在民事或刑事法律程序或在环境管理委员会进行法律程序中的证言,均会产生结果。在任何人因违反本细则 1 而被定罪或被判处民事处罚时,行政长官须向该位人士或多于 1 位人士提供总额相等于以下数额作为报酬:

（i）罚款或民事处罚金额的 50%;要么

（ii）被告人被定罪但没被处以罚款,举报人可获得 500 美元。

（2）如果根据个人提供的信息发出违反本细则 1 的违规通知、罚单或传票,并且行政长官在行使其酌情决定权时决定信息与部门或其他政府实体进行的强制执行活动相结合导致任何人因违反本细则 1 而对其施加民事惩罚,行政长官应作出的个人奖励总额为:

（i）罚款或民事处罚金额的 50%;要么

（ii）被告人被定罪但没被处以罚款,举报人可获得 500 美元。

在确定奖励数额时,行政长官应考虑以下因素,包括但不限于:（a)倾倒、存放或以其他方式处置的材料的数量和类型;（b)所提供信息的特殊性,包括但不限于据称已使用的自卸卡车或其他车辆的车牌号码、品牌或型号或其他说明以及所称的地点、违法日期或时间;（c)个人或个人提供信息是否确定违反本细则 1 的一项或多项;（d)该部门是否知道该地区先前发生了违反本细则 1 的情况。

（3）任何治安官员、环卫部门或环境管理委员会的雇员或任何政府实体的雇员,如果与该部门一起开展违反本细则 1 的执法活动,则有权获得任何此类奖励。

7. 除上述处罚外,罪犯应在定罪后 10 天内清理和清洁罪犯非法倾倒的区域。如违例者未能在上述时间内清理及清洁该地区,该等清理及清洁可由本署进行,或由私人承包商在本署的指示下进行,并须向违例者收取费用。如在违例者被定罪前,本署已清洁或清理该地区,或已安排私人承包商清洁或清理该地区,违例者须负责清理或清洁该等地方的费用。违法者如有本款的要求,应在本部门提出要求后 10 天内付款。

8. 由于非法倾倒事件,行政长官应在认为适当的地方张贴标志。该标志应说明对非法倾倒的处罚及其中的奖励条款。

★立法经验点评:在纽约市内运输车辆随意倾倒垃圾的行为属于轻微违法,第一次违法将处以 1 500—10 000 美元罚款,第二次累犯者将处以 5 000—20 000 美元罚款,如果司机在多个地点倾倒,则每倾倒一次,罚款 5 000—20 000 美元,同时可判处 90 天监禁。车辆将会被扣押或者没收,如果没有缴清罚款者,车辆将被公开拍卖。同时根据交通法规,暂停司机驾驶执照、经营特权或车辆登记或续签,除此之外,对于提供举报线索者,可以提供罚款的 50% 作为报酬。此举对于民众监督卡车倾倒垃圾行为是一个非常大的经济激励,允许张贴告示,告知举报奖励条款。除此之外,卡车司机定罪后还需承担清理和清洁费用。这些综合奖惩和精细化治理手段,对于解决我国大城市中屡禁不止的卡车司机偷倒垃圾行为有重要借鉴意义。

4.1.6 用于清除垃圾的贮器

1. 管理或控制建筑物或住宅的拥有人、承租人、代理人、占用人或其他人,须按照本条提供和维持独立的盛器,以存放焚化炉残余物及灰烬、垃圾及液体垃圾。贮器应供每一建筑物或住宅专用,其大小和数量应足以容纳在该建筑物或住宅 72 小时内累积的垃圾。贮器应由金属或其他材料制成,其等级和类型应为本部门、环卫和精神卫生部门以及住房保护和发展部门接受。用于废液的贮器的构造应使其内装物保持无泄漏。金属容器应装有紧凑型金属盖。

2. 灰烬和焚化炉残留物、垃圾和液体垃圾应分离并放入单独的容器中。填充时不得有容器重量超过 100 磅。

3. 焚化炉、残渣、灰烬、垃圾和液体垃圾应存放在建筑物或住宅的后部,根据环卫部门或住房保护和开发部门的要求,放置在由环卫部门以及居住场所与房屋保护和开发部门接受的类型和等级的其他材料制成的紧密覆盖的金属容器中。环卫部门或其他收集机构清除内容物后,应在收集之日的上午 9:00 之前从建筑物或住宅的正面移除任何剩余的容器,或者如果在下午 4:00 之后进行垃圾收集,但必须在收集后一天的上午 9:00 之前。容器应始终保持盖住或关闭状态,并保持一种环卫部门以及居住场所、住房保护和开发部门满意的方式。容器不得贮存垃圾、焚化炉残渣、灰烬或液体垃圾，以免造成滋扰。庭院清扫、树篱、草坪、树叶、泥土、石块或砖块不得与家庭垃圾混合使用容器。

4. 报纸、包装纸或其他轻微垃圾可能会被吹散或散落在街道上，应在捆绑、固定或包装后妥善收集。这些材料应按照与容器相同的方式保存和放置收集。

5. 任何人不得将家庭垃圾或商业垃圾或液体垃圾存放在部门或街道上的公共垃圾容器中。应该有一个可反驳的推定，即出现姓名或其他身份信息的任何家庭垃圾或商业垃圾被存放在该公共垃圾桶中，则该人违反了本细则规定。

6. 违反本细则规定的人，除细则 5 外，第一次违法行为将处以不低于 25 美元、不高于 100 美元以上的民事罚款，在 12 个月期间内发生第二次违规行为，将处以不少于 100 美元、不高于 200 美元的罚款，并且在 12 个月期间发生第三次或以后的违规行为时，处以不少于 200 美元、但不高于 300 美元的罚款。违反本细则 5 规定的，对第一次违法行为，处以不少于 100 美元、不高于 300 美元的民事罚款，对于 12 个月内的第二次违规行为将处以不少于 250 美元、不高于 350 美元的罚款。

7. 在违反本条规定而发出违法通知的情况下，该程序应退回环境管理委员会，环境管理委员会有权施加本细则 6 所规定的民事处罚。

8. 在环境管理委员会规定的时间内，如果个人未能回应该违法通知，则该人将承担额外的处罚责任。每项违规的额外处罚不得超过 300 美元。

★立法经验点评：本条详细规定了储存垃圾的容器容量、材质和不同垃圾的分离储存以及装满垃圾容器的最大重量，这些容器应该加盖放置在建筑物后部，家庭庭院清扫出的泥土、树叶不允许和家庭垃圾混合，并规定了环卫部门清除垃圾的时间段。对于纸张和包装纸，必须捆扎。对于街道上的公共垃圾桶，不允许丢弃家庭垃圾或者商业垃圾，一旦发现有个人信息的资料的垃圾，就可推定该人违法丢垃圾。此举对于我国卫生管理部门减轻公共街道垃圾箱的清扫负担，防止有人规避垃圾收费条例，有着重要的借鉴意义。同时规定了罚款规则，如果在规定时间内不予理会违法通知的，三次以后最高将被额外罚款 300 美元。

4.1.7　财产所有者清除人行道上的冰雪和污物义务

1. 在纽约市中任何建筑物或地段负责的所有者、承租人、租客、占有人或其他人，在人行道铺砌的任何街道上，应在积雪停止后 4 小时内或之后，清除人行道和排水沟中的积雪或冰块、污物或其他物质,下午9点到上午7点之间的时间不包括在上述4小时内。应在行政长官清除积雪之前进行,或按照行政长官的规定进行。

2. 如果人行道上的冰雪被冻得很硬,以至于在不损坏路面的情况下不能被清除,则上述所有者、承租人、租客、占有人或负责任何建筑物的其他人,在上述细则中规定的时间内,应在毗邻该处所的人行道上撒满灰烬、沙子、锯末或其他类似的合适防滑材料,并应在天气允许后立即彻底清扫。

3. 保留。

4. 凡拥有任何建筑物或地段的业主、承租人、租客、占用人或其他人,靠近铺设人行道的任何街道或公共场所,在不遵守本条规定时,行政长官可以命令其清除积雪。

5. 清除每一特定地段土地的费用,须由行政长官向主计长确定及核证,而行政长官须以支付街道上将积雪移走费用的同样方式支付该等费用。在该等开支缴付后,主计长须向市议会交付该证明书,而该等开支的款额须加在该财产的下一个财政年度的年税中,并须作为该财产下一个财政年度的一部分,而该等开支须在该财政年度内并连同该财政年度的年税一并征收,作为该财政年度的一部分。大律师已获指示可就该等开支的款额提出诉讼及追讨。

6. 本条不得视为妨碍任何地段的拥有人将任何可从该地段前面的人行道或排水沟移走的雪或冰,抛入街道的道路上。

7. 本节中使用的"地段"一词应包括一个宽度不超过25英尺的空间,该空间位于被指控违法行为被允许、实施或省略的街道上。

8. 违反本细则1或2规定的任何人应对第一次违规行为承担不少于10美元、但不超过150美元的民事罚款,但在12个月内第二次违反细则1或2,该人须承担不少于150美元、但不超过250美元的民事罚款,在12个月期间内第三次或以后违反细则1或2,该人须承担不少于250美元、但不超过350美元的民事罚款。

9. 如违反本条规定而发出违章通知书、出庭通知书或传票,并只列明有关的民事罚则,则该程序可退回环境管理委员会,而环境管理委员会有权施加本细则8所述的民事罚则。

10. 如果违规者未能在环境管理委员会规定的时间内对违规通知书、出庭通知书或传票作出回复,他应承担额外的处罚责任。每次违规附加罚款不得超过350美元。

4.1.8　清除街道上的积雪和冰

环卫部门行政长官在每次降雪或在街道上形成冰层后应立即将其移走，并保持所有街道清洁畅通。

行政区除雪计划

1. 以下术语在本节中的含义如下：

（1）"公共汽车候车亭"是指有盖或有天花板的位置，旨在用作等待纽约市运输当局车辆的人的庇护所，并且应包括在这条规定下庇护所所覆盖的人行道的所有部分的路边。

（2）"公共汽车站"是指纽约市交通局车辆为接载或卸下乘客而指定的非公共汽车庇护所的地点，该地点包括人行道的 5 英尺内和路缘附近的排水沟。

（3）"行人通道"是指在划分道路的中央地带上的路缘石切口之间的直接路径，或者如果在中央地带上不存在路缘石切口，则设计为方便行人穿过中间地带而分开的道路。

（4）"主要街道"是指由部门确定为除雪或清除的第一优先权的街道。

（5）"降雪事件"是指在环卫部门测量的五个行政区中的任何一个行政区内，在 24 小时内的降雪量等于或超过 6 英寸。

2. 从 2011 年 11 月 15 日开始，此后每年的 11 月 15 日，行政长官应向市议会提交并在纽约市网站上向公众提供每个行政区的除雪和清理计划，该计划应包括但不限于下列：

（1）地区或部门确定的各部门车库和其他部门设施的地址，以及为解决积雪条件而分配给每个此类车库或设施的地区部门雇员的人数；

（2）按地区分列的部门拥有的冰雪管理设备和资源的清单，以及全纽约市其他拥有的可在雪灾期间使用设备和资源的清单，这些设备和资源由纽约市拥有的冰雪管理设备和资源的机构、办公室确定；

（3）（i）每个优先权指定类别的定义，包括作出这种指定的标准和上一年的优先指定类别的任何变化以及此类变化的原因；

（ii）链接到网站的链接，在该网站上可以查看具有该区域中每条街道优先指定类别的每个社区区域的地图；

（4）部门如何计划在下雪期间处理以下类型的任务：

（i）在每个行政区内从街道清除冰雪；

（ii）在主要街道的交叉路口清除路缘石块和人行道中间的积雪和冰块；

（iii）从人行横道、邻近公园和公共汽车站的人行道清除冰雪；

（iv）在冰雪覆盖的条件下散布于道路的盐、沙或其他物料；

（5）行政长官应指定和确定以下内容：

（i）将负责实施适用于特定地区降雪计划的行政区长；

（ii）部门工作人员在下雪期间向全市范围内的紧急事件管理办公室报告，并直接负责与该办公室和部门沟通；

（iii）来自客户服务部门和政府关系办公室的人员，他们将与市议会成员、社区委员会和行政区主席进行区内通信，以便提供、接收和回应这些当选官员的信息，以及社区委员会关于降雪事件的条件。

3. 从 2011 年 10 月 1 日开始，其后每年 10 月 1 日，行政长官应向每个行政区提交一份清雪和清理计划草案，以征求该行政区议会成员、社区委员会和行政区主席的意见。计划草案的修改应包括在根据本节最迟在每年 11 月 15 日发布的每个行政区的最终清雪和清理计划中。

4.1.9　除雪员工和设备

1. 如遇降雪或其他紧急情况，长官可临时雇用及租用因该紧急情况而需要的人、车辆、机械及设备，如属降雪，则立即向市长报告该等人、车辆、机械及设备的数目，如属任何其他紧急情况，则须向市长报告有关详情，如遇降雪，人、车辆、机械及设备不得被雇用超过 7 天；如属任何其他紧急情况，则不得被雇用超过 3 天。

2. 所有这些雇员应由环卫部门直接雇用，而不是通过承包商或其他人员，除非行政长官应确定这一要求必须在特定情况下适当采取行动。

3. 根据本节雇用的任何受雇人员以及车辆、机械和设备的服务，应在行政长官规定的时间内由环卫部门全额直接支付。

4. 劳动者在除雪过程中从事的一切紧急工作，如果工人是按小时或按天受雇于承包商的，则这种工作应直接支付给受雇于其上的个人，以美国货币支付，而不是以支票或票证支付。每名从事移除积雪的承包商，均须与行政长官或其他获赋权为此目的的订立合约的人（视属何情况而定）订立协议，以遵守本细则的条文，违反本规定须当作废除任何合约。

★立法经验点评：以上详细规定了纽约市扫雪的规定，纽约市属于北方，雪季漫长，年度平均降雪量大，经常会受到暴风雪袭击，光靠环卫部门单个部门力量远远不够，纽约市通过立法强制约束业主"各扫门前雪"，才能有效动员所有居民扫雪，及时清除人行道路上的积雪，保障市民的安全出行。如果户主没有及时清除门前积雪,有行人在此摔倒受伤,房屋所有者将负全责,面临高额的医疗费用索赔风险和环卫部门罚款等违法成本,第二年的房屋财产险的保费也会因此而上涨。根据笔者在纽约的实际体验,由于全民动员,无论多大的降雪,纽约市区道路和人行道都能保持通畅,这对于我国雪季漫长的北方城市扫雪管理有着非常重要的借鉴价值。

4.2 固体垃圾回收

4.2.1 定义

本章可引用《纽约市回收法》。在本章中使用时:

"建筑涂料"是指内部和外部建筑涂料,包括购买用于商业或住宅用途的涂料和污渍,但不包括购买用于工业用途或制造产品的建筑涂料。

"部门管理的固体垃圾"是指该部门及其承包商收集的所有固体垃圾,该部门免费处置的所有固体垃圾,通过特殊事件或计划进行回收或再利用的所有固体垃圾,环卫部门收集的所有固体废弃物,这些固体废弃物通过非环卫部门基础设施进行回收再利用,并按照本章第4.2.2节细则8规定的部门回收目标进行计算。

"住户"指多住宅、酒店、汽车旅馆、营地、护林站、公共或私人休闲区或其他住宅内的单一住宅或住宅单位。

"家庭和机构可堆肥垃圾"是指任何可堆肥垃圾,不包括庭院垃圾,或以其他方式运往该部门收集的任何垃圾流。

"家庭危险垃圾"是指:

1. 任何可燃、腐蚀性、反应性的或有毒家庭垃圾,但是就其产生时间而言,纽约州法规和规章中的危险垃圾可能会不时修订,并且包括《环境保护法》第33条中定义的所有农药和《环境保护法》第27-0901节中定义的危险垃圾;

2. 行政长官根据规定确定危险并需要特殊处理的任何其他生活垃圾。

"有机垃圾"是指在垃圾流中发现的物质,可以分解成或可以成为可用堆肥的一部分,如食物残渣、污染纸和植物碎屑。根据委员会的决定,这一标准还可能包括符合ASTM国际标准可堆肥塑料标准规范的一次性塑料食品服务器具和包装袋,但不得包括液体和纺织品。

"收集后分离"是指在收集点之后将固体垃圾分为部分或全部组成部分。

"消费后材料"是指由企业或消费者生产的产品,这些产品已经达到了预定的最终用途,并且已经为了收集、回收和处置而与固体垃圾分离或转移。"私人卡特"是指任何需要根据本法律许可或允许的人。

"**公开的纺织品放置箱**"是指任何封闭的容器,允许公众成员根据本章第4.2.6节规定的纺织品再利用和再循环程序,将纺织品存放到该容器中以便再利用或回收。

"**可回收材料**"是指可以以原材料或产品形式分离、收集、加工、销售并回收的固体垃圾,包括但不限于金属、玻璃、纸张、塑料、庭院垃圾和根据本章需要回收或堆肥的任何其他固体垃圾,通过由部门推广、运营或资助的特殊活动或计划收集的固体垃圾以供回收或再利用,以及通过非部门基础设施接受的固体垃圾用于回收或再利用。

"**回收利用**"是指将可回收材料以原材料或产品的形式分离、收集、加工、销售并返回经济体的任何过程。

"**回收中心**"是指为促进可回收材料的分离、收集、加工或销售而重新使用或销售的任何设施。

"**回收区**"是指执行者认为适用于实施本章的任何行政区域或较小的地理区域。

"**刚性塑料容器**"是指具有半柔性或非柔性的有限形状的任何塑料容器,其能够在容纳其他产品的同时保持其形状,并被设计为容纳食品、饮料和消费家用产品,包括但不限于以下类型的容器:塑料瓶、塑料壶、塑料桶、塑料托盘、塑料杯、塑料桶、塑料包装箱和塑料花盆,以及行政长官可能按规定指定的其他硬质塑料材料,但不包括由聚苯乙烯泡沫制成的容器。

"**固体垃圾**"是指所有易腐烂和不易腐烂的材料或物质,因为费用高、无用、无价值或超额而被业主丢弃或拒绝,包括但不限于工业和商业垃圾、轮胎、灰烬、含气体物质、焚烧炉残留物、建筑和拆除垃圾、废旧汽车和动物内脏。

1. 如果被遗弃的材料被丢弃,则处理途径为:

（i）处置;

（ii）烧毁或焚烧,包括为恢复可用能源而作为燃料燃烧;要么

（iii）积累、储存或物理、化学或生物处理(除烧毁或焚烧之外);

2. 如果材料被排放、沉积、注入、倾倒、泄漏或置于任何土地或水中,则该材料或其任何成分可能会进入环境或排放到空气中或排入地下水或地表水。

3. 以下内容不是固体垃圾:

（i）生活污水;

（ii）进入公有下水道系统的任何混合物、食物垃圾;

（iii）根据《环境保护法》第 17 条的规定,实际点源排放的工业废水排放受制于许可;工业废水在排放前被收集、储存或处理,工业废水处理产生的污泥是固体垃圾;

（iv）灌溉回流;

（v）根据 1954 年《原子能法案(经修正)》、42USC2011 等所定义的源,是指特殊核或副产品材料的放射性材料。

（vi）作为提取过程的一部分,原地开采技术不会从地下移除的材料;

（vii）《环境保护法》第 27-0901 条中定义的危险垃圾;和

（viii）规定的医疗垃圾或其他医疗垃圾,如本章第 4.1.6 节所述。"源头分离"是指在生成时将固体垃圾分成部分或全部组成部分。"堆场垃圾"是指作为植物或蔬菜、小枝或碎片以及类似材料的一部分可识别的树叶、草屑、花园碎屑和营养残留物。

★**立法经验点评**:纽约市回收法的立法意图是减少环境污染和危害健康,减少纽约市对稀缺垃圾填埋场空间的需求,尽量减少拟议资源回收计划的规模和成本,并鼓励保护宝贵的自然资源和能源。纽约市的公共政策是促进从纽约市固体垃圾流中回收材料,并将其重新回归经济循环。本定义对什么属于纽约市环卫局可接受的固体垃圾,什么是不属于可以接受的固体垃圾进行了非常详细的定义和归类。只有固体垃圾的法律定义越精细化,回收工作才能有的放矢,保障回收管理工作的顺利进行。

4.2.2　回收部门管理的固体垃圾

1. （1）为环卫部门管理的固体垃圾回收建立以下回收比例目标:

（i）到 2011 年 7 月 1 日为止,环卫部门管理 16% 的固体垃圾;

（ii）到 2013 年 7 月 1 日为止,环卫部门管理 19% 的固体垃圾;

（iii）到 2014 年 7 月 1 日为止,环卫部门管理 21% 的固体垃圾;

（iv）到 2016 年 7 月 1 日为止,环卫部门管理 24% 的固体垃圾;

（v）到 2018 年 7 月 1 日为止,环卫部门管理 27% 的固体垃圾;

（vi）到 2019 年 7 月 1 日为止,环卫部门管理 33% 的固体垃圾;和

（vii）到 2020 年 7 月 1 日为止,环卫部门管理 33% 的固体垃圾。

（2）此外,为部门收集的路边和集装箱垃圾制定了以下回收目标:

（i）截至 2011 年 7 月 1 日为止,环卫部门收集 16% 的路边和集装箱垃圾;

（ii）截至 2013 年 7 月 1 日为止,环卫部门收集 18% 的路边和集装箱垃圾;

（iii）截至 2014 年 7 月 1 日为止,环卫部门收集 19% 的路边和集装箱垃圾;

（iv）截至 2016 年 7 月 1 日为止，环卫部门收集 21％的路边和集装箱垃圾；

（v）截至 2018 年 7 月 1 日为止，环卫部门收集 23％的路边和集装箱垃圾；

（vi）截至 2019 年 7 月 1 日为止，环卫部门收集 24％的路边和集装箱垃圾；和

（vii）到 2020 年 7 月 1 日为止，环卫部门收集 25％的路边和集装箱垃圾。

2. 委员会应采纳和实施规则，指定至少 6 种可回收材料，包括细则 3 所要求的塑料和部门管理的固体垃圾中包含的有机垃圾所要求的场地垃圾，以及要求家庭采购独立指定材料。

3.（1）在开始将部门管理的可回收材料交付到南布鲁克林海运码头的指定回收处理设施之前，行政长官应指定可回收材料，并要求将硬质塑料容器分离出来；

（2）如果行政长官根据本细则 1 的规定确定硬质塑料容器回收纽约市的成本需要被指定为可回收材料，与仅回收金属的成本相比是不合理的，玻璃和塑料在当地法律生效之日起已被指定为可回收材料，并且在附加该分区的情况下，行政长官应在 10 个工作日内通知并向市议会提供作出此类决定的支撑文件，并指定任何这种硬质塑料容器作为可回收材料；

（3）如果行政长官确定硬质塑料容器回收的成本与仅回收金属、玻璃和塑料的成本相比是不合理的，该金属、玻璃和塑料在当地法律生效日期之后被指定为可回收材料，行政长官每年应重新评估指定这种硬塑料容器为可回收材料的成本，并应每年作出新的决定，以确定这种容器作为可回收材料的成本是否合理。仅限于从当地法律生效日期起被指定为可回收材料的金属、玻璃和塑料进行再循环，并将此类评估报告作为该部门的一部分，根据本细则 11 所要求的年度回收报告。如果根据本细则第 2 款规定，纽约市的硬质塑料容器回收成本不合理，则该部门不得颁布有关硬质塑料容器为可回收材料的规定。与仅添加金属、玻璃和塑料的成本相比，在添加该细则的当地法律生效日期之后，该金属、玻璃和塑料被指定为可回收材料；

（4）颁布规定硬质塑料容器为可回收材料的规则后，该部门应与委员会为此目的的指定的任何其他机构或实体合作进行宣传和教育，以通知居民该新名称并提供指令是否符合本款的要求和根据此规定颁布的规则。

4. 行政长官应采纳和执行规定程序，规定将指定材料放置在路边、专用容器或行政长官所决定的任何其他方式，以方便回收这些材料。根据这些规则，任何人均不得将非指定的硬质塑料容器错误放入回收物流点中。

5. 如果部门向至少有 4 个但不超过 8 个住宅单元的建筑物提供固体垃圾

收集服务,则该行政长官应采纳和实施规定,要求该建筑物的业主、承租人或负责人:

(1) 在切实可行的范围内,向居民提供指定区域,并在适当情况下储存分离源或其他指定可回收物料的容器,以供环卫部门收集;和

(2) 通知所有居民本章的要求及其颁布的规则,至少在指定的回收区域内或附近张贴关于源头分离的说明,并在每个居民开始租约时向其提供,一份由环卫部门发行的回收指南,应以印刷形式或在环卫部门网站上提供给业主、承租人或负责人。如果在这种建筑物中没有合适的可用空间来存放源头或其他指定的可回收材料,并且这种空间位于建筑物财产线后面,则线后面的这个空间可以被指定为存放源的区域分离的或其他指定的可回收材料。如果没有这样的空间可用,业主、承租人或该建筑负责人应在指定区域内或附近的建筑物内所有居民都能看到回收和源头分离指令的地方发布指令。

6. 如果环卫部门向含有 9 个或更多住宅单元的建筑物提供固体垃圾收集服务,行政长官应采纳并执行规定,要求该建筑物的业主、承租人或负责人:

(1) 为居民提供一个指定的区域,并在适当情况下为该区域储存来源分离的容器或其他指定的可回收材料;

(2) 通知所有居民本章的要求和根据其颁布的规则,至少在指定的回收区域内或附近张贴源头分离的指示,并在开始租约时向每位居民提供部门发行的循环回收指南,应由本部门以印刷形式或在部门网站上提供给业主、承租人或该建筑的负责人;

(3) 将指定来源分隔的可循环再用物料的集装箱放入路边收集,并确保指定物料按部门订明的方式放置在路边。对于上述建筑物住户产生的固体垃圾,业主、承租人或负责人的义务应当限于本细则 4 和 7 所规定的义务。

7. 对于任何含有 4 个或更多住宅单元的建筑物,委员会应采纳和实施规则,其中收集的指定材料数量远少于该建筑物合理预期的数量。这些规则应要求住宅发电机组(包括租户、业主、净承租人或该建筑物的负责人)使用透明袋或其他处置方式,委员认为适合处理除指定的可回收材料以外的固体垃圾。

8. (1) 在计算本部门达到本细则 1 第 1 款所述回收百分比目标的程度时,部门应在其计算中包括其收集的所有路边和机构回收,包括从住户、学校收集的材料、非营利机构和纽约市机构以及作为公共空间回收计划一部分收集的所有可回收材料,并可能包括收集的庭院垃圾和根据本章收集的用于堆肥的任何其他材料,收集的圣诞树、捐赠服装、部分纺织品、可充电电池、饮料容器、电子垃圾、塑料袋、为计算本部门达到本细则 1 第 1 款所述的回收百分比目标的程

度,只计算本段明确列举的可回收材料。

(2) 在计算回收百分比目标时,部门应在其计算中包括所收集的所有路边和机构回收,包括从家庭、学校、非营利机构和纽约市机构收集的材料,以及公共空间回收计划收集的所有可回收材料。

(3) 在计算本部门达到本细则第 1 款和第 2 款中规定的回收百分比目标时,该部门不应包括回收废弃车辆或批次清理作业、沥青和尾矿回收、建筑和拆除垃圾或其他商业回收计划。行政长官不得在本节中指定任何此类材料作为可回收材料,用于计算该部门达到回收百分比目标的程度。

(4) 在计算部门管理的固体废弃物流量的回收百分比与本细则 1 第 1 款规定的百分比目标相关时,部门应确保计入回收任何数量的材料必须全部包括在内,以此来计算全市环卫部门管理的固体废弃物流量。

(5) 所有数据应按原材料类型提供,并按月使用非专有格式,或者如果此类数据不得由该部门在该部门收到此类信息报告之日起一个月内生成。

9. 如果部门没有达到所规定的回收百分比目标,则该部门应在实现此目标之日起 60 天内,扩大回收外展并采取其他适当措施,包括但不限于将这种回收宣传和教育引导到再循环转用率低于全市中位数的社区,并与市议会协商,探讨采取额外措施达到此类细则中规定的回收百分比目标。在扩大回收宣传和教育方面,该部门可以与行政长官为此目的指定的其他机构或实体合作。

10. 如果部门未能在规定的日期内,达到连续两个循环百分比目标,除细则 9 的要求外,行政长官应保留一名特别顾问,由市长和发言人选定,但该行政长官不必每三年一次保留这名特别顾问。在这保留的 120 天内,该顾问应向市长和市议会提交一份报告,建议市政府为了达到这样的回收百分比目标而采取的额外措施。

11. (1) 从 2011 年 3 月 1 日开始,其后每年向市长和市议会提交一份年度部门回收报告,其中应包括以下内容的条款:部门达到本细则 1 第 1 款和第 2 款规定的回收百分比目标,并说明用于达到回收百分比的方法;纽约市政府机构回收;教育部门回收;垃圾堆肥;部分堆肥或圣诞树回收;公共空间回收计划;服装和纺织品回收;家庭危险垃圾回收;任何堆肥能力测定或食物垃圾堆肥试验计划。

(2) 从年初起,该部门开始向指定的回收处理设施交付由部门管理的可回收材料,根据细则 3 以及任何此类材料当时的市场价值,该部门应每年向市议会报告市政府指定之前未由委员指定硬塑料容器的可回收材料成本。

★立法经验点评:本条款为市政府明确设定了回收时间线路图和考核指标,

并且同时考虑到硬塑料容器为可回收材料所花费的纽约市成本,并应每年作出新的决定。在保留政策刚性考核百分比指标时,又保持了一定的政策柔性。

4.2.3 政府机构垃圾回收

1. 行政长官应根据需要采用、修改和实施有关回收材料的规则。每个政府部门需要单独制定环卫部门指定的可回收材料(包括但不限于指定金属、玻璃、塑料和纸张)来源分离、收集后分离、收集、加工和销售的规则。

2. 每个政府机构应在 2011 年 7 月 1 日前准备并提交行政长官批准垃圾再利用和再循环计划。该计划应规定在由该部门接收回收服务的机构占用的办公室和建筑物内,指定金属、玻璃、塑料和纸张以及行政长官认为适当的其他指定可回收材料的源头分离方案,由那些私人回收者收集是可行的。除非指定可回收材料的来源分离箱安置将违反任何其他法律规定,否则这些计划应规定在收集部门收集的办公室或建筑物的大厅中指定可回收材料的来源分离,并且在可行范围内在接受私人回收者收集的办公室或建筑物大厅里。每个政府机构应指定一名铅回收或可持续协调员来监督这些计划的实施情况。如果一个机构在多个纽约市拥有的办公楼内设有办公室,那么该机构应为该办事处设有办公室的每个办公楼(除主要协调员办公室的办公楼外)指定一名办公室协调员以协助该办公室首席协调员。

3. 在 2012 年 7 月 1 日或之前,每两年一次,之后每年一次,每位铅回收或可持续发展协调员应向其各自机构负责人和行政长官提交回收报告。报告内容包括在过去 12 个月报告期内的再利用和再循环计划所采取的行动,为执行此计划而提出的行动建议,以及此计划中包含的任何更新或更改。政府部门应结合所有子报告的信息进入部门年度回收与再循环总报告。

★立法经验点评:市政府各分支机构每年都会产生大量的垃圾,纽约市的经验是各政府部门必须建立垃圾回收协调员机制来监督回收计划的实施情况,并且定期向其机构负责人提供报告。本条法规详细规定了政府机构垃圾回收的责任,并从法律上规定了政府办公的每栋建筑物内都必须配备相应的垃圾回收协调员,将垃圾回收计划的责任落实到具体个人,并且要求撰写回收总结报告,向政府部门汇总年度回收信息,形成部门年度回收总报告。这种方式能够有效地执行相关回收方案。

4.2.4 学校垃圾回收

1. 教育部部长应指定教育部门的可持续发展主管,负责:

(1) 制定政策,指导方针和目标,以促进垃圾预防、再利用和再循环实践,

以及(2) 协调在所有学校建筑、特许学校、办公大楼以及受教育部门管辖的任何其他接受部门收集服务设施中的垃圾预防、再利用和再循环计划。

2. 教育部门官员应颁布必要的规则,要求每个学校大楼、特许学校、办公大楼以及教育部门管辖的任何其他接受部门收集服务设施制定垃圾预防、再利用和再循环计划。每个计划将在 2011 年 1 月 1 日实施。该计划至少应包括要求每间教室为收集指定可回收纸张而设置一个单独容器或垃圾箱,并且此类容器或垃圾箱应贴有适当标签或回收信息。该计划还应规定用于收集指定金属的单独容器或垃圾箱。

3. 教育部门管辖的每所学校负责人应为其学校指定一名可持续发展协调员,负责实施其学校的垃圾预防、再利用和再循环计划。校长或可持续发展协调员应完成并向教育部门可持续主管和校长提交有关该学校遵守其垃圾预防、再利用和再循环计划的年度调查。

4. 在 2012 年 1 月 1 日或之前,教育部门主管领导应在 2011 年 1 月 1 日至 2011 年 6 月 30 日期间向委员会提交有关符合本节要求的报告,并每年提交一次合规报告。教育部门应包括主管领导的报告,作为第 4.2.2 节细则 11 要求的部门年度回收报告的一部分。

5. 该部门应向所有不属于接受部门收集服务的教育部门管辖的中小学派发示范学校的垃圾预防、再利用和再循环计划。所有这些中小学都应指定一名可持续性协调员,并制定针对具体场地的垃圾预防、再利用和再循环计划。每个这样的计划将在 2011 年 1 月 1 日实施。该计划至少应包括一项要求,即每间幼儿园和 k12 年级的学生教室必须使用一个单独的容器或垃圾箱以收集指定的可回收纸张,且该容器被适当标记回收信息。该计划还应规定,用于收集指定金属、玻璃和塑料的单独容器应贴有适当标签或装有回收信息,并尽可能靠近学校入口放置,除非此类容器的放置违反了任何其他法律规定。此类垃圾桶还应放置在学生经常性摄入食品饮料位置的中央,玻璃和塑料回收箱应贴有适当的标签或用回收信息装饰,并尽可能靠近学校入口放置,除非放置此类垃圾箱将违反任何其他法律规定。

★立法经验点评:环保理念要从娃娃抓起,做好学生的垃圾回收培训工作也是非常重要的一项环保基础工作,能够让环境保护意识教育较早融入基础义务教育阶段。法律规定学校必须指定一名可持续性协调员,并制定针对具体场地的垃圾预防、再利用和再循环计划。还详细规定了校园内分类回收垃圾箱的摆放位置、数量和分类回收信息标签装饰。

4.2.5　有机垃圾回收和堆肥

1. (1) 不迟于 2013 年 10 月 1 日,行政长官应建立自愿住宅有机废弃物路边收集试点计划,将有机废弃物转移到指定收集区的家庭。这样的试点计划不得早于 2015 年 7 月 1 日结束。就本细则而言,住户应指住宅内含有两个或两个以上住宅单元的单一住宅或住宅单元,指定收集区域应指由不少于 1 000 户住户组成的自治区内的连续区域。

(2) 不迟于 2014 年 1 月 1 日,行政长官应建立一个学校有机垃圾收集试点计划,以转移不少于 3 个行政区 300 所学校的有机垃圾。假如试点计划的收集路线上有足够的卡车运输能力,则该部门应向位于该收集路线上且有志愿为此收集 9 个或更多单位的住宅建筑提供有机垃圾收集服务。试点计划不得早于 2015 年 7 月 1 日结束。

(3) 不迟于 2014 年 1 月 1 日,委员会应将根据本细则第 1 款设立的自愿住宅有机废弃物路边收集试点计划扩大到不少于 3 个指定收集区,每个区应设置在不同的自治市镇。不迟于 2014 年 6 月 1 日,委员会将根据本细则第 1 款设立的自愿住宅有机废弃物路边收集试点计划扩大到不少于 4 个指定收集区,每个指定收集区应在不同的行政区,目标是在此日期之前将此类试点计划扩大到不少于 100 000 户。

(4) 不迟于 2015 年 1 月 1 日,行政长官应将根据本细则第 2 款设立的学校有机垃圾收集试点方案扩大至不少于 5 个行政区总共 400 所学校。如果在这些试点项目的收集路线上进行收集的卡车具有足够能力,则该部门应向位于这些收集路线上且有志愿收集这些收集路线 9 个或更多单位的住宅建筑提供有机垃圾收集服务。

(5) 在根据本细则第 1 款设立的试点项目期间,行政长官有权停止向指定收集区域提供自愿居民有机垃圾路边收集服务,但是行政长官应选择在任何此类终止后 60 天内更换指定收集区。

(6) 部门或其指定人员应在根据本细则制定的试点计划期间对居民进行宣传和教育。此类宣传和教育应包括但不限于:堆肥中分离有机垃圾在环境方面的益处,如何正确分类有机垃圾的指导以及减少有机垃圾的益处。

(7) 2014 年 6 月 1 日,在此分区设立的试点项目期间,每隔 6 个月,该部门应向市长和市议会报告在过去 6 个月内转移的有机垃圾总量。部门应将此类转移信息纳入本章第 4.2.2 节细则 11 所要求的部门年度回收报告中。

(8) 不迟于 2015 年 1 月 1 日,行政长官应进行改善社区堆肥的研究,并将研究结果提交给市长和市议会。该研究应包括但不限于：(i)关于纽约市如何优化现有社区堆肥地点和资源利用的建议；(ii)对纽约市内成品堆肥的市场进行评估，包括纽约市机构的使用和潜在的零售销售；(iii)在5个行政区扩大社区堆肥地点策略。

(9)不迟于2015年10月1日，行政长官应向市长和市议会发布关于根据本款制定试点计划的报告，其中应包括但不限于以下方面的信息：(i)参与的住户、住宅和学校的数量；(ii)转移的有机垃圾总量；(iii)与方案有关的费用；(iv)纽约市内外有机材料加工能力的可用性；(v)有关此类试点项目的居民反馈意见，包括用于这些试点项目容器的充足性以及任何其他关心的问题。

2. 在2016年7月1日之后，行政长官应规定在3月1日至7月31日期间纽约市指定区域内产生大量庭院垃圾的源头分类、收集和堆肥。每年9月1日至11月30日，除非发电机另有规定为堆肥或覆盖物回收或储存。此外，委员会应规定纽约市房屋当局拥有或经营的住宅物业产生堆场垃圾的收集与堆肥和源头分离。由环卫部门或代表部门操作一个或多个堆场垃圾堆肥设施，环卫部门应依照本节堆肥或交付部门堆肥的规定处理垃圾。为了遵守这一规定，环卫部门可以利用私营或经营设施的服务。环卫部门还应与2 006个固体垃圾管理计划所建立的堆肥设施选址工作小组协商，以确定场地垃圾堆肥设施的附加位置，目的是在每个行政区建立至少一个这样的堆肥设施，供该部门进行堆场垃圾堆肥收集。该部门可以利用私营或经营设施的服务。

3. 任何纽约市政府机构或与纽约市政府机构签订合同的人员都会产生大量的场地垃圾，应与该部门协调，对场地垃圾源头分类、收集和堆肥作出规定。除法律另有规定外，本部门应按照本分区规定，由部门收集分离的任何纽约市中介机构场地垃圾源接受堆肥处理。

4. 在修改本节的当地法律生效日期后24个月内，本部门拥有、运营或使用的垃圾填埋场、垃圾转运站、多式联运设施、焚烧炉或资源回收设施不得接受部门管理的废弃物，但堆肥场地垃圾可作为部门填埋场最后一层植物覆盖物的一部分。

5. 负责维护公共土地的所有纽约市机构应尽可能在可行情况下优先使用纽约市庭院垃圾所产生的堆肥材料进行所有土地维护活动。

6. 场地垃圾发电机组，除本细则7规定的情况外，应按照委员会颁布的规定，将任何场地垃圾分开、打结、捆扎或放入纸袋或无衬里的硬质容器。委员会应通知所有收到由预先收集程序部门收集庭院垃圾的区域居民，并采取其他必要行动来实现该细则目的。

7. 任何人从事产生堆场垃圾的业务,均不得将该堆场垃圾留在部门收集,或将该堆场垃圾分散在路边或街道附近。任何从事产生庭院垃圾业务的人员应被要求在允许的堆肥设施中收集和处理这种庭院垃圾;但是如果该部门根据行政长官的书面命令确定纽约市内允许的堆肥设施能力不足,或者在此类人员产生堆场垃圾的行政区的十英里以内,则此类庭院垃圾可以在适当的许可固体垃圾管理设施中处置。

8. 纽约市内每个允许的堆肥设施,包括由市政府运营的堆肥设施,应每年向行政长官报告在堆肥设施中收集并按重量处理的堆场垃圾和其他有机垃圾的数量。所有此类报告应在每个日历年的2月1日之前提交,并应包含前一日历年收集和处理的数量。部门应合并根据本款准备的所有报告中包含的信息,并包括根据第4.2.2节细则11所要求的部门年度回收报告的一部分。

9. 居住在本细则2提供居民庭院垃圾堆肥收集地区的人员,在环卫部门进行堆肥收集期间,应将处理后的草屑作为常规垃圾处理,由环卫部门收集。环卫部门应进行宣传教育,通知该区内居民进行堆场垃圾堆肥收集的日期。在部门提供住宅堆场垃圾堆肥收集的地区,居住在该部门提供此类住宅堆场垃圾堆肥收集的第1年期间,任何人均不承担违反此细则的责任。

★立法经验点评:如何将纽约市有机垃圾变废为宝,通过堆肥设施转化为有机肥料和沼气是一个有效手段。纽约市对于堆肥设施的立法管理可以为国内大型城市的有机垃圾处理以及零填埋提供借鉴经验。处理好纽约市垃圾问题是我国大中型城市实现城市精细化管理的重要任务之一。上海市早在2018年的《政府工作报告》中,提出未来五年实现生活垃圾分类全覆盖和原生生活垃圾零填埋。解决上海市垃圾问题的关键是实现源头减量、全程分类和末端的无害化处理和资源化利用。上海的居民生活餐厨垃圾基本归类为有机垃圾,可以用于堆肥,相对于垃圾焚烧和掩埋,堆肥方式利用细菌、蚯蚓和微生物对有机垃圾进行分解,这种方式对环境最为友好,也是最可持续的一种垃圾处理方式,但我国政府部门对于此类有机垃圾堆肥的处理宣传工作力度不够,很多市民不清楚堆肥的概念。本项法律为全面实现城市有机垃圾减量化和资源化利用的操作性思路和举措提供了借鉴。

4.2.6 纺织品回收和再利用

1. 在2011年1月1日或之前,该部门应制定全市范围内的纺织品再利用和再循环计划,该计划至少应通过将部门批准的可公开访问纺织品放置箱,放置在由纽约市维护不动产、并在全市范围内组织纺织品再利用和回收站点,为所有纽约市居民提供方便的投放点。此外,行政长官应探索与私营实体(包括但不限于非营利公司和宗教机构)开展合作,以促进在全市私人财产中扩大可公开访问的纺织品回收箱。

2. 除非市政府另有授权,否则根据本节规定放置的公众可使用的纺织品垃圾回收箱不得放置在纽约市财产上,也不得放置在公共人行道或公路上。未经业主授权或代理人的书面许可,不得在私人物业上放置公众可使用的纺织品垃圾回收箱。每个纺织品垃圾回收箱的负责人应至少每 3 个月向部门报告在垃圾箱中收集的纺织品重量。每个公众可使用纺织品垃圾回收箱应在箱体正面和至少另一面突出位置显示业主或垃圾箱负责人员的姓名、地址和电话号码。这些信息应以明显可见的字符打印。就本细则而言,邮政信箱绝不应被视为可接受回收纺织品的地址。

3. 部门应根据本细则 1 通过纺织品再利用和回收站点以及公众可使用的纺织品垃圾回收箱,按重量报告在纽约市财产或纽约市所拥有的财产的纺织品垃圾回收箱中收集的纺织品数量。此类报告应作为部门年度回收报告的一部分。

★立法经验点评:纺织品类垃圾比较特殊,如果与生活垃圾或其他垃圾混合后,会被污染和滋生细菌,将很难回收、处理和再利用。为方便回收,纽约市立法部门规定纺织品的回收必须单独放置在专用纺织品回收箱内,而且必须放置在公众可以方便到达的地点,箱子上必须留下具体的回收联系人姓名、地址和电话。同时该法律还规定每个纺织品回收箱管理人至少每 3 个月向环卫部门报告箱子中的纺织品重量。国内有很多城市设置了衣物回收箱,但并未留下回收人的联系方式,也缺乏相关的回收监督机制,这也导致衣物回收工作落地过程中存在层层障碍。纽约市关于衣物回收的相关立法,为我们提供了重要的可借鉴经验。

4.2.7 回收服务的拓展和教育

1. 为了改善对本章规定的遵守情况,环卫部门应为住宅业主、承租人或建筑物负责人及其职工和居民提供回收指导和材料。

2. 行政长官应制定回收教育计划,包括为住宅业主、承租人或建筑物负责人及其职工和居民提供回收教学工作坊、培训课程和其他相关材料,包括基于互联网的回收教程。此类计划还应向纽约市政府机构员工提供教学研讨会、培训课程和其他相关材料,包括为产生大量树叶和庭院垃圾的机构的员工提供树叶和庭院垃圾回收培训计划。行政长官可以利用私人实体或非营利公司协助建立或执行此类计划。

★立法经验点评:本条规定环卫部门必须承担起向公众开展垃圾分类回收教育、指导和培训的法律责任。并且授权环卫部门行政长官可以利用私人或者非营利机构协助实施,以提高市民的资源回收素养和环保意识。

4.2.8　回收和堆肥经济研究

在本节生效之日起两年内,环卫部门会同长期规划和可持续发展市长办公室及纽约市经济发展公司,对回收和堆肥的经济学以及发展进行研究。该研究应:

(1) 评估纽约市回收市场,包括但不限于回收市场和相关行业未来 5 年的增长预测;

(2) 描述那些将解决纽约市回收和堆肥基础设施缺陷的行业或企业,以及纽约市的回收和堆肥相关就业增长机会显得切实可行的领域,描述回收和堆肥业务的障碍,并概述可能成功吸引新的回收和堆肥相关业务或鼓励扩大现有回收和堆肥相关业务的财政和其他奖励措施;

(3) 检查加工和采购可回收材料的现有市场以及扩大这些市场所需的潜力和步骤;

(4) 考察该市的税收和财政管理机构,以刺激回收利用和对再生材料的需求。

★立法经验点评:回收和堆肥不仅仅是一个环保问题,更是一个社会经济问题,本条要求纽约市政府相关部门必须组织专家对回收和堆肥行业的经济发展、就业、障碍、激励措施开展相关的研究。这将为大城市有机垃圾回收和堆肥行业的健康发展奠定理论基础,也为我国有机垃圾回收提供了解决思路。堆肥工作不仅需要做好前端的回收工作,还需要组织相关的专家做好堆肥的经济性研究工作,只有掌握了经济规律,才能出台相关的有效财政和其他奖励措施,鼓励扩大现有回收和堆肥相关业务,扩大相关的衍生产品市场。

4.2.8.1　垃圾特性研究

1. 行政长官应在 2012 年 1 月 31 日或 2018 年 1 月 31 日之前完成后续研究,以了解 2005 年针对纽约市回收部门管理的政府机构垃圾和住宅垃圾特性开展研究。每项研究的结果和对这些结果的分析应在完成后的 60 天内提交给市议会和市长。

2. 在 2024 年 1 月 31 日之前,委员应对纽约市住宅和机构垃圾流进行详细、全面的全市多季度研究,以确定垃圾流的组成和材料。这种研究结果和对这些结果的分析应在其完成后的 60 天内提交给市议会和市长。

★**立法经验点评**：该项法律要求环卫部门必须对纽约市的垃圾开展研究，并研究不同季节垃圾的组成和特征，以便于纽约市议会和市长作出相关的立法决策。值得注意的是，由于纽约市的垃圾种类繁多，因此法律规定的该项研究持续时间非常长，留给环卫部门相当长的时间来开展调查。

4.2.8.2　食物垃圾堆肥研究

该部门会同长期规划和可持续发展市长办公室在 2012 年 7 月 1 日前发布报告，提出推荐方法，以扩大纽约市垃圾流中可堆肥垃圾的转移。在编写此类报告时，长期规划和可持续性部门或办公室应：

（1）研究家庭和机构可堆肥垃圾路边收集计划的可行性，包括但不限于成本考虑因素和关于堆肥选址设施进行路边收集计划的任何问题；

（2）确定纽约市内 300 英里范围内现有的接受可堆肥废弃物进行堆肥处理的私有和公共设施，并确定向这些设施提供可堆肥废弃物的可用容量和成本，以及有关这些设施的任何选址考虑因素；

（3）对纽约市允许的易腐烂固体垃圾转运站的容量进行审查，并在纽约市 60 英里范围内设置可腐烂的固体垃圾转运站，并确定是否有任何这样的转运站能够接受源头分离的可堆肥垃圾进行整合和运输，将源头分离的可堆肥垃圾运送到此类设施的成本以及有关此类设施的选址考虑因素；

（4）寻求机会在纽约市 60 英里范围内的可堆肥垃圾，开发一个或多个新堆肥设施，包括但不限于，寻求机会和一个或多个实体共同开发这些设施和考虑任何关于这种设施的选址；

（5）编制全面的纽约市自愿堆肥地址清单，包括但不限于纽约市植物园和绿色市场，自愿接受家庭和机构可堆肥垃圾，并建议鼓励和扩大自愿堆肥选择的方法；

（6）提供一个研究在住宅或商业垃圾流中实施食物垃圾堆肥的可行性计划，该计划将在此类报告发布后的两年内完成。

★**立法经验点评**：食物垃圾的收集处理一直是回收的难点。堆肥是比较合适的方法，但在收集和处理过程中会产生异味，堆肥选址会受到附近居民的抗议和抵制，因此需要市民提供自愿堆肥的地址，堆肥设施往往处理容量有限，纽约市的堆肥设施搜寻已经扩展到离市区中心 300 英里范围，堆肥后产生的肥料如何出售也是亟待解决的问题。本法律要求环卫部门会同长期规划和可持续发展市长办公室开展食物垃圾堆肥的相关研究。这些经验对于我国城市开展垃圾分类收集和减量化处理有着重要的借鉴意义。

4.2.9　家庭危险垃圾收集

1. 不迟于 2011 年 7 月 1 日,行政长官应制定全市范围回收部门管理固体废弃物中家庭危险垃圾收集计划,其中应包括但不限于在每个行政区的一个或多个指定地点至少一次年度收集活动。

2. 该部门应每年报告根据本细则 1 设立的计划转移的家庭危险垃圾总量。此类报告应详细说明根据本细则 1 设立的每个收集活动或场地收集的每种材料类别和材料数量。此类报告应作为第 4.2.2 节细则 11 所要求的部门年度回收报告的一部分。

3. 行政长官应研究建立额外的家庭危险垃圾收集活动和场地的机会,以及定期在指定场所收集家庭危险垃圾的机会。行政长官应在本节生效之日起两年内以及此后每年向市长和市议会报告此类机会,并将该报告作为部门年度回收报告的一部分。

4.2.10　回收激励试点计划

1. 在 2018 年 1 月 1 日或之前,该部门将与纽约市房屋管理局协商,完成对自愿回收奖励试点项目的审查,以改善公共住房中指定可回收材料的分流情况。此类评估应包括但不限于以下内容:(i)让公共住房居民和其他利益相关方确定潜在的回收奖励试点计划和可实施此类计划的地点;(ii)检查实施此类计划的任何潜在障碍;(iii)探索在其他辖区提出或实施的财政和其他激励措施,以及增加公共住房居民回收再利用的潜力;(iv)确定实施公共住房居民回收奖励试点计划所需的步骤;(v)按照该部门的规定,优先考虑公共房屋回收率较低的社区。

2. 2018 年 7 月 1 日或之前,该部门应向市长和市议会报告并在其网站上公布自愿回收奖励试点计划审查摘要。摘要应包括部门就推行自愿回收奖励试点计划的建议,以改善指定可回收物料在公共房屋内的转用。

3. 如果部门确定自愿回收奖励试点计划是可行的,并且可能会改善公共住房中指定可回收材料的分流,则该部门应在 2020 年 7 月 1 日前实施该计划。该计划实施后两年内,该部门应向市长和市议会报告,并在其网站上公布该计划对垃圾转用率影响的评估。此类评估应包括部门关于扩展或制定此类计划的建议以及对此类计划的任何其他建议更改。

★**立法经验点评**:垃圾回收工作,不仅要考虑到回收技术问题,还要考虑到回收成本和回收效率等经济问题,因此需要开展相关的经济科学研究,为政府部门的回收公共政策提供决策参考。法律规定纽约市环卫部门应会同其他政府部门,例如长期规划和可持续发展市长办公室、纽约市经济发展公司和纽约市房屋管理局开展相关的调研、预测、评估和分析研究工作。将垃圾回收的科学研究工作通过立法来推动,使得整个工作可持续,且符合经济规律,这是我国很多城市管理城市垃圾回收时值得借鉴的经验。

4.3　可充电电池回收计划

4.3.1　定义

1.“电池制造商”是指:(i)生产在纽约市销售或分销的可充电电池,或将此类电池包装在纽约市进行销售的个人、公司或组织,但如果此类生产或包装是对于有权在纽约市生产或以其他方式包装相同品牌电池的经销商,则该经销商应被视为电池制造商;或(ii)将可充电电池进口到美国,在纽约市销售或分销。

2.“消费者”是指在销售时购买一个或多个可充电电池或含有此类电池的产品供个人使用的任何人。

3.“营业地”是指零售商向消费者出售或提供销售可充电电池或含有此类电池产品的地点。

4.“可充电电池”是指任何可充电镍镉、密封铅、锂离子、镍金属氢化物电池或任何其他重量小于 25 磅的可再充电干电池或含有此类电池的电池组,但应不包括用作但不限于汽车、船、卡车、拖拉机、高尔夫球车或轮椅车辆的主要电源电池,用于存储由替代电源产生的电力,诸如太阳能或风力发电机,或用于电子设备中的存储器备份。

5.“零售商”是指向纽约市消费者销售可充电电池或含有此类电池产品的个人、公司或组织,包括但不限于通过销售网点、目录、邮件、电话或互联网。就本节而言,零售商不得包含“食品商店”。

6.“食品商店”是指占地不到 14 000 平方英尺主要销售食品以供消费或使用的商店。

4.3.2　可充电电池处置禁令

任何时候任何人不得在纽约市故意将可充电电池作为固体垃圾处理。

4.3.3　充电电池回收计划

1. 充电电池应退还给零售商,该零售商销售的电池形状、大小和功能与待处理的电池类似。包含在电子产品中的可充电电池必须在处理此类产品之前被移除。

（1）在纽约市设有营业场所的零售商应在正常营业时间内的任何时间接受消费者提供的与零售商提供的类似尺寸和形状的可充电电池。零售商应每天从任何人那里获得 10 个此类电池，无论此人是否购买替代电池，零售商也应接受消费者从零售商购买的尽可能多的此类电池。零售商应在达到或接近进入点的营业场所，清楚地发布和维护一个清晰标志，尺寸大小不低于 8.5 英寸，指出由零售商出售使用过的可充电电池可能不会进入固体垃圾流，并且零售场所是用于回收这种电池的收集场所。这种标志应在至少 1 英寸高的信件中写明以下内容："将纽约市可充电电池作为固体垃圾处理是非法的，我们接受用过的可充电电池返还给制造商。"

（2）通过非零售渠道（如通过目录、邮寄、电话或互联网）向纽约市的消费者销售可充电电池的零售商应在购买或交付消费者时提供通知，消费者将免费使用可充电电池。

（3）纽约市的零售商应在消费者方便使用的零售场所内的某个显著位置维护由制造商提供的收集箱或其他合适的容器，消费者可以将其使用过的可充电电池存放在中间。

2. 每个电池制造商或任何电池制造商组合在一起工作时，应由电池制造商自费支付退回和回收所有由零售商收集的可充电电池。电池制造商应至少负责以下事宜：

（1）每个电池制造商或任何电池制造商的组合都应在本法通过后的 6 个月内向委员或负责纽约市回收计划的任何其他人员提交一份计划，计划内容为有关电池制造商将如何收集、运输和回收由零售商收集的可充电电池。

（2）每个电池制造商或任何一起工作的电池制造商组合应向行政长官或负责纽约市回收计划的任何其他人员提交关于在纽约市内接收和回收的可充电电池数量的年度报告，报告内容关于数量、重量、工作成本、任何其他相关信息。

（3）每个电池制造商或者任何电池制造商的组合都应该教育纽约市公民有关回收充电电池的适当方法。

3. 行政长官或负责纽约市回收计划的任何其他人员应在提交后 30 天内批准或拒绝细则 2 所述的任何电池制造商的收集、运输和回收计划，如果被拒绝，以书面形式通知电池制造商该计划中的任何缺陷。电池制造商应在通知拒绝该计划后的 60 日内修改并重新提交复议计划。行政长官或负责纽约市回收计划的任何其他人员应在重新提交后 30 天内批准或拒绝该计划。

4. 行政长官或负责纽约市回收计划的任何其他人员应根据本细则 2 第 2 款分析电池制造商提供的信息,并每两年向市长和市议会报告。

5. 行政长官或负责纽约市回收计划的任何其他人员应颁布实施该法所需的任何规则。

4.3.4 处罚

1. 任何违反第 4.3.2 节的人,将被处以 50 美元的民事罚款,以及在 12 个月内发生的第二次违法行为,将被处以 100 美元罚款。违规行为发生后的 12 个月内发生的第三次或随后的违规行为将被处以每次 200 美元罚款。

2. 任何违反第 4.3.3 节的零售商均应在环境管理委员会的诉讼程序中对第一次违法行为承担 200 美元的民事罚款,违规行为发生后的 12 个月内发生的第二次或随后的违规行为将被处以每次 500 美元罚款。

3. 任何电池制造商违反第 4.3.3 节的规定,应向环境管理委员会提起诉讼,承担民事罚款,第一次将被处以 2 000 美元罚款,第二次将被处以 4 000 美元罚款。违规行为发生后 12 个月内发生的第三次违规行为,将被处以 5 000 美元罚款。

★立法经验点评:一颗小小的可充电电池,在纽约却被严格的法律监管。本法规可被称为"纽约市可充电电池法",本法规的主要目的是减少可充电电池对环境造成的污染,降低固体垃圾流中的垃圾材料对资源回收和环卫填埋设施的毒性,并最大限度地移除旧的可充电电池以及含有可充电电池的产品,并鼓励其通过制造可充电电池的实体来回收。纽约市的主要措施是通过禁止从固体垃圾流中处置废旧可充电电池并且要求可充电电池制造商回收已售出或处理过的可充电电池。在处罚措施上对个人、零售商和制造商分别规定了其违法时必须承担的民事处罚责任,如有违反者将被处以罚款。本法规明确了可充电电池零售商的告知责任,必须明确书面告知消费者在纽约市乱丢弃可充电电池是违法行为,可以将用过的可充电电池通过交给零售商返还给制造商进行回收。

4.4 电子设备回收和再利用

4.4.1 定义

正如本章所使用的:

1. "品牌名称"是指制造商的名称、品牌名称、品牌或型号名称或编号或其他涵盖电子设备供制造商销售的术语。

2．"阴极射线管"是指用于将电子信号转换成可视图像的真空管或显像管。

3．"计算机"是指执行逻辑、算术或存储功能的电子、磁性、光学、电化学或其他高速数据处理设备，可包括计算机中央处理单元和监视器；但是此类术语不应包括自动打字机或排字机、便携式手持计算器、便携式数字助理或其他类似设备。

4．"有盖电子设备"是指任何计算机中央处理单元、阴极射线管、阴极射线管装置、键盘、电子鼠标或类似的指点设备、电视、打印机、计算机监视器，包括但不限于液晶显示器和等离子体屏幕，或包括对角线测量大于 4 英寸的屏幕和一个或多个电路板的类似视频显示设备；笔记本电脑或其他便携式电脑；或具有存储能力并且是电池供电的便携式数字音乐播放器。"有盖电子设备"不包括任何汽车；移动电话；家用电器，如洗衣机、干衣机、冰箱、冰柜、微波炉、烤箱、灶具或洗碗机；在工业、研究和开发或商业环境中使用的大型设备的功能或物理部分的设备；使用阴极射线管、阴极射线管装置或平板显示器或类似的视频显示装置的安全、防恐怖主义或医疗设备；或任何其他设备，正如该术语在 21 USC321 中所定义的那样。

5．"电子回收商"是指：（i）翻新或以其他方式处理回收的电子设备以供再次使用或转售；或者（ii）通过人工或机械分离或改变此类设备的物理或化学成分，从被回收的电子设备中移除、分离或以其他方式提取组件或商品，以便重新使用或回收此类组件或商品。

6．"标签"是指本章要求的有盖电子设备表面上的信息，这些信息必须永久地附着、印刷或刻在或以任何其他永久方式结合在此类设备上，并且是用户显而易见的设备。

7．"制造商"是指以下人员：（i）在纽约市组装或大量组装的电子设备；（ii）以自己的品牌名称或以任何其他品牌名称制造或制造覆盖的电子设备在纽约市出售；（iii）以自己的品牌销售或市内销售他人的电子设备；（iv）拥有一个品牌名称，该品牌名称经许可或已授权给另一人使用在该市售卖的有盖电子设备上使用；（v）进口或进口有盖电子设备在市内销售；或者（vi）制造在市内销售的有盖电子设备而不附加品牌名称。

8．"监视器"是指计算机的独立视觉显示部件，无论是单独出售还是与中央处理单元一起出售，并包括阴极射线管、液晶显示器或其他图像投影技术及其外壳、内部导线和电路，所有外部和内部电缆以及电源线。

9．"孤儿废弃物"是指涵盖的电子设备，其制造商无法识别或不再营业，且未识别出任何后续利益。

10."人"是指任何个人、企业实体、合伙企业、公司、非营利公司、协会、政府实体、公益机构、公共机构或公司。

11."再循环"是指使用被覆盖的电子设备或其部件中包含的材料作为新产品或组件的原材料,但不能通过燃烧、气化、热解或其他方式进行能量回收或能量生产。

12."再利用"是指覆盖的电子设备或其组件用于相同目的的任何操作。

13."出售"或"销售"是指通过出租或销售合同,将制造商或零售商使用的覆盖电子设备的所有权或使用权转让给任何人的行为,包括但不限于通过零售销售进行的交易网点、目录或互联网;"出售"或"销售"包括转让新的、使用过的或翻新过的有盖电子设备,但不包括此类设备的最终用户之间的转让。

14."电视"是指含有阴极射线管或主要用于接收广播视频节目的任何其他类型显示器的显示系统,当沿对角线测量时具有大于 4 英寸的可视区域。

★立法经验点评:本法规被称为《电子设备收集、回收和再利用法案》,纽约市对于电子设备的处置有着非常严格的固定和限制。详细的定义解释主要是为了方便执法人员和公众了解什么是电子设备收集、回收和再利用。这些细化的定义使得执法人员、制造商和公众能够有的放矢,遵循法律行事。制造商在此处的定义非常典型,把一切可能的推脱法律责任的死角几乎都排除。"有盖电子设备"不包括任何汽车、移动电话、家用电器,如洗衣机、干衣机、冰箱、冰柜、微波炉、烤箱、灶具或洗碗机。

4.4.2 制造商收集的责任

1. 从 2009 年 7 月 1 日开始,在制造商的电子废弃物管理计划获得部门批准的 180 天后,以日期较晚者为准,该制造商必须接受收集、处理和回收利用或重新使用所提供的退还电子设备由该纽约市的任何人进行组装、制造或进口,或以该制造商的品牌名称销售。

2. 从 2009 年 7 月 1 日开始,在制造商的电子废弃物管理计划获得部门批准的 180 天后,以日期较晚者为准,此类制造商必须接受以一对一的方式进行收集、处理和回收或再利用购买与该纽约市任何人提供的孤儿废弃物不同并且由该制造商以外的人组装、制造或进口的或以该品牌销售的孤儿废弃物以外的相同类型的有盖电子设备。

3. 从 2009 年 7 月 1 日开始,制造商的电子废弃物管理计划获得部门批准的 180 天后,以日期较晚者为准,到 2011 年 6 月 30 日止,制造商必须接受收集、处理和回收或重新使用孤儿废弃物,这些废弃物由纽约市中的任何人以一对一的方式回收,并由该人购买相同类型的产品。

4. 从 2011 年 7 月 1 日开始,每个制造商必须接受收集、处理和回收或再利用纽约市中由该制造商出售的相同类型的孤儿废弃物,并由纽约市中的任何人提供回收。

★立法经验点评:由于电子产品往往包含很多有毒有害的重金属和化学物质,回收处理工作非常专业,相对于普通的回收商,往往只有制造商才准确了解自己的产品原材料和部件中哪些物质属于有毒有害物质,哪些属于可以回收的物质,由生产厂商组织回收自己生产的产品往往效率最高。因此纽约市的电子产品回收法规规定电子设备制造商必须强制回收自己曾经生产制造的本品牌电子产品,无论该产品是在美国组装、制造或从美国境外进口。我国现在也是电子设备产品制造和消费大国,每年还从国外进口大量废旧的电子产品进行粗放式回收和利用,由于处理技术非常落后,造成大量的电子废弃物中的重金属直接对我国土壤、水环境产生了严重污染。此条法案将纽约市以内的电子产品回收工作强制规定为制造商的法律责任,谁制造,谁污染,谁负责回收。从制造源头上固定了回收责任,为降低回收处理成本,该机制将促进制造商在设计和制造产品时尽可能地使用回收利用率比较高的环保型原材料,以及有毒有害物质少的环境友好型原材料。因为越是有毒有害物质,回收处理的经济成本越高,这必定激励制造商改进生产技术。

4.4.3　制造商电子垃圾管理计划

1. 不迟于 2008 年 9 月 1 日,制造商应向环卫部门提交电子废弃物管理计划,以收集、处理、回收或重新使用有盖电子设备和孤儿废弃物。任何人在 2008 年 9 月 1 日或之后成为制造商,应该向该部门提交一份电子垃圾管理计划,以收集、处理和回收或重新使用有盖电子设备和孤儿废弃物。

2. 制造商根据本细则 1 提交电子垃圾管理计划应附带 1 500 美元的费用。制造商根据第 4.4.8 节的细则 1 提交年度报告应附带 1 250 美元的费用。任何制造商在没有缴纳以上必需费用的情况下提交此类计划或报告时,应被视为未提交此类计划或报告,并因未缴纳第 4.4.7 节细则 4 第 1 款规定的处罚费用,则视为未提交这样的计划或报告。

3. 制造商不得向任何人收取、处理和回收或重新使用有盖电子设备或孤儿废弃物,除非制造商和企业之间可能通过合同约定回收费用或其他费用。

4. 电子垃圾管理计划至少应包括:

（1）本法规要求收集、处理和回收或重新使用有盖电子设备和孤儿废弃物的详细信息，包括但不限于某人可以将此类有盖电子设备和孤儿废弃物返还给制造商的方法。这种方法对纽约市居民来说是方便的；

（2）制造商如何告知纽约市居民和企业关于制造商收集、处理和回收或重新使用有盖电子设备和孤儿废弃物的计划，该计划应包括一个互联网网站和一个免费电话号码；

（3）关于制造商处理有盖电子设备和孤儿废弃物的计划的信息，包括任何回收或再利用此类被覆盖电子设备和孤儿废弃物的计划。如果制造商提供了回收或重新使用有盖电子设备和孤儿废弃物的计划，制造商应包括预期终端市场和电子回收商预计将被制造商利用的详细信息，包括但不限于收集方法的详细信息，电子回收商使用的有盖电子设备的处理和回收或再使用，电子回收商使用的任何拆卸或物理回收操作的细节，任何此类操作的地点，以及制造商；

（4）描述制造商将如何计划达到第 4.4.4 节细则 1 所规定的性能标准；

（5）前三个日历年制造商覆盖电子设备的纽约市销售年度数据；

（6）用于销毁所收集的任何涵盖电子设备和孤儿废弃物中所有数据的方法，或者通过物理销毁其数据存储组件或通过满足或超过美国国防部 5220.22M 标准来销毁数据；

（7）制造商品牌名称，包括：(i)制造商组装或大量组装或覆盖大量电子设备的任何品牌名称；(ii)制造商制造和销售覆盖电子设备的任何品牌名称；(iii)制造商出售或销售其他人根据制造商自有品牌生产的有盖电子设备的任何品牌名称；(iv)制造商拥有并许可或已授权他人使用有盖电子设备的任何品牌名称；(v)制造商在该纽约市进口有盖电子设备以供出售的任何品牌名称；

（8）制造商收集、处理和回收或重新使用有盖电子设备符合所有地方、州、联邦及国际法律和法规的认证；和

（9）部门规则可能要求的任何其他信息。

5. 部门应在提交后 180 天内批准或不批准制造商提交的电子垃圾管理计划。该部门可以批准提交的电子垃圾管理计划。如果部门批准电子垃圾管理计划，应尽快书面通知制造商。如果部门不批准电子垃圾管理计划，应立即书面通知制造商不批准的情况，并说明拒绝的原因。在部门通知制造商不批准后，制造商应有 30 天的时间重新提交修订后的电子垃圾管理计划。部门应在重新提交后的 90 天内批准或不批准的电子垃圾管理计划。

6. 从 2009 年 7 月 1 日开始，在电子垃圾管理计划获得环卫部门批准后的 180 日后，以日期较晚者为准，电子设备制造商应实施其批准的收集、处理和回

收计划或重新使用有盖电子设备和孤儿废弃物。

7. 电子垃圾管理计划可规定一个或多个制造商共享资源,前提是此类计划符合本节的要求。任何提供资源共享的电子垃圾管理计划都必须包括参与该计划的制造商名单。

8. (1) 对原先批准的制造商的电子垃圾管理计划的建议修改应提交给在60 天内批准或拒绝此类修改的相关部门,并迅速以书面形式通知制造商其决定。如果环卫部门不赞成这种修改,应以书面形式说明不予批准原因,制造商应有 30 天时间向部门提交修改后的方案。

(2) 在任何时候,如果部门确定制造商不符合第 4.4.4 节中规定的收集标准,该部门可能会要求提交修改建议。根据本分则第 1 款,部门应批准或不批准此类修改。

9. 尽管有第 4.4.3 节的规定,任何人在本节生效后成为有盖电子设备的制造商,都可以在提交的电子垃圾管理计划中包含符合最低收集标准集的建议时间表,在第 4.4.4 节超出该部分中规定的相应合规日期。行政长官可以批准这样的提议时间表,或者可以批准对提出的时间表进行修改,以提供超出该部分规定的合理合规时间。

10. 依据本节的所有部门决定应公开。

★**立法经验点评**:本条法规主要是加强电子设备制造商向政府部门报告电子垃圾管理计划的法律责任。针对不同行业的电子设备制造商必须制定并向环卫部门提供一份电子垃圾管理计划,从法律上确定了制造商电子垃圾管理计划至少应包括的主要内容,因为美国对个人隐私、商业秘密数据法律保护比较严格,所以回收的电子设备中可能包含个人隐私、商业秘密,因此法律规定在销毁电子设备中的数据方面,必须向环卫部门提供销毁方法,以达到满足或超过美国国防部 5220.22M 标准来销毁电子设备中可能存在的数据。

4.4.4　性能标准

1. 制造商应证明其是否根据其电子垃圾管理计划收集回收或再利用至少其所涵盖的电子设备份额。这种制造商占被覆盖电子设备的比例是通过在前 3 个日历年内按照重量报告的纽约市制造商覆盖电子设备的平均年销售量,采用以下最低收集标准百分比确定的;截至 2012 年 7 月 1 日,最低回收标准为 25%;截至 2015 年 7 月 1 日,最低回收标准为 45%;到 2018 年 7 月 1 日,最低回收标准为 65%。

2. 为计算达到本细则 1 规定的最低收集标准的目的,当该物品被免费捐赠给纽约市教育部门或纽约非营利公司时,如《纽约非营利公司法》第 102 条第 A 节第 5 款或第 7 款所规定的,其主要任务是协助居住在纽约市低收入的儿童或家庭时,制造商可以将单个被覆盖电子设备的收集数量计算为两倍重量。为了符合该细则项下的捐赠重用信用,所涵盖的电子设备必须:(i)生产日期不超过 3 年,(ii)处于完全工作状态,以及(iii)一方以书面形式接受捐赠。

3. 行政长官可以全部或部分地从本细则 1 规定的最低收集标准中授予年度豁免权,其中具有批准的电子垃圾管理计划的制造商已经向行政长官表示满意,即该最低收集标准尽管制造商作出了最大努力,但仍然没有得到满足,因为制造商已经大幅度增加了 3 年期间纽约市内销售的覆盖电子设备的数量,在这段时间内,要测量本细则 1,这是不切实际的以符合适用的最低收集标准。

★立法经验点评:本条法规在设计促进针对不同行业的电子设备制造商进行回收任务的考核指标时,为了协助纽约市低收入儿童或家庭能够有机会获得帮助,同时有效地利用那些被回收后运行良好,仍然可以继续使用的二手电子产品,避免浪费社会资源,规定电子设备制造商免费捐赠的回收二手电子设备可以双倍计算考核指标,但避免制造商为了满足法律要求而作弊使用有缺陷的回收电子产品滥竽充数,同时法律也明确规定了捐赠电子设备的性能特征以及接受方的书面接受捐赠函。此举既促进了纽约市电子行业垃圾回收和再利用,又帮助了纽约市的低收入儿童和家庭,既保护了环境又帮助了社会弱势群体,一举两得。

4.4.5　标签

1. 从 2009 年 7 月 1 日开始,在制造商的电子垃圾管理计划获得部门批准后 180 天内,以日期较晚者为准,此类制造商不得在纽约市出售或以其他方式分发出售电子垃圾管理计划覆盖的电子设备,除非此类设备具有标识这种制造商的标签。

2. 从 2009 年 7 月 1 日开始,在制造商的电子垃圾管理计划获得部门批准之后的 180 天内,以日期较晚者为准,该制造商应在销售点提供关于一个人可以如何退还所涵盖的电子设备的信息到这样的制造商的电子垃圾管理计划。这些信息应包括一个免费电话号码或互联网网站地址,用于描述如何根据制造商的电子垃圾管理计划归还电子设备。

3. 从 2009 年 7 月 1 日开始,该部门应在其网站上张贴制造商提供的所有信息,说明如何根据特定制造商的电子垃圾管理计划退还电子设备。

★立法经验点评:标签管理主要是便于追溯制造商回收电子垃圾的主体责

任。此条法律还强制规定制造商在产品销售点必须告知消费者如何退还电子设备的信息。同时还必须在其官方网站上告知如何归还。

4.4.6　处置禁令

1. 从 2010 年 7 月 1 日开始,任何人都不得在本市将有盖的电子设备作为固体废物处理。

2. 从 2009 年 9 月开始,任何制造商不得在本市将有盖的电子设备作为固体废物处理。

★立法经验点评:第 1 条是规定任何人都不能在纽约市私自处置有固体垃圾的有盖电子设备,也就是不允许乱丢电子产品。第 2 条规定即使是制造商也不允许把电子产品当作固体垃圾抛弃。

4.4.7　执法

1. 消费事务部门和消费者事务部门有权执行本章的规定。任何违反本章规定的违规通知均应退还给环境管理委员会,环境管理委员会有权进行民事处罚。

2. 任何违反第 4.4.6 节细则 1 规定的人应对每次违法行为承担 100 美元民事罚款。

3. 任何违反第 4.4.6 节细则 2 规定的制造商应对每次违法行为处以 1 000 美元的民事罚款。

4. (1) 从 2008 年 9 月 1 日开始,如果制造商未按本章要求提交电子垃圾管理计划或年度报告,每延误一天,制造商将承担每天 1 000 美元的民事处罚。

(2) 从 2008 年 9 月 1 日开始,如果制造商提交的电子垃圾管理计划已被该部门拒绝两次以上,则需要承担每天 1 000 美元的民事处罚,电子垃圾管理计划在第二次不批准之后不会允许提交和被批准。

(3) 从 2009 年 7 月 1 日开始,制造商提交本章所要求的年度报告中故意包含关于重大事实的虚假或误导性陈述,或者省略陈述任何必要的重要事实以便在其中作出虚假或者误导陈述,应当承担 10 000 美元的民事处罚。

(4) 从 2009 年 7 月 1 日开始,在制造商的电子垃圾管理计划获得部门批准后的 180 天内,以日期较晚者为准,制造商未接受任何提供退还的保修电子设备或孤儿废弃物,该纽约市的人员将对每件被覆盖的电子设备或孤儿废弃物未被接受的情况承担 2 000 美元的民事处罚。

(5) 从 2012 年 7 月 1 日开始,如果制造商没有达到本章第 4.4.4 节中规定的性能标准,对于制造商低于绩效标准的每个百分点的民事处罚金额为 50 000 美元,并且还应向该部门提交一份修改后的电子垃圾管理计划,并详细说明该制造商打算如何遵守绩效标准。部门应审查修改后的电子垃圾管理计划。

★**立法经验点评**:由于本条法律监管和执法对象主要是制造商,因此对自然人违法的 100 美元处罚力度并不算太高。但制造商的违规处罚力度则非常严格。若有违法,按照每次 1 000 美元计算,如果制造商提交的电子垃圾管理计划已被该部门拒绝两次以上,则每日罚款 1 000 美元,虚假陈述的罚款 10 000 美元,低于绩效考核指标 1 个百分点的罚款 50 000 美元。这对制造商的电子垃圾回收绩效考核产生了巨大压力。

4.4.8　报告要求

1. 在 2009 年 7 月 1 日及每年 7 月 1 日或之前每年一次,在纽约市出售任何有盖电子设备的制造商应向该部门提交一份年度报告,其中包括前一个日历年的以下信息:

（1）对制造商电子垃圾管理计划的任何批准修改;

（2）在纽约市销售的制造商覆盖电子设备的销售数据;

（3）在本市收集用于回收或再利用的覆盖电子设备的数量,以覆盖的电子设备的总重量以及该纽约市制造商覆盖电子设备的平均年销售额的百分比表示,在前三个日历年内,按照制造商的电子垃圾管理计划收集的涵盖电子设备的类型进行分类,并在可能的范围内进一步分类为从个人收集的此类涵盖电子设备的数量,以及政府实体;

（4）根据制造商的电子垃圾管理计划收集的孤儿废弃物的重量,按收集的涵盖电子设备类型分类;

（5）制造商遵守本节中规定的性能标准的信息;

（6）关于制造商使用的终端市场和电子回收商的信息,包括收集、处理和回收利用电子回收商使用的有盖电子设备的方法,使用任何拆卸或物理回收操作的细节,任何此类操作的地点,以及制造商遵守有关处理、回收和重新使用有盖电子设备和孤儿废弃物的适用法律法规的详细信息;

（7）制造商如何向纽约市居民和企业通报制造商收集、处理和回收利用有盖电子设备和孤儿废弃物的计划的例子;

（8）访问互联网网站的次数,并拨打制造商电子垃圾管理计划建立的免费电话号码;

（9）部门规则要求的任何其他信息。

2. 环卫部门应在 2011 年 1 月 15 日以后每年向市长和市议会提交本章实施情况报告。报告必须至少包括：

（1）收集的电子垃圾数量的数据，按制造商分类；

（2）评估纽约市回收和再利用率，包括有盖电子设备和孤儿废弃物；

（3）讨论与本章要求有关的遵守和执行情况；以及

（4）对收集、处理和回收或再利用纽约市中有盖电子设备和孤儿废弃物系统进行任何更改的建议。

★**立法经验点评**：该条法律是强制所有电子产品制造商向环卫部门以每年度电子产品回收利用报告的方式披露信息，满足了环卫部门的行业管理和行业统计需求。为满足纽约市政府的知情权，该法条也规定市环卫部门应在 2011 年 1 月 15 日以后每年向市长和市议会提交本章实施情况报告。并规定了详细的报告必须覆盖的内容。

5　城市市民健康篇

5.1　健康和心理卫生部门

5.1.1　疫苗接种

1. 该部门有权收集和保存纯疫苗淋巴或病毒,生产白喉抗毒素和其他疫苗抗毒素,并在卫生守则中增加必要的附加条款,以最有效地防止传染病的传播。

2. 本部门可以采取措施供应药剂,提供一般和无偿接种、消毒、白喉抗毒素和其他疫苗、抗毒素使用的诱因和设施。

5.1.2　淋巴疫苗和抗毒素的销售和交换

1. 该部门可以批准以合理价格出售剩余的淋巴病毒疫苗、白喉抗毒素、其他疫苗和抗毒素,但收取的金额应超过其正当履行职责所需数额。出售的款项应由本部门贷记入纽约市统筹基金,并列入其半个月一次的转账给纽约市财务行政长官的收入报告中。

2. 该部门的实验室也可在行政长官的授权和批准下,并经市长书面批准,交换由美国政府和其他纽约市实验室制造的用于其他不同实验室产品的一部分,该实验室产品可能需要预防疾病的传播。

★**立法经验点评**:此条从法律上赋予了卫生部门及其实验室收集、研究、交换、保存疾病病毒的权利,以有效地预防并治疗传染病;在无偿提供疫苗接种外,考虑到财政压力,法律允许健康和心理卫生部门以合理的价格出售剩余的疫苗和抗毒素,让市民负担一部分费用。但所有收入必须纳入纽约市统筹基金,并且每半个月通知纽约市财务行政长官。

5.1.3　拨款预防传染病

纽约市应为该部门使用适当的资金,用于预防纽约市任何地区发现的传染性疾病的危险,或为患有传染病危险的人提供照顾。

★**立法经验点评**:此条法律规定了纽约市为卫生部门履行传染病预防责

拨款,预防疾病隐患或照顾患者,使公民减少后顾之忧。

5.1.4 照顾和治疗身体残疾的儿童

1. 如本节所用,以下术语应表示或包括:

(1)"身体残疾儿童"是指 21 岁以下,无论是先天还是意外伤害、疾病后果导致身体缺陷或体弱,完全丧失或部分丧失获取教育或报酬能力的人。

(2)"法定责任亲属"是指身体残疾儿童的父母或任何其他人或依法支持该子女的人员。

(3)"法定监护人"是指有合法监护权的残疾儿童父母或能合法监护此类儿童的人。

2. 行政长官经过调查后应发现任何身体残疾的儿童需要手术、医疗、治疗、医院护理服务,行政长官应该要求或经该儿童法定监护人的同意,可以命令进行此类手术、医疗或治疗、医院护理、安装残疾器具或设备,并且在本细则 3 所规定的调查后,可以命令法定负责亲属支付其费用。

3. 行政长官须调查该残疾儿童的法定责任亲属的经济责任。如果行政长官经调查后发现该名儿童的法定责任亲属有能力支付该儿童的治疗、护理的全部或部分费用,而不遵从或拒绝遵从行政长官的命令和规定去支付相关费用,根据《家庭法院法》第 232 条至第 235 条的规定,行政长官可在纽约市家庭法院提起诉讼。在没有要求付款命令的情况下,也可以在发现有支付能力的情况下提起这种诉讼。

★立法经验点评:此条法律是针对身体残疾的弱势儿童制定的。首先对治疗对象及支付费用责任人作出明确定义,其次由行政长官对法定责任亲属进行调查,若确定其有支付能力,则委员会有权要求或命令该责任人交付费用,否则可以在家庭法院提起诉讼;若亲属无支付能力则另当别论。这条法律有一个前提即法定亲属有支付能力但未对残疾儿童进行医治,对于这种情况,委员会和家庭法院会依次发挥作用。特别指出,美国的家庭法院比之我国普通法院更具独立性和专业性,家庭法院专门审理与婚姻家庭有关的大量案件,较之通常的法院在审理规则上更加简约灵活,更减少对抗性,它可为当事人提供专业性的帮助,并为之提供解决争议发表意见的机会,负责为这些孩子和他们的家庭提供他们所需的法律服务和帮助,还拥有适当的资源(包括经济能力和称职的工作人员)来完成其职能,工作人员具备审理此类案件的丰富经验,从而最大限度地保护儿童的身心健康,在这一点上,我国可借鉴其有价值的立法规定和确定相关法律责任人的做法,让更多不幸的身体残疾儿童有机会得到治疗。

5.1.5　通知租户安装窗户护栏

1. 向多个住户的租户提供出租行为时都必须包含一个通知,其中明确通知管理或控制多户住房的产权人、承租人、代理人或其他人相关义务,以安装以及采购这种窗户护栏。

2. 管理或控制多户住宅的产权人、承租人、代理人或其他人员必须安排向每个住宅单位交付一份通知,通知居住者管理或控制多户住宅的所有人、承租人、代理人或其他人有义务安装窗户防护装置,以及采购这种窗户防护装置的更多信息。该通知必须以健康部门批准的形式和方式每年提供一次。

3. 健康和心理卫生部门应颁布其认为必要的规定,以遵守本节法规,关于每年向租户发出的通知以及所有多种住宅租赁中的通知要求。

4. 任何人违反本条规定或本条例颁布的规定,均属犯有轻罪,可处以 500 美元以下罚款或 6 个月以下监禁。此外,违反本条的行为构成违法行为,每次违法处罚金额不超过 500 美元。根据本条规定的民事违法行为应在健康与心理卫生部门行政法庭审理。

★立法经验点评:本条法规明确规定住宅的所有人、承租人、代理人或其他人有义务强制安装窗户护栏装置,任何人违反规定均要承担法律责任,这表明高层住宅公民安全和住宅安全不容忽视。因为窗户护栏具有防止高空坠物和人员坠楼、保护人身安全和财产安全的作用,所以住户和其他责任人不仅有权利并有责任安装,任何不允许他人安装防护装置的物业公司、小区或管理者都是违法的。在我国,此类问题并未有强调高层住户相关安装护栏的法律责任,高空坠物伤人后会形成一系列的法律问题。在纽约市,通知住户或租户安装窗户护栏的责任和违法处罚主体是健康和心理卫生部门。在我国预防高空坠物往往是居委会负责通知,房管局负责处罚。

5.1.6　社区空气质量调查和年度报告

1. 就本节而言,"污染物"是指直径小于 2.5 微米的颗粒物、二氧化氮、一氧化氮、二氧化硫和地面臭氧。

2. 该部门应每年进行一次社区空气质量调查。这种调查应:

(1) 在一年的每一季中,在纽约市的各个监测地点测量街道上的污染物,以确保监测点的数量提供足够的信息来评估整个区域的常见排放源和邻近污染物浓度的范围,这由健康部门决定。根据该部门的判断,臭氧数据可能仅在夏季月份进行测量,二氧化硫数据可能仅在冬季月份进行测量;

（2）确定整个纽约市监测点附近的污染物浓度是否有变化,以及这种浓度与当地交通、建筑物排放量和其他因素的关系(如果有的话)有何不同;

（3）确定造成当地浓度变化的主要污染源;

（4）根据地理区域、来源以及季节或时间确定污染物类型;

（5）制作地图,显示污染物在不同社区和污染物中浓度的变化情况;

（6）撰写年度报告,总结本细则2第1款至第5款所述活动的结果;

（7）在此报告中包括使用社区空气质量调查数据估算人口暴露于污染物的任何已完成或正在进行的健康监测或研究的结果;和

（8）在报告中描述用于选择污染物测量监测点和研究污染物浓度变化的科学方法。

3. 从2016年4月22日开始,在此后每年4月22日或之前,健康部门应向市议会发言人提交一份报告,报告年度纽约社区空气质量调查的结果,以获取最新的年度分析结果。健康部门应在部门网站上公布该年度报告的副本。包含在发布的报告中的数据应该是机器可读的格式。

★**立法经验点评**:纽约市对于空气质量的监测职能是划分给健康管理部门,并未像我国一样划分给环境保护部门。此条法律针对纽约市社区的空气质量监测列出了详细的规定与办法,每年通过各个监测点对污染物进行测量、分析、评估,确定污染源、污染物浓度的变化及影响因素等有效信息并绘制地图,撰写年度报告,最后将报告调查的分析结果告知公众。从空气污染和监测方面为公民身体健康提供有用信息和应对措施。经过每年一度的空气质量调查和年度报告,使市民得以获知污染源、空气污染指数、空气质量状况(优、良、污染程度)、对健康的影响和措施,比如老年人、心脏病和肺病患者的症状有无加剧,健康人的运动受耐力会不会发生变化,对此应采取相应的措施,减少空气变化对身体的伤害。由此可见,对社区的空气进行调查监测是有必要的。空气质量检测的好坏反映了空气污染程度,我国大中型城市同样需要通过立法定期对市、区、县、乡/镇的空气质量开展调查,确定空气质量好坏,分析污染浓度的变化与否,查找常见污染物排放源并有效解决问题,这对人民健康和城市建设都有着重要的积极意义。

5.1.7　怀孕期间饮酒危险警告牌

1. 就本节而言,下列术语的定义和适用如下:

（1）"酒精饮料"是指酒精、烈酒、酒水、气泡酒和啤酒。

（2）"供应商"是指拥有或经营商业机构的任何人,例如酒吧或餐厅,零售任何酒精饮料以供内部消费;任何人拥有或经营酒类店或其他以零售含酒精饮品为主要目的的营业场所。

2. 所有含酒精饮料的供应商应在醒目位置张贴明显标有"警告:在怀孕期间饮用含酒精饮料可导致出生缺陷"的标志。

3. 该部门应向酒类饮品供应商提供此类警示标志,并对该标志的张贴发布规定。部门可能会收取费用以支付印刷、邮资和处理费用。

4. 任何违反本条款或本协议规定的行为,均属于民事违法行为,并处以不超过 100 美元的罚款。根据本节规定的民事违法行为,应在健康部门行政法庭审理。

★**立法经验点评**:在美国酒类销售渠道管理非常严格,大小超市内均不直接向消费者出售含酒精饮料。此条法律规定任何酒类零售店、酒吧、酒店、餐馆等销售酒精饮料的营业场所,都应张贴"警告:在怀孕期间饮用含酒精饮料可导致出生缺陷"的醒目标识,这就为酒精消费者提供了重要信息,不仅对怀孕女性,也对准备给孕妇买酒的男性,更对年少的、不了解此类知识的、未接受过相关教育的未孕女性有着很大帮助,一定程度上防止了胎儿身体和大脑由于酒精导致的发育畸形,不张贴警告标志者将被处以罚款。在我国几乎没有售卖酒品的场所会张贴这种警告孕妇的标志,纽约市通过立法的做法值得我们借鉴。

5.1.8　在某些公共场所提供心肺复苏设备

1. 需要心肺复苏设备。公共场所拥有者或经营者应在该公共场所提供数量被健康和卫生部门视为充足的心肺复苏设备。此类设备应能在紧急医疗情况下方便使用。健康行政长官认为必要的任何信息须随复苏设备一起提供。一次性使用后,心肺复苏设备应被丢弃。

2. 需要通知。公共场所的拥有者或经营者应通过标志、印刷材料或其他书面通信方式向顾客发出通知,说明紧急使用复苏设备的可用性,并提供关于如何获得心肺复苏培训的信息。该通知的类型、大小、风格、地点和语言应按照健康卫生行政长官颁布的规则确定。在颁布这些规则时,健康卫生行政长官须顾及本条范围内公众所关注的事项。如果部门根据该细则提供标志,可能会收取印刷费、邮资和处理费用。

3. 救助者有限责任。公共场所的拥有者或经营者,其雇员或其他代理人或任何其他自愿和无预期货币补偿的人员,将使用本节规定的复苏设备给无意识、生病的人或受伤的人进行紧急治疗,不应对因此人所遭受的伤害负责,也不对由于提供此类紧急治疗中的行为或不当行为而导致该人死亡的损害承担责任,除非已确定伤亡或死亡是由救援人员的重大过失造成的。

4. 没有义务采取行动。本条所载的任何规定,不得对公共场所的拥有人或经营人、其雇员或其他代理人,或任何其他人施加任何责任或义务,为紧急医疗事故的受害人提供急救援助。

★**立法经验点评**:此条法律规定公共场所的负责人应该提供充足的心肺复苏设备,并将心肺复苏设备的存在、可用性、培训等相关信息公之于众,让市民知晓哪些场所配备了此类设备及其有效性,若有人在外因不明原因倒地,心跳呼吸停止,则可在医院人员到来之前做及时的急救,使患者的生命多一份保障。此外,法律的救助免责条款也是一大亮点,免除了救助者因此人所遭受伤亡或者死亡负责的风险。救助者可以不对由于提供此类紧急治疗中的行为或不当行为而导致该人死亡的损害承担责任,除非已确定伤亡或死亡是由救援人员的重大过失造成的。这有利于消除他们对使用复苏设备救人的风险顾虑,缩短了救助等待和犹豫的时间。同时该法条也强调并没有硬性规定要求场所负责人必须承担紧急医疗救助的义务。因为实施救助行为是一种完全的自愿行为,公共场所负责人或者雇员可以报警或者呼叫救护车,但并没有立即实施承担紧急救助的法律义务。

5.1.9　血铅筛查、诊断和治疗

1. 对于需要血铅筛查、检测、诊断或治疗协助人员,健康部门应父母或监护人的要求,安排合适的医疗机构对任何需要接受检查的儿童进行血铅筛查,不能因为该儿童父母或监护人未投保医疗保险或该儿童的保险不包括该项检查,而拒绝提供血铅测试。

2. 健康部门应编制一本小册子,解释铅基油漆相关的危害。该小册子应包括适当的电话号码以获得铅中毒筛查、诊断和治疗信息,并报告不安全的铅基油漆工作实践。此类小册子也应根据要求提供给公众。

★**立法经验点评**:虽然儿童造血能力强,但受铅污染后比成年人更容易对其神经身体发育造成伤害。本条法规一是要求部门应安排无法取得血铅筛查的儿童进行检查,二是部门应编制有关铅基油漆和铅中毒的一本小册子下发给公众。这样公民就会主动地、事先地了解到铅基油漆和铅中毒的症状及预防,不至于在缺乏知识、不知情的情形下,发生不良反应后身体遭受严重伤害。另外重视儿童的血铅筛查,使未投保的儿童也有血铅筛查的机会和资格,也可以及时发现血铅污染,这是早期保护儿童免受铅污染伤害的重要手段。

5.1.10　健康部门人员培训

该部门会同房屋保护与开发部门,对铅基油漆检查和监督人员进行培训。除非该人员接受过这种培训,否则任何部门人员都不应根据卫生守则对铅基涂料进行检查。(1)等同于美国环境保护局为铅基油漆检验员和监督员认证颁布的规定所要求的培训,(2)包括与适用的州和地方有关的背景信息基于铅的油漆法律和关于识别多住宅中违规行为的指导,(3)要求个人成功证明了认证检查员或认证监督员的责任(视情况而定)以及卫生法规或后续规则的要求。该部门应规定检查和监督人员的继续教育。

★**立法经验点评**:油漆在美国使用时间较早,早期美国油漆成分中普遍含铅,现在涂料已经基本不含铅,但由于美国大量历史建筑保存时间都较长,超过百年。因此跟随旧建筑物一起保存下来的旧油漆可能都普遍含铅,这种污染源会对居民特别是儿童产生严重后果。为了对这些油漆开展专业的检查,必须有专门的含铅油漆检查队伍,本条规定对铅基油漆检查员的培训要求,应按照环保局、州法律和地方的实践信息等相关的指导进行教育、培训,使检查和监督人员更具专业性。

5.1.11　公共健康保险计划选项的发布和传播

1. 健康部门应编制一本小册子,其中载有关于公共医疗保险计划可用性的信息。该小册子至少应包括:

(1)纽约市居民可使用的每个公共医疗保险计划的名称和简要说明;和(2)适当的电话号码以获得这些节目的登记信息。

这类小册子应每年出版一次,并以多种语言印刷,包括但不限于英文、西班牙文、中文、俄文、意大利语、朝鲜文和海地克里奥尔语,并应提供给任何公众请求。

2. 该部门应确保为所有日托中心提供足够数量的公共医疗保险计划小册子,以使这些日托中心能够满足纽约市宪章第 1069.1 节的要求。就本细则而言,"日托中心"是指在纽约市运营的任何儿童日托机构,该机构须根据纽约市卫生部门相关规定获得该部门执照或根据《纽约州社会服务法》第 390 条向该部门或纽约州社会服务部门注册。

★**立法经验点评**:通过小册子向市民公布公共医疗保险计划的详细信息,并以多种语言印制,考虑到纽约市居住着不同国家和民族的居民的需要;并且专门提出所有日托中心也应提供此类的医保册子,表明了纽约市政府对多元化的移民家庭儿童疾病和健康的重视。

5.1.12　儿童铅中毒预防

1. 根据所有相关的联邦、州和地方的法律、规定和条例,该部门应制定一本小册子,至少向所有适当的医疗提供者建议其筛查和测试儿童铅中毒的义务。该小册子应从 2004 年 9 月 15 日起每年分发给所有适当的医疗机构。

2. 卫生部门将编制一本关于儿童铅中毒预防的小册子。该小册子至少应以英文和西班牙文印刷,并应至少包括:

(1) 儿童极有可能被铅毒害的方式;

(2) 铅中毒对儿童健康的影响;

(3) 纽约州法律要求儿童检测血铅水平的时间间隔;

(4) 获得铅中毒筛查、诊断和治疗信息的适当电话号码;

(5) 父母或监护人为保护其子女免受铅中毒所采取的措施;

(6) 业主要求检查和修复铅基油漆危害。

3. 卫生部门应至少将根据本细则制作的小册子发放与提供给儿童父母或监护人。此类小册子也应根据要求提供给公众。

★立法经验点评:此条法律针对儿童铅中毒作出了明确指示,使父母或监护人能够获得铅中毒的途径、危害、筛查和预防方法等有用信息,减少相关铅中毒预防的盲目和无知。儿童的血铅水平值得关注,因为铅对婴幼儿的危害远远高于成人,儿童对铅的易感性强,吸收率高,接触途径多,婴幼儿和儿童的血铅水平与未来成年后的智商显著负相关,所以部门要帮助、促进儿童的血铅筛查。但我国缺乏这方面的举措,相当一部分公民对铅中毒的信息知之甚少,此法律对预防我国的儿童铅中毒有着良好的借鉴作用。

5.1.13　禁止销售某些含铅物质

1. 就本节而言,以下术语应具有以下含义:

(1) "含铅糖果产品"是指根据本规则颁布的规定,该部门根据本规范第 17—142 段的规定确定对公众健康或造成滋扰风险的含铅食品。

(2) "利他基瑞"(Litargirio)是指任何销售用于个人用途的含铅粉末,包括但不限于用作止汗剂、除臭剂、足部杀真菌剂或作为烧伤和伤口的治疗剂。

(3) "人"是指任何自然人、个人、公司、非法人团体、独资企业、公司、合伙企业、合资企业、股份合作社或其他实体或商业组织。

2. 任何人不得出售或要约出售,或促使任何人销售或要约出售含铅或含有利他基瑞的糖果产品。

3. 违规和处罚。违反本条规定的任何人应对每次违规处以不超过250美元的民事罚款,但对于第1次违规行为,可能会发出书面警告以代替此类民事处罚。尽管有任何相反的法律规定,任何故意违反本条规定的人均应犯有轻罪,每次违规可处以不超过250美元的罚款或不超过6个月的监禁。

4. 执法。本部门和消费者事务部应当执行本细则的规定。追索依据本细则3获授权的民事罚则法律程序,须藉送达违章通知书而展开,该通知书可发还卫生委员会设立的行政审裁处(如该部门发出该通知),或送达消费者事务部的裁定科(如该部门发出该通知)。违反通知或其副本在填写和送达时构成被控违法行为的通知。卫生委员会的行政法庭和消费者事务部的审判部门有权作出决定,并施加本细则3规定的补救和处罚,以及任何其他法律规定的其他补救办法或处罚,包括但不限于民事或刑事诉讼或诉讼程序。

5. 规则。为执行本节规定,行政长官应颁布任何必要的规则。

★**立法经验点评:**从销售环节防止含铅产品对人体造成损害,规定任何人不得出售含铅制品,违反即受到警告、罚款或监禁。为达到本条目的,行政法庭、消费者事务部和行政长官有权作出决定或颁布必要的规则,以实现全面、有力、有效地禁止含铅物质的销售。

5.1.14　学校护士

1. 定义。就本节而言,以下各项应具有以下含义:

(1)"护士"是指根据《纽约州教育法》第6905条获得注册专业护士许可的个人。

(2)"公共健康顾问"包括但不限于支持医学或专业人员在学校履行与健康有关的职责并满足该部门规定要求的个人。

2. 小学。该部门应全职为每所公立和私立小学提供至少一名护士,该小学:(i)在上一学年的第二个月的最后一天至少有200名学生入学;(ii)向提供护士的部门提交书面申请;和(iii)依照行政长官颁布任何规定维护一个医疗室,其中该护士可以履行护理职责。

3. 中级学校。在每个公立和私立中等学校,如果没有根据本细则2提供护士,或者公共卫生顾问或学校卫生服务助理,部门应至少提供一名护士,(i)在上一学年的第二个月的最后一天入学至少200名学生;(ii)向护理人员或公共健康顾问或学校健康服务助理提供书面申请;和(iii)根据行政长官颁布的任何规定维持适当的医疗室,其中该护士或公共健康顾问或学校健康服务助理可以履行其职责。

★**立法经验点评**：此条法律规定部门应为每个公立或私立的中小学提供至少一名专业护士，除了学生数不到 200 名的学校，限定了学校规模和护士供给标准，小学生和中学生因为年龄、认知和身体等原因，在医疗护理上更需要方便迅捷的照顾，学校护士的配备不可或缺。确保学生身心健康，是中小学教育顺利开展的基础，部门有责任为学校和学生提供基础的、便捷的医疗室和医疗人员。我国作为人口大国，学生的数量也十分可观，许多中小学校拥有逾 1 000 名甚至 2 000 名学生，却只有一名甚至没有专业的护理人员在校任职，这条立法经验对于完善我国中小学学生日常的医疗需要和健康维护工作有着重要借鉴意义。

5.1.15　无家可归者死亡报告

1. "无家可归者收容所"是指(i)由无家可归者服务部门或其代表经营的住宅；(ii)由社会服务/人力资源管理部门或代表其经营的紧急住宅，主要用于艾滋病毒/艾滋病相关疾病的无家可归者；或(iii)由住房保存和开发部门或其代表经营的住宅，其范围为该住所收容无家可归服务部门的客户；但是这一条款不应包括主要针对受虐妇女提供的任何住所。

2. 关于无家可归者和无家可归者收容居民死亡的年度报告。

(1) 部门应在每年的 1 月 1 日、4 月 1 日、7 月 1 日和 10 月 1 日之前收集必要的信息，以遵守本细则第 3 款有关无家可归者和无家可归者住房居民死亡率的规定从需要收集信息月份之前第 6 个月的第 1 天开始。

(2) 除收集本细则所需季度信息外，除本细则第 4 款外，本部门应在每年的 1 月 15 日前向市议会和市长提交年度报告，(i)总结并根据本细则第 1 款汇集并更新和修改在前四个季度收集的信息；(ii)在报告中按原因分列所有死亡原因，包括但不限于有多少人死于与户外环境有关的死亡原因。

(3) 此类报告还应至少包括：(i)按月分列的前一年死亡的无家可归者人数。根据《纽约城市宪章》第 557 条的规定，首席体检官办公室根据要求进行了调查，在此期间死亡的无家可归住房居民的人数按月份分列，并且在可以随时获得这种信息的情况下，前一年死亡的其他无家可归者人数按月分列；(ii)每个死者死亡的社区委员会，按死亡发生在室外、医院、疗养院、住宿保健设施、无家可归者收容所等地点分列统计，但须说明死者在由其经营或在此期间居住的住所内死亡的地点。应由自治区社会服务、人力资源管理部门提供为患有艾滋病相关疾病的无家可归者服务；(iii)每名死者的年龄或大致年龄及性别；但是，如果死者的身份不明,或者如果这名死者是无家可归者或无家可归者住所居民,则该部门应提供本段所要求的信息,以及此类死亡发生的日期或大致日期。

(4) 如果有必要进行扣留以避免泄露该死者的身份,则该部门可以隐藏关于死者个人死亡的年度报告中的信息,前提是该部门应指明何时该信息被扣留,并且应报告关于这种死者的所有其他资料,不得泄露该死者的身份。

(5) 在根据本分部要求的每份年度报告中,部门应说明用于识别无家可归者和无家可归者住房居民的方法,并分析这些方法的可靠性和有效性。

(6) 根据该细则所需的季度信息和年度报告应根据要求提供给公众。

★**立法经验点评**:此条从法律上保障了收集无家可归者的死亡信息,为其提供庇护所及其相关服务提供决策参考,体现纽约市政府对该弱势群体的关注。同时将无家可归者收容所分为两类:艾滋病患者和其他普通流浪者,并分别由人力资源部和住房部经营管理,这种隔离避免了疾病的传播,一定程度上保证了收容所的卫生安全。此外,要求部门制作具体详细的无家可归者年度死亡报告,记录死者的死亡地点、死亡日期、住所位置、身体状况、身份等种种信息,必要时保护死者的个人信息免于泄露,这说明健康部门对无家可归者的死亡事宜抱着负责任的态度,死者的权利和尊严得到了尊重。

5.1.16 儿童死亡审查顾问团队

1. 就本节而言,"儿童死亡"一词是指纽约市 13 岁以下的人死亡,其中(1)死亡未预料到,(2)死亡是创伤的结果,或(3)死亡的情况是可疑的、模糊的或其他原因不明的;但是,该条款不包括未决的刑事调查、起诉或上诉的 13 岁以下的人死亡。

2. 根据所有适用的州和当地法律,部门内应建立一个儿童死亡率审查咨询小组,以审查与儿童死亡有关的事实和情况。该小组应由以下人员组成:儿童服务行政长官或其指定人;警察局局长或其指定人;首席法医或其指定人;卫生和精神卫生部门行政长官或其指定人;如有适用法律的要求,则由纽约州儿童和家庭服务办公室行政长官或其指定人组成。教育部院长或其指定人可酌情成为该小组的成员。市长应任命最多两名其他个人,包括至少一名儿科医生和至少一名倡导儿童相关问题的人;但是,这些人不得担任其他公职、职务或信托人。市议会议长最多应任命另外两人,包括至少一名儿科医生和至少一名倡导与儿童有关的问题的人;但是,这些人不得担任任何其他公职、职务或信托人。公设辩护人应任命另一人为该小组成员;但该人不得担任任何其他公职、职务或信托人。

3. 除了以当然职位任职的成员或该成员的指定人员以外,儿童死亡复核咨询小组的每名成员,如果他选择担任教育部门的总理或其指定人员,任期两年,可因事由免职。任何空缺都应按照原来的任命以同样的方式填写。

4. 儿童死亡率审查咨询小组的所有成员应无偿提供服务,但应允许每个成员以与其他纽约市收费相同的方式审核实际和必要费用。

5. 除本节另有规定外,任何人均不具备加入儿童死亡复核咨询小组的资格,因为此人持有任何其他公职、工作或信托,也不得使任何人失去资格或丧失该人的任何权利公职、工作或信托人。

6. 儿童死亡率审查咨询小组每年至少开 4 次会。卫生和精神卫生部的行政长官应担任小组组长,并应在添加本节的当地法律生效后 90 天内召集小组的第 1 次会议。

7. 儿童死亡率审查咨询小组的工作应包括但不限于审查与儿童死亡有关的汇总数据,并就改进保护儿童方法提出建议,未来以减少纽约市儿童死亡事故的发生率。

8. 儿童死亡率审查咨询小组可根据所有适用的法律、规则和条例,包括但不限于与律师—客户特权、律师工作产品、为诉讼准备的材料和根据公职人员法披露代理记录的法律,向任何机构索取必要的资料,以执行本节的规定。该小组还可根据所有适用的法律、规则和条例,包括但不限于有关律师—客户特权的法律、律师工作产品、为诉讼和保密准备的材料,向儿童死亡受害者或受害者家属提供服务的任何非营利组织索取此类信息。本分部的任何规定不得解释为限制机构根据《公职人员法》享有的任何权利或义务,包括在查阅或披露记录或部分记录方面披露此类法律所载代理记录的例外情况。小组应对其收到的所有信息保密,并在法律规定的范围内保护与儿童死亡案件有关的所有个人的隐私。

9. 儿童死亡审查咨询小组应每年向市长、市议会议长和公众倡导者提交一份报告,其中应包括但不限于纽约市前一年发生的儿童死亡案件的数量;关于儿童死亡原因的统计数据;关于儿童死亡受害者的具体数据,如性别、年龄和死亡人数;种族,以及(如果有的话)宗教和族裔;按行政区分列的关于儿童死亡地点的统计数据;以及关于如何减少纽约市未来儿童死亡发生率的建议。

★立法经验点评:纽约市专门成立一个儿童死亡率审查咨询小组来调查非正常死亡的儿童,充分体现出纽约市对儿童死亡事项的高度重视。审查小组包括儿童服务行政长官、警察局局长、教育部部长、市长任命人、议长任命人、首席法医、儿科医科、儿童问题倡导者系列人等,其中部分组员必须是专职。从组员的身份和构成可以看出,每位组员都是来自不同的领域和职位的专业人士,但又是儿童死亡问题所涉及和需要的。可见,儿童死亡率审查咨询小组是一个相当周全的、严密的、专业的顾问团队,其他任何人均无资格进入小组,严格控制成员标准。儿童死亡率审查咨询小组具有规范的、明确细致的工作内容,比如每年至少 4 次的会议、汇总统计数据、提交报告、提出减少死亡的建议等,不仅仅局限于对死亡原因的审查,还做一些分析、总结和建议工作。儿童死亡率审查咨询小组有权从其他机构和个人获取任何需要的信息,这为审查工作提供了便利,利于工作的推进。重视儿童死亡,严格审查找出死亡原因,对于预防、减少儿童受害有着积极意义,此条从法律上切实保障了儿童的生命安全和身心健康,这对我国政府部门监测儿童死亡具有重要的参考价值。

5.1.17　饮用水水箱检查

1. "热水器"是指加热饮用水并向饮用热水分配系统供应此类水的任何加热器具或设备。

2. "水箱"是指用于存储作为建筑物供水系统一部分的饮用水的任何设备,但该条款不适用于家用热水器。

(1) 任何拥有水箱作为饮用水供应系统一部分的建筑物的拥有人应每年至少检查一次该水箱。这种检查应确保水箱符合纽约市行政法规、纽约市建筑规范和纽约市卫生法规的所有规定。检查结果应按行政长官规定的方式记录。检验结果由检验人员自检验之日起至少保存 5 年,并应在 5 个工作日内根据要求提供给部门。

(2) 建筑物所有人应张贴通知,说明:(i)水箱检查结果在特定地点存档并在有人向建筑物业主或经理提出这种要求时提供;(ii)如果建筑物所有人或经理没有向该人提供检查结果,则可以联系该部门。收到此类请求后,业主或经理应在 5 个工作日内提供检验结果副本。该通知应张贴在租户容易接近的位置,并放置在透明封面的框架中,并可与法律未禁止的类似通知结合使用。

(3) 从 2010 年 3 月 1 日开始,此后每 3 年,部门应向市议会提交一份报告,报告应提供前一个日历年的水箱检查信息,包括但不限于:(i)估计建筑水箱的数目及该等水箱的服务估计数目;(ii)本部门检查建筑水箱检验结果的数量和符合本细则 2 的数量;(iii)本部分本市细则市场的预计达标率;和(iv)部门发布的违规数量。

(4) 任何违反本细则 2 或其中任何规定的建筑物的业主,应承担不少于 200 美元、不超过 2 000 美元的罚款。违反本细则 2 第 2 款或其中任何规定的建筑物的任何所有人应对每次违规承担不超过 250 美元的罚款。

★**立法经验点评**:本条法规规定建筑物所有人每年至少检验一次公共水箱的水质,记录检查结果并提交给部门,告知公众,保障住户的用水安全。此外,卫生部门还应提交一份包括历年检查结果、水箱数目、达标率、违规量等的报告,即水箱检查不仅仅限于检查,还要汇总、整理和分析数据,这就为防止、解决水质问题提供了参考。随着大城市高层建筑物增多,高位水箱使用越来越多,二次供水的卫生问题很突出,外界污物(灰尘、蚊蝇、垃圾等)、水箱内壁处理不当、缺乏管理等原因都会使水质受到污染,因此应注意日常的维护和保养,加强对二次供水的水质检测,保证给水系统的干净、清洁。这也为我国大城市保障市民生活供水安全立法提供了借鉴和参考。

5.1.18　室外束缚动物

1.(1)任何人不得在持续的 12 小时内,将动物绳索束缚、捆绑、扣紧、固定、约束、锁在或系在室外的静止物体上,或使动物如此受限连续 3 个小时以上。

(2)任何人在允许的时间内将动物束缚、捆绑、系紧、固定、捆锁、限制或约束动物在静止物体上,应为动物提供充足的食物、水和住所,并应以一种在两端具有旋转装置的绳索或链条束缚,其长度适合被限制的动物的类型和大小,但是,规定提供充足的食物、水和住所不适用于限制动物的持续时间低于 15 分钟或更短时间的情况。

2.尽管有本细则 1 的规定,任何人都不得使用以下设备系绳、束缚、系紧、锁链、捆绑、固定或限制任何动物的时间:

(1)为扼流圈或压圈;

(2)有重量连接或包含超过四分之一英寸厚的连接;

(3)由于其设计或安置可能会变得缠绕;

(4)足够长以允许动物移出其所有者的不动产;和

(5)将允许被限制的动物移动到可能导致这种动物窒息或受伤的物体或边缘上。

3.任何人违反本条规定或其中的任何制度,对于第一次犯罪,应判处不超过 250 美元的罚款,但如果该动物并未因违反本节的规定(受到限制)而受到伤害,则应向该人发出书面警告而不是罚款。对于连续 12 个月内的任何后续罪行,此人将被判处 B 类轻罪,可处以不超过 500 美元的罚款或不超过 3 个月的监禁,或两者兼施。除了这种处罚之外,任何违反本条规定的人都应承担不少于 250 美元、不高于 500 美元的民事罚款。

4. 该部门的授权官员、兽医和雇员、美国防止虐待动物协会的代理人以及行政长官指定的任何其他人应被授权执行本节规定或本协议颁布的任何规定。违反本条款可能有证据支持,包括但不限于带有时间标记的照片和录像、投诉记录和宣誓证词。

5. 本节的规定不得被解释为禁止该部门、美国防止虐待动物协会或执法官员执行任何其他关于动物人道对待的法律、规则或条例。

6. 本细则 1 的规定不适用于任何联邦、州或纽约市执法机构的官员或雇员。

★立法经验点评:动物是人类的朋友。此条从法律上保护了动物的生命健康权和身体自由权,任何人都无权随意捆绑或虐待动物,即使捆绑,也须为它(们)提供充足的食物和活动空间,否则将受到警告、罚款或监禁。我国大中型城市在动物保护立法领域还很欠缺,对动物本身的权利不够重视,人们束缚动物活动甚至虐待的行为一般不会受到任何处罚,基本上不属于法律管辖范围。在生命和自由面前,动物和人类一律平等,动物也应受到尊重。

5.1.19 乙肝和丙肝数据汇编和报告

在 2000 年 9 月 30 日或之前以及每年之后,该部门应向市议会发言人和市长提交一份年度报告。

1. 该报告应该包括以下内容:

(1) 因乙型肝炎和丙型肝炎作为死亡直接原因或潜在原因的人数,以及乙型肝炎死亡人数,丙型肝炎或肝癌被列为导致某人死亡医疗证明死亡的重大病症的人数;

(2) 确诊的新肝癌数目;

(3) 已向该部门报告该人同时患有乙型肝炎或丙型肝炎的新诊断肝癌的数目,但该部门必须能够从纽约州卫生部获得必要的信息才能完成此类报告;

(4) 在由该部门运作或订立的病毒性肝炎计划中诊断为乙型肝炎或丙型肝炎病例,或从该局获得资金的情况下,与护理有关的人数;被评估接受治疗的人数;已经开始治疗的人数;以及完成治疗的人数。纽约市卫生和医院提供的任何此类信息也应报告给该部门;

(5) 在由该部门运作或承包的计划中接受护理或治疗的人员接受的乙肝疫苗剂量和三剂乙肝疫苗系列已完成的人数,包括那些由他们提供护理或治疗的人承包提供部门提供的乙肝疫苗,以及由自愿向该部门提供此类信息的实体提供护理或治疗的人员,为儿童提供的乙肝疫苗剂量和三剂量乙肝疫苗系列已完成；

（6）乙型肝炎孕妇的数量，包括其种族、民族和出生地区；

（7）上一个财政年度的拨款，专门用于乙肝和丙肝相关方案，通过全职同等工作人员以及赠款或资助非政府组织；

2. 除部门可能认为相关的任何其他数据外，此类报告还应包括：

（1）与乙型肝炎和丙型肝炎有关的此类计划的方案和可衡量的成果清单，包括但不限于通过该部门乙型肝炎预防提供的计划；和

（2）确定可有效解决乙型肝炎和丙型肝炎预防、治疗、护理、外展和教育的部门、非政府组织或其他州或联邦实体可以实施的计划或战略的最佳做法。

3. 根据本节规定的年度报告以及由部门发布的与乙型肝炎和丙型肝炎相关的计划或举措一起发布的任何材料，应根据要求在该部门的网站上提供给公众。

★立法经验点评：此条法律是围绕着乙肝和丙肝制定的，以年度报告的形式进行工作。丙肝是一种由丙型肝炎病毒（HCV）感染引起的病毒性肝炎，与HCV感染相关的死亡率（肝衰竭及肝细胞癌导致的死亡）将继续增加，对患者的健康和生命危害极大，已成为严重的社会和公共卫生问题。乙型病毒性肝炎是由乙肝病毒（HBV）引起的、以肝脏炎性病变为主并可引起多器官损害的一种传染病，广泛流行于世界各国，主要感染儿童及青壮年，少数患者可转化为肝硬化或肝癌，已成为严重威胁人类健康的世界性疾病。因此，美国通过立法对乙肝和丙肝的预防和治理工作的重视是十分必要的，从死亡人数和原因、新肝癌与乙肝、丙肝之间的关系、治疗人数、护理、疫苗提供等多方面防止肝炎的传染和扩大，并且积极救助患病人群，减少乙/丙型肝炎患者的数量。乙肝也是我国当前流行最为广泛、危害性最严重的传染病之一，同样需要相关部门做好完善有力的防护措施。通过立法的方式获取城市乙肝和丙肝数据汇编和报告，对于城市决策者科学预防这种传染性较强的传染病有着重要的意义。

5.1.20　哺乳室

1. 社会服务/人力资源管理部门的每个就业中心、医疗援助计划中心；儿童服务管理局和儿童中心的纽约市自治区办事处；由该部门操作或维护的健康中心应在可行的情况下，根据要求至少提供一个哺乳室，供个人使用现场服务。根据《民权法》第7条的规定，这种哺乳室的存在不得废除这种个人公开哺乳的权利。

2. 该部门应制作一张海报，其中包含有关母乳喂养的信息，个人在公共场

所护理的权利以及根据本节提供哺乳室的情况。此类海报应在部门网站上公布，并应在任何需要根据本节提供的哺乳室内展示，并应以清晰醒目的方式展示在任何公共场所的候诊室内，哺乳室必须根据本节规定提供。在本地法增加该细则的生效日期之后不迟于一年，该部门应根据本节创建所有可用的哺乳室位置清单。该清单应在部门网站上公布。

3. 教育部门应在 2017 年 8 月 1 日或之前向市议会议长提交一份总结了纽约市公立学校政策的报告，以允许学生或家长或监护人的学生可以根据要求进入哺乳室。此类报告应说明在上一学年如何将有关此类政策的信息传达给学生、家长和监护人。

4. 该部门可颁布实施本条规定的计划，包括但不限于为在提供哺乳室所需的地点工作的工作人员制定培训计划，并提供有关哺乳室位置的指导。

★**立法经验点评**：通过地方立法在公共场所设立母婴室，体现了一个城市对妇女儿童权益的尊重及关怀，避免哺乳期妈妈处于尴尬境地。公共场所的嘈杂环境，母亲的情绪波动会影响乳汁的正常分泌，设立母婴室也可以防止偷窥、偷拍等不文明行为。因此，医疗保健机构、大型商场、机场、车站公共场所设立充足、完备的哺乳设施是必要举措，我国的公共哺乳室建立和扩充立法也应提上日程，给哺乳期妈妈们提供一个安全的、舒适的喂养空间。这也是解决我国人口出生率连续下滑问题，保障二胎、三胎政策实施效果的综合性保障政策。

5.2 食品许可证

5.2.1 定义

在本小节中使用时，下列术语应表示：

1. "小卖部"。食物供应室、饮食供应场所、食肆或食物、容器或供应品加工、准备、处理、包装、运送或贮存的任何其他地方，并直接从该等地方分发食物或者提供食物的供应商，或在任何公众地方向公众提供食物的车辆或手推车。

2. "餐饮"。任何生食、熟制或加工的食用物质、饮料、配料、冰或水、全部或部分用于或打算供人食用。

3. "食品供应商"或"供应商"。在任何公共场所贩卖、兜售、出售或提供零售用食品的人。

4. "食品售卖业务"。在食品供应商参与的公共场所零售销售或提供食品销售的业务。

5."公共场所"。在纽约市记录上显示街道各项物业项目之间的所有公共财产,这些财产项目包括但不限于公园、广场、路面、路肩、树木空间、人行道或这些财产线之间的停车位。它还应包括但不限于公有或租赁的土地、建筑物、码头、体育馆和终点站。

6."手推车"。食品供应商使用的任何轮式车辆或装置,不包括机动车辆或拖车,其可以在有或没有电动机的帮助下移动并且不需要由机动车辆部门登记。术语"手推车"应包括任何绿色手推车,因为该术语由本细则 19 定义。

7."车辆"。根据《车辆和交通法》规定的汽车或拖车。

8."销售食品"。在公共场所贩卖、推销、出售或要约出售零售食品,在购买完成后立即交付。

9."人"。自然人、合伙人、公司或其他协会。

10."老兵"。任何曾在美国武装部队服役并光荣退休的人员。

11."残疾老兵"。经美国退伍军人部门认证的退伍军人,在美国军队服役期间该人员伤残率达到 10% 或以上。

12."光荣退伍"。任何形式的退伍或从武装部队离开,但开除情况除外。

13."残疾人"。任何人有身体或精神方面的障碍,严重限制一项或多项重大的生命活动,并有此类损害的记录。就本细则而言,"身体损伤"是指影响一种或多种以下身体系统的生理障碍或病症或解剖损失:神经性的;肌肉骨骼;特殊感觉器官;呼吸系统,包括言语器官;心血管疾病;泌尿生殖系统;血液和淋巴;皮肤和内分泌。它包括但不限于骨科、视觉、言语和听力障碍、脑瘫、肌营养不良和多发性硬化等疾病和病症。就本细则而言,"精神损伤"指任何精神或心理障碍,如智力迟钝、器质性脑综合征、情绪或精神疾病,以及特定的学习障碍。就本细则而言,"主要生活活动"意味着行走、看、听、说等功能。就本细则而言,应通过向行政长官提交以下任一方案来确定此类损害的记录:

(1)描述申请人身体或精神损害的信件或证明,其中必须包括以下任一项的公证签名:

(i)持有执照的医生、眼科医师、视光师或心理师;要么

(ii)与国家官方机构合作执行残疾人方案的社会机构的授权代表,并且申请人正在接受服务,例如国家职业康复办公室;要么

(2)以前的申请不超过一年的申请人确定申请人的身体或精神损伤,例如基于身体或精神损伤核实所得税豁免或社会保障福利。

14."无人问津的孩子"。任何未满 18 周岁、未婚、生活在同一家庭的儿子、女儿、继子或继女。

15."独家经销商"。任何人与某食品产品的制造商订立书面协议,由依据本章获发牌照的食物销售商从车辆或手推车出售该产品,但不包括任何其他制造商制造的同类食物产品。

16."制造商"。以商业用途为原料加工或制造食品的人。

17."新鲜水果和蔬菜"。未加工、未经冷冻的水果和蔬菜,没有与其他成分结合。

18."新鲜水果和蔬菜许可证"。从公共场所的手推车或车辆出售纯新鲜水果或蔬菜或两者的全面许可证。除非另有规定,新鲜水果和蔬菜许可证应符合本细则的规定。

19."绿色推车"。只有那些获得新鲜水果和蔬菜颁发的全期许可证的手推车,除符合适用于非加工手推车的所有其他法律要求外,还必须具有独特性并根据委员会制定规则具备容易识别的外观。

20."字母等级"。表示部门根据发出的卫生检查等级。

★立法经验点评:街头商贩是现代城市生活的一个组成部分,和绝大多数的中国城市一样,纽约市街头也有各式各样的小贩。他们向纽约居民和来自世界各地的游客提供便宜方便的商品和服务以获取报酬。纽约街头的小贩按照销售商品的种类大致可以分为以下三类:第一修正案商贩:售卖受美国宪法第一修正案言论自由保护的商品如图书、报纸、油画、照片等,无须许可。一般商品商贩:售卖非食品类的商品如T恤、围巾、手机配件等,必须获得许可。但是从1979年起,纽约市内一般商品售卖许可证就被限定在853张,而从1992年至今,申请机会和等候名单都处于关闭状态,所以目前这类许可几乎不可获得。食品商贩:售卖热狗、新鲜水果、咖啡等食品或饮料,常规摆摊必须执照、许可"两证齐全"。

5.2.2 许可证

1.(1)任何人未按照本分章的规定首先从委员那里取得执照,从而充当食品供应商即属违法。

(2)除第5.2.5节规定的条件外,许可证应由被许可人续延,条件是被许可人必须符合所有其他续期要求,许可证没有被吊销或中止,被许可人没有违反规定。

2.(1)未按照本分章的规定向行政长官取得该车辆或手推车的许可证,在纽约市公共场所的任何车辆或手推车出售食品都是非法的。行政长官应制定有关这些车辆和手推车的尺寸和设计的标准。任何供应商不得出售不符合卫生行政长官确定的标准车辆或手推车。只能从市政府发放了许可证的绿色手推车上出售除新鲜水果和蔬菜以外的其他食物。

(2) ① 1983 年 7 月 30 日及以后,除非有效许可证的数目少于 3 000 个,否则不得发出新的全面期限许可证。此后,可能生效的许可证的最大数量应为 3 000 个,并且不得发放超过此最大数量的新许可证。尽管颁发新的全期许可证有限制,但在 1983 年 7 月 30 日以前签发的许可证,有效许可证应由发给许可证的许可证持有人予以续展,但须受第 6 款的限制,并确保本小节规定的所有其他更新要求和依据此规则颁布的任何规则都得到遵守。

② (i) 1995 年 3 月 15 日及以后不增加根据本款(a)项可能有效的全期许可证的数量的情况下,应填写 200 个全期许可证被指定为仅在指定区使用如下:

(a) 50 份这样的全期许可证,应授权其持有人从布朗克斯区的任何公共场所的任何车辆或手推车兜售食品,食品供应商不得被禁止出售;

(b) 50 份这样的全期许可证应授权其持有人从布鲁克林区的任何公共场所的任何车辆或手推车兜售食品,食品供应商不得被禁止出售;

(c) 50 份这样的全期许可证,应授权其持有人从皇后区的任何公共场所的任何车辆或手推车出售食品,食品供应商不得被禁止出售;和

(d) 50 份这样的全期许可证应授权其持有人从史坦顿岛的任何公共场所的任何车辆或手推车出售食品,食品供应商不得被禁止出售。

(ii) 在首次签发这些许可证后,行政长官应根据行政长官规则制定的程序为每个相关行政区建立一个单独的等候名单。行政长官可以通过规则限制每个等候名单上的名额。

③ 1995 年 1 月 1 日以后,只有在申请许可证时没有获得全额期限许可证的人被撤销或中止并满足行政长官规定的人员时,应发给 1995 年全期许可证。除本节第 6 款第(a)项第(2)项另有规定外,任何人均不得发给一份以上的许可证,无论是全职还是临时。

④ 根据本分条款颁发或续展一个全期许可证应在被许可证持有人完成申请的证明后 3 个月内交给部门检查的手推车或车辆,并在此之后的 6 个月内认证,通过这种检查。

⑤ 行政长官应根据本小节的规定建立一个单独的等待名单,以便按照行政长官章程规定的要求进行管理。行政长官可以通过规则限制等候名单上的地点数量。

⑥ 除本节第 6 款(a)项第(ii)项(b)中另有规定外,在 1996 年 1 月 1 日及以后的每一续展日,许可证持有人不得续展一次以上的许可证,不论是全职还是

临时。如果符合本小节规定的所有其他续展要求及其依据颁布的任何规则,许可证发放人的许可证或许可证尚未撤销或暂停,并且没有犯下可能导致许可证暂停或撤销的违规行为。

⑦ 除③,④和⑥项外,本款不适用于颁发新鲜水果和蔬菜许可证。

(3) ① 尽管本分段第2款的规定限制了授权发放的全期许可证的数量,但行政长官最多可以发布100份全期许可证,授权其持有人在纽约市的任何公共场所从事任何车辆或手推车的食品,食品供应商不得禁止出售。这种许可证只能发给自然人,他们在申请许可证时不是根据本分段第2款发出的全期许可证的持有人,并且没有获得全期许可证的撤销或暂停。任何人不得发给一个以上的许可证。这种许可证应按照本款第②项中规定的偏好和行政长官确定的程序,按照接收这种许可证申请的顺序发布。根据本款颁发或续签全期许可证应在获得许可证后3个月内完成申请,并由该部门出示手推车或车辆供部门检查,并且在认证后6个月内,通过这样的检查。在首次发放许可证后,行政长官应根据行政长官规则制定的程序,设立不超过400人的候补名单。

② 在根据本款颁发许可证时以及在等候名单上按以下顺序向下列类别人员发放优惠:

(i) 退伍军人在1991年8月2日因符合残疾要求而依照法典持有由消费者事务部发出的有效一般供应商牌照。

(ii) 残疾退伍军人。

(iii) 残疾人。

(iv) 退伍军人。

③ 根据本款获得许可证的人,如果在申请第2款授权的全期许可证时没有资格获得,根据本款签发的全期许可证的持有人,或者该人已根据本段发出的全期许可证将被撤销或暂停。

④ 本款不适用于新鲜水果和蔬菜许可证。

(4) ① 尽管本分段第2款的规定限制了授权发放的全期许可证的总数,但行政长官可以发布最多1 000份新鲜水果和蔬菜许可证,因为该条款在本章第5.2.1节的细则18中定义。这1 000份新鲜水果和蔬菜许可证的最初签发应在两年内分阶段实施。在获得许可证的第一年期间,不得发放超过500张的许可证,也不得发放指定用于行政区的新鲜水果和蔬菜许可证的数量的一半以上。在获得许可证的第二年期间,行政长官可以颁发剩余的500张许可证以及许可证第一年可用期间的最初500张许可证。此后,可能生效的许可证的最大数量应为1 000份,并且不得发放超过此数量的新许可证。

（i）350 份水果和蔬菜许可证应授权其持有人在本款第②项 i 中所指范围内的任何车辆或任何绿色手推车上，在布朗克斯区出售新鲜水果和蔬菜。

（ii）350 份此类水果和蔬菜许可证应授权其持有人在本款第②项 ii 中所指区域内的任何车辆或任何绿色手推车上售卖新鲜水果和蔬菜。

（iii）150 份此类新鲜水果和蔬菜许可证应授权其持有人在曼哈顿自治市行政区的任何车辆或绿色手推车上在本款第②项 iii 中指定的区域内售卖新鲜水果和蔬菜。

（iv）100 份此类新鲜水果和蔬菜许可证应授权持有人在本款第②项 iv 中所指区域的任何车辆或皇后区的任何车辆或任何绿色手推车上售卖新鲜水果和蔬菜。

（v）其中 50 份此类新鲜水果和蔬菜许可证应授权其持有人在本款第②项 v 中所指领域内任何车辆或任何绿色手推车上向史坦顿岛自治区出售新鲜水果和蔬菜。

② 根据本段签发或续期的全期许可证须在持证人完整申请认证后 3 个月内交给持证人，因此须提交绿色推车或车辆供部门检查，并在 6 个月后通过这样的检查。任何人不获得一个以上的许可证。新鲜水果和蔬菜许可证，除被指定为仅用于本款第①项所述的行政区之外，应指定为仅在下面指定的警察区内使用，并应受同一时间和地点在其他食品供应商等地区的自动售货限制：

（i）布朗克斯：警察局分区编号 40，41，42，43，44，45，46，47，48，49，52；

（ii）布鲁克林：警察局分区编号 67，70，71，72，73，75，77，79，81，83；

（iii）曼哈顿：警察局分区编号 23，25，26，28，30，32，33，34；

（iv）皇后区：警察局分区编号 100，101，103，113；和

（v）史坦顿岛：警察局分区编号 120。

③ 尽管有本条任何规定的相反规定，在本地法增加本款的生效日期后 8 个月内，行政长官可根据规定免除本条第 4 款第②项中规定的任何警察分区，但须确定该地区新鲜水果和蔬菜的消费率并未大大低于全市平均水平，与该市其他地区相比，该地区相关营养健康问题比率并未升高。

④ 新鲜水果和蔬菜许可证应按照本款第⑤项规定的喜好和行政长官确定的程序发放。行政长官应为每个行政区建立一个单独等候名单，按照行政长官规则制定的程序进行管理。行政长官可以通过规则限制每个等候名单上的名额。

⑤ 应根据本款在发放新鲜水果和蔬菜许可证时以及按以下顺序将这种许可证安置在任何等待名单上的人员放在下列类别人员身上：

在增加此规定的当地法律生效日期,人员在委员会为手推车和车辆发放流动食品单位许可证而设立的任何现有候补名单上。从这些偏好类别的人中,在发放新鲜水果和蔬菜许可证以及对任何等待名单发放这种许可证时,应优先考虑下列人群:残疾的退伍军人;残疾人;退伍军人。

⑥ 根据本款获得许可证者如果在申请获得此类授权的全期许可证时无法获得本分段第 2 款或第 3 款授权的全期许可证,这些人是根据本段发出的全期许可证的持有人,或者该人已根据本段发出的全期许可证被撤销或暂停。

3. 任何人在未获得许可证的情况下经营食品分销商或食品分销地点,或者存放五个或更多推车,或超过一辆汽车的地方都是非法的。

4. 食品供应商的许可证应赋予其持有人出售行政长官或董事会可能授权或以其他方式批准的任何食品,但具有新鲜水果和蔬菜许可证的绿色推车或车辆出售的食品供应商只能获得授权才能出售水果和蔬菜。任何食品供应商在采取行动时都不应出售行政长官或议会未经授权或以其他方式批准的任何物品。

5. 根据本分章签发的所有许可证的有效期为 2 年,除非更早暂停或撤销。行政长官可以颁发这种在一年不同时间到期的许可证。为了达到这种到期日的交错,可以颁发最初执照或许可证,期限最长为 3 年。

6.(1) 委员可在提供资料及申请时,以该委员可能规定的形式及细节发出临时牌照及许可证,并依照收费表按比例缴付费用,但临时许可费不得少于 10 美元。

(2) 除了第 5.2.5 节规定的条件外,被许可人可以在其有效期届满的一年内予以续期,只要被许可人符合所有其他更新要求,许可尚未撤销或被暂停,并且被许可人没有犯下可能成为许可撤销或暂停的基础的违法或违规行为。

(3) ①(i) 1983 年 7 月 30 日及以后,除非有效许可证的数量少于 1 000,否则不得发放新的临时许可证。此后,可能有效的许可证的最大数量应为 1 000,并且不得发放超过最大数量的新许可证。尽管颁发新的临时许可证有所限制,但在 1983 年 7 月 30 日以前签发的临时许可证,在有效期满 1 年内获得许可证的被许可人可以续延,但须遵守续期规定,并根据本小节规定的所有其他更新要求和依据其颁布的任何规则得到遵守。

(ii) 1996 年 1 月 1 日及在其后的每个续期当日,不论是全职或临时许可,许可证持有人不得续期一次以上的许可证。符合本小节规定的所有其他续展要求及其依据颁布的任何规则,许可证尚未被撤销或暂停,并且没有犯下可能成为许可证被暂停或撤销的违法或违规行为。

②（i）独家经销权的书面协议应该是令人满意的证明,即多个临时许可的申请人在 1993 年 2 月 3 日是此类食品的独家经销商。

（ii）根据本项第(1)项有资格获得额外临时许可证发放的人,最多可获得 60 张临时许可证。

（iii）根据本项第(1)项的规定,附加的临时许可证只应发给有资格的人,在申请这种额外临时许可证时尚未取得根据本分章颁发的许可证而被撤销或暂停,他们能满足行政长官的要求,适合从事并能够维护、经营食品自动售货业务。如果符合本小节规定的所有其他更新要求和依据此规定颁布的任何规则,许可证尚未被撤销或暂停,并且没有犯下违法或违规行为,这将成为许可证暂停或撤销的依据。

（iv）本项第(1)项所载的任何内容均不得解释为授权发放超过根据本细则 2 第 2 款授权发放的许可证的数量的依据。1995 年 1 月 1 日以后,临时许可证只应发给没有被撤销或暂停临时许可证的人,并能够维持或经营食品自动售货业务。

③ 根据本分条款颁发或续签临时许可证,应在持证人完成申请认证后 3 个月内由该部门开展手推车或销售车辆检查,并在该证明后 6 个月内,通过检查。

④ 行政长官应根据本小节规定建立一个单独候补名单,以发布临时许可证,按照行政长官规则制定程序进行管理。行政长官可以通过规则限制等候名单上的地点数量。

⑤ 根据本分节发放的临时许可证仅在每个日历年 4 月 1 日至 10 月 31 日期间有效。

7. 为确定许可证持有人根据本细则 2 和 6 所持有的全期或临时许可证的数量,应适用下列规定:

（1）自然人应被视为持有以本人或没有身份证明孩子的名义签发的全期或临时许可证,该自然人是企业合伙人,是公司董事或股东,或是经理或有限责任公司高管。

（2）公司应被视为持有以下列名义签发的全期或临时许可证:

（a）该公司的高级人员、董事或股东;

（b）该公司与另一公司共同拥有一名共同人员、董事或股东,或该公司或其高级人员、董事或股东与另一公司有直接或间接利益关系;

（c）该公司或其高级人员、董事或股东为该有限责任公司的成员、经理或高级人员的有限责任公司,或该公司或其高级人员、董事或股东在这样的有限责任公司均有直接或间接利益;要么

(d) 该公司或其高级人员、董事或股东是该等合伙的合伙人,或该公司或其高级人员、董事或股东对该等合伙关系有直接或间接利益。

(3) 有限责任公司应被视为持有以下列名义签发的全期或临时许可证:

(a) 该有限责任公司的成员、经理或高级人员;

(b) 该有限责任公司与其他有限责任公司拥有共同成员、经理或高级人员,或该有限责任公司或其成员、经理或高级人员与该等其他人有直接或间接利害关系的另一有限责任公司;

(c) 该有限责任公司或其成员、经理或高级人员是该公司的高级人员、董事或股东,或该有限责任公司或其成员、经理或高级人员有任何直接或间接利益在公司;要么

(d) 该有限责任公司或其成员、经理或高级人员是合伙人,或该有限责任公司或其成员、经理或高级人员是对该等合伙关系有直接或间接利益的合伙人。

(4) 合伙企业应视为持有以下列名义签发的全期或临时许可证:

(a) 该伙伴关系的合伙人;

(b) 该合伙是该等其他合伙人的其他合伙,该合伙及该等其他合伙分享共同合伙人,或该合伙或任何合伙人在该等其他合伙中拥有任何直接或间接利益;

(c) 该合伙或其任何合伙人是该法团的高级人员、董事或股东,或该合伙或其任何合伙人在该法团拥有任何直接或间接利益;要么

(d) 有限责任公司,而该合伙或其任何合伙人是该有限责任公司的成员、经理或高级人员,或该合伙或其任何合伙人在该有限责任公司有任何直接或间接利益。

★立法经验点评:纽约市食品商贩售卖的商品主要包括热狗、新鲜水果、咖啡等食品或饮料。由于食物涉及卫生健康问题,因此食品商贩受纽约市健康与心理卫生局管辖。想要合法地售卖食品,必须获得健康与心理卫生局发放的售卖许可证。在申请许可证之前,必须首先完成为期2天、每天4小时的"流动商贩食品保护课程"并通过考试才可获得发放给个人的流动食品售卖执照,该课程的费用为53美元。在纽约市,有超过14 000人取得了流动食品售卖执照,然而想要获得开启小贩生涯的售卖许可却要难得多。与发放给个人的执照不同,许可证是放在"流动工具"(餐车、手推车、卡车等)上的。为期2年的售卖许可证需50美元,为期6个月的临时许可证则需10美元。纽约将食品售卖许可证限定在3 000张,此外,在每年的4月至10月,会发放500张临时许可证。在满额的情况下,申请人只能进入等候名单,直到已获许可的人放弃更新许可或因

卫生条件不符合规定等情况被撤销许可。但是即使是挤进等候名单也并不容易,因为在申请人数过多的情况下,等候名单也会关闭。即使在等候名单上,最终获得许可的时间平均也需要5年至10年。身份的不同同样影响着商贩可能受到的管理和约束,退伍军人的特殊身份使其适用于与以上三种商贩不太相同的规定,而享有不受许可数量限制等"特权",且在一定情况下甚至可以"惠及"第一修正案商贩。退伍军人商贩销售的商品与一般商贩商品类别基本相同,并且可以不受售卖许可证限额的约束。居住在纽约的退伍军人或已去世退伍军人配偶可以享受这一待遇。目前纽约市约有1700名退伍军人商贩。从此类立法不难发现,在纽约市街头出售食品,受到非常严格的监管和限制,正是因为许可证的稀缺,导致持有者非常珍惜这张许可证,认真做好经营工作,因为一旦发生食品安全或者欺诈顾客问题,很有可能许可证会被吊销或者收回,未来可能终生就难以返回原来的岗位。

5.2.3　许可证费用

1. 除第5.2.2节细则5另有规定外,本细则2和3规定的许可证和许可证年费应在申请或更新许可证时支付。

2. 年费或许可证的续期费用为25美元;但是,如果发行超过2年的初始许可证,适用许可证费用应按比例增加到最近1年。

3. 许可证的年费或续期费用应为:

(1) 出售预先包装食品或新鲜水果蔬菜许可证的手推车或车辆:第一年50美元,其后每年25美元。

(2) 销售在其中制备或加工食品的车辆:100美元。

4. 原件丢失、毁坏或者毁损时,重新发放许可证,许可证印版费用为10美元。

5. 根据《一般商业法》第4条的规定持有执照的人免缴本节规定的费用。

6. 此处的费用应为纽约市卫生法规或纽约州卫生法规规定的任何费用之外的费用。

5.2.4　许可证申请

1. 所有的许可证或许可证申请应附上费用,并应按照委员会规定的格式和细节进行。

2. 除了所需任何其他信息外,行政长官还应要求以下信息:

(1) 申请人的姓名、家庭和商业地址。如果申请人正在申请从公共场所的车辆或手推车出售食品的许可证,则将获得批准经营该申请人的车辆或手推车的每个食品供应商的名称、家庭地址和许可证号码以及此类申请人作为食品供应商的法律关系。

(2) 描述要销售的食品以及要使用的车辆或手推车的说明,并说明该应用是否适用于新鲜水果和蔬菜许可证。

(3) 在申请日期前不超过30天拍摄三张申请人的全幅照片。

(4) 证明申请人已经依照《国内税收法》第134条获得了销售税的授权证书,并且拥有纽约州税务委员会的税务证书。

(5) 如果申请人是拥有公共场所的车辆或手推车出售食品许可证的个人,则提供申请人持有的许可证;如果申请人是合伙企业、有限责任公司或其他协会,则应提供该实体的每个合伙人、成员或经理的姓名和地址;如果申请人是一家公司则提供管理层、董事和股东的姓名和地址。

(6) 非纽约市居民的申请人应提供纽约市内的注册代理人的姓名和地址,或指定代理人,代理人可向其提供程序或其他通知。

(7) 市政官员或雇员不应询问申请人的移民或公民身份,作为根据本节提出申请的一部分。关于申请人的移民或公民身份信息不应影响食品供应商执照申请的考虑或续签。

(8) 证明申请人已根据《农业和市场法》第183条的要求,从其称重或测量设备或系统的度量衡官员处获得适当的批准。

3. 只有持牌食品供应商才能获得车辆或手推车许可证。申请这种许可证应提出本细则2第1、2、4、5、6和7款所要求的信息以及行政长官可能规定的其他信息。

4. 经申请批准后,行政长官应向申请人颁发执照和许可证牌照,并向申请人提供车辆或手推车许可证。该许可证应包含被许可人的姓名和地址、其许可证号码和该被许可人的照片。牌照应标明许可证是否为新鲜水果和蔬菜许可证。

5. 废除。

5.2.5 许可证更新

1. 执照或许可证的续期申请应在现有执照或许可证到期前至少三十天,连同适当的续期费用、纽约州州税委员会出具的清税证明以及财政专员出具的清税证明一起提交,其格式和内容应符合财政专员的要求,表明已缴纳由法典第十一章规定的、由财政专员管理的所有适用税收。财政专员应收取10美元的清税证书签发费。

2. 财政专员应颁布规则和条例,规定:

(1)销售税的支付标准,足以表明作为食品摊贩的经营是持牌人的全职或兼职职业,以及

(2)在上一个日历年内已支付由法典第十一章规定的、由财政专员管理的所有适用销售和商业税的最低付款。

5.2.6　显示牌照和字母等级

1. 每个食品供应商应随身携带其许可证,并应根据要求展示给任何警察、公共卫生保健或其他授权的官员或纽约市政府雇员。

2. 食品供应商的许可证在他作为食品供应商经营时,应始终由他在显著位置展示。

3. 营业执照和信函等级应按照部门规定的要求,牢固地贴在自动售货车或手推车的显眼处。

4. 根据第 5.2.2 节细则 2 第 4 款的规定,供应商签发新鲜水果和蔬菜许可证时,行政长官为其制作并发给叠层或类似的耐用易读地图,指定他们被许可在纽约市划定地区范围内经营。向这些人发放的新鲜水果和蔬菜许可证应由绿色推车出售,划定区域以外的车辆应被视为在没有许可证的情况下运营。

5.2.7　变更通知

应在变更后 10 日内通知委员会提供的注册信息的变化。

5.2.8　簿记要求

每个食品供应商应保存行政长官或董事会可能规定的日常销售总额、采购和费用(包括开支收入)的书面记录,并且应使该记录可供任何纽约市政府授权的人员或雇员查阅。

5.2.9　被许可人义务

每个被颁发食品供应商许可证的人,从公共场所的车辆或手推车出售食品应:

1. 准许部门定期检查在其业务运营中使用的任何车辆或手推车的任何处所,在该处所内,他作为食品供应商准备、加工、贮存、出售食品,并在该部门指定的地点和时间出示该车辆或手推车进行检查;

2. 向该市的行政长官或其他获授权人员或雇员提供小卖部或分销商的业主的地址及姓名,以及该食物销售车辆或手推车;

3. 除非事先取得局长或委员会的书面批准,否则不得使用或准许任何人使用食物售卖车或手推车售卖任何未获局长或委员会授权售卖的食物;但如已发出多于一份临时许可证,则不得使用或准许任何人使用该等车辆或手推车。因为第 5.2.2 节细则 6 第 3 款第①项规定必须使用手推车或食物销售车辆,而该手推车或食物销售车辆是由该独家经销商在 1995 年 2 月 3 日与一家制造商签订的独家分销协议提供的,则该手推车或车辆是该专卖店的临时许可证。任何人已依据第 5.2.2 节细则 6 第 2 款(ii)项,细则 2(i)项分目获发给多于一份临时许可证,则该人必须首先售卖或准许任何人使用该制造商持有临时许可证的手推车或车辆,以售卖该制造商的推车或车辆产品;

4. 在撤销、暂停、终止或到期时,放弃其许可证,并立即向委员会归还牌照或许可证。

5.2.10　许可证可转让性

1. 根据本分章签发的许可证,不得转让或过户。

2. 用于在公共场所售卖食物的车辆或手推车不得转让或过户,并附有根据本分章颁发的许可证或牌照。

3. 如果公司是被许可人,违反本条规定的转让应当被视为已发生:如果该公司所有权益 50% 以上或者在被许可人是有限责任公司的情况下,如果增加了任何成员,并且该被许可人是合伙企业,则增加了任何合伙人。本小节规定应导致向这些人发放的所有此类附加临时许可证自动撤销。

4. 尽管本节细则 1、2 和 3 有规定:

(1) 行政长官可自行决定将许可证转让给根据本分章规定持有许可证的无能力或已故人员所依赖的家庭伴侣或子女;

(2) 独家分销商或制造商根据第 5.2.2 节细则 6 第 3 款①项第(ii)项的(b)项发出一个以上临时许可证:(a)该独家分销商或制造商提供的车辆或手推车,拥有该独家经销商或制造商的临时许可证,附有正式签发的营业税收据的车辆或手推车的销售单或其他所有权证明;(b)该租赁协议载明可能主要使用该等车辆或手推车出售的食品;(c)该租赁协议得到部门的批准,但是,如果在向部门提交租赁协议后 30 个日历日内未被批准或拒绝,则该租赁协议应被视为已被批准。行政长官应颁布规则,确定部门评估租赁协议的标准,这些标准应包括但不限于公平合理条款的要求,这些条款基于购买和维护这种手推车或车辆的成本，而且这种租赁协议的条款是双方公平协商的结果。严禁将此类独家经销商或制造商所拥有的临时许可证一起出租。小型企业服务部门的授权官员和调查部门可协助行政长官和部门执行本款的规定。

5.2.11 食品售货车位置限制

1. 人行道上不得放置手推车，除非该人行道上至少有一条12英尺宽的行人通道，用于堆放从任何私人物业的边界到人行道内或人行道上的任何障碍物，或者如果没有障碍物被安置到路边。在任何情况下，手推车都不得放置在人行道的任何部位上，也不要放在靠近路缘的部位。

2. 自动售货手推车或其他与营业食物供应商业务有关的物品，均不得与任何建筑物或构筑物接触、倚赖，不得永久或临时固定在任何建筑物或构筑物内，包括但不限于灯柱、停车计量器、邮箱、交通信号支柱、消防栓、树箱、长椅、公车候车亭、的士站、垃圾箱等。

3. 所有与食品售卖业务有关的物品应保存在自动售货车或手推车内或其下面，且不易腐烂的食物样品可在自动售货车或手推车上作为展示但不得出售。除毗邻可接受的垃圾容器外，任何有关食品售卖业务运作的物品均不得放置在与贩卖车辆或手推车相邻的任何公共空间内，除经授权的车辆或手推车外，不得售卖食物。

4. 不得将自动售货手推车置于固定位置商户的展示窗口，也不得位于任何建筑物、商店、剧院、电影院、体育场馆或其他公众集会场所的任何入口处或离出口20英尺范围内。

5. 不得放置在《纽约州公共卫生法》第2801条所定义的医院附近、没有任何站立区的人行道部分内，任何巴士站、计程车站、车道、任何地铁入口或出口，或十字路口的人行横道。

6. 在道路上的手推车或车辆出售食品供应商应遵守现有或可能颁布的所有交通和停车法律、规则和条例，但在持续维护车辆通道通畅的情况下，食品供应商不得出售食物。

7. 废除。

8. 食品供应商不得在分隔巷道的中央带上出售食品，除非该地带拟作为步行街或广场使用。

9. 除非得到该部门的委员的书面授权，否则任何供应商不得在公园和娱乐部门管辖范围内出售产品，但其中任何内容均不得豁免供应商根据本分章的规定获得许可证。

10. 如果存在紧急情况，并且警察或其他获得授权的官员或纽约市的雇员通知食品供应商暂时从某个地点迁出，则该供应商不得在该地点出售。为了这个细则目的，紧急情况应包括但不限于：异常繁忙的行人集聚或车辆交通，在该地点或附近的公共空间中存在障碍物、事故、火灾或在此处或附近的其他紧急情况位置游行、演示，或其他此类事件发生在该位置或其附近。

11. 根据当地法规发布的规定，禁止食品供应商在任何时候在任何街道上开展食品售卖业务。

12. 在下列日期和时间禁止食品供应商在下列街道上出售：

曼哈顿第三大道旁：东 40 街东 57 街，周一至周五，上午 8 点至下午 6 点；东 58 号东 60 街，周一至周六，上午 8 点至晚上 9 点；列克星敦大道：东 40 街东 57 街，周一至周六，上午 8 点至晚上 7 点；东 58 号东 60 街，周一至周六，上午 8 点至晚上 9 点；星期一至星期六东 61 至东 69 街，上午 8 点至下午 6 点；公园大道：周一至周五，上午 8 点至晚上 7 点，东 34 街至东 42 街；东 55 街东 59 街，周一至周五，上午 10 点至晚上 7 点；范德比尔特大街：东 42 街，东 45 街，周一至周五，上午 8 点至晚上 7 点；麦迪逊大道：星期一至星期五东区第 34 街东 45 街，上午 8 点至下午 6 点；东 46 街东 59 街，周一至周六，上午 10 点至晚上 7 点；第五大道：星期一到星期六，第 32 街到第 59 街，上午 8 点到晚上 7 点；美洲大道：星期一至星期六西部第 32 至西 59 街，上午 8 点至晚上 7 点；百老汇：西 32 街至西 52 街，每天早上 8 点至晚上 8 点；第七大道：星期一至星期六，西 33 街至西 34 街，上午 8 点至下午 6 点；西 35 街至西 45 街，周一至周六，上午 8 点至午夜；周四至周六下午 2 点至 7 点，西 46 街至西 52 街；第十四街：百老汇至第七大道，星期一至星期六，中午至晚上 8 点；西三十四街：第五大道到第七大道，星期一到星期六，上午 8 点到晚上 7 点；第四十四街：第三大道至第八大道，星期一至星期六，上午 8 点至晚上 7 点；西四十三街：百老汇至第八大道，周三和周六，中午至晚上 11 点；星期日中午至下午 6 点；其他日子，晚上 7 点到 11 点；西四十四街：百老汇到第八大道，周三和周六，中午至晚上 11 点；星期日中午至下午 6 点；其他日子，晚上 7 点到 11 点；西四十五街：百老汇至第八大道，周三和周六，中午至晚上 11 点；星期日中午至下午 6 点；其他日子，晚上 7 点到 11 点；西四十六街：第七至第八大道，周三和周六，中午至晚上 11 点；星期日中午至下午 6 点；其他日子，晚上 7 点到 11 点；西四十七街：第五至第八大道，周三和周六，中午至晚上 11 点；星期日中午至下午 6 点；其他日子，晚上 7 点到 11 点；西四十八街：百老汇至第八大道，周三和周六，中午至晚上 11 点；星期日中午至下午 6 点；其他日子，晚上 7 点到 11 点；西 49 街：百老汇至第八大道，周三和周六，中午至晚上 11 点；星期日中午至下午 6 点;其他日子,晚上 7 点到 11 点;西五十街:百老汇至第八大道,周三和周六,中午至晚上 11 点;星期日中午至下午 6 点;其他日子,晚上 7 点到 11 点;西五十一街:百老汇至第八大道,周三和周六,中午至晚上 11 点;星期日中午至下午 6 点;其他日子,晚上 7 点到 11 点;西五 12 街:百老汇至第八大道,周三和周六,中午至晚上 11 点;星期日中午至下午 6 点;其他日子,晚上 7 点到 11 点;西五十三街:百老汇至第八大道,周三和周六,中午至晚上 11 点;星期日中午至下午 6 点;其他日子,晚上 7 点到 11 点。中午至晚上 11 点;星期日中午至下午 6 点;其他日子,晚上 7 点到 11 点;西五十三街:百老汇至第八大道,周三和周六,中午至晚上 11 点;星期日中午至下午 6 点;其他日子,晚上 7 点到 11 点。中午至晚上 11 点;星期日中午至下午 6 点;其他日子,晚上 7 点到 11 点;西五十三街:百老汇至第八大道,周三和周六,中午至晚上 11 点;星期日中午至下午 6 点;其他日子,晚上 7 点到 11 点。

★立法经验点评:鉴于个人直接实现"执照许可两全"的情况难度较大,纽约市官方还提供了一些其他可能的选择,如:可以申请操作者执照,在别人获得许可的餐车或卡车上工作;或者申请执照和由纽约市健康与心理卫生局发放的其他级别的售卖许可证,如有区域限制的流动食品售卖许可证,办理这类许可证所需时间大大减少,但是售卖地点有严格限制;此外还可以在获得执照后申请在特定的集市上进行售卖的许可证,但是这一类型的许可证对日期、时间、地点有着更为严格的限制,同样存在着诸多不便。许可证之外,退伍军人商贩还可以免除许多其他限制。退伍军人商贩有三种颜色的许可证,非残疾退伍军人持有白色许可证,残疾退伍军人持有黄色或蓝色许可证,这种许可证赋予的待遇存在一定差异,如消费者事务局允许退伍军人商贩在很多其他类别商贩不能进入的区域内摆摊,其中持有白色许可证的退伍军人商贩同样受到较多的区域限制,而黄色许可证受到很少的区域限制,蓝色许可证更是可在纽约市任何区域设立摊位。此外,退伍军人商贩在摆摊地点上的"福利"在某些情况下还可以惠及第一修正案商贩,持有蓝色或黄色许可证的残疾退伍军人商贩如果在一个原本对其他商贩限制的区域内摆摊,那么第一修正案商贩就可以"紧随其后"在同样区域摆摊而不算违规且"尾随"人数不受限制。因此第一修正案商贩如果跟随持有蓝色或黄色许可证的退伍军人商贩的脚步,就可以获得更多的摆摊场地的选择机会。尽管人流量、周边环境等都是摆摊需要考虑的重要因素,但是即使持有许可证和执照也不意味着可以完全按照个人的意愿选择摆摊的地点。摆摊的地点受到城市法律法规、联邦法律、未公开的城市备忘录等的限制。想要找到合法的摆摊地点必须先仔细阅读长达 29 页的限制条款以明确哪些街区的哪些位置在什么时间可以用来摆摊。实际上,不同类别的商贩由于受不同部门的监管,必须各自遵守所属范围内的限制规则。

5.2.12　禁止转售给无牌食品供应商

任何人不得将任何食品出售、给予或以其他方式转售给无牌食品供应商。

5.2.13　颁发、续展、暂停与撤销牌照和许可证

1. 署长可拒绝发出食品供应商牌照或在公众地方售卖食物的车辆或手推车的许可证,并可在发出适当通知后,除本条例所规定的其他惩罚外,还可拒绝续期、暂时吊销或撤销食品供应商牌照或在车辆或手推车内售卖食物的许可证。在出现下列任何一种或多种情况时:

(1) 申请人、持牌人、持证人,其高级职员、董事、股东、成员、经理或雇员作出重大虚假陈述或隐瞒与以下事项有关的重要事实:(a)申请食物小贩牌照或在公众地方售卖食物的车辆或手推车的许可证;或(b)出售任何食物。

(2) 申请人、持牌人、持证人,其高级职员、董事、股东、成员、经理或雇员在两年内被判定犯有四项或更多违反本分章或根据其颁布的规则或被认定为有罪。违反州卫生法或纽约市卫生法第14部分规定,或者申请人、持牌人、持证人,其高级职员、董事、股东、成员、经理或雇员有任何未收回的违规传票。

(3) 申请人、持牌人、持证人,其高级职员、董事、股东、成员、经理或雇员已经被判定有任何罪行或已被定罪的任何其他违法行为,根据行政长官的判断,根据本分章规定需要许可证或许可证的经营范围与该人的适应能力有直接关系,根据第一修正案第23条a款规定该等违法行为将成为行政长官拒绝发放、拒绝更新、暂停或撤销该牌照或许可证的理由。

(4) 对于食品供应商许可证的延期,被许可人不符合财政委员会根据第5.2.5节细则2规定颁布的规则。

(5) 被许可人根据第5.2.2节细则2第4款获得的新鲜水果和蔬菜许可证被发现是自动售卖除新鲜水果和蔬菜以外的食物,或被发现在监管区域出售,但被许可人有权根据其(特区)特定的许可证进行出售的除外。

2. 如申请人、持牌人、持证人,其高级职员、董事、股东、成员、经理或雇员未能付款,署长不得发放或续展食品供应商牌照或许可证,以在公众地方根据本节或其中颁布的任何规定适用的罚款、处罚或判决。

3. 如有正当理由,行政长官可以在发出通知前暂停根据本节发布的许可证,期限最长为10天。有关暂停的通知应送达持牌人或持证人。行政长官应

在暂停通知后 10 天内向被许可人或准许人提供听证机会,之后行政长官应立即决定是否继续进行此类暂停,并且此类暂停的时间长度或施加本分章或根据其颁布的任何规则授权的任何处罚或制裁。

4. 除非第 5.2.10 节另有规定,如果被许可人是自然人,或者是被许可人家属,则委员不得续签许可证;被许可人为有限责任公司,已经增加任何成员或者该有限责任公司已经解散或者被许可人是合伙企业,已经增加合伙人或者该合伙企业已经解散,则委员不得续签许可证。

5. 每名申请人、持牌人及持证人均须在收到传票送达通知书后的 3 个工作日内,以书面挂号邮件及要求回执的方式通知该部门,以处理与经营食物贩卖业务有关的违规行为,在申请牌照或许可证的日期之后发生的犯罪行为或在其续展或有效期内发生了的犯罪行为,该申请人、持牌人、持证人,其高级职员、董事、股东、成员、经理或雇员的许可证将被收回。

6. 任何人根据本小节签发的食品供应商许可证在两年内违反本小节规定以及根据其颁布的任何规则违反了三项或三项以上规定的,应当吊销其食品供应商许可证。

★立法经验点评:纽约市街头餐车也可以发展成巨型上市公司,以 Shake-Shack 快餐店为例,它可以说是纽约街头连锁餐饮行业中资本化的奇迹。2000 年的时候,Shake-Shack 仅仅是麦迪逊广场公园的街边小推车,由于其出众的口味、优质的食材,逐渐成为纽约招牌和网红汉堡店。2004 年开设了第一家门店,2010 年第一次在纽约之外开店,2015 年就完成了在纽交所上市。上市之后 Shake-Shack 的股价一路飙升,最高到了 93 美元,市值超过了 33 亿美元。本处立法已经考虑到街头餐车未来可能发展成大公司的可能性,因此在管理对象中出现了董事、股东、成员、管理人员等股份制公司的术语。

5.2.14 听证会

除非另有明确规定,否则在拒绝申请或暂停或吊销许可证时的通知和听证应符合纽约市卫生法规的适用条款。

5.2.15 豁免

1. 行政长官或董事会可以颁布豁免包括但不限于政府机构、慈善机构、教育机构、宗教机构或其他组织在内的任何非营利性组织的规定,以遵守本分章的任何规定。

2. 尽管本小节有其他规定,根据第 14 章规定的协议,一个人可以获得多于一个在公园和娱乐部门的管辖范围内的任何区域出售的全职或临时食品供应商许可证。该人可豁免本分章的任何规定,包括本分章限制可能向任何一个人发放的全职或临时食品供应商许可证的数量,并且向这些人颁发的全职或临时食品供应商许可证也应免于本小节的任何规定了可能发布的许可总数的限制。此类许可应受本守则或卫生守则规定的所有其他规定、限制和条件的约束。

5.2.16 执法

1. 公共卫生人员或其他授权官员或该部门的工作人员和警察应有权执行与食品供应商有关的所有法律、规定和条例。本条款决不应限制法律赋予纽约市任何官员或员工的任何其他权力。

2. 如果食品供应商在警方人员或其他授权人员或纽约市雇员的指示下未按照本章第5.2.11节细则11的规定移动他的车辆或手推车时,雇员可以规定将此类车辆或手推车移至任何车库或其他安全地点,合法拥有此类车辆或手推车的车主或其他人可能会在这种车辆或手推车被归还之前被要求支付合理的储存费用。

3. 本细则1指定的高级职员或雇员可以扣押以下任何车辆或手推车:(i)没有许可证;或(ii)用于在纽约市拥有的财产和由纽约市政府机构管辖的财产上经营,未经公园娱乐部门或小型企业服务部门(但不限于)行政长官的书面授权,或(iii)正在被无执照供应商使用,或(iv)在百老汇的东侧以东,自由街的南侧正在使用,或(v)销售未经许可证授权的食品,并可从该车辆或手推车上扣押出售或供出售的食物。该车辆、手推车或食品应按本节规定予以没收。如果没有开始没收程序,食品供应商可能会被要求在发放此类食品、车辆或手推车许可证之前支付合理拆除和存储费用。

4. 如果在任何时间禁止食品供应商的任何食品售卖业务,则根据守则及任何相关规则规定,食品供应商在百老汇东面以东地区进行食品售卖业务,南面位于自由街道南侧,西侧在西街的西侧以及北部的维赛街北侧,纽约市的任何获得授权的官员或雇员或纽约市警察局的成员被授权将食品供应商的食品、车辆或手推车到任何车库、汽车磅或其他安全地点,而拥有该等车辆或手推车或食品的合法拥有人或其他人可能会被收取合理的搬运和储存费用。

5. 本细则1所述的任何官员或员工向食品供应商发出的任何违规通知均可退回环境管理委员会,应说明违反通知相关的车辆或手推车的许可证号码。

5.2.17　没收

1. 依照司法通知和司法裁决没收全部财产。没收程序制度的通知应当符合民事执业法律法规的规定。

2. 被扣押财产的警察部门经司法认定没收后,应至少在 5 日内发布公告,将该没收财产向公众出售。扣除所产生的合法费用后,这笔销售所得款项净额应存入纽约市统筹基金。

5.2.18　检获易腐食品

根据本节所作的扣押应包括任何易腐食品,该食品可能变得不卫生、腐烂、分解,则该行政长官可以命令销毁或以其他方式处置。但是,如果销毁或其他处置的书面通知规定了财产的详细说明,其销毁或其他处置的理由,以及销毁或以其他方式处理的日期,则应在它被处理后 24 小时内邮寄给食品供应商,该通知副本须由部门备存一年。

★**立法经验点评:**缉获和销毁易腐食品,防止这类食物流入市场,在食品安全层面保护市民身体健康。此外,被扣留的食品若符合卫生要求,则通知食品救援组织回收,避免了食物的浪费,满足了急需食物人群的需求,这种处理办法值得借鉴,食品救援组织的存在解决了食物积压、冗余问题。

5.2.19　扣留食品通知

如果代理机构在健康和精神卫生部门的雇员或代理人在场时扣留食物,并确定此类食物符合纽约市卫生法规中的卫生要求,则该代理机构应在处理此类食品前,通知至少一个食品营救组织,该组织自费检索全部或部分此类食品。就本节而言,"食品营救组织"一词系指(i)取回、储存或分销以其他方式被丢弃的食品、捐赠的食品或捐赠的杂货产品,以及(ii)捐赠此类食品或此类杂货产品。

5.2.20　罚则

1. 任何人违反第5.2.2节细则1、2或3的规定,均应犯有轻罪,可处以不少于 150 美元或不超过 1 000 美元的罚款,或者不得超过三个月的监禁,或者两者兼施。

2. 除本细则1规定的情况外,违反本小节或本协议规定的任何规则或条款的任何人,均应构成下列法院可判处的犯罪行为:

（1）对于第一次违规行为，应处以不少于 25 美元或不超过 50 美元的罚款。

（2）对于第一次违规行为发生后两年内发生的同一违法行为的第二次违规行为，可处以 50 美元以上 100 美元以下的罚款。

（3）对于第一次违规行为发生后两年内发生的同一违法行为的第三次违规行为，除了规定的补救措施外，还应处以不少于 100 美元或不超过 250 美元的罚款。

（4）对于第一次违规行为发生后两年内发生的同一违法行为的任何后续违规行为，可处以不超过 500 美元的罚款。

3.（1）除本细则 1 规定的处罚外，任何违反本小节或者任何人协助他人违反细则 1、2 或 3 规定的人应承担在无牌经营的每一天不少于 150 美元不超过 1 000 美元的罚款。

（2）除细则 2 规定的处罚外，任何违反本小节条款的人，除了第 5.2.13 节的细则 1、2 或 3 以外，或任何规则和下文颁布的规定应承担民事处罚责任如下：

（a）对于第一次违规行为，处以不少于 25 美元不超过 50 美元的罚款。

（b）对于第一次违规行为之日起两年内发生的同一违法行为的第二次违规行为，处以不少于 50 美元不超过 100 美元的罚款。

（c）对于第一次违规行为之日起两年内发生的同一违法行为的第三次违规行为，除提供补救措施外，还将处以不少于 100 美元不超过 250 美元的罚款。

（d）对于在第一次违规行为之日起两年内发生的同一违法行为的任何后续违法行为，处以不超过 500 美元的罚款。

4. 根据细则 3 的规定获得授权的民事处罚的诉讼，应通过发出违法通知书的服务启动，该通知书应退还环境管理委员会或卫生委员会设立的行政法庭。环境管理委员会或卫生行政审判庭有权处以本条细则 3 规定的民事处罚。

★立法经验点评：目前，纽约市的大部分罚款实行阶梯制，首次违规罚款 50 美元，如果出现多次违规，会递增至 100 美元、250 美元、750 美元乃至 1 000 美元。2013 年，纽约将一些较轻微的违规行为最高罚金降低至 500 美元。此外，对于无照摆摊等违规行为则实行单一制，统一收取 1 000 美元的罚款。需要指出的是，除了罚金，无照商贩还有可能被拘捕和没收货物。

5.2.21 未出示许可证推定证据

1. 在任何民事或刑事诉讼程序中，根据本章规定被要求获得许可证的食品供应商未向任何警务人员展示食品供应商执照，公共卫生保健部门或其他授权官员或其他纽约市机构的雇员应成为这种食品供应商未获正式许可的推定性证据。

2. 在任何民事或刑事诉讼程序中,根据本章规定需要许可的车辆或手推车未贴有许可证牌照的,应当是推定性证据,证明车辆或手推车是不适当的。

5.2.22 关于供应商许可证展期、暂停和撤销

自 2013 年 6 月 1 日起,其后每 12 个月,部门应就食品供应商执照和手推车或车辆许可证向市议会发布年度报告。每份报告应包括报告发布前 12 个月的以下信息:

(1)拒绝食品供应商许可证续展的数量以及每项此类拒绝的依据,包括但不限于未履行或多次违反纽约市行政法典颁发、续展、暂停和撤销牌照和许可证的规定;

(2)拒绝食品贩卖手推车或车辆许可证续展的次数及每次此类拒绝的依据,包括但不限于未完成或多次违反纽约市行政法典颁发、续展、暂停和撤销牌照和许可证的规定;

(3)根据纽约市行政法典颁发、续展、暂停和撤销牌照和许可证规定的食品贩卖手推车或车辆许可证暂停的数量以及每次暂停使用的依据;

(4)根据纽约市行政法典颁发、续展、暂停和撤销牌照和许可证的规定,撤销食品供应商许可证次数以及每次撤销依据;

(5)根据纽约市行政法典颁发、续展、暂停和撤销牌照和许可证规定的食品贩卖手推车或车辆许可证撤销次数以及每次撤销的依据。

5.2.23 卫生检验分级

政府主管部门应建立和实施一个系统,对每辆自动售货车或手推车的检查结果进行分级和分类,并使用信函来识别和表示自动售货车或手推车符合法律规定的程度,要求这种自动售货车和手推车维护卫生保护公众健康。在可行的情况下,应按照卫生法为食品服务机构制定的信用评分计划的实施方式执行该系统。

★立法经验点评:获得许可、执照,选择好地点后也并非高枕无忧,健康与心理卫生局、消费者事务局、警察局等部门都会在各自的职权内对商贩进行监督和检查。如果违反了相关行政法规(包括摆摊时间地点、工具摆放、是否持有许可证和执照等)或卫生法规(包括食品商贩的卫生健康条件等),环境管理委员会就会向摊贩开出罚单。违反行政法规的行为由警察局负责执法,违反卫生法规的行为由警察局和健康与心理卫生局共同执法。

5.3　危险狗管理和保护

5.3.1　定义

1. "所有人"是指拥有、窝藏、保持、有兴趣、控制或监护一只狗的任何人。

2. "危险的狗"的意思是：

（1）任何狗无端、无理地以危险或恐怖的方式接近或威胁任何人，或以明显的攻击姿态在街道、人行道或公共场所或地方接近或威胁；或

（2）任何具有已知倾向的狗在无端情况下发起攻击，造成伤害或以其他方式危害人类或家畜的安全；或

（3）任何咬伤、造成伤害、袭击或以其他方式攻击人类或家畜而不挑衅公共或私人财产；或

（4）主要或部分是为了打斗而拥有或藏匿的狗，或受过斗狗训练的狗。

5.3.2　禁止收购危险狗

1. 任何人不得以斗狗为目的，拥有或窝藏任何狗，亦不得训练、折磨、戏耍、引诱或使用任何狗，鼓励该狗在没有被激怒时攻击人类或家畜。

2. 任何人不得在纽约市内出售、提供、培育、购买或试图购买任何危险狗。

5.3.3　人道杀伤

行政长官可以命令对任何杀死人或对人造成严重伤害的狗进行人道杀伤。

★**立法经验点评**：此条法律意在通过对危险狗只的管理和控制，保护公民的人身安全和私人财产不受伤害和损失。纽约市家庭养犬的数量越来越多，由此产生的伤人问题、扰民问题、卫生问题，特别是疫病防治问题越来越突出，已经成为公众舆论和市民投诉的热点，因此，禁止危险狗的活动，禁止饲养、训练、引诱、出售斗犬，加强养犬管理，规范养犬行为，比如出门遛狗拴绳、给狗戴嘴罩、清理狗的粪便等，对养犬人不规范的、有伤人隐患的行为进行约束和处理，是保障公民健康和人身安全，维护社会公共秩序和公共卫生安全的重要举措。

5.3.4　行为原谅

如果这种狗造成的威胁、伤害或损害，是由当时在该狗拥有人居住的处所被故意侵入或其他侵权行为，或正在折磨、虐待或袭击该狗，或在过去曾被观察

或报告曾遭受折磨、虐待或殴打的人所造成的,或正在犯罪或企图犯罪则不得根据本法宣布该狗属于危险狗。如果任何狗对疼痛或伤害作出反应,或者是在保护自己、它的犬舍或它的后代,那么它也不会被宣布为危险。如果擅自侵入事件被确定为无害,行政长官可根据具体情况并按照本法中规定的程序确定该狗有危险。

★**立法经验点评:**在管理危险狗、保护人们健康安全的同时,此条法律兼顾了狗的正当权利。如果狗伤人的前提是自身受到虐待或出于自保,则该狗应被认定是无害的。这种做法给予狗主人辩护的机会,尊重了狗的生命权,相比简单粗暴的"一刀切"办法,行为原谅的条例充分考虑到狗和其主人的合法利益。

5.4　文身管理法案

5.4.1　许可证申请程序和要求

1. 任何打算从事文身工作的人应以规定的形式和方式向行政长官申请文身许可证。此类申请应包含委员认为合理和必要的信息,以确定向申请人授予许可的资格。

2. 任何年满18岁的人都可以向专员申请文身从业许可证。如果某人在申请执照前一年内曾因违反纽约州刑法第260.21条的规定为未成年人进行刑事文身而被定罪,则不得向该人颁发执照。

3. 每位申请文身许可证的人应按照行政长官颁布的关于文身相关健康问题的规定进行考试,包括但不限于感染控制、联邦疾病控制中心推荐的通用预防措施的使用控制和预防以及适当的垃圾处理方法。这种审查费用应根据行政长官颁布的规则确定。申请文身许可证必须伴随有令人满意的通过此类考试的证据。行政长官应发布信息刊物,申请人可以使用文身许可证准备参加此类考试。

4. 文身许可证2年度费用为100美元。

★**立法经验点评:**此条法律对纽约市文身师资格提出了严格的要求,并不是掌握文身技能的任何人就有资格为他人文身,必须通过文身健康考试,申请文身许可证并支付许可证费用,才拥有从事文身工作的合法权利。这种对文身师个人专业能力和相关知识方面的考察,间接保障了顾客的身体安全和健康。"持证上岗"是美国就业者的一个鲜明特点,文身师也不例外,而在我国,职业技能证书并没有广泛应用到大部分服务业职业中,流动性大、随意入岗、无证经营屡见不鲜,需要通过立法方式规范统一管理,促进专业化工作的普及。

5.4.2　卫生条件和设施

1. 每个文身店、店铺、场所或一个或多个文身师从事文身练习的场所,应始终保持清洁和卫生,并应有适当的通风和照明。包括但不限于垃圾容器、冷却设施、热水、用于顾客和文身师的卫生皂和毛巾以及由行政长官颁布的规则所要求的其他卫生条件。

2. 行政长官应颁布有关文身师洗手、穿戴乳胶手套以及穿着其他防护服装的规定。

3. 专员应颁布有关文身设备的适当消毒、针头的适当消毒和处理以及文身程序的规则,包括但不限于准备好要文身的皮肤以及文身师和顾客在文身后对皮肤的处理。

4. 行政长官应颁布针对具有皮肤损伤或由行政长官确定的其他条件的人文身的规则。

5. 不得为 18 岁以下的人提供文身服务。

6. 文身程序完成后,每位文身师应向其客户提供书面说明,指导如何正确护理文身皮肤。

7. 每位文身师应保存顾客的姓名、地址和年龄以及文身的日期和委员会所要求的任何其他信息的记录,并应向委员会报告行政长官确定的任何信息。

★**立法经验点评**:此条法律规定文身场所、设备、程序应保持清洁卫生,这是必要的,因为如果文身环境和器材消毒不严,容易引起细菌感染,也易引起经血传染病如乙肝、艾滋病等严重疾病,为保护文身者的生命健康和合法权益,对文身行业资质、传染病防治及人身损害立法规范,是应该重视的。此外,文身师完成文身后,还要分别向客户和委员会提供皮肤护理指导和有关顾客文身的所有信息。这意味着顾客文身的事前、事中、事后法律保护是比较完善的。

5.5　无 烟 空 气 法

5.5.1　简称

本章可引用为"无烟空气法案"。

5.5.2　定义

如本章所用,下列术语应定义如下:

1. **"礼堂"**是指观众所在的建筑物部分,包括与之相邻的任何走廊、通道或大厅。

2. **"酒吧"**是指营业机构或非营利实体的任何部分,专门用于出售和供应酒精饮料供公众、顾客或处所内的成员消费。就本章而言,"酒吧"一词包括:(i)餐厅酒吧;(ii)位于酒店或汽车旅馆内的任何区域,该区域专门销售和供应酒精饮料供公众、客人、赞助人或处所内的成员消费并提供食物。就本分节而言(i)如食品服务产生的年销售总额少于40%,以及(ii)任何营业机构或任何分支机构,食品服务应视为与酒精饮料的销售或消费相关,致力于出售和供应酒精饮料给公众、顾客或场所中的成员,其销售额每年达到总销售额的40%以上。

3. **"商业机构"**是指为牟利而成立的任何独资、合伙、联营、合资企业、公司或其他实体,包括法律、医疗、牙科、工程、建筑、财务、咨询以及其他方面的专业公司和其他实体提供专业或消费者服务。

4. **"儿童日托中心"**是指(i)任何公立、私立或儿童保育中心,学龄儿童保育计划,托儿所,幼儿园,游戏学校或其他类似的学校或服务,(ii)任何儿童保育安排,(iii)任何提供《纽约州社会服务法》第400条规定的儿童保育服务的设施,以及(iv)《纽约州社会服务法》第399条所定义的任何儿童日托中心。这种定义适用于是否给予补偿以及是否位于私人住宅的儿童日托中心。

5. **"儿童日托中心"**是指(i)任何公立、私立或教会的儿童护理中心、学龄儿童护理计划、日间托儿所、幼儿园、游戏学校或其他类似的学校或服务,(ii)任何由城市许可的儿童护理安排,(iii)任何提供《纽约州社会服务法》第410条p定义的儿童护理服务的设施和(iv)《纽约州社会服务法》第390条定义的任何儿童日托中心。无论是否提供有偿照料,无论儿童日托中心是否位于私人住宅内,该定义都适用。

6. **"专员"**是指纽约市卫生和心理卫生部门的专员。

7. **"部门"**是指纽约市卫生和心理卫生部门。

8. **"雇员"**是指任何被雇主雇用来支付直接或间接货币工资或利润的人,或任何志愿向其雇主提供服务而无法获得货币补偿的人。

9. **"雇主"**是指雇用一名或多名人员的任何人员、合伙、协会、公司或非营利实体,包括纽约市法典所定义的纽约市政府机构,以及纽约市市议会。

10. 废除。

11. **"豪华轿车"**是指需要由出租车和豪华轿车委员会许可的租赁车辆,用于运载少于9名乘客,不包括从车库派出的司机,保持最低500 000美元/1 000 000美元的赔偿责任保险范围,并根据服务向乘客收取费用。

12. **"电影院"**指任何展示电影的公共大厅或房间,包括与之相邻的走廊或大厅。就此细则而言,"动态影像"是指在屏幕或其他设备上显示运动中的图片或物体或快速变化的景物,无论此类显示是否伴有演讲、朗诵或音乐。

13. **"非营利实体"**是指为慈善、教育、政治、社会或其他类似目的而创建的任何公司、非法人团体或其他协会或其他实体,其营业活动的净收益用于宣传物品或组织的目的,而不是获得私人财务收益。公共机构不是本细则含义中的"非营利实体"。

14. **"就业地点"**指在雇主控制下的任何室内区域或其中一部分,雇员通常在工作过程中经常出现并且通常不会被公众访问,包括但不限于私人办公室、工作区、员工休息室和休息室、会议室和教室、员工食堂、员工体育馆、礼堂、图书馆、储藏室、档案室、邮件室、员工医疗设施,包含影印或其他办公设备的区域、电梯、楼梯和走廊共用的设备。私人住宅不是本细则含义范围内的"就业地点",除了雇员在这样的儿童日托中心或医疗保健设施区域以及私人住宅区域中工作时间内,在私人住宅中设有儿童日间护理中心或医疗保健设施的区域,这些区域构成多个公共区域住宅是本细则意义上的"就业地点"。

15. **"游乐场"**是指儿童玩耍时向公众开放的室外区域,其中包含滑板、秋千、丛林健身房、沙箱或跷跷板等游乐设备或指定为游乐设施的游乐区。

16. 废除。

17. **"公共场所"**指雇员以外的个人受邀或获准参与的任何地区,包括但不限于银行、教育设施、医疗保健设施、儿童日托中心、儿童机构、商场;拥有、占用或经营的纽约市或其代理机构财产、公共交通设施、接待区、餐厅、餐饮厅、零售店、剧院、运动场和休闲区以及等候室。私人住宅不是这里意义上的"公共场所",除了在营业期间经营儿童日托中心或医疗保健设施的私人住宅区和构成多重住宅共同区域的私人住宅区是"公共场所"。

18. **"住宅医疗保健设施"**是指(i)除了提供住宿和膳宿服务之外,还向病患、残疾人或康复病人提供护理或其他护理的设施,(ii)在医生的指导下为个人提供积极治疗的精神病住院设施,以及(iii)提供健康相关服务的住宅设施。

19. **"餐厅"**是指任何咖啡店、自助餐厅、午餐厅、三明治摊位、小餐馆、短期咖啡馆、快餐店、汽水店以及任何其他饮食场所(酒吧除外),包括位于酒店内的餐厅或汽车旅馆或任何组织、俱乐部、寄宿公寓或招待所的一部分,向公众、客人、会员或顾客提供食品或饮料以供销售,无论食品或饮料通常是在场所内还是在场所外消费,但不包括一个企业,其唯一目的是为共同雇主的雇员或共同教育机构的学生提供食品或饮料。

20. **"餐厅酒吧"**系指(i)在餐厅,(ii)包含柜台和(iii)主要用于出售和供应酒精饮料以及食物供顾客在酒店内消费的连续区域,如果有的话,只是附带在这种餐厅酒吧出售或消费酒精饮料。

21. **"零售商店"**是指在正常经营过程中直接向公众出售或出租商品的任何地方。

22. **"零售烟草商店"**是指主要销售任何烟草产品的零售商店,包括但不限于香烟、雪茄、烟斗烟和嚼烟以及配件,其中仅销售其他产品。如果销售量少于全年销售总额的 50%,则销售其他产品应视为附带。

23. 废除。

24. **"独立吸烟室"**符合本细则中规定的附加规范;明确指定为不提供服务的独立吸烟室。这样的房间可能包含家具。此类房间不得含有进入洗手间或任何其他无烟区域的唯一入口和出口,并且不得构成场所唯一的室内候车区。这种房间内的任何门应自动关闭,除非允许进出该房间。这种房间不得超过场地总面积的 25%,包括禁烟休息室,不得超过 350 平方英尺。在根据该细则计算处所的平方英尺时,所有处所,包括家具或任何柜台,包括公共用餐区、饮料服务区、独立吸烟室和休息室;但是,如果服务区域(包括任何柜台后面的区域)和普通公众通常无法进入的其他区域(例如储藏室、厨房、办公室和衣帽间),洗手间、电话区和等候区(除了等待不包括位于任何休息室的区域)。任何员工都不得进入此类房间进行任何商业交易,包括但不限于食品、饮料或任何其他产品的销售或服务,但是,在员工进入房间之前 15 分钟内禁止吸烟并且没有顾客在场的情况下,雇员应被允许进入这样的房间提供清洁服务。这样的房间应该有一个通风系统,其中通风率至少为每个乘客每分钟 60 立方英尺,基于每百英尺地板空间 7 个人的最大占用率,并且负空气压力的速率应当通过卫生和精神卫生部批准的设备测量,相对于不允许吸烟的相邻房间内的气压,水压差至少为三分之一英寸水柱。这种通风系统应将空气从独立的吸烟室排出,距离可操作窗口至少 25 英尺。

25. **"等候区服务"**是指排队、等候或其他形式的人员,无论是坐着还是站着,一个或多个人在等待任何形式的服务,不论这种服务是否涉及交换对价。

26. **"吸烟"**是指吸入、呼出、燃烧或携带任何点燃的雪茄、香烟、烟斗或任何形式的含有烟草的照明物体或装置。

27. **"体育场馆和娱乐场所"**是指任何体育馆、体育场、赛马场、拳击场、滚筒溜冰场、溜冰场、台球厅、保龄球场等公共场合人员参加体育锻炼的其他类似场所,参加在运动或娱乐比赛或活动或见证体育、文化、娱乐或类似活动。包含游泳池和玩宾果游戏区域的运动场、健身房、健身俱乐部、封闭区域不属于本细则含义范围内的"运动场和休闲区"。

28. **"烟草业务"**指独资经营、公司、合伙企业或其他企业,其主要活动是批发销售或制造烟草、烟草制品和配件,其中销售或生产其他产品仅仅是附带性的,在该场所内吸烟对该实体对于此类烟草或烟草制品的测试或产品开发至关重要。

29. **"动物园"**是指为了观看动物而向公众开放的任何室内区域。水族馆是这个分区意义上的"动物园"。

30. **"日间治疗计划"**是指(i)由国家卫生部门或酗酒和药物滥用服务办公室、国家卫生部门内的精神卫生办公室或智力迟钝和发育障碍办公室授权的设施提供精神卫生治疗,帮助患者康复或恢复,需要患者参与的结构化环境,每天不少于 3 小时;或(ii)经纽约州卫生局授权根据《纽约州法规》第 10 条第 80.135 节规定进行的项目。

31. **"健康相关服务"**是指提供住宿、身体护理设施服务,包括但不限于记录卫生信息、膳食监督和受监督的卫生服务。

32. **"会员"**是指为了本细则的目的,(i)满足会员协会会员资格的要求,并且(ii)接受该会员协会邀请成为会员。

33. **"会员协会"**是指为慈善、教育、政治、社会或其他类似目的的创建或组织的非营利实体,并且已按照规则在卫生和心理卫生部门注册的实体。在确定这种实体是否为"会员协会"时,卫生和精神卫生部门应考虑但不限于以下因素:

(1) 是否有附例或类似的管理制度,是否明文规定成员;

(2) 是否制定了永久性的和可识别的成员资格选择标准,其目的是根据与其慈善、教育、政治、社会或其他类似目的相关的基础筛选潜在成员;

(3) 是否进行选举以选择其管理结构或机构;

(4) 它所在的处所是否由其成员资格控制;

(5) 是否仅为其成员的利益和快乐而经营;

(6) 是否明确承认会员,例如发送会员卡或将其列入其名册。这种注册应保持有效期为两年,并可根据本分部和本部门规则中描述的因素予以更新。

34. **"所有者经营的酒吧"**是指一个酒吧,其中所有关于准备食物和饮料、清洁、洗碗和架子眼镜、服务、维持库存、放置货架和为这种酒吧提供安全保障的所有责任,只能由本节所定义的酒吧主要拥有者承担,并且根据该部门的规定在卫生和精神卫生部门进行注册;但是,如果主要业主以外的人员在酒吧不向公众、客人、会员或顾客开放时,可以执行清洁功能。

35.**"主要所有人"**是指持有酒吧所有权25%或以上的个人,并且是该酒吧的国家酒类执照持有人,或持有合伙企业所有权25%或以上的个人、合资企业、法人或有限责任公司,这是酒吧的所有者,以及该酒吧的国家酒类执照持有人;但是,经营酒吧的主要业主不得超过三个。

36.**"烟草产品"**是指含有烟草的任何物质,包括但不限于香烟、雪茄、烟斗烟草和嚼烟。

37.**"烟草酒吧"**是指截至2001年12月31日,从现场销售烟草产品和现场保湿盒的租金中获得的年总收入的10%或更多,自动售货机的任何销售不包括在内,并按照该机构的规定向卫生和心理卫生部门注册。该登记应保持有效期为一年,并且只有在以下情况下才可以续期:(i)在前一个日历年,从现场销售烟草产品和现场保湿盒的租金中获得的年总收入的10%或更多;及(ii)截至2001年12月31日,烟杆未扩大其规格或改变其位置。

38.**"负压"**是指从室内排出到室外的空气体积比供给室内的空气体积大。

39.**"通风率"**是指空气进入房间的速度。

40.**"医院"**是指按照《公共卫生法》第751.1条定义的诊断中心和治疗中心和第288条中定义的综合医院。

41.**"医院场地"**是指医院法定界限内的室外场地。

42.**"公园或娱乐部门管辖的公园或其他财产"**指公园、海滩、水域、水下、游泳池、木栈道、游艇码头、游乐场、娱乐中心以及所有其他财产、设备、建筑物和设施现在或此后在公园和娱乐部门的管辖范围内,负责或控制。

43.**"行人广场"**是指交通运输部门指定的一个区域,用作位于道路平台内的广场,该广场可能包含供行人使用的长椅、桌子或其他设施。

44.**"电子烟"**是指加热液体、凝胶、药草或其他物质并释放蒸气以吸入的电池供电装置。电子烟应包括任何笔芯、墨盒和电子烟的其他部件。

45.**"零售电子香烟店"**是指主要销售电子香烟的零售店,其中销售其他产品仅仅是附带的。如果销售量少于全年销售总额的50%,则销售其他产品应视为附带。

46.**"无烟烟草"**是指除吸烟以外用于任何口腔或鼻腔用途的烟草制品。无烟烟草的例子包括但不限于鼻烟、咀嚼烟草、浸渍烟草、可溶性烟草产品和鼻烟。

★**立法经验点评**:此处的定义非常详尽地列举了禁烟场所,以及禁烟法律相关的关键和前卫概念,比如电子烟、无烟烟草,为执行无烟法案提供了强大的执法基础。

5.5.3 禁止吸烟和使用电子香烟

1. 禁止在公共场所内的所有封闭区域吸烟和使用电子烟,但按照以下规定另行规定的除外。这些公共场所包括但不限于以下:

(1) 公共交通设施,包括但不限于公共交通站的票务、登机区和等候区。

(2) 公共交通工具,包括但不限于地铁车厢和地铁车站的所有地下区域、公共汽车、货车、出租车和所有租赁车辆,豪华轿车需要获得纽约市许可或特许。

(3) 公共卫生间。

(4) 零售店(零售烟草店除外)。

(5) 餐厅。

(6) 商业机构(零售烟店除外),包括但不限于银行和其他金融机构、餐厅、开展贸易或职业活动的办公室或提供专业或消费者服务的办事处,以及包括宗教机构在内的非营利实体;但是,本款不适用于协会成员。

(7) 图书馆、博物馆和画廊。

(8) 电影院、音乐厅或建筑物的主要用途或设计用于展示电影或进行表演的建筑物或场地或房间,包括但不限于舞台、音乐会、舞蹈、讲座或其他类似活动,除了吸烟和使用电子香烟可能是戏剧作品表演的一部分。

(9) 礼堂。

(10) 会议厅。

(11) 体育场和娱乐场所。

(12) 体育馆、健身俱乐部和封闭区域,内设游泳池。

(13) 在向公众开放的会议期间,为了教育、宗教、娱乐或政治目的进行会议或公开会议,但不包括在私人住宅举行的会议,其中一个儿童日托中心或医疗保健设施在操作时间内或在一个构成多住宅共同区域的区域内运行。

(14) 医疗保健设施,包括但不限于医院、诊所、精神病设施、住宅医疗保健设施、理疗设施、疗养院和养老院;但是,本款不得禁止患者在设有日间治疗方案的住宅医疗保健设施或单独封闭房间内吸烟或使用电子香烟,这些设施被指定为患者吸烟室,根据《纽约市消防法规》第310.2条,消防专员应事先获得书面批准。

(15) 除公立及私立学前、小学及中学外,为12年级或以下学生提供指导的所有学校,包括但不限于社区学院、技术培训机构、专科学校、大专院校大学。

(16) 儿童机构。

(17) 动物园。

（18）电梯。

（19）玩宾果游戏的公共区域。

（20）酒吧；除非允许吸烟。

（21）烟草业务，除了在烟草业务指定的烟草业务范围内允许吸烟以测试或开发烟草或烟草制品；但是，这些区域必须全部位于该业务所在建筑物的不超过两层上。

（22）会员协会；在会员协会中允许吸烟的情况，其中包括但不限于食品和饮料的准备、食品和饮料的服务、接待和服务的所有职责秘书工作以及会员协会的安全服务由该协会的会员履行，但会员协会或任何其他实体不承担任何形式的报酬。

2. 在公众被邀请或被允许的时间内，无论是在室内还是在室外的任何服务线、等候区或其一，禁止吸烟和使用电子烟，尽管服务线、等候区或其一部分，按照本细则 1 规定，在另外指定用于吸烟的区域内，或使用电子烟；但是，该细则不应被解释为禁止在根据第 5.5.5 节允许吸烟或使用电子烟的区域吸烟或使用电子烟。

3. 禁止在公共场所的下列户外地区吸烟和使用电子烟，但按照以下规定另有规定的除外：

（1）没有屋顶或其他天花板外壳的餐厅的户外用餐区；但是，要求这样的区域：(i)不超过户外座位的 25％，可以允许在指定用于吸烟的室外区域吸烟或使用电子香烟；(ii)离该指定吸烟或不使用电子烟的餐厅的室外区域至少有三英尺；(iii)明确指定书面标牌作为吸烟区或使用电子香烟的区域。

（2）通过发布以下内容指定户外座位或可视区域：露天电影演示或露天音乐会、舞台、舞蹈、演讲或演奏会演示或演出或其他类似露天演示或表演。

（3）户外座位或运动场和休闲区的观看区域，当座位或站立室通过发放门票分配时。

（4）所有儿童机构的户外区域。

（5）游乐场。

（6）医院场地，距离任何医院入口或出口 15 英尺内。

（7）步行广场。

4. 禁止在任何时间在以下公共场所的所有室内和室外区域吸烟和使用电子香烟：

（1）所有公立及私立学校前，小学及中学为 12 年级或以下的学生提供指导，以及任何由这些学校拥有、经营或租用的车辆，用于运送这些学生。

（2）所有儿童日托中心；但如果是在私人住宅内经营的儿童日托中心，本款仅适用于在营业中的儿童日托中心的那部分私人住宅区域。

（3）公园和娱乐部门管辖的任何公园或其他财产；但是，本款不适用于：(a)紧邻公园、广场和公共场所的人行道；(b)通过与车辆交通相邻的公园地带、中间地带或商场的任何行人路线；(c)停车场；和(d)戏剧作品。

★立法经验点评：电子香烟是新型烟草制品，在国内的禁烟地方立法中缺乏相关法律监管，但纽约市立法部门迅速将其列入了与传统烟草相同的禁止列表，也体现出纽约市对于禁止在公共场所吸烟的严格态度。

5.5.4　在就业场所吸烟和使用电子烟

1. 在一般公众不能进入的工作场所的室内区域禁止吸烟和使用电子烟。

2. 废除。

3. 被一个以上的人占用的公司车辆禁止吸烟和使用电子烟。纽约市拥有的所有车辆禁止吸烟和使用电子烟。

4. 任何雇主均不得就雇员吸烟和使用电子烟行使任何报复性的不利人事行为，或试图行使其在本章下有关雇用地点的权利。这种不利的人事行为包括但不限于解雇、降级、中止、纪律处分、负面绩效评估、降低薪酬或其他福利、未聘用、未被任命、未能晋升，或转岗、导致员工流失的任何行为。雇主应制定程序，规定对员工采取的任何此类不利行为进行充分补救。

5. 到1995年11月1日，凡符合本章规定的雇主应采用、实施、公布、保持和更新以反映任何变化的电子烟使用政策，其中至少应包含以下要求：

（1）但依照本章规定颁布的任何规定，以及对使用电子烟的限制和说明。

（2）如本细则4所述，①保护所有雇员或就业申请人行使或企图行使根据该细则授予的任何禁烟权利不遭受报复；②制定程序、规定对雇员采取的任何此类不利行为进行充分补救，以报复该雇员试图根据本章就就业地点行使其权利的行为。

6. 雇主应在工作场所中突出公布吸烟和电子烟使用政策，并应在其通过和任何修改后的三周内向所有员工和新雇员宣传政策。

7. 雇主应要求向任何员工或未来的员工提供吸烟和电子烟使用政策的书面副本。

8. 应要求，向建筑部门、消费者事务部门、环境保护部门、消防部门和卫生部门提供吸烟和电子烟使用政策的复印件。

9. 本部分中的任何内容均不得被解释为损害、减少或以其他方式影响雇员在 1995 年 2 月 1 日以前就雇主吸烟政策或企业发生的争议提供的任何集体讨价还价的程序或补救措施,对于雇主为了报复该雇员试图根据本章行使其在就业地点方面的权利而采取的任何不利人事行动的程序。任何此类集体议价程序或补救措施到期后,本节的规定即生效。

5.5.5 不受本章管制的吸烟和电子烟区域

下列区域不受本章的吸烟和电子烟限制;但在其他法律或规则禁止或限制吸烟和使用电子烟的地方,本节中的任何内容不得被解释为允许吸烟或使用电子烟:

1. 废除。

2. 私人住宅,不包括任何儿童日托中心或医疗保健设施经营的私人住宅区域(i)在运营期间或(ii)时间设施区域;但是,规定多住宅的共同区域应受到吸烟和电子烟使用限制。

3. 可供客人入住和已被占用的酒店客房和汽车旅馆客房。

4. 私家车。

5. 零售烟草商店。

6. 在餐厅、酒吧、餐饮厅、会议厅、酒店和汽车旅馆会议室以及其他类似的设施中,在这些封闭的区域或房间被专门用于邀请公众,其主要目的是促进和抽样烟草制品或电子烟,以及食品和饮料的服务是附带的,只要这种功能的操作者应以健康和精神卫生部门的形式向该部门提供令人满意的形式通知,至少在这样的功能开始两周之前,通知已经确定了这种功能应该发生的日期。在任何日历年内,这种设施都不允许在此细则下吸烟或使用电子烟连续超过 5 天以上。

7. 零售电子烟商店;但是这样的商店只允许使用电子卷烟。

★**立法经验点评**:除了列明禁止吸烟场所之外,禁烟法律还列明了允许吸烟的场所,非常详尽地列举了各种情景。在我国相关禁烟立法中,对于哪些场所允许吸烟,并未作出明确的规定。

5.5.6 张贴禁止标志

1. 除专员颁布的规定另有规定外,"吸烟"或"禁止吸烟"标志或表示相同意义的国际标志,"允许使用电子烟"或"禁止使用电子烟"标志,"不允许使用烟草制品","禁止使用烟草制品"或符合本章规定所必需的任何其他标志(如适用)应在使用电子烟或使用无烟烟草禁止吸烟、禁烟的情况下或由本章规定的所有者、经营者、经理或其他控制该地区的人员进行管理张贴。

2. 除了本细则 1 规定的标志张贴之外,展示电影给公众的剧院所有者、管理者或运营者应在每部电影展示前至少 5 秒钟在屏幕上显示信息,信息表明在场所内禁止吸烟和使用电子香烟。

3. 酒店或汽车旅馆的所有者、经营者或管理人选择为客人租用的房间开发和实施吸烟和电子烟使用政策时,应在酒店的接待区发布通知,要求酒店根据要求提供无烟和无电子烟客房。

4. 除(i)出售的烟灰缸或(ii)紧邻酒店和汽车旅馆电梯的公共入口的烟灰缸外,禁止在本章涵盖的所有禁烟区使用烟灰缸,前提是从这种烟灰缸发出的二手烟雾通常不会启动烟雾探测器,并且进一步规定,本细则 1 和专员颁布的任何规则中规定的"禁止吸烟"标志应立即贴在此烟灰缸处。

5.5.7　A 类多户住宅所有人有义务采用和公布吸烟政策

1. 通过吸烟政策。

(1) A 类多户住宅所有人应采用吸烟政策。

(2) 吸烟政策应针对 A 类住宅的所有室内场所,包括公共区域和住宅单元以及场所的所有室外区域,包括普通庭院、屋顶、阳台和露台以及与住宅相连的任何室外区域单位。

(3) 吸烟政策适用于租户,包括租户的被邀请人以及场所内的任何其他人。

(4) 在通过此类吸烟政策时租赁有效期内,吸烟政策或其中的任何重大变更,转租或其他租赁协议租用或租赁住宅单元的租户对任何重大变更均需遵守,除非在租赁、分租或其他租赁协议中另有规定。

(5) 吸烟政策或其任何重大变更对于任何租户在采用本节规定的初始吸烟政策之前。

2. 公布吸烟政策。

(1) 在通过吸烟政策后,A 类住宅的所有人应向所有租户提供建筑物吸烟政策的副本,或在该住宅内的显眼地点张贴建筑物吸烟政策的副本。

(2) 除本细则第 3 款规定的情况外,A 类多户住宅的业主应将该建筑的吸烟政策纳入租用或租用该建筑内住宅单元的协议中。

(3) 在共管公寓或合作公寓公司中,合作公寓单位的所有者或租户股东应将该建筑的吸烟政策纳入租赁或购买住宅单元或合作公寓公司股份的任何协议中。

(4) 在共管公寓中,管理者委员会应将建筑物的吸烟政策纳入公寓细则或规则中。

(5) 在合作公寓公司中,董事会应将建筑物的吸烟政策纳入合作社公司的章程或规则中。

（6）出租或租赁住宅单元的租户应将建筑物的吸烟政策纳入任何租赁或出租住宅单元给分包商或转租商的协议中。

★**立法经验点评**：此条从法律上全面禁止在公共住房中吸烟，住宅所有人均应张贴禁烟告示，以使每位住户知晓，确保住户们不在公共住房建筑中吸烟。这项规定将每年为公共住房管理机构节省维护和预防火灾费用，其中包括与二手烟引起的疾病相关的医疗保健费用、允许吸烟的住房的翻修费用以及由吸烟引起火灾造成的损失。每位公民尤其是儿童都应生活在安全、健康的环境中，不再受二手烟的危害，禁烟规定是以住房为平台打造健康社区的表现之一，可以为所有的家庭创造更加健康的居所，对预防由吸烟引起的、常常造成巨大损失的火灾有着重要意义。

5.5.8　零售烟草商店和零售电子香烟商店注册

没有按照部门规定向部门登记的个人经营零售烟草商店或零售电子香烟商店是违法的。

5.5.9　零售烟草商店和零售电子香烟商店验证

建立零售烟草商店和零售电子香烟商店年销售总额审核制度。

★**立法经验点评**：将零售烟草商店正规化、专门化，取缔违法经营的烟草店，间接减少烟草的销售和流通。建立年销售总额审核制度，抑制了纽约市烟草的过多售卖，对控制人们吸烟有利。

5.6　处方药折扣卡

5.6.1　处方药打折计划

1. 为了向所有纽约市居民提供处方药，部门应制定处方药物折扣卡计划，该计划应提供给所有纽约市居民，不论其年龄、收入、移民状况或健康保险状况如何，折扣卡可用于在参与药房中以较低价格购买处方药。这种处方药折扣卡计划应使该计划内的每个用户能够以较低的价格从参与该计划的药房中购买获得折扣的处方药。处方药折扣卡计划允许用户以药物折扣卡计划提供的药物价格或药房的药品价格中较低的一种购买药物。根据本条发行的任何处方药折扣卡不得与同一交易的另一种处方药折扣卡一起使用。

2. 本章中的任何内容均不得解释为向部门以外的任何政府实体提供有关

根据本节制定的处方药折扣卡计划的用户的个人身份信息。该部门应对所有关于该程序用户身份的信息以及这些用户通过该程序购买的药物保密。该部门可能仅将这些信息用于进行流行病学和健康规划研究,并向用户提供正在服用的药物的一般信息,这些用户服用该药物的条件以及该部门或纽约市的其他服务与这种情况有关。

3. 处方药折扣卡计划的管理者不得向纽约市任何居民提供根据本节制定的处方药折扣卡,除非此类管理员确保从药物制造商收到的部分折扣款分发给这样的计划,包括药房参与该计划。

4. 任何合法持牌药房愿意遵守处方药折扣卡计划的条款和条件,都应被允许参加该计划。

★立法经验点评:保证所有市民能利用处方药折扣卡计划以较低的价格买到处方药,减轻患者药品负担,使市民享受到价优质廉、极具便利性的医药保健服务;对于保险不足的病人,处方药折扣卡计划更发挥出应有的价值,帮助病人节省更多的药费。这对我国的药价改革有着启示意义。

5.7 农 药 使 用

5.7.1 减少农药使用

1. 在增加本节规定的地方法律颁布后 6 个月内,任何纽约市机构或承包商均不得向纽约市拥有或租赁的任何财产申请任何被归类为第一类毒性农药,但美国环境保护机构在 2005 年 4 月 1 日以后将其列为第一类毒性农药的,除本章另有规定外,该机构或承办商在其被如此分类后 6 个月后,不得施用该除害剂。

2. 在增加本节规定的当地法律颁布后 12 个月内,任何纽约市政府机构或承包商均不得向纽约市拥有或租赁的任何财产申请任何被归类为人类致癌物的农药。

3. 自增加本节规定之后的当地法律生效 18 个月后,任何纽约市政府机构或承包商均不得向纽约市拥有或租赁的任何财产申请由加利福尼亚州环境健康危害评估办公室归类为发育毒素的农药。

4. 在 2007 年 2 月 1 日和此后的每年 2 月 1 日,该部门应向市议会提交一份报告,其中列出了被列为人类致癌物的农药列表,可能对人类致癌、已知/可能致癌物、可能的人类致癌物质或美国环境保护机构杀虫剂项目办公室提供可能存在的人类致癌物,以及加利福尼亚州环境健康危害评估办公室在 2005 年 4 月

1 日之后被列为发育毒素的杀虫剂清单。包括添加到这些分类中或从中删除的每种农药,纽约市政府机构或承包商是否以及在多大程度上使用这种农药。

★**立法经验点评**:此条法律旨在减少含有致癌物质和发育毒素农药的使用,要求在法律生效后的一段时间内,在政府范围及承包商范围内全面禁止此类农药的申请和流通,并列出这些农药的清单,帮助人们清楚地了解禁用农药的种类,以减少药害、保护生态环境和公民身体健康。为了保护市民的公共健康,减少社会医疗成本支出,通过立法明确从源头上控制可能有害大众健康安全的致癌农药和杀虫剂在城市范围内的使用是值得我国大型城市借鉴的重要经验。

5.7.2 政府机构间虫害管理委员会

1. 在制定本条当地法律生效后 3 个月,应组成一个政府机构间虫害管理委员会,由委员或指定人领导,其中应包括卫生、环境保护、全市公园和娱乐场所委员会,纽约市房屋管理局、纽约市教育局领导或其指定人员。该委员会应分享有关纽约市机构的有害生物控制策略和经验的信息,并每半年召开一次会议。

2. 截至 2007 年 1 月 1 日,政府机构间病虫害管理委员会应制定进一步减少市政机构使用农药的计划,包括实施病虫害综合管理的举措,优先采用物理、机械、文化、生物和教育手段来防止病虫害,预防控制有害生物感染,必要时应每年更新一次。该计划以及该计划的任何更新应在发布后 30 天内提交给市长和市议会发言人。

★**立法经验点评**:治理虫害必须协调多个部门联合治理,纽约市通过立法成立一个专门性的虫害管理委员会,为纽约市减少农业使用提出有用建议,预防为主、综合防治、推行健康栽培、生态控制、生物防治、物理防治等非化学防治措施;另外分享政府机构间有害生物控制策略和经验的信息,为科学预防、有效防控、精准施药提供信息支撑。

5.7.3 豁免

根据本章第 5.7.1 节规定的限制不适用于以下情况:

1. 其他合法使用的农药,目的是维护饮用水处理厂、污水处理厂、水库及相关收集、分配和处理设施的安全饮用水;

2. 抗微生物农药;

3. 施用于专业运动场、高尔夫球场或用于维持游泳池水质的杀虫剂;

4. 用于维持供热、通风和空调系统、冷却塔和其他工业冷却和加热系统杀虫剂;

5. 用于控制集装箱饵料中啮齿动物的杀虫剂,或直接放入啮齿动物洞穴或放置在儿童或宠物无法进入的区域；

6. 被美国环境保护机构分类为不需要联邦杀虫、杀真菌剂和灭鼠剂法规管制的农药种类，因此在打算使用时免除此种规定，并且仅以规定的方式使用；

7. 生物农药；和

8. 硼酸和四水合二钠、硅胶、硅藻土和非易失性昆虫诱饵在防篡改容器中。

★**立法经验点评**：用于特定目的且可控，对社会健康威胁小的农药使用，不受该法条的制约。考虑到城市中防治害虫存在一些必须使用上述农药的场合，制定了此条豁免法律，据实际情况明确列出允许使用的范围，并非一刀切式地全面禁止。该豁免条款的立法经验也值得我国城市立法者借鉴和学习。

5.7.4 通知

1. 任何市政府或承包商在纽约市拥有或租赁的财产上使用杀虫剂，应在任何此类申请之前至少 24 小时，按照行政长官规定的形式和方式，在该地点的公共访问处张贴通知，然而，出于公共卫生需要立即采取行动的应用，如存在蚊子幼虫的严重啮齿动物感染，或蚊子感染群体存在的情况下，应要求将此通知与该申请同时进行。该通知应包括但不限于：

（1）由于天气条件，在拟议日期禁止施用农药时，发布日期、拟定农药施用日期和拟议日期的两个备选日期；

（2）施用杀虫剂具体地址；

（3）有害生物控制和农药施用方法；

（4）农药的常用商品名称（如适用）；

（5）农药的美国环境保护署注册号码，农药中含有的活性成分以及如何获得关于所用产品的进一步知识的信息；

（6）负责申请使用农药的纽约市机构或承包商的姓名和电话号码。

2. 负责张贴本细则 1 所要求的通知的市代理或承包商不得在农药施用的截止时间后 3 天内或农药产品标签上要求的天数之间，移除该通知。

3. 根据本节制定的通知要求不适用于本章第 5.7.3 节中所列的农药。

★**立法经验点评**：此条法律是对政府和承包商如何使用杀虫剂的规定，包括使用农药的原因、日期、地址、方法、产品等信息和使用者信息，并将信息公之于众。科学规范农药施用，尊重市民对农药喷洒作业毒性、使用范围的知情权，可以减少农药对大众二次伤害的发生。该条款专门规定了农药使用结束 3 天内不可以移除该通知，确保在农药挥发和毒性减弱之前，公众清楚知道农药可能的残留区域信息，特别是避免儿童在不知情的情况下接触到农药。

5.8　托　幼　服　务

5.8.1　定义

1. "托幼服务"是根据《纽约市卫生法》第 47 条规定允许作为托幼服务的任何服务。

2. "托幼服务许可证"是指托管人签发托幼服务许可证的人。

3. "许可证"是指根据《纽约市公共卫生法》第 47 条授权行政长官许可的托幼服务证书。

4. "严重伤害"是指身体状况严重受损,包括但不限于以下情况:意识丧失;震荡;骨折;任何身体器官或器官功能的长期丧失或损害;需要大面积缝合的伤口;严重的毁容。

5. "儿童保育服务检查总结报告"是一份报告,其中至少包括以下信息:

(1) 幼儿服务的名称;

(2) 幼儿看护服务持证人的姓名;

(3) 托幼服务许可证号码和截止日期;

(4) 托幼服务的地址;

(5) 最近一次检查的日期;

(6) 托幼服务许可中指定的任何一次有权出席的最大儿童人数;

(7) 过去三年在该署进行视察时发现的任何违规行为;和

(8) 在过去 12 个月内,许可证是否已被下令暂停或撤销;过去三年,幼儿服务部门是否因其持续的行动对儿童的健康或安全构成威胁而被下令关闭。

6. "违规"是指由该部门发布的,其中指称托幼服务未能遵守适用的法律、规则或条例的规定。

★立法经验点评:此条法律规定针对儿童造成的"严重伤害"进行了详细和准确定义,为未来界定托幼服务中出现的虐童和失职行为监管和追责奠定了执法基础。并通过法律详细规定了儿童保育服务检查总结报告必须包含不低于 8 条的关键信息。

5.8.2　查看托幼服务检查报告

在每次检查托幼服务之后,部门应在其网站上发布一份简要的托幼服务检查报告,并应通过电话 311 提供托幼服务检查报告摘要。

5.8.3　现场发布信息

每个儿童看护服务机构都必须在其公共入口附近的显眼处张贴标志,说明最近的概要,托幼服务检查报告可通过该部门的网站或致电 311 进行查询。该标志的形式和内容须由部门提供或批准,并须以清晰易读的方式印刷,以使父母或其他进入托幼服务的人容易看到,该部门的网站应提供如何获得简易儿童的指示护理服务检查报告。

★**立法经验点评**:此条法律规定每个儿童看护机构必须张贴托幼服务检查报告,包括幼儿服务信息、违规行为、是否存在威胁儿童生命健康的行动等关键内容,促使托幼机构规范办学,保护儿童安全,阻止儿童受伤或受到虐待。通过立法强制要求儿童看护服务机构向社会披露运营关键信息情况。

5.8.4　拒绝许可

1. 申请新的或续展许可证的申请者都必须披露是否发生过儿童在申请人、业主、董事、雇员、志愿者或代理人照顾中的严重伤害事件或死亡情况。每个此类许可证申请人应进一步披露任何民事或刑事法院判决,认为申请人或其业主、董事、雇员、志愿者或代理人对儿童的严重伤害或死亡负责,或行政机构的决定认定或发现有可靠证据证明申请人或其业主、董事、雇员、志愿者或代理人对儿童的这种严重伤害或死亡负有责任,以及是否有任何涉及儿童严重受伤或死亡的法律诉讼正在等待确认申请人,或其业主、董事、雇员、志愿者或代理人应负责任。除非根据提交的申请和其他文件,包括根据本节提供的信息,并根据部门或纽约市调查(如果有的话)证明上述人员对儿童严重的伤害或死亡无关,否则该部门应拒绝颁发这种许可证。儿童死亡或一次以上的伤害事件导致申请人或被许可人照料的儿童受到严重伤害时,应在该部门提出的任何诉讼中推定为申请人或被许可人无法遵守上述守则或其他适用法律的规定,因此否决或撤销此类许可证。

2. 在法律允许的范围内,如果该部门收到书面通知,指出负责监督和指导托幼服务的人在任何时候因性犯罪、针对儿童的犯罪或涉及暴力的犯罪而受到重罪定罪或在过去五年内因与毒品有关罪行而被判重罪,则该部门应在符合宪法修正案第 23 条 A 款的情况下,拒绝申请办理该托幼服务的许可证。

★**立法经验点评**:此条从法律上保障了政府许可机构将那些曾经存在严重伤害儿童或者导致儿童死亡失信记录、性犯罪,针对儿童的犯罪或涉及暴力的犯罪,毒品犯罪记录的相关申请人排除在获得托儿所的经营许可权的群体之外,若儿童服务机构内发生儿童死亡或严重伤害事件,则该机构丧失服务资格。立法者意在通过制度化、机构化的监管,取缔不良机构,规范早教市场,保护儿童人身安全。将幼儿园内部视为治安管理的主要场所,出台相应的法律法规对早教机构及幼教人员加以管理,建立健全完备的资质审查程序。如何有效贯彻对儿童的利益保障,不仅是一个国家问题,更是一个国际性问题,幼儿园应当远离暴力与欺凌,儿童理应受到悉心的照料与呵护。近期针对我国学前托幼机构发生的虐童事件,归根到底,仍然是相关的儿童保护和监管法律不健全,纽约市的相关儿童托幼机构保护立法经验对于完善我国儿童托幼机构依法管理有着重要借鉴意义。

5.9　食　品　服　务

5.9.1　定义

"协商检查"是指对食品服务机构进行教育卫生检查。

1."食品服务机构"是指根据《纽约市公共卫生法》第 81.51 条细则 1 所设立的餐厅评分程序进行检查的任何机构。

2."食品服务机构检查员"是指部门雇用的任何个人根据《纽约市公共卫生法》第 81.51 条的细则 1 对其食品服务机构进行检查。

3."卫生检查"是指食品服务机构的有形设施、食品处理操作、设备、卫生条件、维护和工人卫生习惯的任何现场检查。该术语可能包括但不限于初始、复验、合规和预验证检查。

★立法经验点评:通过官方检查员对食品服务机构的卫生检查,保障食品安全,进而保障消费者的安全权利。这有利于防止和减少餐馆的不卫生行为,督促餐馆整顿卫生,创造干净、规范的食品处理环境。

5.9.2　食品服务机构检查行为规范

1. 检查行为守则应采用通俗易懂的书面文件形式。部门应将检查行为守则分发给所有食品服务机构及其检查员。食品服务检查员还应在初次检查开始前向食品服务机构所有者或经营者分发检查行为守则。部门应以简要的语言在部门网站上提供检查行为守则。

2. 行为守则应包括但不限于以下要求:

(1) 食品服务机构检查员应以专业和礼貌的方式行事;

(2) 食品服务机构检查员在到达食品服务机构进行卫生检查时,应立即向

食品服务机构的工作人员表明自己的身份,并注意检查的类型,合理地干扰顾客的用餐体验;

(3) 在进行检查时,食品服务机构检查员在检查时应尽可能不显眼;

(4) 在检查过程中,食品服务机构检查员应归还其原始位置的任何设备,并重新组装他拆卸的任何设备;

(5) 食品服务机构检查员应对所有相关的卫生法规和任何其他适用的法律和法规有充分的了解。

(6) 食品服务机构检查员应与食品服务机构所有者或经营者进行有意义的沟通,必要时利用语言协助服务;

(7) 食品服务机构检查员应回答有关检查的合理问题;

(8) 食品服务机构检查员应当公正地执行代理规则;

(9) 食品服务机构检查员发现违规行为时,应向食品服务企业所有者或经营者解释如何纠正此类违规行为。

★立法经验点评:就食品服务机构检查员如何行事作出了明确具体的规定,是检查员在日常工作中应遵循的基本原则,照章办事,统一管理。从行为守则可以看出,检查员需具备相关的法律法规知识,在检查过程中遵从专业、公平、礼貌、合理、规范的行为方式,进行沟通、回答问题、纠正错误等,这种以完善服务为目的,专业公正的检查流程不易引起食品服务机构的反感和抵触情绪,有助于食品设施检测工作的顺利开展。

5.9.3　食品服务设立咨询委员会

1. 设立咨询委员会,就食品服务场所卫生检查计划及其对餐饮业、食品安全和公共卫生的影响向委员会提出建议。

2. 这个咨询委员会应由 20 名成员组成:

(1) 10 名成员由市长任命,但 2 名成员代表食品服务行业协会,2 名成员应具有先进的食品安全专业培训经验,2 名成员应具有先进的营养专业培训经验,并有 4 名成员经营食品服务机构;

(2) 9 名成员由市议会发言人任命,但 2 名成员应代表食品服务业协会,2 名成员应具有先进的食品安全专业培训经验,2 名成员应具有先进的营养专业培训经验,3 名成员应当经营食品服务机构;

(3) 卫生和精神卫生部门的主任应当依据职权服务。

★立法经验点评:本条款规定了食品服务咨询委员会的 20 名成员组成,负责为促进食品安全和公共卫生出谋划策,解决问题。从成员组合看,都是与食品行业相关的如食品安全、营养、政府、行业等专业人士，代表了各方利益和诉求，保证了咨询委员会决定的综合性、可靠性和专业性。

5.9.4　食品服务机构检查申诉处

1. 食品服务机构检查监察办公室；特此建立在食品服务机构检查监察办公室的食品安全计划内。

2. 食品服务机构检查监察办公室；义务和责任。食品服务机构检查监察办公室应具有但不限于下列职责：

（1）建立一个系统接收有关任何食品服务场所检查的问题、意见、投诉和表扬，包括但不限于建立、运行和传播中央电话热线和网站以接收此类问题、评论、投诉和表扬；

（2）调查根据本细则第1款所收到的投诉，并采取其认为适当的有关此类投诉的任何行动，包括但不限于撤销涉及该部门发现的食品服务机构内的实际布局或主要固定装置的违规行为在事先检查时存在这样的物理布局或夹具，但不是违规的主体，自此类事先检查以来条件没有发生变化，并且确定了该部门应该纠正的极其严重的检查错误代替提交给行政法庭；

（3）发出指导信，就食品服务机构检查事宜提供非正式的咨询意见，包括但不限于适当的检查方法和食品处理技术，应要求主管部门提供。监察办公室发布的任何此类指导信件应在发布后张贴在部门网站上，并在最大可能范围内分发给所有食品服务机构经营者。

3. 食品服务机构检查监察办公室；年度报告。不迟于2014年7月1日，此后每年7月1日，申诉行政长官办公室应向行政长官提交一份有关其在过去12个月中活动的年度报告。监察办公室应将此类报告的副本转发给市长和市议会发言人。此类报告应包括但不限于：

（1）监察室收到的问题、评论、投诉和赞美的数量、性质和解决方案；

（2）所要求指导信件的数量和性质；

（3）每份指导信件的复印件；

（4）分析检查结果的趋势和不一致性；和

（5）根据本细则2第5款改善食品服务场所检查程序的建议。

★**立法经验点评**：设立食品监察办公室，用于接收投诉、处理投诉、发布指导信和写年度报告，为市民提供了申诉渠道，有助于挖掘更多的不合格、不规范的行为，且该申诉处有权撤销违规装置和布局甚至移交行政法庭，还应指导食品服务机构正确的食品处理方法，等等，这是对食品安全的又一重筛查和保护。

6 城市交通管理篇

6.1 街道和人行道

6.1.1 街道的建设、维护、修理、阻塞和关闭

6.1.1.1 设计和施工部

本章授予交通运输行政长官或运输部门的与施工或其他工作有关的任何权力,应由设计和施工部门根据本章履行,除非市长另有指示。交通运输行政长官或者交通运输部门经本章授权公布施工规范或者其他规范的,应当在设计、施工部门协商同意后方可实施。

★**立法经验点评:**此条从法律上规定了交通运输行政长官或运输部门有权公布规范,但具体实施应与设计和施工部门协商,使规范更具专业性。和中国的街道建设和维护归各地区城市建委管理不同,美国的街道建设、维护、修理、阻塞和关闭都归交通运输行政长官主管。

6.1.1.2 重大交通项目审查

1. 就本节而言,下列术语应定义如下:

(1)**"受影响的议会议员和社区委员会"**是指拟在其地区内全部或部分设置拟议主要交通项目的市议会成员和社区委员会。

(2)**"主要运输项目"**是指任何项目在施工后将改变连续 4 个或更多街区或连续 1 000 英尺的街道,以较小者为准,涉及道路重大调整,包括拆除车道或专职移除停车车道或增设车辆行驶车道。

2. 如果该部门以外的其他机构实施重大交通项目,该机构应代替本部门提供本节规定的通知。

3. 在实施重大交通项目之前,部门应通过电子邮件向受影响的市议会成员和社区委员会转发该项目的通知,包括项目说明。

4. 在收到通知后的 10 个工作日内:(i)受影响的市议会成员可以向该部门提交关于该通知的建议或评论;(ii)受影响的社区委员会可以向部门提交关于

该通知的建议或评论或要求该部门介绍主要的交通项目计划。

5. 每个演示文稿应至少包括项目限制、说明和此类计划的理由,以及显示受该计划影响的街道的地图,并且在演示 3 天内应将其提交给受影响的市议会成员。

6. 如果有的话,部门应考虑根据本细则 4 的规定从受影响的市议会成员和受影响的社区市议会提交,并在提交 7 天内适当情况下将修改纳入计划。

7. 部门可以在发出修改后的 14 天或更长时间后执行计划,或者通知其将对受影响的市议会成员和社区委员会实施原始计划。

8. 本节中的任何内容均不得解释为禁止该部门在其网站上通过其他方式向受影响的市议会成员和社区委员会以及其他相关方提供其主要交通项目的通知。

9. 本节中的任何内容均不得解释为要求该部门提供需要立即执行的主要运输项目的通知以保护公共安全。

10. 在实施重大交通项目之前,该部门应向警察部门、消防部门、小型企业服务部门和残疾人市长办公室咨询。部门应在本细则 3 要求的通知中包含此类磋商证明。

★立法经验点评:此条法律首先对涉及的相关对象进行定义,以明确其含义;其次规定了本部门之外的其他机构实施重大交通项目,应提供本节规定的通知;然后规定了在实施重大交通项目之前,应告知受影响的议会议员和社区委员会,委员会成员可以在收到通知的 10 个工作日内向该部门提建议或评论,或要求该部门介绍实施此重大交通项目的计划以及影响,并对计划的演示文稿所包含的内容以及时间作出规定;再次规定了该部门在修改计划后执行的时间,亦可执行原计划;复次禁止过多的解释该条法律;最后规定了在重大交通项目实施之前,该部门应向警察部门、消防部门、小型企业服务部门和残疾人市长办公室咨询,并在通知中附磋商证明,使交通项目更加科学与安全。

6.1.1.3　完成主要运输项目后的报告要求

1. 就本节而言,"受影响的议会成员和社区委员会"和"主要运输项目"应与本章中的含义相同。

2. 在重大交通项目完成后不超过 18 个月,运输署须向受影响的议会成员和社区委员会提交报告,并须在运输署网站上张贴主要运输计划展开前三年及主要运输工程完成后的三年内的平均撞车次数,并按受主要交通项目影响的街道分类。完工交通项目后的影响按司机和受伤或死亡乘客、骑自行车者和行人的人数进一步分类。

3. 在提供本细则 4 所要求的信息的同时,部门应向受影响的议会成员和社区委员会提供信息,并应在部门网站上张贴与该项目有关的其他数据,包括但不限于速度数据、车辆体积数据和车辆服务数据,只要这些数据与项目相关。这些数据应该是数据解释、收集数据的日期和时间,以及主要运输项目开始之前的类似数据。

4. 对于重大运输项目对应急车辆产生的影响,本部门应与消防部门和警察部门协商,并应根据本细则 2 和 3 要求提供的资料,报告磋商结果。

★立法经验点评:此条主要规定了重大交通项目完成后,该部门需要向受影响的议会成员和社区委员会提供有关信息,并在部门网站上发布该项目三年内的事故次数,按照街道、司机、乘客、骑自行车者、行人分类,同时公布其他数据,包括速度数据、车辆体积数据和车辆的服务数据水平等与项目相关的数据,并对其进行解释以及数据的收集时间,项目开始前的类似数据。还规定运输部门应就应急车辆方面与消防、警察部门协商,并报告协商结果。有利于立法机关掌握数据分析和修正相关法律。

6.1.1.4　行人安全项目的在线可访问列表

1. 就本节而言,下列术语应定义如下:

(1)**"无障碍行人信号"**是指以非可视形式传达有关行人信号时间的信息的设备。

(2)**"残疾人无障碍"**的含义是:

(i)为每个非文本元素提供文本等效;

(ii)任何多媒体演示的等同替代方案都与演示同步;

(iii)网页的设计使所有用颜色表达的信息也可以不带颜色;

(iv)文件的组织方式使得它们可读而不需要关联的样式表;

(v)为服务器端图像映射的每个活动区域提供冗余文本链接;

(vi)除了不能用可用的几何形状定义区域之外,提供客户端图像映射而不是服务器端图像映射;

(vii)为数据表标识行和列标题;

(viii)标记用于将数据单元和标题单元关联到具有两个或更多逻辑级别的行或列标题的数据表;

(ix)框架标题文字,便于框架识别和导航;

(x)页面旨在避免导致屏幕以大于 2 赫兹且低于 55 赫兹的频率闪烁;

（xi）只有纯文本页面具有相同的信息或功能，才能使网站符合本部分的规定，否则无法以其他方式实现合规。每当主页面更新时，纯文本页面的内容应该被更新；

（xii）当页面使用脚本语言显示内容或创建界面元素时，脚本提供的信息用可以通过辅助技术读取的功能性文本来标识；

（xiii）当页面要求客户端系统上通过小程序、插件或其他应用程序来解释页面内容时，该页面必须提供指向该插件或小程序的链接；

（xiv）当电子表格被设计为在线完成时，表格应允许使用辅助技术的人员访问完成和提交表格所需的信息、字段元素和功能，包括所有的指示和线索；

（xv）应提供一种方法，允许用户跳过重复的导航链接；和

（xvi）当需要定时响应时，提醒用户并给予足够的时间来指示。

（3）**"自行车道"**是指为优先或专用自行车而标记或分开的道路的一部分。

（4）**"专用行人信号"**是指行人控制信号，该信号允许行人在所有方向上停车时独占一段时间。

（5）**"主要行人信号"**是指显示行人控制信号，在同一交叉路口内的交通控制信号的绿色指示器显示之前，显示行人指示符。

（6）**"主要运输项目"**是指任何项目在施工后将改变连续四个或更多的街区或连续1 000英尺的街道，以较少者为准，涉及道路重大调整，包括拆除车道或专职移除停车车道或增设车辆行驶车道。

（7）**"行人广场"**是指由纽约市交通部门指定的一个区域，用作位于道路内的广场，该广场可能包含长椅、桌子或其他供行人使用的设施。

2.该部门应在其网站上公布残疾人无障碍使用的格式：

（1）所有主要交通项目的位置以及所有自行车道、行人广场、主要行人信号、专用行人信号和无障碍行人信号的安装或清除。在每个项目的预计完成日期内，在安装或拆除之前，这种信息应张贴不少于72小时。

（2）在2010年1月1日或之后完成的所有主要交通项目的所在地应符合本规范的规定，并且所有自行车道、行人广场、主要行人信号、专用行人信号和无障碍行人信号，除了所有此类主要行人信号和专用行人信号均应在2012年12月31日或之前发布外，应在本节生效日期之前发布。

★**立法经验点评**：此条详细定义了关于行人安全项目的术语，同时要求该部门在网站上公布残疾人无障碍使用的格式。为了确保道路交通部门施工时应在其网站上公布无障碍残疾人使用的格式，本法条进行了非常详尽的规定。

6.1.1.5 许可证

1. 除了本小节规定的任何要求以及下文特别规定的情况外,由行政长官根据本小节发布的所有许可均应遵守本节以及依据其颁布的任何规则的规定。所有的许可申请应以这种形式提交给行政长官,并应包含行政长官规定的信息。

2. 每个许可证都应遵守行政长官可能确定保护公共安全和维护纽约市利益的合理条件。

3. 委员会可要求许可证申请人向市政府支付现金或债券或其他形式的担保,其金额可由委员会确定,以支付纽约市的所有费用、成本和责任,以确保及时遵守许可证条款、条件或以其他方式维护纽约市利益。

4. 行政长官可暂停审核申请许可证,以待(i)由申请人支付由法院或环境管理委员会根据本分章规定对该申请人征收的罚款、民事处罚或判决,(ii)由申请人支付根据本分章对申请人合法评估的未付费用或其他费用,(iii)申请人对根据本章发出的纠正措施或命令,要求作出令人满意的遵守。

5. (1) 行政长官在给予许可证持有人听证通知后,可以撤销或拒绝续展许可证:

(a) 未能遵守该许可证的条款或条件或本分章或条例的规定、部门规则或命令执行发出许可证的活动;

(b) 作出虚假陈述或对申请书中的重要事实或获得许可证时所附的相关文件作出失实陈述;要么

(c) 许可证被错误地发出,并且条件是许可证不应该被发出。

(2) 尽管有上述规定,如果行政长官确定存在即将发生的生命或财产危险,行政长官可以撤销许可证,但不得在许可证持有人撤销之前有机会获得听证。被许可人应有机会在撤销后 5 天内按照该部门的规定进行审理。

6. 行政长官可拒绝向申请人发放许可证:(i)申请人不具备本规则分条款、本部门相关规则或命令的条款或根据这些规定发放的许可证条件,或(ii)申请人被法院判定或环境管理委员会认为违反本规则、本分章规定的任何程序,与该部门有关的规则或命令、根据发放的许可证的条款或条件,认定该违反行为会造成即将发生的生命或财产危险。

7. 根据第一修正案第 23A 条的规定,如果许可证申请人或拥有公司超过10%的已发行股票的任何公司高管、董事或股东,被行政长官判定有犯罪行为,行政长官可以拒绝发放许可证。

8. (1) 如果委员发现许可证持有者或任何雇员、代理人、独立承包商或其他从事已发放许可证活动的人违反了此许可证的条款或条件,或本分章或本节有关许可证发放活动的任何规定或行政长官根据其发布的任何命令,或任何街道存在违反本分章或委员会依据此规则颁布的任何命令,除非条件是对生命或安全造成迫在眉睫的威胁,否则委员会可以:(i)将行政长官发现的状况通知给被许可人或其他负责人,通知其构成违规行为,并要求采取行动纠正这种情况,并要求在规定的时间内纠正这种情况,并且(ii)让这些被许可人或其他负责人有机会质疑行政长官的调查结果。行政长官可以评估管理费用和由于这种情况可能招致的额外检查费用。

(2)本细则不得解释为限制行政长官根据本分章授权对于任何违规行为采取的其他行动的权力,包括但不限于在法庭上开始诉讼或在环境管理委员会会议之前或要求委员会诉诸本分部所规定的程序,作为在法院开始诉讼或诉讼程序的先决条件,或在环境管理委员会之前或采取任何其他授权的行动。

★立法经验点评:此条法律规定了许可证申请人在申请过程中应缴纳担保费,并遵守相关规定,运输署行政长官有权按照此法律规定的情况拒绝为申请人发放许可证,或者发现许可人违反本条款时进行处罚。

6.1.1.6 路边坡道

在位于拐角处的街道十字路口和不位于街道十字路口的人行横道上建造和安装新建和重建的坡道时,应安装以下设施:位于街道十字路口拐角处的两个斜坡和不在街道十字路口的人行横道斜坡。这种坡道不得少于4英尺宽,并应与公路平齐。如果不能达到一般水平,那么这种坡道的边缘最大不得超过5/8英寸,并且应该有一个圆滑的边缘。这种坡道的坡度不得超过8%。本部分适用于所有新的坡道的建设和所有现有坡道的更换。行政长官有权酌情放弃位于街道十字路口拐角处的两个强制坡道之一,条件是其中存在以下任何障碍物,阻止在十字路口内建造此类坡道:消防栓、灯柱、交通信号灯、火警警报器、站立报警器、地下保险库、隧道、公用设施维修孔、商会或坡道所在的街道坡度或相交街道的坡度超过1:8的梯度。如设有地下拱顶、隧道、公用维修孔(人孔)及内室会妨碍该等斜坡的安全建造,或使该等斜坡在不移走上述地下装置的情况下不可能符合适当规格,可免除该等斜坡的建造。建设工程设计文件中应当有证明文件的一部分,并应将其副本送交市政厅办事员。非步行路线但不限于高速公路和行人限制交通岛的服务路线,不受本节规定的限制。

★立法经验点评:在拐角处的十字路口或人行横道上新建或重建坡道时,规定坡道宽度、边缘高度以及限制。在修建斜坡时,如有此法律规定的情况存在,运输署署长有权禁止修建,非步行路线不受此法限制。

6.1.1.7　建筑和开挖场地

1. 许可证。任何人不得使用建筑材料或设备阻碍街道的任何部分,除非由行政长官签发的许可证授权。

2. 条件。除此类许可证或部门规定中可能规定的其他条件外,还应适用下列条件:

(1)根据本条授予的任何许可证应张贴在材料或设备上或其附近的显眼位置,或保存在发放许可证的工作现场或指定现场总部,以便随时可以检查。

(2)人行道、排水沟、人行横道和车道应始终保持畅通无阻,并应及时清除所有污物、碎屑和垃圾。行政长官可授权用设备或材料占用人行道,但其方式不得妨碍行人在该人行道上的安全通行。

(3)这种建筑材料或设备的外表面应清晰地标记高强度荧光涂料、反射器或其他标志,当其被车辆前照灯或其他照明源照射时,能够产生警告辉光。

(4)所有建筑材料和设备应印有其所有者的姓名、地址和电话号码。

(5)在有水平铁路的街道上,建筑材料或设备不得放置在距离轨道不超过5英尺的地方。

(6)这种建筑材料或设备下的街道应使用木板、防滑板或由其认可的其他防护罩进行屏蔽。

(7)建筑材料或设备不得妨碍消防栓、公共汽车站或任何其他妨碍公众安全或方便的部门规定所规定的区域。

3. 清除未经授权的障碍物。违反本部门规章或根据本条发出的许可证的条款或条件,委员可移走任何放置在街道内或街道上的建筑材料或设备。如果拥有人的身份和地址可合理确定,应在搬迁后的合理时间内将搬迁通知书发送给业主。如果此类材料或设备在拆除后的30天内未被要求返回,则应视为已放弃。如果该设备是一辆车,其处置应该受《车辆和交通法》第124条规定。所有其他无人认领的材料或设备可以在纽约市记录中做广告后在公开拍卖会上出售,并且支付给纽约市统筹基金,或者这种无人认领材料或设备的收益可以被使用或转换为供该部门或其他纽约市机构使用,或由一家从事补贴住房建设的非营利公司使用。如果在法庭或在环境管理委员会之前就侵权行为或诉讼进行审理,根据该规定拆除的材料或设备,应在支付部门规则中规定的拆除和存储费用以及对违规所施加的任何罚金或民事处罚后,向拥有者或合法有权占有的其他人员发放。

★**立法经验点评**：在街道上储存材料或设备时，应得到行政长官签发的许可证，并对外张贴或保存在工作现场。对材料或设备堆放的位置作出相应规定，不得危害公共安全，并要求在其表面标记荧光材料。对于未经授权的障碍物进行清理时，如果拥有人的身份和地址可合理确定，应给其业主发放通知书，要求 30 天内清理。如超期未清理或者无人认领，则由运输署按规定进行相应处置和拍卖，并充实纽约市统筹基金。此法条有利于确定施工单位在街道上存储材料或设备时的法律责任，值得国内城市建筑施工管理单位借鉴。

6.1.1.8　清除垃圾碎片

除环境保护署署长或设计建造署署长设计之外，任何人铺路或安排铺砌任何街道，则须在行人道路建成后 7 天内，将该街道及其每一部分的沙、土、垃圾或碎片移走。除因违反本条而可能判处的任何刑罚外，任何人忽略或拒绝移走沙、土、垃圾或碎片，则须为纽约市有关部门处理街道垃圾的开支承担法律责任。本节应被解释为适用于所有街道任何部分的沙、土、垃圾或碎片的清除。在任何铺装的路面上覆盖，或已进行的挖掘，或其所作的其他工作。

★**立法经验点评**：此条法律规定了除环境保护署和设计建造署以外，任何修建街道的人都必须在街道铺设完成后 7 天内清除沙、土、垃圾和碎片，如违反该条规定，则应承担有关清理成本的法律责任。

6.1.1.9　檐篷

1. 许可证要求。未经行政长官许可，不得在人行道上架设或维护檐篷，除非按照本节和本部门规定搭建和维护该檐篷。这些檐篷可能被竖立并保持：

（1）关于在建筑物所有者或在建筑物所有者的同意下进入建筑物或营业地点的情况。

（2）与消费者事务行政长官许可的人行道咖啡馆有关。这种檐篷应由不燃框架构成，并用防火帆布或布料、经认可的阻燃塑料、金属板或其他等效材料覆盖，牢固地固定在建筑物的正面，并由地面或人行道上的支柱支撑，位于建筑线和路缘线之间。

2. 许可条件。如果委员认为就公共安全和便利以及特定情况而言，行政长官可根据部门的规定在任何街道的人行道上竖立并维护一个街道檐篷。以行政长官规定的形式发放此类许可证的证据应随时以行政长官指示的方式显示。根据该部门的规定，在被列为"限制街道"的街道上不得发放此类许可证，也不得在纽约市的区划决议所定义的此类许可证延长居住区的不合格用途的情况下发放。

3. 许可费用。在签发这种许可证之前,每个申请人应按照该部门的规定向行政长官支付年费,行政长官许可的人行道咖啡馆有关的檐篷许可证的费用为25美元。

4. 术语;转让。

(1) 每张许可证自其发布之日起一年内届满,除非行政长官尽快撤销。

(2) 根据本协议签发的许可证不得从一个人到另一个人或从最初签发的地点转让。

5. 禁止广告。将任何广告标志、图片、旗帜、横幅、侧帘或其他装置涂在、打印、模印或以其他方式竖立、附着或保持在任何檐篷上,除非合法地将油漆压印或模版直接涂在纽约市的区划决议规定的字符和区域限制范围内,房屋或街道号码或公司名称或正式提交的商标名称仅限于识别,并且不应包括该商号名称。除非正式提交的商标名称中包含的任何描述性词语倾向于宣传在这些场所进行的业务。

6. 禁止出口阻碍。任何檐篷的任何部分不得位于消防疏散通道下面,或设置成妨碍消防楼梯或平衡楼梯的操作,或妨碍建筑物的任何出口。

7. 违规。任何建筑物的拥有人或代理人,以及掌管建筑物任何部分的拥有人、承租人、租客、经理或代理人,如为使用或保养檐篷而受益,须就违反本条而负法律责任。

8. 规则。除法律另有规定外,行政长官可就任何街道线路内檐篷的设计、建造和维护以及拆除、存放和处置未经授权的檐篷制定规则,因为这些檐篷可能被认为是安全的公众便利。

9. 清除未经授权的檐篷。

(1) 尽管有任何法律规定,行政长官可向任何场所的业主发出命令,要求该业主在该命令指定的期限内拆除或促使拆除固定在其建筑物前的任何未经授权的檐篷。如果业主不遵守该命令,并在其中规定的时间内,该部门可拆除该檐篷或使其被拆除,其费用应到期支付,并构成对该檐篷可能附着或竖立在其前面的房舍的留置权,届时该部门应明确计算其金额,并将其金额记入城市收款员办公室中对该房舍的收费书中。市征收员应在登记后的五天内,将注明应缴金额和收费性质的通知书,邮寄到市征收员办公室记录上显示为业主或代理人或业主指定接收税单的人的最后已知地址,如果没有显示姓名,则邮寄给业主或代理人的房舍。如果该费用在进入之日起90天内没有支付,则城市征收员有责任按适用于该财产的拖欠税款的利率收取和接收利息,利息从进入之日起计算到支付日期为止。该费用及其利息在支付之前应继续成为该房产的留置权。这种费用和利息应按法律规定的方式收取,其留置权也可按法律规定的方式取消,即收取和取消应向本市支付的税收、下水道租金、下水道附加费和水租金的留置权,适用于收取和取消这种税收、下水道租金、下水道附加费和水租金留置权的法律规定应适用于这种费用和其利息以及留置权。

（2）根据本条规定向业主送达的命令,应亲自送达给该业主,或以挂号信的方式送达给最后一个已知的地址,该人的名字出现在城市征收员办公室的记录中,是该房产的业主,或该业主的代理人,或该业主指定接收税单的人,如果没有出现这样的名字,则在该房产最后记录的契约中列出的业主地址。这种命令的副本也应在财产所在地的每个县的书记员办公室存档,并张贴在该处所的显眼处。

★**立法经验点评**：搭建檐篷必须经过行政长官同意,申请人需要按照规定向运输部门支付年费,禁止在檐篷上印刷广告,不能妨碍出口交通,如有违规须负法律责任。对于未经授权的檐篷,如果业主未能及时清除则由该部门代清,成本由业主支付。

6.1.1.10　损坏、丢失标志和信号

1. 就本节而言,下列术语应定义如下：

（1）"优先监管标志"是指停车标志、让路标志、禁止进入标志或单向标志；

（2）"交通管制信号"的意思与《车辆和交通法》第154条或其后续条文中所述的含义相同。

2. 如果任何此类标志或信号对于必须服从或依赖其的驾车者而言不可操作、不可见或不可读,则该部门应保存关于优先管制标志和交通控制信号缺失或损坏的通知日志。此类日志应包括收到此类通知的日期和时间,以及修理或更换此类优先管制标志或交通管制信号的日期和时间,或确定修理或更换未作出保证的日期,以及这种决心的原因。

3. 部门应在收到通知后3个工作日内检查并确认停车标志、让路标志或禁止进入标志不可见,但该标志对于必须服从或依赖此标志的驾车者而言不可见：(i)修理或更换此类标志或(ii)确定修理或更换不合理。

4. 部门应在收到通知后7个工作日内告知单向标志遗失或损坏,以致必须服从或依赖此类标志的驾驶者看不到或不清楚该标志,或者(i)修理或更换此类标志或(ii)确定维修或更换不合理。

5. 在收到通知后24小时内,交通控制信号缺失或损坏,以至于必须服从或

依赖此类信号的驾驶者无法看到此类信号,或者该信号不可见,则部门应:

(1) 修理或更换此类信号,

(2) 如果修理或更换时间超过 24 小时,则实施其他控制交通的措施,或者

(3) 确定维修或更换不合理。

6. 本部分不适用于一个地点存在多个交通控制信号,以及在同一交叉路口朝向同一方向,并且一个或多个此类信号仍然可用。

★**立法经验点评:**当交通信号灯出现状况时,交通部门在接到通知后 3 个工作日内张贴信号灯不可用标志,提醒驾驶者,在 24 小时内进行修理或更换,如超时还未修复,则采取其他交通控制措施。

6.1.1.11 道路上积水条件验证和修理

1. 定义。如本节所用,以下术语具有以下含义:

"积水状况"是指仅在通过渗透、蒸发或蒸腾持续超过 7 天才能去除的凹陷处的积水。

2. 在其管辖范围内的道路上收到关于积水状况的投诉后,部门应在 45 天内核实此类投诉,除非天气条件或其他情况不允许及时完成此类验证。

3. 经核实后,部门应对道路进行评估,以确定需要哪些工作来修理这种积水状况。必要时,这种评估应与环境保护部门联合进行。

(1) 如果评估认为这种积水状况可以通过表面重修来修复,那么这些重铺应该由部门优先执行:(i)当下一次部门重铺工作发生在这些积水所在的社区区域时,或者(ii)自评估日期起计 18 个月内,以较早者为准。本节不得解释为妨碍本部酌情决定优先考虑最紧急的重铺路面需求,妨碍本部门迅速重铺路面或阻止部门进行紧急重铺路面。

(2) 如果评估认为这种积水状况只能通过表面以外的工作进行修复,则这些工作应由环境保护部门优先处理。

4. 如果市议会成员或社区委员会以书面形式向该部门管辖下的道路上积水状况的部门提出投诉,则应在评估该部分管辖权的细则 3 第 1 款所要求的地点后 10 天内,部门应以书面形式通知该地区的积水状况所在的市议会成员或社区委员会,以便评估结果。

★**立法经验点评:**运输部门在接到关于道路积水的投诉后,先要投诉核实,再对道路进行评估,将评估结果以书面形式通知积水状况所在地的市议会或社区委员会,最后根据评估结果对道路进行修理。

6.1.2　街道停车和其他用途

6.1.2.1　为志愿救护车提供停车

1. 就本节而言,以下术语应具有以下含义:

(1)"志愿者急救医务人员"是指符合《纽约市公共卫生法》第 3000 条规定最低要求的人员,负责管理或监督初次紧急医疗和运输病人或受伤人员,以及在没有收到或期望获得货币补偿的情况下从事此类服务的人员。

(2)"志愿救护车服务"是指符合《纽约市公共卫生法》第 340 条规定注册或认证志愿者救护车服务。

(3)"紧急救护车"是指属于《纽约市公共卫生法》第 3000 条规定的救护车所拥有或经营的适当配备的机动车辆,用于运送紧急医疗人员和设备,生病或受伤的人员以及运输经认证的急救人员。

(4)"经认证的急救人员"是指符合《纽约市公共卫生法》第 3000 条规定的最低要求并负责对伤病员进行初始救生护理的人员。

2. 行政长官应为志愿救护车服务授权的车辆发放年度路内停车证,以作为紧急救护车服务。志愿救护车服务部门应按照行政长官确定的表格提交所需每张许可证的申请,并应证明该志愿者急救医务人员代表志愿救护车服务执行其职责所需的许可证。

3. 志愿救护车服务机构应仅位于每项许可证规定所需的地理区域,根据《纽约市公共卫生法》第 3400 条,不得超过卫生和精神卫生救护服务部门登记或证明中列出的主要运营区域。

4. 此类停车许可证只能用于停放指定的紧急救护车,并且只有当这些车辆等待供志愿者急救医务人员用于应对医疗紧急情况时使用。

5. 车辆的车牌号码和志愿救护车服务的名称、地址和电话号码应写在许可证的正面。

6. 尽管有任何其他法律规定,此类停车许可证不得授权在公共汽车站、出租车站、消防栓 15 英尺内、火灾区、车道、人行横道、不停站的汽车停放区域、没有站立区域或其他车辆将被停放的地方停车。

7. 任何滥用此类许可证都应该是撤销许可证的充分理由。

8. 尽管有任何其他法律规定,根据本条规定发行的每年一次的路内停车许可证的车辆,如果按照发放许可证的目的使用该车辆,则不得拖曳车辆,但公共安全紧急情况除外,由警察部门决定。

★立法经验点评:运输部门为提供志愿医疗服务的车辆发放年度停车许可

证,为其提供紧急停车服务,此条法律规定了停车许可证的适用范围,许可证所包含的内容,以及禁止授权区域,如有滥用则被撤销。纽约市停车位紧张,本法条主要是为了约束和规范志愿救护车的乱停车行为。

6.1.2.2 降雪期间暂停停车规则

在降雪导致卫生部门暂停其街道清扫行动的条件下,街道停车规则的所有备用规则不应暂停,前提是该部门与卫生部门协商后可在 24 小时后恢复街道停车规则,路边停车的替代方有必要立即开始路边除雪。

★**立法经验点评**:纽约市经常遭受暴风雪袭击,如果积雪过大,扫雪困难,出于安全原因,在降雪导致原有停车规则不适用时,法条体现了一定的人性化考虑,在卫生部门不能及时除雪的情况下启动备用停车规则。路边停车替代方与卫生部门商议后进行除雪工作,在 24 小时后,恢复原有停车规则。

6.1.2.3 无障碍车专用停车位

任何获得出租车及豪华轿车委员会准许的轮椅无障碍车辆,如实际正在登上或卸下轮椅乘客或护送轮椅乘客往返目的地,则须获准在准许持有特别车辆识别许可证的车辆停泊的任何地方停车。

★**立法经验点评**:此条法律规定了轮椅无障碍车辆在得到出租车或豪华轿车委员会的准许下,允许在特别车辆停泊区停车。

6.1.2.4 14 岁以下滑板车头盔要求

1. 定义。就本节而言:

(1)"公路"一语是指公路、道路、街道、人行道、大道、胡同、公共场所,或者其他公共道路。

(2)"滑板车"是指由肌肉力量推动的装置,其由端轮之间的踏板和连接到前轮或踏板的直立手柄组成。

(3)"戴头盔"是指有绑带的头盔可以牢固地固定在头上。

2. 本部分适用于在任何公共道路或公共汽车通行的私人道路上,以及在娱乐行政长官管辖的公园或其他区域内使用滑板车的操作。

3. 14 岁以下的人不得使用滑板车,除非该人佩戴符合美国国家标准学会(ANSIZ90.4 自行车头盔标准)标准、斯内尔纪念基金会用于骑自行车防护头盔标准、美国自行车测试和材料协会标准、美国自行车安全设备协会标准、美国消费品安全委员会自行车头盔标准的头盔。

4. 违反本条规定的交通违法行为一经定罪,处以不超过 50 美元的罚款。此类交通违法行为应按照《车辆和交通法》第 2A 条的规定予以审理和确定。听证官员应放弃违反本条规定的人的父母或监护人所承担的民事责任,如果此类父母或监护人提供的证据表明在违反日期和此类违反行为日期之间,监护人购买或租用符合本节要求的头盔。听证员可以放弃违反本条规定的人的父母或监护人的民事责任,如果他发现由于经济困难,此类父母或监护人无法购买或租用头盔。根据本节,放弃民事处罚不适用于第二次或随后的定罪。

5. 年龄小于 14 岁的人的父母或监护人应对未满 14 周岁的人违反本条款负责。如果违法行为发生在父母或监护人在场的情况下,并且此类父母或监护人大于 18 岁,则 14 岁以下的人违反本条规定的传票只能发给该人的父母或监护人。

6. 任何人没有遵守本节的规定,不应构成共同过失或承担风险,也不应以任何方式阻止、排除或取消由该人或代表该人提出的人身伤害或错误死亡的诉讼,也不应以任何方式减少或降低任何此类诉讼中可获得的损害赔偿。

7. 卫生和心理卫生部门应通过该部门的学校健康计划分发信息材料,其中应包括说明没有保护头盔的操作滑板车危害的信息。这些信息材料应以多种语言印刷,并应要求向任何公众提供。

8. 警察部门和公园娱乐部门应执行本节的规定。

★立法经验点评:规定 14 岁以下青少年在公路上使用滑板车时应佩戴符合相关强制标准的头盔,如未佩戴,则对其父母或监护人进行民事处罚,但如有证据表明其贫困无力购买或在违期前已购买或租用,则免于处罚。该条法律的初衷是保护青少年在公路上玩滑板的过程中受到人身伤害,强化了未成年人的父母和监管人的法律责任,但同时也具备一定的人性化条款,对于经济困难无法购买头盔的,首次违法可以免除经济处罚责任。

6.1.2.5　汽车共享停车试点计划

1. 定义。就本节而言,以下术语具有以下含义:

汽车共享组织。指的是一个组织,在该组织运行计划中,每小时或短期提供一组私人车辆给加入该组织的成员。

汽车共享车辆。是指由汽车共享组织拥有或租赁并注册的汽车,供共享会员使用。

指定停车位。是指该部门预留专用于停泊车辆的位置。

市政停车设施。是指由该部门监管并由纽约市或承包商代表纽约市运营并可供公众使用的纽约市自有停车设施。"市政停车设施"一词不包括由市政机构运营的任何停车设施,该设施旨在由该机构员工专门使用或由公众与该机构开展业务。

2. 该部门应建立一个分舱停车试点计划,允许合格的汽车共享组织根据该部门的决定,在街道上申请指定的停车位。汽车共享组织应提供本部门要求的有关其申请参加此类试点计划的任何信息。这种试点计划的期限不得少于两年,除非该部门尽早终止或暂停计划;但是,该部门应在此类行为发生后7天内及时通知市议会发言人终止此类行为的理由。

3. 作为试点计划的一部分,该部门应评估分舱停车试点计划对驾驶员驾驶习惯和汽车保有习惯的影响。汽车共享组织应提供本部门所要求的与其参与程序相关的操作信息。

4. 不迟于2018年10月1日及其后的每年4月1日,直至该试点完成为止,该部门应向市议会发言人提交一份报告,说明依据本节设立的分车停车试点项目的进展情况,但不必限于:(i)已申请的共享汽车组织的数量,以及该部门已接受的此类组织数量,参与试点计划;(ii)指定列入试点计划停车位的数量和位置;(iii)根据本细则3达成的任何调查结果摘要;(iv)至迟在2020年4月1日前提交的报告,该部门是否打算实施永久性车辆停车计划。

5. 作为根据本条设立的分车停车试点计划的一部分,该部门应允许分车组织申请市政停车设施的指定停车位。

★**立法经验点评**:汽车共享停车试点计划需要先建立分舱停车试点计划,为期至少2年,并对其进行评估,汽车共享组织应提供相关操作信息。试点结束后运输部门应提交一份书面报告,说明该计划的进展情况与结果,以及是否正式实施该计划。纽约市停车位紧张,但道路交通部门对共享汽车仍然持开放态度,要求进行先试点再实施方案。

6.1.3 行人权利和安全

6.1.3.1 禁止在人行道上骑自行车

1. 为了本部分目的:

(1)"自行车"是指一个人或两人可乘坐的两轮或三轮装置,由人力通过皮带、链条或齿轮推动,这种轮子在串列或三轮车中,除此之外不得包括具有实心轮胎且仅供儿童在人行道上使用的设备。

(2)"人行道"是指街道的一部分,无论是铺砌还是未铺砌,位于路边线或道路侧线与相邻的物业线之间,供行人使用。如果不清楚哪一部分用于行人,则人行道将被视为建筑线和路缘之间的街道部分。

（3）"儿童"是指不满 14 岁的人。

2. 任何人不得在人行道上骑自行车,除非有官方标志的许可。违反此细则的人可能会被发出违规通知,并应承担不超过 100 美元的民事罚款,并可在环境管理委员会的诉讼程序中追回。

3. 违反本细则 2 的人,以危及他人人身或财产的方式,应被判处轻罪,处以 100 美元以下的罚款,或者监禁不超过 20 天,或者两者兼施。这样的人也应当承担不少于 100 美元、不超过 300 美元的民事罚款,除了听证官已确定,骑车人和另一个人有身体接触,另加一个不少于 100 美元不超过 200 美元的民事罚款。这样的民事处罚可以在环境管理委员会的诉讼程序中追回。执法人员应在传票或违例通知上注明,骑车人是否与另一人之间存在身体接触。任何人在 6 个月期间内超过一次违反该规定,均应受到民事处罚,其数额是第一次违规行为的两倍。

4. 如果因违反本细则 3 而发出传票或违规通知,可能会扣留自行车。

5. 按照本条规定扣押的自行车,应按照警察部门规章中规定的支付搬迁和存放费用以及支付民事罚款的证据,发送给自行车拥有人或合法有权占有的其他人。如果在法院或环境管理委员会未判决违规行为的情况下,警察部门可接受其他形式的经济担保,其金额将确保支付此类费用和由于违规可能遭受的任何罚款或民事处罚。如果法院或环境管理委员会认定被告人或答辩人有利,拥有人应有权随时自行管理自行车,或者以前已经为自行车的释放支付任何款项,这笔款项应予退还。警察部门应按规定确定未被赎回的自行车可能被视为放弃的时间和处理程序。

6. 自行车的拥有者应在环境管理委员会集中听证前 5 个工作日内给予机会进行扣押后听证。环境管理委员会应在听证结束后 3 个工作日内作出决定。如果委员会发现没有扣留基础,则业主应有权随时自行管理自行车,或者以前已支付任何款项用于释放自行车,则应退还该款。

7. 在自行车被扣押的情况下,自行车拥有人将会被书面通知关于自行车的赎回程序以及申请扣押听证会的程序。当自行车的驾驶者不是其所有者时,应将其视为通知给车主。被告或者被申请人未满 18 周岁的,还应当将该通知邮寄给被申请人的父母、监护人或者有关的雇主,如果该人的姓名和地址是合理确定的。

8. 在根据本节进行的任何诉讼中,如果被告人在违规时未满 14 岁,应为肯定性答辩。

9. 本节的规定可由警察部门指定员工、卫生部门、公园和娱乐部执行。

★**立法经验点评：**此条法律规定在人行道上骑自行车属于违法行为，违者将被处以 100 美元以下罚款或 20 日内监禁或两罪并罚。此人还应承担 100—300 美元的民事处罚，如果骑手与行人有身体接触，还应该增加一个额外的 100—200 美元民事罚款，如果违者属于 14 岁以下儿童，则由其父母或监护人承担相应经济处罚。法律留给了自行车驾驶员在听证会上申诉的机会，并且可以依法取回自行车和追回罚款。

6.1.3.2 禁止鲁莽使用溜冰鞋、轮滑鞋和滑板

1. 为了本部分的目的：

（1）"直排轮滑鞋"系指由拟固定在人脚上的上部组成的制造或组装的装置，其框架或底盘沿该上部底部的长度连接，该框架或底盘装有两个或两个以上纵向对齐的轮子，同时将这样的装置连接到每个这样的脚或腿上，借助于人的脚和腿的力量，用于滑冰或滑行。

（2）"鲁莽行动"是指在公共街道、高速公路或人行道上操作轮滑鞋、直排轮滑鞋或滑板，危及他人的安全或财产。

（3）"轮滑鞋"系指由具有夹具或绑带或两者均有的框架或鞋子组成的制造或组装的装置，用于固定，在脚趾附近有一对小轮子，在脚跟上有另一对小轮子，借助人脚和腿部力量进行滑行。

（4）"人行道"是指道路的一部分，无论是铺砌的还是未铺砌的，位于路边线或道路侧线与相邻的物业线之间，供行人使用。如果不清楚哪一部分用于行人，则人行道将被视为建筑线和路缘之间的街道部分。

（5）"滑板"是指由两端通常向上弯曲的平台组成的装置，其上安装或永久安装两个旋转框架，每个旋转框架用于支撑和引导一对小轮子，装置滑动或通过人脚或腿部力量推动。

2. 任何人不得参与溜冰鞋、直排轮滑鞋或滑板的鲁莽行动。

3. 违反本细则 2 应为交通违规行为，并应按照《车辆和交通法》第 1800 条的规定予以处罚。任何人被判定犯有溜冰鞋或滑板的鲁莽行为，将被处以 50 美元以上 100 美元以下的罚款。

4. 本节规定由政府机构、公安部门和公园娱乐部门执行。

★**立法经验点评：**在纽约使用溜冰鞋、轮滑鞋和滑板的青少年很多，有些行为对公共安全存在威胁，本法律规定溜冰鞋、轮滑鞋、滑板需小心使用，禁止其

"鲁莽行动"危及他人的安全或财产,违反行为属于交通违规,按照交通法规进行处罚。

6.1.3.3 电动滑板车

1. 为了本节的目的,"电动滑板车"是指具有手柄的任何轮式装置,所述手柄被设计成由操作员站立或坐着,由电动马达能够推动的装置,也不能在纽约州汽车部门注册。就本节而言,"电动滑板车"一词不得包括设计为供残疾人使用的轮椅或其他助行器。

2. 任何人不得在纽约市操作电动滑板车。

3. 任何违反本细则的人应承担 500 美元的民事罚款。警察部门和公园娱乐部门的授权雇员有权执行本节的规定。此种处罚应在民事诉讼或通过提供违反通知而开始的程序中得到回复,该程序应在环境管理委员会之前予以退回。此外,此类违规行为应为交通违规行为,并应依照《车辆和交通法》第 18 部分予以处罚。

4. 任何已使用或违反本节规定使用的电动滑板车可能被扣留,且不得释放,直至所有的移除费用和储存费用以及适用的罚款和民事处罚已被支付,或已按照扣押此类车辆的代理人员的要求对保证金进行了支付。

★**立法经验点评**:此条法律规定了电动滑板车(电动摩托踏板车)不允许在纽约市注册上路,如有违反,则应承担相应的民事处罚,对于被扣留车辆,其所有人在缴纳罚款后,有关部门才可释放。

6.1.3.4 无障碍行人信号程序

1. 该部门应建立一个无障碍的行人信号程序。作为此计划的一部分,部门应根据指南确定可以安装可接入行人信号的十字路口,包括但不限于统一交通控制设备手册的最新版本中规定的十字路口。该部门在征求市长办公室对残障人士的意见后,并与视障者社区的倡导者和成员协商后,应确定反映视障人士过马路困难最大的十字路口。从 2012 年开始,该部门应每年根据这些指导原则在该部门确定的 25 个十字路口的每个角落安装一个无障碍行人信号装置。

2. 于 2012 年 11 月 30 日或之前及其后每年 11 月 30 日或之前,部门须在其网站上张贴分析无障碍行人信号计划状况的报告,其中应包括但不限于详细评估计划,包括成本、该计划的资金来源,纽约市、州和联邦资金,改进该计划的建议,该部门可能采用的用于该计划新技术的可用性,以及纽约市可能需要纳入此类计划的原因。此外,此类报告还应列出经过与市长协商后评估,新的可访问行人信号的 50 个顶级十字路口。

3. 该部门应在其网站上公布所有这些无障碍行人信号位置,并按社区分区和市议会区分列。

★**立法经验点评**:无障碍行人信号由交通部门在征求相关部门和残障人士的意见后,每年在视障人士感觉过马路困难最大的 25 个十字路口的每个角落安装一个无障碍行人信号装置。交通部门还必须将无障碍行人信号计划和位置向全社会公开。

6.2 违章停车管理

6.2.1 违章停车局的职能、权力和职责

停车违法事务局应当具有下列职权和义务:

1. 接受恳求并听取和确定停车违规的收费;

2. 除停车违规以外的监禁规定处罚措施,但是,每次停车违规的罚款金额不得超过 50 美元,但在停车或站立的场所每次违规停车罚款不得超过 100 美元,并且进一步规定,每项残疾停车违规的罚款不得超过 150 美元;

3. 采用与任何适用的法律条款不一致的规则和条例来实现本章目的,包括但不限于规定主管局内部程序和组织的规则和条例,进入请求的方式和时间,行为听证会的数量和支付罚款的方式;

4. 发出传票强迫人出席听证会并强制出示有关的书籍、文件和其他物品;

5. 在没有法庭诉讼情况下进行判决并执行判决,方式与执行民事诉讼中的经济判决相同;

6. 编制并保存与所有收费和处置有关的完整和准确的记录;

7. 在每个月 15 日或之前向财务行政长官汇报上一个日历月内该局收到的所有罚款或费用及其说明,并同时提交一份副本及审计员的副本;

8. 准备并向警察局成员发出空白违规通知,由消防部门、交通运输部门和其他官员按照规定予以确定。由此类指定人员确认并按本章规定服务时,应构成违规停车。

★**立法经验点评**:此条法律规定了违章停车局的职能、权利和义务。在纽约停车违章并不是警察直接开罚单,而是由专门的违章停车局开罚单。

6.2.2 违规通知

1. 违规通知应包含告知被控告人的方式和时间,可以对通知中指控的罪名认罪或不认罪的信息。此类违规通知还应包含警告、通知被控告的人,如果未按照规定的方式和时间提出抗辩,则应视为承认责任,并可提供违约判决。违规通知的格式和用词由董事规定。每份违规通知书的副本应由主管局提交和保留,被视为在正常业务过程中保存的记录,并应成为其中所包含事实的表面证据。

2. 违规通知应当送达机动车驾驶员个人,并将其姓名,连同车上牌照所示的驾驶证名称插入其中。违规通知应当通过机动车辆的所有者在经营者不在场的情况下,在该车辆显眼的地方贴上。该通知可以使用机动车所有人信息来代替违反者信息。

3. 就本条而言,并非车辆的所有人,但经车主许可明示或暗示使用或操作该车辆的经营者,应被视为该车主的代理人,以接收违反规定,无论是亲自送达该经营者还是以上述方式加盖送达章,以及以任何方式提供的服务均应视为对此类所有人的合法服务。

★立法经验点评:规定了违规通知的内容,包括通知时间与通知方式、违约警告。违章通知需发到驾驶员手中,如不在现场,则将其贴在车子显眼处。

6.2.3 责任

1. (1)凡在本章中使用,"机动车所有人"一词应包括:(a)在纽约市使用或驾驶的汽车的登记车主,以及(b)任何人、公司、机构、协会或组织作为在纽约市使用或驾驶汽车的出租人。(2)在本章中使用时,"驾驶员"是指经过或未经业主许可使用或驾驶机动车辆的任何人员、公司、机构、协会或组织,以及业主。

2. 机动车驾驶员应当依照本章的规定承担主要责任。如果该机动车辆是经他人明示或暗示的许可使用或驾驶的,则该机动车辆的所有人即使不是其经营者也应承担责任,但在这种情况下,该拥有人可以从驾驶员那里追回其支付的任何处罚费用。

3. 尽管本章或其他法律条款有任何不一致的规定,该通知应以普通邮件的形式发送至主管局备案的地址,如果事后 90 天内未收到停车违规的送达通知,作为汽车租赁人或出租人的任何人、公司、机构、协会或组织均不承担依照本章规定的处罚责任。

★立法经验点评:由于汽车所有人和驾驶员之间可能存在分离,特别是租赁车辆,此条法律规定了机动车所有人和机动车驾驶员之间的违法停车责任划分问题,这也有利于相关部门的执法工作实施。

6.3 渡 轮 管 理

6.3.1 临时船员安全和尾流减少

1. 就本节而言,下列术语应定义如下:

(1)"手动船"系指在纽约市或其领海内运行的每艘非机械推进式水上运输船,包括划艇、皮艇、赛艇壳、独木舟和帆船。

(2)"手动船舶码头"系指位于纽约市或其领海内的任何码头、泊位,可供手动船舶使用。

(3)"经营人"指拥有或经营水运机动船舶或水运手动船舶的任何人或私人或政府实体。

(4)"登船或离船点"是指进入或离开水运船只,或进入或离开该水运船只的主舱室区域的入口点。

(5)"尾流"是指由水运船只通过引起的水面垂直高度的所有变化,包括但不限于该船只的波浪、尾部尾流和螺旋桨扰动。

(6)"水运商业服务设施"系指位于纽约市或其领水内且能够被水运船舶使用的任何码头、泊位以及任何特许权、购票或其他可在该码头、滑梯或泊位上提供的设施,但不包括手动船只。

(7)"水运船舶"系指在纽约市或其领海内运营的每艘水上运输船,包括通勤渡轮、拖船、快艇、摩托艇和私人船只,但不包括水上飞机。

2. 在本节生效之日起90日内,应设立临时全市划船安全和尾流减少工作组。该工作组由9名成员组成,其中4名成员由市议会发言人任命,其余5名成员由市长任命。市长应指定一名成员为主席。在可能的情况下,工作组的任命应包括水运船舶经营人、纽约和新泽西州港务局,美国海岸警卫队和其他适当的监管机构、手动船舶经营人、纽约市内的私人码头和泊位,其他海滨物业业主、海滨环境专家和普通公众。每个任命的特别工作组成员可能因指定机构的原因被调走,空缺填补方式与任命相同。在任命其4名成员后,临时全市划船安全和尾流减少工作组即被视为成立。

3. 工作组成员应无偿提供服务,并应在主席认为必要时举行会议,或在部门或公园和娱乐部门提出有关船舶在纽约市领水内水道上旅行的规则时举行会议,但是在任何情况下,工作组在每年的会议次数不得少于 3 次。

4. 特别工作组应审查包括但不限于以下问题:在纽约市领水内的现有和拟议的登船或离船点;现有和拟议的手动船舶下水;当前或未来可能会对人力或水运船舶启动造成不利影响的地理区域和手动或水运船只用户;地形区域受到尾流影响造成或可能导致岸前财产损失和湿地侵蚀;社区外展;教育、执法以及与改善船员安全和减少尾流有关的任何其他活动。

5. 工作组应在成立后 12 至 15 个月内向议长和市长发布报告。此类报告应包括但不限于关于尽量减少对手动或水上船舶发射和手动或水上船舶用户的尾流影响的建议;尽量减少对岸前财产的尾流影响、社区外展、教育和执法活动。此类报告应在提交给议长和市长后 7 天内在纽约市网站上公布。

★立法经验点评:纽约港航道狭窄,沿岸临水码头、船舶、建筑物众多,船舶航运繁忙,过往船只往往带来较大的尾流,对船员、游泳者、沿岸临水财产构成了威胁,本法律规定针对临时全市船员安全和尾流减少工作组在此条法律生效后 90 天内成立,由 9 名成员组成,市长指定工作组主席,属于无偿性服务,一年内至少开 3 次会议。工作组的主要内容是审查纽约市范围内水域中港口、船只的情况,以及船舶启动造成的尾流对周围岸边财产、湿地侵蚀等的影响,保护船员安全,减少船舶尾流。该 9 名成员组成充分考虑到了利益相关方,且是无偿工作,由于议会和市长之间存在权力制衡,所以工作组提名由议会和市长分别提出。

6.4 出租车管理

6.4.1 持续违反与出租车和出租车司机有关的规则

1.(1)任何出租车司机或被雇用司机均可参加委员会批准的补救或进修课程。除非本款另有规定,在向委员会出示该司机已完成委托批准课程证明后,应从根据持续违法者方案评定分数中扣除 3 分,但本款另有规定除外。出租车司机或被雇用司机在 5 年内只可在此基础上减少一次扣分。在司机寻求登记时,如果没有批准的课程,该司机可参加本细则 3 第 1 款规定的课程。在这种情况下,根据本细则 3 第 1 款完成的课程,应导致从持续违反者方案下累积分数或在关键驾驶员方案下累积的分数中扣除 3 分,但在完成这一课程的司机当选后,两者不得同时取消。

(2)尽管有本款第一段的规定,在完成委员会批准的或机动车部门批准的课程之前,任何减分都不会影响委员会根据本方案可能采取的暂停或撤销行动,任何出租车或出租汽车司机都不得获得减分,除非该司机自愿参加此类课程。

2. 任何出租车司机或被雇用司机,如果违反了委员会规定,在 15 个月的时间内对其驾驶执照进行 6 分或以上但少于 10 分的扣分,驾驶执照未被撤销的,应将其暂停 30 日。

3. 任何被认定犯有违反委员会规定的出租车司机或被雇用司机,在 15 个月内其驾驶执照扣除 10 分或更多的积分,则被吊销执照。

4. 为了评估出租车司机或被雇用司机违反许可证的要点,如果出租车司机或被雇用司机因违反授权执行代理人的单次执法行动而发生多起违规行为,则该司机应被视为只有最高点评估的单一违规行为。

5. 出租车司机或被雇用司机不得对其委托签发的驾驶执照上的点数进行评估,或者在同一行为违反法律规定而不是委员会规则的情况下,实施的处罚违规行为彼此重复或实质上相同,任何此类司机因违反规定可能只会发出一次传票或违规通知。根据本节评估的分数可以加到委员会违反佣金规则的分数上。

6. 构成违法行为基础的行为是出租车或出租汽车司机无法控制和影响的,这应是一个肯定的辩护理由。

7. 任何出租车或被雇用司机进行仪表篡改的违规行为,应在其签发后的 5 个日历日内通过个人交付或通过认证和普通邮件向被许可人送达。被许可人有权在收到任何此类通知后的 10 个日历日内,向委员会或具有管辖权的其他行政法庭请求开庭。根据要求,此类听证会应在 10 个日历日内安排。如果第 10 天是星期六、星期日或假日,则可在下一个工作日举行听证会。在听证会结束后的 60 个日历日内,应就任何此类诉讼作出决定。如果在这段时间内没有作出这样的决定,作为诉讼主体的许可证应由委员会退还给被许可人,并视为具有完全效力,直至作出决定为止。对于出租车司机或被雇用司机发出的仪表篡改违规行为应该是肯定性的抗辩,以致此人(i)不知道或参与所谓的仪表篡改,并且(ii)已经尽职调查,篡改不会发生。

8. 出于本细则 7 的目的,业主的尽职调查应包括但不限于:

(1)向司机发出明确警告,表明违反仪表篡改规则将导致立即终止任何租赁协议。

(2)在书面租赁协议中包括含有违反仪表篡改规则的警告的规定。

(3)在发给出租车司机的旅行卡上加盖图章,说明篡改计价器是非法的。

(4)让管理人员或技工定期检查是否有适当的里程表和里程比较,以确定这两组数字之间是否存在不适当的差异。

（5）定期对出租车计价器及其所有出租车的接线进行随机检查，以查明是否有任何违反计价器篡改规则的证据。

（6）每一次佣金检验周期，都要由持牌计价器店检查所有这些业主的出租车。

★**立法经验点评**：此条法律规定出租车司机和被雇用司机在连续违反有关法规行为时，由机动车辆部门在 15 个月内对其委托驾驶证扣除 6—10 分，如果驾驶证未被撤销，则 30 天内不能开车上路。如果存在私自篡改车主仪表盘的行为，由委员会对篡改人发送听证会通知，车主也应配合相应调查。与国内立法不同，此处立法是专门针对出租车司机和被雇用司机违反委员会规定时，会对其驾照进行扣分管理。该条法律强化了出租车行业规则的法律约束力，并没有将出租车司机和普通驾驶员一同看待，适用最基本的交通法规，并将驾驶证扣分规则延续到了出租车行业管理之中。在纽约，驾驶证扣分是驾驶员非常希望避免的一种处罚，因为会直接影响到个人信用，其车辆保费和住房保费都会因扣分而迅速上涨。

6.4.2　噪声和空气污染规定

1. 定义。"辛烷值"表示研究辛烷值或通过研究方法测量的数值。应包括每加仑含铅量高达 0.075 克的汽油。

2. 从 1971 年 7 月 1 日起，所有符合本章规定许可的机动车辆，在 1972 年或以后的型号年份内制造的，应配备一台设计用于使用无铅汽油的发动机。在根据本章规定许可的 1972 年之前制造的所有汽车，应在下述生效日期内在纽约市运行，但仅限于汽油含有不超过以下重量铅含量相应的辛烷值范围。

	96 辛烷值及以上	96 辛烷值及以下
1. 1971 年 7 月 1 日和之后	每加仑 2.0 克	每加仑 1.5 克
2. 1972 年 1 月 1 日和之后	每加仑 1.0 克	每加仑 1.0 克
3. 1973 年 1 月 1 日及以后	每加仑 0.5 克	每加仑 0.5 克
4. 1974 年 1 月 1 日以后	0 克	0 克

3. 从 1971 年 7 月 1 日根据本章规定许可的，在 1970 年内生产的所有汽车，应配备此类排放控制装置或以其他方式符合排放标准一氧化碳、碳氢化合物和氮氧化物，适用于根据《联邦公共法》第 91-604 号（1970 年清洁空气修正案）引用的 1970 年型号生产的轻型车辆和发动机制造的一氧化碳、碳氢化合物和氮

氧化物。

4. 自 1971 年 7 月 1 日起,所有符合本章规定许可的 1971 年及以后生产的机动车,应装备此类排放控制装置或以其他方式符合管理标准由委员会制定的颗粒物、一氧化碳、碳氢化合物和氮氧化物排放量,在任何情况下均不得低于联邦、州或地方机构颁布的排放量,以最严格者为准。

5. 驾驶员不得操作或使用安装在持牌车辆上的喇叭或类似信号装置,除非即将发生危险的信号。委员会应颁布条例并通过有助于执行法规第 10-107 条 b 的第 a 分段和第 1 款的方案,并有权受理针对违反该规定的驾驶车辆驾驶员的投诉。

★立法经验点评:此条法律规定在 1972 年及以后生产的机动车需要配备使用无铅汽油的发动机,控制尾气排放标准,改善环境;禁止在非紧急状态下按喇叭及类似信号装置,减少噪声污染。由于出租车是 24 小时运营,因此也是城市大气排放污染物的主要来源,但美国汽车没有强制报废里程和报废生产年限,因此很多老爷车有可能也会继续承担出租车业务,此条款有利于降低纽约市汽车的尾气污染。

6.4.3　视力无障碍要求

1. 就本节而言,"视力障碍人士可以接触"是指任何配备有指导委员会在同一侧面和同一乘客舱中接触盲文和大字打印文本指令的出租车。如果出租车已经安装了支付技术,这种技术应该在每个出租车的同一个乘客舱内,并且还应该提供一个支付选项,按照委员会规定的方式,以允许视觉上受损的乘客支付费用。

2. 从 2013 年 5 月 1 日开始,所有出租车必须能够为有视力障碍的人士提供服务。

3. 根据规则,委员会可规定出租汽车的无障碍程度高于本节所要求的水平。

★立法经验点评:为了方便视障人士乘坐出租车,委员会规定市内所有出租车必须提供本条法律规定的盲文或大字打印文本和语音支付软件,提高无障碍程度。

6.5　校　车　管　理

6.5.1　安全带

从事纽约市学校运送残疾儿童运输业务的所有公交车辆或其他汽车,应为该公交车上的每个座位配备安全带和国家标准局或其他授权政府规定的其他特殊安全设备。

★**立法经验点评**：美国社会对残疾人的特殊照顾无处不在，残疾儿童也不例外。本条款是专门针对乘坐校车的残疾儿童制定的，此条法律规定纽约市残疾儿童乘坐的公交车辆或者其他汽车应配备有关标准的安全带设备，以保护儿童安全。

6.5.2　护送

1. 所有运送残疾儿童上下学的公交车和其他机动车辆除了司机外，还应配有陪同人员。这种护送的责任一般是监督和协助残疾儿童乘坐这种公共汽车；要求每个儿童使用安全带或其他安全装置，并将儿童送到上下车安全区域。

2. 在纽约市接送儿童上下学的校车司机，在得到护送人员保证儿童已坐下、系好座位上的安全带以及在其他方面安全信息之前，不得继续行驶。

★**立法经验点评**：规定运送残疾儿童的校车上下学期间车上还应安排专门的护送人员陪同，校车司机在护送人员确保儿童系好安全带后，方可行驶。

6.5.3　校车服务

1. 除本细则 4、5 和 6 规定的情况外，学生不得被允许登上由教育委员会或依照教育委员会的合同运营的校车，除非该学生拥有座位。

2. 教育委员会应制定并在必要时每年修订两项校车服务计划，以确保所有有资格接受校车服务的学生都有校车座位。其中一项计划应涉及在 9 月开始至 6 月结束的学年期间提供的校车服务，另一项计划应涉及暑期学校期间提供的校车服务。每个计划应在相关学年的第一天前准备，并应包括以下信息：(i)根据教育委员会规定的标准来确定学生是否有资格接受校车服务；(ii)为每所学校服务的校车路线的简要描述；(iii)对于每条校车路线，有资格乘坐校车的学生人数，以及该校车的最大载客量；和(iv)教育委员会认为有关的任何其他信息。计划完成后，将提交给市长和议长。

3. 如果在任何一个学年的任何时候，有资格乘坐校车在特定校车路线上行驶的学生人数超过在该路线上行驶的校车的最大座位容量，教育委员会应修改受影响的校车服务计划，并采取一切必要措施确保所有有资格接受校车服务的学生都可以在校车上获得座位。修订后的计划应确定根据细则 2(i)、(ii)、(iii)和(iv)所提供信息的任何变化，此外还应描述受影响的每条校车路线的修订，采取了哪些步骤来确保有资格乘坐校车在特定校车路线上行驶的学生人数不超过最大座位容量。修改的计划完成后,应提交给市长和议长。

4. 不迟于 9 月开学第一天的前十天,并且不迟于暑期开学第一天的前十天,教育委员会应当准备并提供每个公交公司将运输的学生或学校,以及有资格乘坐由公共汽车公司服务的校车路线上运行校车的学生名单。为每条校车路线编制一份单独的清单。每个清单应按名称、校车站和学校认定每个符合条件的学生,但不得包含与此类学生有关的任何其他信息。教育委员会应要求公共汽车公司向司机提供适合每条校车路线的清单。教育委员会应准备并及时提供给每家公共汽车公司修订和更新的列表,以反映符合本节要求的任何必要的变化。所有被列为有资格在特定校车路线上接受校车服务的学生均有权登上在该路线上运行的校车。在正常上学日开始运送学生期间,没有被列为有资格在特定校车路线上接受校车服务的学生不得登车,但是,如果等待乘坐这种校车的学生不是由成人陪同的,公交车司机应允许这些学生登车。在正常上课日结束时,在放学时,学生在未经校方指定的人员指派的情况下,除非获校长依据本细则 5 委派的人员授权,否则不得登上在该路线上行驶的校车。

5. 每一所学校的校长或由校车接送学生的学校,应安排人员在正常上课日的开始,以及在正常上课日的结束时,在校车上监控学生离开学校的校车。根据本细则 4,应向这些人员提供与校车司机相同的名单。这些人员应:(i)在正常上课日结束时,决定是否允许一名未被列为符合资格的学生在特定校车路线上接受校车服务;(ii)通知该学生的家长或合法监护人他已被禁止或可能被禁止上校车;(iii)向父母或法定监护人提供负责确定学生是否有资格接受校车服务的办公室的地址和电话号码;(iv)对于每辆校车,保留未列入符合资格的学生离开或上车的记录;(v)确定是否应将有关此类学生的信息提交负责确定学生是否有资格接受校车服务的办公室,并在适当时将此类信息报告给该办公室。在确定是否以及如何修改受影响的校车服务计划,修改和更新符合细则 3 的符合条件的学生名单时,应考虑向该办公室报告的信息以及教育委员会可获得的其他相关信息。

6. 尽管本节有任何其他规定与此相反,在 9 月开学的前 10 天和夏季开学的前 10 天,在校车站等候上学的学生可能被允许登上校车,无论该学生是否被列为有资格接受该校车路线上的校车服务,并且在正常上课日结束时,可以被允许登上在这样的校车站停车的校车。

7. 本节的规定只适用于由教育委员会或根据与教育委员会的合同运营的校车。

★立法经验点评:此法律主要是保证每一位适龄入学儿童都能够有自己的

校车座位,如果没有座位,学生是不能登上校车的,为了达到此目标,法律规定教育委员会应制定并在必要时每年修订两项校车服务计划,以确保所有有资格接受校车服务的学生都有校车座位。由教育委员会在学校开学前提供给校车服务的汽车公司的校车服务计划包括获得校车服务的学生名单、校车路线的清单,并及时提供更新的清单列表。一般情况下,不允许学生乘坐他不适合路线的校车,但是在没有成人陪同的特殊情况下,考虑到学生的安全性,允许其乘坐校车。

7 城市社会服务篇

7.1 社 会 服 务 部

7.1.1 亲属接济穷人

1. 接受公共援助或照顾的人的配偶或父母,或有需要的人的配偶或父母,如有足够能力,须负责该人的赡养,但父母只须负责其未成年子女的赡养。继父母应以相同的方式抚养未成年子女。

2. 如果一个穷人:

(1) 有一个能接济他的亲属;

(2) 没有人接济他,如本条款所规定的,则 A 将会得到署长的照顾,该署长可向家事法庭申请命令,迫使亲属 B 支付在公共或私人机构或署长安置的住所期间由该署长确定用来照顾 A 的合理费用。作出该命令并执行该命令的程序应以署长的名义并由其执行。有关署长对此类收费合理性的认定可随时在家庭法院进行审查。

3. 证明本节中提到的穷人没有足够的支付手段的证据应该是推定证明他可能需要接受公共援助的证据。为支持穷人而进行诉讼的亲属应视为有足够的能力协助提供支持,除非相反情况得到法院或法官的肯定。

4. 署长可以直接与亲属订立协议,以支付该署长确定的费用,而不是按照本节规定提起法律诉讼,署长作为公共负责人,负责确定照顾所维护或即将被照顾对象的合理费用。

★**立法经验点评**:美国法律强调的首先是配偶的救济责任和父母对未成年子女的抚养责任,规定了成年贫穷人士的配偶应承担救济他的责任,父母或继父母只对未成年儿女承担抚养责任。如果一个穷人的亲属有能力却不救济,则由服务部署长承担救济责任,所需费用由署长通过家庭法庭向其亲属索取,署长也可以直接与亲属签订协议,支付救济费用,不通过复杂烦琐的法律程序。

7.1.2 委员

1. 署长可在拉瓜迪亚营地和尼泊尔之家为老年人开设一个商店,以供居民及其雇员使用和受益。在该等商店销售所得的所有款项,须每半年支付一次予财务署署长。法律规定这些款项应适用于在该等分局执行职务的每位官员或员工。派出所的账目,由主计长按照章程和守则的规定,接受主计长和其他一切权力的监督、审查和审计。

2. 所有从这些商店销售中获得的款项应保存在一个单独的独立基金中,称为商业基金。该基金应用于:

(1) 购买所有商品以便在这些商店转售;

(2) 为这些商店购买用品、材料和设备;

(3) 为这些委员提供工作或劳动;

(4) 尼泊尔之家所有老年商店雇员的工资和预算主任所批准的奖励津贴,支付给获准在拉瓜迪亚营地商店工作的拉瓜迪亚营地居民;以及

(5) 运营此类商店的所有其他费用和开支。

3. 在扣除细则 2 所述的所有项目之后,分配基金中的任何剩余将用于拉瓜迪亚营地和尼泊尔之家居民的一般福利。如果此类资金在任何时候超过一万美元,超出的部分将转入统筹基金。

4. 本细则 2 第 1 款所述项目的所有支出应由署长签发并由审计员审计的凭单进行。细则 2 和 3 所述的所有其他支出应由署长根据市长批准的时间表或按照市长权力下放的预算董事的时间表进行。应当按照《纽约市行政法典》第 13 章的规定提供一切用品、材料、设备和商品,以及所有的工作或劳动,其费用应从商店基金中支付。

5. 所有在尼泊尔之家老年商店工作的人员应按照公务员法律和规则进行任命。该雇员的工资由市长确定。纽约市代表职工缴纳的工资和全部养老金应从佣金中支付。

6. 任何与商店基金有关的高级人员、雇员或居民,如其职责涉及管有或控制基金,则须为忠实履行其职责而向纽约市发出保证书,该保证书的款额和担保人则须由主计长批准,或另须包括在为纽约市投保的一揽子保证书的承保范围内。

★立法经验点评:此条法律规定服务署署长可以在拉瓜迪亚营地与尼泊尔之家分别开设一个商店,方便居民生活。根据商店所获收益建立商店基金,用于购买商店所需的商品、材料、设备与运营所需,还用于支付商店雇员工资与奖励津贴。商店雇员工资由市长确定,工资与养老金由纽约市代缴,从商店基金中扣除,并且管理商店基金的相关人员需要发出保证书,款额由主审计长确定,以保证相关人员诚实尽责。

7.1.3　纽约市寄养儿童保护委员会

1. 特此设立纽约市寄养儿童保护委员会(以下简称委员会),由 15 名公众成员组成,他们将无偿提供服务,由市长从纽约市居民中任命,这些居民一直积极从事儿童保育工作,或以其他方式被认为对儿童保育领域感兴趣。在进行这种任命时,市长应尽一切努力任命与向儿童提供寄养服务的主要联合会有关的个人和与那些通过直接向儿童提供服务、协调或规划儿童服务或通过对儿童保育领域的研究正在为纽约市儿童服务的规划作出重大贡献的组织有联系的个人。该委员会的成员应有健康儿童福利计划基础学科背景,包括精神健康、教育、宗教、家庭和儿童福利方面的法律和儿科专家。市长可以任命并随意地撤销该委员会的执行董事和助理。执行董事和助理的工资由市长确定,并由该部门拨款支付。上述公职成员的任期为 4 年,但第一任成员的任期将于两年结束时届满,5 名在两年结束时、5 名在 3 年年底、5 名在 4 年结束时届满。任何成员在 1964 年 7 月 1 日之后,连续任职不超过 8 年。市长应从成员中任命一名主席和一名副主席,每人以该身份任职两年。市长为填补其前任任期届满前出现的空缺而任命的任何公职人员,应在任期的剩余时间内予以任命。

2. 除 7、8 月外,委员会每月至少召开一次会议,并应在主席召集的其他时间举行会议。委员会任何 6 名成员提出书面要求时,主席应召开委员会特别会议。部门应按要求向委员会提供专业和文书方面的专职协助。

3. 该委员会应具有下列权力和职责:

(1) 向纽约市内纽约州家庭法院的署长和行政法官提供关于儿童寄养所有阶段的建议,包括旨在防止需要此类照料的建议。

(2) 建议有关当局制定适当的寄养儿童标准,但纽约市卫生委员会或纽约州社会福利委员会依法建立的标准除外。

(3) 研究并报告为儿童提供充分寄养所需的设施的范围和性质。

(4) 协调临时护理服务,并就儿童的类型以及将被允许进入临时庇护所的年龄范围提出建议,以便通过适当的膳宿满足儿童的需要,例如避免服务重叠。

(5) 按照委员会颁布的规定,单独或者集体参观临时避难场所;建议纽约市的署长和纽约州家庭法院行政法官在私营机构的合作下研究寄养设施。

(6) 建议部门保存此类记录并编制委员会认为可取的统计数据,但须经委员会批准。

(7) 通过适当的渠道,建议寄养机构和接受公共资金的机构处理与发展和修改计划有关的一切事宜,以满足不断变化的寄养需求。

（8）向纽约市纽约州的家庭法院的署长和行政法官提出适当的建议，以便每年或更频繁地向市长提交影响寄养儿童的所有事项需要。

（9）提出适当的建议，尽可能减少儿童在临时庇护所逗留的时间。

4. 每当委员会或其授权代表有此要求时，纽约市的任何公职人员或机构掌握有关照料儿童的机构维持或运作的信息，或保存关于其的记录，应提供此类信息和记录，并提供成绩单或副本给委员会。

5. 该委员会的职能是利用法律规定的所有方法来阻止和防止在儿童寄养方面因种族、肤色或民族出身而产生的任何歧视。

6. 关于儿童寄养，委员会应提出适当建议，以执行与寄养有关的所有法律规定，包括规定保存和保护儿童宗教信仰的法律，均应确保维护和保护儿童的宗教信仰。

7. 每当在本节中使用时，以下术语应表示或包括：

（1）"寄养儿童"。在社会服务官员的管辖范围内，离开他们自己的住所或寄养所，在临时庇护所或社会服务法界定的其他授权机构需要监督人员照顾遗弃、贫困、被忽视或犯罪的儿童。

（2）"临时住所"。用于经营或维护的临时照顾贫困、受抚养、被忽视、犯罪或需要监督人儿童的公共资金机构。

（3）"临时护理"。在一个暂时避难所内短暂地照顾一个被遗弃的、营养匮乏的、被忽视的或有犯罪倾向的儿童或需要被监护的人，等待儿童返回自己的住所或安置在远离其自身的长期照护之家。

★立法经验点评：寄养儿童机制是保护那些被遗弃、贫困、犯罪、被忽视儿童的一个重要机制。纽约市设立的寄养儿童保护委员会，由15名从事儿童保育工作或对儿童保育工作感兴趣的纽约市市民组成，该委员会的成员应反映一个健康的儿童福利计划的基础学科，包括精神健康、教育、宗教、家庭和儿童福利方面的专业法律和儿科知识背景。规定了委员的任期、会议召开的次数以及委员会的权利和职责。还规定委员的职能应防止儿童因种族、民族、肤色等在寄养方面遭到歧视，保护儿童的宗教信仰自由等。

7.1.4　筛选托幼服务人员

1. 与纽约市签订合同提供托幼服务的个人、公司或其他实体均应负责招聘适当的人员；核实证件和参考资料；审查犯罪记录信息；筛选所有现有和未来的人员；并选择和雇用提供托幼服务所需的所有人员。筛选应包括但不限于：

（1）指纹识别；

（2）对刑事定罪和未决刑事诉讼的审查，承包商不得解雇或永久拒绝雇用目前和未来的刑事诉讼对象人员，但可暂停这些现任人员的职务，或推迟对这些潜在人员的雇用决定，直至待决的刑事诉讼作出为止；

（3）向全州中央登记处查询是否存在虐待儿童的情况；

（4）对于未来的员工，询问申请人最近的三位雇主。特此授权并要求承包商查询纽约市机构提供的犯罪记录者指纹信息数据库。

2. 作为就业和继续就业的条件，承包商应获得所有现有和未来托幼服务人员的书面同意，以进行指纹和犯罪记录审查。否认此类同意将成为解雇或拒绝聘用的理由。

3. 部门应要求承包商提供适当文件说明其符合本节规定。本细则 1 和 2 的要求应纳入纽约市签订的托幼服务合同，违反合同规定应构成足以导致终止合同的重大违约行为。

4. 就本节而言，"人员"应包括日间护理员工、家庭日间护理服务提供者及其家庭成员以及首席员工。

★**立法经验点评**：为保障被照料儿童的人身安全不遭受护理人员的虐待和侵犯，本条法律规定与纽约市政府签订提供托幼服务合同的个人、公司和其他实体应该招聘相关服务人员，并对招聘对象的证件、资格、犯罪记录、指纹等进行审查。该审查机制较为严格：（1）指纹识别；（2）对刑事定罪和未决刑事诉讼的审查，雇主不得任意解雇涉事人员，必须等到判决或者诉讼作出后才能决定；（3）向全州中央登记处查询是否存在虐待儿童的情况；（4）向其最近的三位雇主询问相关信息。以上审查作为托幼服务人员的就业条件，并签订书面同意书，不同意者则会被拒绝雇用或者被解雇。社会服务部与服务承包商签订服务合同，违反合同行为属于违约行为，会造成两方终止合同的后果。精细化的托幼服务从业人员背景调查经验使得官办托幼服务机构的安全性大大增加。

7.1.5　家庭托幼和团体家庭托幼

1. 定义。就本节而言，应适用下列定义：

（1）"家庭托幼服务提供者"是指根据《社会服务法》第 390 条注册的个人。

（2）"团体家庭托幼服务提供者"是指根据《社会服务法》第 390 条获得许可的个人。

（3）"行政管理"是指儿童服务管理。

（4）"托幼服务提供者"或"提供者"是指家庭托幼服务提供者或团体家庭托幼服务提供者。

(5)"获批准的家庭托幼服务"是指由主管部门或纽约市的其他适当机构指定的个人、社团、公司、合作伙伴、机构、组织或其他实体,并与政府部门协商后有资格检查家庭托幼服务提供者或团体家庭托幼服务提供者的家庭,寻找有资格提供资助托幼服务者,协助此类服务提供者完全遵守所有适用的法律、法规和规定。

(6)"资助儿童保育"是指由托幼服务提供者提供的全部或部分儿童保育服务,如果是由托幼服务提供者或授权家庭托幼服务提供或依照赠款或合同支付费用,则向父母签发儿童保育证书。

(7)"儿童保育证书"是指直接向父母签发的证书或优惠券,该证书或优惠券用作支付儿童保育服务的款项,或作为儿童保育服务的押金,如果提供者需要为其他儿童提供此种押金的话。

(8)"父母"是指监护人父母、法定监护人或其他合法监护孩子的人。

2. 主管部门应完成本细则所述的服务,并提供本细则所述关于提供补贴儿童照料者的服务,然而,在法律允许的范围内,这些任务和服务可委托给授权的家庭托幼服务提供者:

(1)监督为每个儿童提供的照顾,并确保满足每个儿童的个人需求,确定需要进一步评估的儿童并适当转介个人或家庭相关服务。

(2)在接受资助儿童看护的第一名儿童与该托幼服务提供者接触后 30 天内,检查托幼服务提供者的住所,以确定该托幼服务提供者是否符合《社会服务法》第 390 条的要求、颁布的条例以及根据《社会服务法》第 390 条批准的任何计划,并且托幼服务提供者能够为儿童提供安全和适当的照顾,以支持他们的身体、智力、情感和社会福利。由经授权的家庭托幼服务机构进行检查时,托儿所应当向该授权家庭托幼服务机构提供其填写的申请表格的副本以及由该服务提供方拥有的所有其他证明文件和相关材料。但是,本款不适用于在本节生效日期之前提供此类护理的资助儿童保健服务提供者,并仅通过儿童护理证书收取此类护理费用。

(3)安排父母一方在将子女安置在接受补贴的托儿所之前访问托幼服务提供者的家,以确定该托幼服务提供者有能力提供安全和适当的照料,以支持该儿童的身体、智力、情感和社会福利。

(4)每年不少于五次检查每一家有补贴托幼服务的家庭的运作情况,这种视察应与根据本细则第 3 款进行的任何探访或美国农业部根据儿童和成人照料食品方案授权进行的探访分开进行,目的是确保看护家庭按照儿童和成人照料食品方案提供儿童保育服务。但是根据所有适用的法律、条例和细则的要求,在本节生效之日提供这种托幼服务并完全通过儿童保育证书领取此种托儿费的托幼服务提供者中,有20%应在纽约州儿童和家庭办公室批准本款的规定后每月接受检查服务,以便在批准后的5个月内对每一家庭进行检查,并在批准后的第一年内对所有此类提供者再进行4次检查。

(5)在托幼服务提供者提供资助幼儿服务的第一个6个月内,检查每一所获资助托幼服务院舍的运作情况,并在未来6个月内至少额外检查一次,而该时间须与本细则第2、3及4款所规定的探访及视察分开进行,但第2、3及4款所规定的探访及视察除外。本款不适用于参加美国农业部儿童和成人照料食品方案的提供者和那些在本节生效日期之前提供这种托幼服务并完全通过托儿所证明领取此种托儿费的儿童保育补贴提供者。

(6)除本细则第3款及第4款所规定的探访及视察外,与该等探访及视察分开,在提供资助托幼服务的每一所院舍,在该机构在本段生效日期后恢复提供资助幼儿照顾的资格后,或经裁定违反上述规定后的首个6个月内,检查其运作情况不少于两次。任何适用的法律、条例或规则的任何规定,在裁定违法行为时除非有以下情况:(a)没有对公共健康产生不利影响,(b)不涉及现场卫生、火灾危险或安全危害,(c)与工作人员资格或方案要求无关,(d)与托幼服务提供者的任何儿童的纪律、监督或营养无关。行政当局还应进行其认为必要的额外检查,以确定已恢复提供补贴托幼服务提供者能够向支持其身体、智力、情感和社会福祉的儿童提供安全和适当的照料,并确定任何违反本款所述类型的行为都已得到纠正。

(7)协助收集和审查医疗和免疫信息,这些信息是为提供者提供补贴儿童保健的所有儿童所需要维护并监测的医疗和免疫要求。

(8)根据需要向托幼服务提供者提供指导和培训,以遵守所有适用的法律、法规和规则。

(9)协助建立和维护行政机构和代表纽约州行事的任何市政机构所需的所有文件,以监督提供者的活动并协助提供者遵守所有适用的法律、法规和规则,包括维护考勤记录。

(10)协助申请人和提供者妥善准备许可证和注册申请以及更新许可证或注册申请。

(11)协助每个托幼服务提供者创建和维护一个文件,该文件包含该托幼服务提供者的指纹记录和其每个雇员的指纹记录,任何代表该托幼服务提供者的志愿者以及该托幼服务提供者的任何家庭成员护理提供者,年龄在16岁及以上,并监督每个此类提供者的活动,以确保为本文所述类别中的每个人保留指纹记录。

(12) 监督每个托幼服务提供者需要维护的文件,其中包含该提供者的医疗记录和该托幼服务提供者的每个雇员的医疗记录,任何代表该托幼服务提供者以及其的任何雇员并监督每个此类提供者的活动,以确保包含最新信息的医疗记录针对此处所述类别中的每个人进行维护。

(13) 决定提出申请作为托幼服务提供者或注册或持牌托幼服务提供者的个人是否能够按照所有适用的法律、条例、规则和根据《社会服务法》第 390 条批准的任何计划提供家庭儿童保育或集体家庭托幼服务,并酌情指定这些提供者有资格提供有补贴的托幼服务。在作出这一决定时,行政当局应考虑包括但不限于下列因素:

(i) 已向国家儿童虐待和中央登记中心完成了申请人或托幼服务提供者、这类托幼服务提供者的每一名雇员、代表该托幼服务提供者行事的志愿者以及居住在该申请人或儿童托幼服务提供者家中的任何 18 岁或 18 岁以上的人的登记;

(ii) 申请人或托幼服务提供者、该等托幼服务提供者的每名雇员、代表该托幼服务提供者行事的志愿者,或居住在申请人或托幼服务提供者家中 16 岁或以上的任何人,如有刑事定罪记录,只要有这些资料,均属犯罪记录;

(iii) 申请人或托幼服务提供者以及托幼服务提供者的每名雇员,代表托幼服务提供者的志愿者和所有其他家庭成员进行健康检查,并在过去 12 个月内接受过肺结核检查;

(iv) 托幼服务提供者以纽约州儿童和家庭服务办公室提供的形式,或由另一个纽约市或州办事处为此目的,为得到托幼服务的每一名儿童保存一份登记册或一份经批准的同等文件:

(a) 该儿童的姓名和出生日期;

(b) 其父母的姓名和地址,包括指定的紧急联络人及其电话号码;

(c) 儿童和家庭服务机构或其他适当机构或办公室可能要求的其他资料;

(v) 托幼服务提供者已经接受或应该接受不低于《社会服务法》第 390 条所规定的及其他规定所要求的培训或根据细则 6 批准的计划,规定不同的培训要求;

(vi) 托幼服务的儿童已经接受或将接受符合他们的年龄、需要和情况以及托幼服务提供者的需求和情况的指导,采用的技术和程序将使这些儿童能够保护自己免受虐待;

(vii) 托幼服务提供者的日常计划符合纽约州法规、规则和条例;

（14）向托幼服务提供者提供技术援助，遵守所有适用法律、法规和规则以及其他规定，以确保儿童得到安全和适当的照顾，支持他们的身体、智力、情感和社会福祉；

（15）协助家长从有资格提供资助儿童保育的托幼服务提供者中选择合适的托幼服务提供者；

（16）提供关于美国农业部门或代表美国农业部门运营的儿童和成人保健食品计划的详细书面资料给每一名没有参加此类计划的津贴托幼服务提供者，以及每个申请成为提供者的申请人在提交申请时提供补贴托幼服务；和

（17）鼓励提供者和申请人参加儿童和成人保健食品计划，并协助这些人在一天或几天内入学和提供托幼服务，以提高家长寻找和利用就业和受教育机会的能力。

3. 如果获得授权的家庭托幼服务者根据所适用的法律、法规和条例的要求无法提供或未提供托幼服务的信息，应引起管理部门的高度重视，如果主管部门得出结论认为，对儿童的身体、智力、情感和社会福利的支持不能或不能提供给儿童安全和适当的照顾，则此类托幼服务提供者不应在这种情况下有资格提供资助托幼服务。

4.（1）在本节生效日期之后不迟于 60 天，主管机关应根据《社会服务法》第 390 条提交一份计划或对现有计划的所有修正，以使该计划符合本节连同解释说明需要对资助托幼服务提供者施加额外要求的合理解释以及监测遵守这些额外要求和所有适用法律、法规和规定的计划。

（2）主管部门提交的计划应要求其提供根据《社会服务法》第 390-a 条规定的培训或将授权提供给家庭托幼服务机构。主管部门应在此请求中包括释放纽约市内可用于此类培训资金的申请。行政机关根据该计划提供培训的权力应取决于国家的授权和释放资金。

（3）主管部门提交的计划还应包括对每个提供资助托幼服务提供者的以下要求：

（i）为确定该托幼服务提供者符合《社会服务法》第 390 条的要求，该托幼服务提供者的住所应提供给主管机关或授权的家庭托幼服务机构进行检查，以确保符合《社会服务法》第 390 条批准的任何计划，以及托幼服务提供者能够为儿童提供安全和适当的照顾，这些照顾包括他们的身体、智力、情感和社会福祉。当检查由授权的家庭托幼服务机构进行时，托幼服务提供者应向该授权的家庭托幼服务提供者提供托幼服务的真实副本；

（ii）当确定希望提供资助托幼服务的托幼服务提供者住所不完全符合适用

的法律、法规和规则时,托幼服务提供者应将该住所改变为完全符合所有适用的法律、法规和规则的要求;

(iii) 托幼服务提供者只有在以下情况下才有资格提供资助托幼服务:

(a) 亲自在提供者自己家中提供托幼服务;

(b) 成为该家庭唯一的托幼服务提供者;和

(c) 在团体家庭托幼服务提供助理照顾者,享有州和联邦法律可能要求的任何和所有就业福利,包括向这些照顾者支付《劳动法》第 19 条规定的最低工资;

(iv) 确保每个提供者和任何提供者助理在注册或获得许可后的第一年内接受或将接受不少于 15 小时的培训,此后每两年一次,应在第一个托幼服务提供者与该托幼服务提供者安置后的头三个月内开始提供 6 个小时的培训。这种培训应包括但不限于下列专题:

(a) 儿童早期发展的原则;

(b) 婴儿和儿童的营养和保健需求;

(c) 儿童保育方案的制定;

(d) 安全和保安程序;

(e) 业务记录维护和管理;

(f) 虐待儿童和虐待身份和预防;

(g) 有关儿童保育和虐待儿童所有法律、规章和规则。

5. 在收到计划的书面批准或根据本细则 4 提交的任何现有计划的修正案 60 天内,主管部门应采取一切必要步骤实施此计划或修订计划,并监督托幼服务提供者和任何授权家庭托幼服务。

6. 根据本细则 4 的要求起草计划或修改现行计划时,主管机关应包括实施本节要求所需的其他规定。

7. 如果计划的任何部分或对根据本细则 4 提交现有计划的任何拟议修正案的任何部分未获批准,则该不批准不应影响该计划或修正案的任何其他规定,并应执行在国家批准的范围内的每项规定。

8. 根据本细则 4 提交的计划中的任何内容都不应该被解释为与联邦法律的任何规定或其他规定不一致,也不应被解释为影响《社会服务法》第 309 条及其下发布的任何规定,授权任何针对托幼服务提供者的执法活动,包括但不限于暂停、撤销、限制或终止执照或注册以提供托幼服务的程序。如果任何规定由法院解释,或者如果州或联邦机构或办事处发布书面决定或其他通知,由于任何规定将会导致重大资金损失,则此规定应视为无效。

9. 禁止吸烟,任何人不得在根据本节许可的任何课后计划的入口、出口或户外区域的 100 英尺内吸烟;但条件是该规定只适用于托幼服务期间以及此类课后方案开始运作的时间内;并规定该细则的规定不适用于在住宅内吸烟,或在该住宅的不动产边界线内。根据《纽约市公共卫生法》第 139 条第 3 款第 3 小节规定,可以张贴标志,指明禁止吸烟的具体时间。

★**立法经验点评**:此条法律主要规定了纽约市社会服务部门在托儿监管方面的法律责任。对于监管责任进行了非常精细化的设置。监督托幼服务提供者(个人、团体)(可称之为托儿所)提供的服务满足每个儿童的需求,并在儿童入托的 30 天内检查托儿所的情况。该部门检查托儿所运转情况的次数一年不低于 5 次,在托儿所首次提供托幼服务的前 6 个月内检查一次,在后 6 个月内再检查一次。社会服务部门应协助托儿所收集儿童的医疗和免疫信息,为服务人员提供指导和培训。对注册挂牌的托幼服务提供者进行详细的审查,为幼儿家庭提供帮助,以寻求合适的托儿所。

7.1.6 儿童保育基金临时工作组

1. 自本规定生效之日起 30 日内,应由市长设立一个由儿童保育基金组成的临时工作小组,由各市代理机构授权、许可、资助或以其他方式管理托儿设施或服务以及本节规定的其他人员。此类工作组的纽约市机构代表应包括但不限于人力资源管理部门与健康和心理卫生部门的代表。纽约市审计长可指定一名代表担任此类工作组成员。该工作组其他成员的任命如下:5 名由议会议长任命,6 名由市长任命,包括工作组主席。特别工作组的这些额外成员应包括但不限于托幼服务提供者的代表。工作组成员包括主席,应无偿提供服务。

2. 自本规定生效之日起 7 个月内,儿童保育基金临时工作组应向市长和议长提交报告。此类报告应包括但不限于:

(1) 确定托幼设施和服务的现有公共和私人资金来源;

(2) 分析提供给这些托幼设施和服务的公共资金的分配和使用情况;

(3) 关于改善这种托幼设施和服务资金的建议;和

(4) 建议消除或减少托幼服务的重叠和分散,并提高提供服务的效率、效力和经济性。

3. 在审议过程中,工作组可以邀请托幼服务提供者,参加托儿计划的儿童家长和非营利儿童倡导组织参与。为便于进行这种审议,特别工作组应至少举行两次公开听证会,其中一次应在晚上举行,以允许更多的父母参与。

★**立法经验点评**:在纽约,义务制教育阶段是完全免费的,但未达到入学年龄的托幼服务价格非常昂贵,这给很多年轻父母造成了较大的经济压力,为保障托幼服务的效率和经济可负担,纽约市公共资金会对托幼服务进行补贴。此条法律规定在生效后一个月内,由纽约市市长组织建立儿童保育基金临时工作小组,小组成员 11 名,无偿提供服务。工作组分别在白天和晚上举办一次听证会,并邀请托儿所、参与托儿计划的儿童家长与非营利儿童倡导组织参加。

7.1.7　儿童和儿童照顾方案临时委员会

1. 特此设立一个由 15 名成员组成的儿童和儿童照顾方案临时委员会。市长应任命 9 名成员,其中一人应担任主席。议长应任命 6 名成员。市长或议长任命的 15 名成员中,没有人是纽约市的当选官员或雇员。此外,议长、审计长、人力资源管理员、市教育局局长、议会总福利委员会主席、市卫生和心理健康局局长、市精神卫生局局长、议会议长或其代表以及市长办公室的一名代表应各自担任委员会的无投票权的当然成员,或指定一人代替其工作。纽约州社会服务部的行政长官可自行决定担任该委员会无表决权的当然成员,或指定一人代替他或她。该委员的任期为 9 个月。该委员会的成员应在本节生效后 30 天内任命。每个成员,包括每个当然成员,都应在委员会的任期内无偿服务。

2. 该委员会可以任命一名执行董事,以满足其职责,并且可以聘用或保留必要的其他雇员和顾问,以履行其职能。

3. 在 9 月 30 日或之前,该委员会应向市长和市议长发布报告。报告应就下列领域提出具体建议,并应包括对这些建议的财政影响的评估:

(1) 儿童和儿童照顾方案在教育中的作用;

(2) 儿童和儿童照顾方案在向家庭提供资助方面的作用;

(3) 儿童和儿童照顾方案在社区发展中的作用;

(4) 儿童和儿童照顾方案对有特殊需要儿童的作用,包括但不限于精神和身体残疾儿童,无家可归的儿童和需要预防服务的儿童;

(5) 儿童和儿童照顾方案在福利改革中的作用;

(6) 雇主在公共和私营部门提供儿童和儿童照顾方案的作用;

(7) 增加获得许可的日间护理设施和家庭日间护理服务提供者的数量并招募和留住儿童和儿童护理计划人员的方法,包括但不限于税收优惠;

(8) 为儿童和儿童照顾方案获得额外资源并改进现有资源分配的方法;

(9) 使更多家庭能够负担儿童和儿童照顾方案的方法;和

(10) 如有需要,改变许可标准以促进儿童和儿童照顾方案。

4. 尽管本细则 1 有规定临时委员会人数,但市长可增加 4 名委员,委员会的发言人可任命另外 2 名委员。根据本分部指定的成员不得选为纽约市的官员或雇员。每增加一名成员,在委员会的任期内应无偿提供服务。

★**立法经验点评**:本条立法的特色是儿童和儿童照顾方案临时委员会 15 名成员由议长和市长任命,这些委员不得在政府机构中担任任何职务,由无政府职务的人担任委员的主要出发点是避免提交儿童照顾方案报告时受到部门利益的掣肘。委员会在每年的 9 月 30 日之前向市长和议长提交报告,报告内容包括儿童和儿童照顾方案在教育、家庭支持、社区发展、有特殊需要的儿童、福利改革等方面的作用,以及提供托幼服务者的数量、改进资源分配方法、根据实际情况改变标准等内容。

7.1.8 为艾滋病患者提供福利和服务

1. 每当在本节中使用时,下列术语应定义如下:

(1)"获得福利和服务"是指该部门的工作人员在一个地点向患有临床/有症状的艾滋病病毒感染者或艾滋病患者提供协助,以申请公共补贴福利和服务,建立任何以及所有资格要素;

(2)"已完成的申请"是指:

(i)客户收据上的日期,表明根据本细则 3 第 2 款完成了申请;

(ii)未提供收据的情况下,客户向分部提供完成客户申请福利或服务所必需的所有信息和文件的日期;

(iii)如果单独确定医疗补助或食品券的资格,则拒绝公共援助申请的日期或收件人的公共援助案件结束日期。

(3)"部门"是指根据本章或其功能或法律等同性确定艾滋病服务的划分部门;

(4)"合格人员"是指满足根据适用的地方、州或联邦法规、法律或规则为本细则 2 中规定的福利和服务设立的资格要求人员,或任何其他福利和署长认为适当的服务人员;

(5)"即时需要补助金"是指提供给看似直接需要人的预调查补助金;

(6)"法定时限"是指根据联邦、州或地方法律、规则、法规或有管辖权法院的命令,必须向合格申请人提供福利或服务的时限;

(7)"医学上适宜的过渡性和永久性住房"是指适用于免疫系统严重受损人的住房,如有必要,本规范规定的残疾人可以进入。这种住房应包括但不限于个人冷藏食品和存储药品以及足够的浴室设施,该设施至少应提供有效的锁定机制和任何其他确保隐私所必需的措施;

(8)"非应急住房"是指由该部门提供或管理的住房,包括但不限于被称为分散场所地 I 住房,分散场地 II 住房和集体住房;

(9)"临床/有症状的艾滋病病毒感染者或艾滋病患者"是指由纽约州卫生部艾滋病研究所或艾滋病病毒携带者在任何时候被诊断患有临床/症状性艾滋病疾病的人,由联邦疾病控制和预防中心确定;

(10)"处理福利或服务申请的处理时间"是指处理该部门管理的福利或服务申请所需的时间,不应以平均数表示,而应以类别报告各个时间段如下:

(i) 食品券、医疗补助和公共援助非紧急申请:0 至 15 天;16 至 30 天;31 至 45 天;46 至 65 天;66 至 75 天;超过 76 天;

(ii) 即时需要赠款和加急食品券:同一天;1 至 5 天;6 至 10 天;11 至 17 天;超过 18 天;

(iii) 所有其他非紧急福利和服务,包括但不限于增强租金援助和额外津贴的政策例外情况:0 至 15 天;16 至 30 天;31 至 45 天;46 至 75 天;超过 76 天;

(iv) 在紧急情况下提供的所有其他福利和服务,包括目前被称为"紧急 CBCFAs"的福利和服务:(a)报告从申请到批准或否决的时限:0 至 2 天;3 至 5 天;6 至 10 天;11 至 15 天;超过 16 天;(b)报告从批准到提供福利的时限:0 至 1 天;2 至 5 天;6 至 10 天;11 至 15 天;超过 16 天;

(v) 申请非紧急住房:0 至 15 天;16 至 30 天;31 至 45 天;46 至 75 天;76 至 100 天;超过 100 天。

(11)"单独确定医疗补助或食品券的资格"是指当一个人的公共援助申请被拒绝或收件人的公共援助申请被关闭时,确定是否有资格获得医疗补助或食品券。

2. 署长应指导艾滋病服务部门的工作人员为每一位有临床/症状的艾滋病病毒感染者或需要帮助的艾滋病患者提供福利和服务。任何符合条件的人员只能根据当地、州或联邦法律、法规或规则确定的适用资格标准获得此类人员的福利和服务。这些福利和服务应包括但不限于:符合医疗条件的过渡性和永久性住房;医疗补助,如《美国法典》第 42 编第 1396 节及其后各条所述,以及其他与健康相关的服务;家庭护理和家庭保健服务,正如《纽约州法规、规则和条例正式汇编》的第 18 篇第 505.21 节和第 505.23 节所述;《纽约州法规、规则和条例正式汇编》第 18 篇第 505.14 节规定的个人护理服务;《纽约州法规、规则和条例正式汇编》第 18 篇第 460 节中规定的家居服务;《美国法典》第 7 编第 2011 节及其后各条规定的食品券。运输和营养补贴纽约州的规章制度;住房补贴,包括但不限于《纽约州法规、规则和条例正式汇编》第 18 篇第 397.11 节规定的加强租金援助。署长有权提供额外的福利和服务,并确保在适当的时候提供。有关获取和获得福利和服务资格的要求不应比州或联邦法规、法律或规则所规定的要求更具限制性。在添加本条的当地法律生效之日起 30 天内,署长应制定标准,据此申请人有权进行家访或医院探访,以确定申请资格并申请福利和服务。

3.(1)在书面或口头申请福利和服务或提交文件以确定临床/症状性艾滋病病毒感染者或艾滋病患者获得福利和服务的资格时,应立即向该人提供收据,该收据应包括但不限于收到信息的日期,描述以及关于此类福利和服务的申请是否完整或不完整的声明。

(2)处理适合医疗的非紧急住房的申请。

(i)除非客户拒绝,否则分部应在客户被确定为有资格作为该部门的客户服务当天向分部的每个无家可归客户提供以下服务:

(a)申请适合医疗的非紧急住房;和

(b)关于可用于协助符合条件的客户获得住房和可用住房选择的资金援助的信息。

(ii)该部门在确定客户有资格获得作为该部门客户的服务之日起 10 个工作日内应确保每位客户获得任何所需的协助以完成适合医疗的非紧急住房申请。

(iii)在首次入住紧急住房后 90 天内或完成客户申请非紧急住房所需的实物证明文件(以较早者为准),该部门必须向每个有资格获得非紧急住房的客户提供服务,如果可以提供这种选择的话,可转介到可用的适合医疗的非紧急住房选项,其考虑到客户的医疗、教育和家庭需求以及社会环境。

(iv)对于本款(iii)项要求或本细则要求满足后超过 45 天的任何无家可归者或紧急住房的客户,该分部应向另一个医疗上适当的非住院医师提供转诊和紧急住房选择,如果有这种选择的话。

(3)如果法律、法规或规则没有规定向要求提供此种福利或服务的合格人员提供福利或服务的时限,则此种福利或服务的提供时间不得晚于 20 个工作日,以提交确定资格所需的所有信息或文件。

4.如果患有临床/症状性艾滋病病毒感染者或艾滋病患者申请福利和服务,或者获得福利和服务,则表示有一名或多名未成年子女与其居住在一起或正在接受他的照料或保管,应提供有关托儿计划和托管计划的信息和计划转介,包括根据《纽约州代理法院程序法》第 1726 条提供的备用监护权以及转介给法律援助计划。

5. 按照任何州或联邦法律、法规、规章或规则的要求,重新认证资格应不超过此类法规、法律或规则的要求。

6. 对临床/症状性艾滋病病毒感染者或艾滋病患者的福利和服务资格不得终止,除非收件人被确定不再符合资格要求,例如已经死亡,或者经署长证明收件人无法确认他继续享有福利和服务的资格。在后一种情况下,该部门应至少在 90 天内进行合理诚信搜查,以找到收件人,包括通过认证邮件,要求回执的书面通知,将该收件人的最后一个已知地址发送给收件人,并通知其在 10 天内联系该部门。

7. 不迟于添加本节的当地法律生效日期后 60 天,署长应为部门工作人员起草一份政策和程序手册草案。这些政策和程序手册应包括但不限于关于保持所有申请人和接受人的身份和信息的机密性的严格指导方针,与临床/症状性艾滋病患者的医疗和心理需求相关的教学材料或艾滋病、申请程序、资格标准,为申请人和受助人提供每种福利和服务的规定时间期限,以及临床/症状性艾滋病病毒感染者或艾滋病患者可获得的宣传资源。这种倡导资源清单应每半年更新一次。署长应在听证会结束后 30 天内编制最终政策和程序手册,并随后审查并酌情每年修订。署长应为所有部门工作人员提供半年度培训,使用此类政策和程序手册。

8. 不迟于添加本节的当地法律生效后 60 天内,署长应发布建议规则,为临床/症状性艾滋病病毒感染者或艾滋病患者建立权利法案。此类权利法案草案应包括但不限于解释临床/症状性艾滋病病毒感染者或艾滋病患者有资格享受的福利和服务;应向合格人员提供此类福利和服务的时间表;对申请人和收件人审查其文件的权利的解释以及对其中所含信息进行争议的程序;解释申请人和接受人为申请或维持福利和服务而进行住宅或医院探访的权利;解释申请分区会议或纽约州公平听证会的过程;以及纠正歧视的权利和补救措施摘要。在此类拟议规则公布之后 60 天内,并且在公布最终规则之前的 60 天内,署长应在残疾人可以访问的网站举办不少于一次公众听证会。署长应在听证会结束后 30 天内公布最终规则,随后审查并酌情每年修改该权利法案。

9. 在添加本节的当地法律生效后 90 天内,署长应制定一项政策或程序,监督根据本节规定向临床/症状性艾滋病病毒感染者或艾滋病患者提供服务的情况,其中应包括但不限于质量保证措施。署长应在该政策或程序成立之日起 10 日内以书面形式向市长和市议会提交该政策或程序。

10. 署长应向市长和市议会提交书面季度报告,市长和市议会至少应提供以下信息:

（1）临床/症状性的艾滋病病毒感染者或艾滋病患者在本细则2中列出的福利和服务或该部门提供的任何其他福利或服务的人数。

（2）按外地办事处分列的福利和服务申请的处理时间、福利种类和个人与家庭案例具体说明如下：

（i）非紧急申请食品券、医疗补助和公共援助福利，包括单独确定医疗补助或食品券的资格：

（a）从完成的申请到提供福利或服务的天数；

（b）在拒绝的情况下，从完成的申请到拒绝申请的天数。

（ii）为即时需要赠款和加急食品券：

（a）从要求日期到发放赠款日期的天数；和

（b）在拒绝的情况下，从请求日期到拒绝日期的天数。

（iii）通过任何分部中心或办公室提供的所有其他非紧急福利和服务，包括但不限于增强租金援助和额外津贴的政策例外：

（a）① 从首次申请到完成申请的天数；和

② 从完成的申请到提供福利和服务的天数；和

（b）在拒绝的情况下，从完成申请到拒绝申请的天数。

（iv）在紧急情况下提供的所有其他福利或服务，包括但不限于提高租金援助和额外津贴的例外情况：

（a）从首次申请到完成申请的天数；

（b）从完成申请到批准或拒绝申请的天数；和

（c）从批准申请到提供福利或服务的天数。

（v）申请非应急住房：

（a）从住房申请到完成申请的天数；

（b）从完成申请到批准或拒绝申请的天数；

（c）从申请批准到客户占用非紧急住房日期之间的天数；和

（d）对于经批准的申请，从完成申请到客户占用非紧急住房的日期的天数。

（3）按职称分列的工作人员人数，其职责包括根据本节提供福利和服务或获得福利和服务，按外地办事处和家庭与总案件分列；每个外地办事处的案件数量，按家庭与总案件分列；以及每个外地办事处的案件管理人员和主管与客户的比率，按家庭与总体案件分列。

（4）结案案件数量，按结案理由分列。

（5）重新结案的案件数目、从结案之日起重新审理该已结案件所需的时间长度、错误结案的案件总数和重新审理该已结案件所需的时间长度，从结案之日起算,按外地办事处分列,按下列类别报告:0 至 15 天;16 至 30 天;31 至 45 天;46 至 60 天;61 至 75 天;76 至 90 天;超过 91 天。

(6) 要求的行政公平听证次数、有利于申请人和接受人的公平听证决定的数目以及遵守此类公平听证决定的时间长度,按决定之日起 30 天内有遵守的决定和在决定之日起 30 天后有遵守的决定分列。

(7) 根据《民事执业法》第 78 条和挑战公正审判决定的规则发起的诉讼数量,以及有利于申请人或接受人的第 78 条决定的数目。

(8) 紧急住房的客户数量和平均停留时间,按月分类。

(9) 用于为客户提供应急住所的设施数量以及按设施类型分列的每个设施的单位数量。

(10) 在本报告所述期间,每个月在非转诊状态下提供紧急避难所的设施数量以及纠正导致非转诊状况的非转诊状态设施的数量。

(11) 用于在停止使用状态时提供应急住所的设施的数量,以及停止使用状况的设施的数量,以纠正导致停止使用状况的情况。

(12) 紧急住房援助请求的数量,提交给无家可归者服务部门的人数;单人入住酒店的人数,单人入住酒店的平均逗留时间,每月申请非紧急住房的人数;以及每个月安置在非紧急住房的人数。

(13) 该司进行紧急住房检查的次数。

(14) 本分部要求的季度报告应在报告所述期限最后一天前的 60 天内送达。本分部要求的第一季度报告应不迟于 2005 年 8 月 31 日送达。

11. 应设立一个咨询委员会,根据本节的要求,向委员提供关于提供福利和服务以及向有临床/症状性艾滋病病毒感染者或艾滋病患者提供福利和服务的咨询。该咨询委员会由 11 名成员组成,任期两年,任期如下:5 名成员,其中至少 3 名依照本节有资格享受福利和服务,由市议会发言人任命,包括咨询委员会主席在内的 6 名成员,其中至少 3 名依照本节有资格享受福利和服务,由市长任命。咨询委员会至少每季度开会一次,成员应无偿提供服务。该咨询委员会可能会制定并建议署长制定一项政策或程序,监督向临床/症状性艾滋病病毒感染者或艾滋病患者提供的服务,其中可能包括质量保证措施。咨询委员会在提交给署长后,应向市长和市议会提交推荐的政策或程序。

集中住房转介和安置制度以及转介和安置制度的开发与维护。在添加该细则的当地法律生效后的一年内,署长应建立并维持一个住房转介和安置系统,以跟踪紧急和非紧急住房的转介和安置情况,并追踪患有临床/症状性艾滋病病毒感染者或艾滋病患者的客户。至少,本分部所要求的住房转介和安置制度应具有：(i)追踪非紧急住房设施空缺的机制，并使符合条件的申请人符合相应的空缺职位；(ii)追踪紧急住房设施条件的机制。

★**立法经验点评**：艾滋病是困扰大都市的一个重要流行性疾病，在我国也不例外，纽约市通过立法对艾滋病临床和有症状的感染者提供了较精细化的管理和服务。在我国艾滋病的相关管理和服务由专门的卫生部门提供。在纽约则是由类似于我国民政部门的社会服务部提供相关服务。社会服务部部长指导艾滋病服务部门为艾滋病病毒感染者与患者提供相应福利与服务，包括过渡性与永久性住房、医疗补助、家庭护理和家庭保健服务、个人护理服务、家居服务、运输和营养补贴、住房补贴、经济利益等内容。如果艾滋病病毒感染者或患者申请获得福利与服务，或正在享受福利与服务，若证明其有未成年子女需要照顾，则由政府对其进行法律援助与托儿计划。此条法律规定对艾滋病病毒感染者与患者提供的福利与服务不可终止，除非其死亡或不再符合资格要求。服务部部长应向市长与议长提交季度报告，内容包括享受福利与服务的艾滋病病毒感染者与患者人数，申请福利与服务的处理时间，按职务分类的部门工作人员的数量，提供或获得福利与服务的情况，封闭案件与重新开放案件的数量，举行听证会的次数等内容。设立咨询委员会，申请福利与服务的艾滋病病毒感染者与患者可以向其进行相关咨询。

7.1.9 家庭暴力受害者的住房和相关服务

1. 纽约市应根据《社会服务法》第 131-u 条和第 459-a 条的要求，向家庭暴力受害者提供紧急住所或相关服务。家庭暴力的受害者应包括 16 岁以上的任何人、已婚人士或有未成年子女的父母，如果该人、父母或其子女是违反《刑法》的行为的受害者，包括但不限于构成扰乱秩序骚扰、威胁、鲁莽危害、绑架、攻击、未遂攻击或谋杀未遂的行为：

(1) 这样的行为导致实际的身体或情感受到伤害，或对该人或该人的子女有造成身体或情感伤害的重大风险；

(2) 此类行为是或据称是由家庭或家庭成员实施的。尽管有本条的其他规定，"家庭或家庭成员"是指以下人员：

(i) 与血缘或婚姻有关的人；

(ii) 合法结婚的人；

(iii) 不论他们是否仍住在同一个家庭中，以前相互结婚的人；

(iv) 共同生育一个孩子的人，无论这些人是否已婚或曾经在一起生活过；

(v) 持续或定期居住在同一家庭的无亲属关系的人，或过去持续或定期生

活在同一家庭的人;或

（vi）彼此亲密或不间断社会接触并可以接触彼此家庭的无关人员。

2. 根据《社会服务法》第131-u条申请紧急庇护所或相关服务的家庭暴力受害者,不能仅因缺乏家庭暴力事件发生的文件证据而被拒绝提供紧急住所或相关服务,例如警方报告或保护令。

★立法经验点评:纽约市根据相关法律规定为遭受家庭暴力受害者提供紧急住所或相关服务,不管其是否能够用书面文件证明其遭受了家庭暴力。这也是纽约市对低收入遭受家庭暴力伤害者最大的民生工程。因为在纽约,法律诉讼往往过程漫长,在诉讼期间,为了避免家庭暴力的受害者再次遭受家暴侵害,在法律判决结果出来前必须将施暴者和受害者隔离。但纽约市房租昂贵,这也是阻碍家暴受害者搬出的重要原因,政府为家暴受害者提供临时住所是一项民生工程,能够降低家暴受害者的被重复伤害概率,家暴受害者包括16岁以上的任何人、已婚人士以及和父母同住的未成年人。

7.2　老年人服务部

7.2.1　老年人反虐待培训

1. 署长应制定一项方案,对高级服务提供者进行侦查和报告虐待老年人行为的培训。这类方案还应包括向虐待老年人受害者提供咨询方面的培训。

2. 署长应要求高级中心的员工和与该部门签订合同的实体的雇员为老年人提供服务,接受老年人虐待检测、报告和咨询方面的培训,并至少每3年接受一次补充进修培训,如果该雇员已经或预期与老年人有重要和直接的接触。

3. 署长应要求高级中心每年举办至少两次教育课程,在此期间,嘉宾和高级中心成员将接受有关老年人虐待预防和意识方面的咨询,并指导如何检测和报告虐待老人的事例。

4. 署长应要求中心内一个突出的公共区域的每一个高级中心张贴标志,指示需要了解虐待老年人情况的人打电话给311公民服务系统或该部门的老年犯罪受害者资源中心。

★立法经验点评:提高老年照护者的反虐待意识,降低虐待老人的行为是社会服务部的法律责任。此条法律规定社会服务部部长需要制定一套方案,对提供老年服务的人员进行反虐待行为的培训,并要求在高级中心的醒目位置张贴报警电话。高级中心需要每年举办两次相关教育课程,提高反老年人虐待方面的意识,员工3年接受一次相关培训。

7.2.2　社会老人日间护理

1. (1) 根据《老年法》第215条规定,所有未接受社会抚养费的社会老人日间护理,应符合老龄化办公室主任根据有关程序标准和规定颁布的任何规章制度,尽管这种社会老人日间护理不会获得这种资助。就本节而言,任何提及的"老龄化地区机构",系指该部门;任何提及的"参与者",是指在该规章制度中规定功能受损的成年人。为社会老人日间护理服务提供服务。对有关"功能受损"和"社会老人日间护理计划"的任何提及,都具有相同的含义。

(2) 所有社会老人日间护理应按照美国残疾人法案的所有适用条款执行本节的规定。

2. 注册。

(1) 个人、合伙、公司、有限责任公司、合资企业、协会或其他商业实体不得在未向部门注册的情况下开展社会老人日间护理经营活动。注册应包括注册人的姓名、地址、公司结构和所有权以及部门可能要求的其他信息,并应在部门规定的表格上提交。该部门可能需要社会老人日间护理以电子方式注册。

(2) 本分部所要求的信息变更必须在不迟于该书面变更生效日期之前提交给该部门,或者以该部门指定形式和方式以电子方式提交给该部门。

3. 民事处罚。

(1) 部门应制定规则,对以评估违反社会老人日间护理细则1及其颁布的任何规定的情况,处以每天不少于250美元和不超过500美元的民事罚款。这种规则应具体规定应受惩罚的违法行为。

(2) 个人、合伙企业、公司、有限责任公司、合营企业、协会或者其他经营社会老人日间护理机构未经登记的,应当处以每天250美元以上、1 000美元以下的民事罚款。

(3) 由市长指定的纽约市机构部门官员和雇员有权发出违章通知书,可在环境管理委员会、行政机构内的任何行政法庭或行政办公室内设立的法庭上发布。

4. 社会老人日间护理监察员。

(1) 部门应指定一名监察员,其职责应包括但不限于:

(i) 建立一个系统,接受有关任何社会老人日间护理的意见和投诉;

(ii) 至少每年一次向纽约市内的社会老人日间护理提供者和每个此类社会老人日间护理的街道地址要求州卫生部门提供一份清单;和

(iii) 调查根据本款第(i)项收到的投诉或根据该部门已知的与社会老人日间护理相关的可能违反本细则 1 规定的信息,以及社会老人日间护理已违反本节的细则条款,并在发现此类违规行为后:

(a) 立即以书面形式告知社会老人日间护理和任何已知可偿付此类社会老人日间护理的长期护理机构,并且此类调查结果可以通过要求任何知情的长期护理运营组织书面回应是否存在以及如何处理此类违规行为;

(b) 由监察员酌情决定,将调查结果以及管理的长期护理组织的任何此类答复转交调查部门、国家卫生部门或负责预防、检测的任何办公室、机构或实体,《调查社会服务法》第 11 条所述医疗援助计划中的欺诈和滥用行为,或者追回任何不当使用的医疗救助基金,以及

(c) 采取署长确定的其他适当行动。

(2) 社会老人日间护理应在其办公室的显眼位置张贴一个标志,说明如何与监察员联系,并说明任何人如果对此类社会老人日间护理有意见或投诉的,可联系该监察员。

(3) 部门应在其网站上提供监察员的联系信息以及声明,表明任何人都可以联系这位监察员,就任何社会老人日间护理问题提出评论或投诉。

(4) 不迟于 2016 年 1 月 1 日及此后每年,监察员应向市议会提供关于社会老人日间护理的书面报告。每份报告应包括但不限于:

(i) 社会老人日间护理的总数以及每个此类社会老人日间护理的名称和街道地址;

(ii) 监察员收到的投诉总数;

(iii) 对每个此类投诉的原因进行一般性描述;

(iv) 监察员进行调查的总次数,每次调查原因的一般性描述,社会老人日间护理违反本细则 1 的任何调查结果,以及每项调查的结果;

(v) 根据本细则 1 和 3 发出的违规通知总数,按发出通知的具体违规情况分类;

(vi) 截至报告日期,未能根据细则 2 注册的社会老人日间护理总数;和

(vii) 关于社会老人日间护理的操作的任何建议。

(5) 除法律另有规定外,部门不得透露向申诉专员投诉的任何人的信息。

★立法经验点评:任何提供社会老人日间护理服务的机构必须根据此条法律的规定在社会服务部进行注册,如果机构有违反该规定的行为,则对其进行民事处罚。社会服务部门还需指定一名社会老人日间护理监察员,并在日间护理办公室张贴联系方式,方便公众反映意见和投诉,监察员需要在 2016 年以后

每年的 4 月 1 日之前向市议会提交相关报告。该法条特别注重保护投诉人的私人信息。

7.2.3 无偿照顾者计划

1. 定义。为了本部分的目的：

"成人"是指 18 岁或以上的个人。

"无偿照顾者"是指：(1)为 60 岁以上的人提供无偿照顾的成年家庭成员或其他成人；(2)成年家庭成员或其他成年人向患有阿尔茨海默病或其他痴呆症的人提供无偿护理；(3)55 岁或以上的祖父母或其他非父母亲属，为 18 岁以下的儿童提供无偿照顾；和(4)成年人为 18 岁至 59 岁的残疾人提供无偿照顾。

2. 不迟于 2017 年 2 月 15 日，该部门应制定并开展一项对无偿照顾者和提供服务的机构的调查，为纽约市内的无偿照顾者提供服务，以确定无偿照顾者的需求，并评估现有的照护者服务。此类调查应与照顾问题、服务提供者和其他适当利益相关者的学术专家协商制定，并应包含旨在从以下问题收集无偿照顾者和护理服务提供者样本信息的问题：

(1) 提供有关方案、服务和其他资源的信息，旨在为无偿照顾者提供支持；

(2) 计划和服务的可及性，包括但不限于营业时间、地点、获取此类计划和服务的运输选项、费用、支付方式、资格限制、文化能力和语言能力；

(3) 计划和服务的利用，包括但不限于请求和接受服务的个人数量，请求的服务类型以及在适用情况下被列入等候名单的人数；和

(4) 利用现有计划和服务的结果，包括但不限于无偿照顾者的健康和就业情况、获得福利、了解受护理人的疾病或状况，以及了解和使用适当的服务受护理人的疾病或状况。

3. 不迟于 2017 年 8 月 30 日，该部门应向市长和市议会发言人提交报告，并在其网站上发布一个全面的计划，以解决纽约市内无偿照顾者的需求，并咨询社会服务部门、残疾人市长办公室、健康和心理卫生部门以及市长决定的其他适当机构。该部门还应与无偿照顾者、护理问题学术专家、服务提供者、老年人和残疾人的倡导者以及该部门认为适合制定此类计划的任何其他利益相关者进行磋商。

4. 本细则 3 所要求的计划应包括但不限于：

(1) 本细则 2 所要求的调查结果；

(2) 数据：

(a) 按年龄、性别、种族、民族、语言、收入水平、居住区和就业状况分列的纽

约市中提供照料的无薪看护人的估计总数；

（b）按年龄、性别、种族、民族、语言、收入水平、居住区和就业状况分列的无偿照顾者每周估计的平均照顾小时数；

（c）护理对象，包括但不限于年龄、性别、居住区、接受护理人员的护理数量，需要看护者协助的日常活动，健康状况和生活状况；和

（3）关于以下建议：

（a）如何增加对无偿照顾者的信息和外展工作；

（b）如何扩大对无偿照顾者的教育和培训；

（c）如何教育和让企业参与解决影响无偿照顾者的工作场所问题；

（d）如何解决通过根据本细则 2 进行的调查确定的现有计划和服务的问题和关切；

（e）可能建立的额外计划和服务，为无偿照顾者提供支持；

（f）如何增加公民参与和志愿机会以支持无偿照顾者；和

（g）该部门认为适当的其他任何问题。

5. 在提交本细则 3 所要求的计划并且此后每五年提交计划的两年后，部门应向市长和发言人提交一份报告，详细说明该计划产生的建议、举措和优先事项的进展情况以及细则 4 第 2 款所述信息的更新数据。

6. 在提交初步计划后每四年应适当重新审视和修改无偿照顾者计划。

★立法经验点评：家庭成员的长期照护费心费力，纽约市已经注意到这些无偿照顾者面临的困难，本法律中针对无偿照顾者的计划是指为 60 岁以上老人或患有老年痴呆症的老人提供无偿照料的家庭成员以及为儿童与残疾人提供无偿照料的家庭成员提供支持。规定社会服务部门应开展一项关于纽约市无偿照顾者人数、身体健康状况等方面的调查，确定他们的服务需求，提供行之有效的服务支持。我国目前实施的是老年人长期护理保险制度，在一定程度上缓解了照护家庭负担过重的问题，但儿童与残疾人的长期照护并未包含在内，未来应通过立法加强政府部门对此类家庭的支持和帮助。

7.3　无家可归者服务部

7.3.1　机构间协调委员会

1. 应由市长设立机构间协调委员会，由各纽约市机构的代表组成，该机构向符合条件的无家可归者和其他无家可归的个人和家庭提供过渡性住房或服

务。这种机构间协调委员会应包括但不限于无家可归者服务部门的代表,社会服务部门/人力资源管理部门的代表。其中至少包括一名为艾滋病病毒感染者/艾滋病患者住房工作的代表、住房家庭暴力受害者、支持性住房、住房保护和发展部门、青年和社区发展部门、儿童服务管理部门、教育部门、卫生和心理卫生部门,市长指定的其他机构。市长应指定一名副市长担任机构间协调委员会主席。无家可归者服务部的署长应提供适当的人员协助机构间协调委员会履行其职能。纽约市房屋管理局和反家庭暴力办公室的代表可以服务于机构间协调委员会,机构间协调委员会主席或其指定人员应通知这些机构他们有能力服务。无家可归者服务部的署长应提供适当的人员协助机构间协调委员会履行其职能。

2. 机构间协调委员会应:

(1) 不迟于 2018 年 10 月 1 日以及此后每年,与管理和预算办公室协商,在通过的预算中编制每个成员机构住房和服务支出的年度细目;

(2) 审查成员机构对无家可归者签约服务提供者的组织和运作,包括服务提供、管理和业绩评估;

(3) 建议减少向无家可归者提供住房和服务的手段,则提供服务的效率、效益和经济效益可能会增强;

(4) 考虑改善过渡和永久性住房方案和向无家可归者提供服务的建议;和

(5) 向市长和委员会推荐联合机构的项目或计划,以便更有效地利用现有资源。

3. 机构间协调委员会至少每季度召开一次会议,每年至少举行一次公开听证会,公开听取证词。每次公开听证会的报告应在举行公开听证之日起 10 日内以书面形式提交委员会发言人。如果机构间协调委员会未按照本分部的要求举行此类会议或公开听证会,应以书面形式向市议会发言人提交报告,包括解释未举行此类会议或公开听证会的情况。

4. 不迟于 2018 年 1 月 1 日以及此后的每年 1 月 1 日,机构间协调委员会应向市议会发言人和市长提交一份年度报告,其中载有根据本细则 2 制定的机构间协调市议会的建议。此类报告应张贴在部门网站上。依照本节要求的报告应永久保留在部门网站上。

★立法经验点评:由市长设立机构间协调委员会,成员由纽约市各个机构的代表组成,主席由副市长担任,其职责是公布每年的住房和服务支出账目,审查服务提供者的组织运作,增强经济效益,提出相应建议,有效利用资源等。主要目的是避免部门之间的利益冲突,防止导致项目推进困难。

7.3.2 成年人避难所

1. 定义。

（1）"庇护人口"是指在成年人的避难所接受庇护的实际人数。

（2）"获得认证的能力"是指纽约州办事处临时和残疾人援助授权的任何时候都可以在成年人的庇护所内接受庇护的最大人数。

2. 对于成年人而言，不得进行超过 200 人的人口庇护。尽管有这种禁令，但在 1998 年 6 月 1 日之前任何人口普查数量超过 200 人的住所仍可继续运作，这种庇护所可继续由纽约州临时和残疾援助办公室在 1998 年 6 月 1 日至 1998 年 12 月 17 日期间允许、核准或以其他方式允许的人数最多的人居住。本节中的任何内容均不得解释为要求在本法规生效日期之前本地有人口普查人数超过 200 人的住所将人口庇护数量减少到 200 人以下。

3. 尽管有本细则 2 的规定，但无家可归的单身成人收容所可以为超过获证能力的人提供短期应急避难所，只有在符合纽约州的法律和规定后，并且在任何日历年内都不得超过 30 天。每当成人收容所的经营能力超过其认证能力时，市议会发言人应在 3 个工作日内作出书面通知。

4. 只要有 200 人或以上的人口普查工作，就必须有至少 7 名监察工作人员在场，每 40 人必须有一名监察工作人员，超过 201 人则需增加一名监察人员。

5. 署长应向议长提交季度报告，总结国家机构对成人收容所进行的任何检查中发现的健康、卫生、安全和防火相关缺陷，包括但不限于临时办公室残疾人援助，儿童和家庭服务办公室以及纽约州卫生部门；以及任何纽约市机构，包括但不限于纽约市消防局、纽约市健康和心理卫生部门以及纽约市建筑部门；任何其他政府机构；任何法院任命的组织。第一份报告应在截至 1998 年 9 月 30 日的日历季度之后的 30 个工作日内到期，其后的所有报告应在每个后续日历季度的最后一天的 30 个工作日内到期。季度报告应包括但不限于以下内容：

1. 本季度任何法院任命的州、市或其他检查政府机构或组织所查明的所有缺陷清单，该清单尚未符合适用的法规、法律、规章和条例以及缺陷日期之前向市议会发言人报告的情况已经符合；

2. 消防部门在三次或三次以上连续检查中发现的尚未符合适用的法规、法律和规定的缺陷清单；

3. 本季度发布的有关健康、卫生、安全和消防相关缺陷的所有法院命令副本；和

4. 所有纠正行动计划及其修正案的副本，内容涉及本季度任何法院填写的

与健康、卫生、安全和防火相关的缺陷。

★**立法经验点评**：此条法律规定成人避难所的实际人数不得超过 200 人，但在 1998 年 6 月 1 日之前的超过 200 人的成人避难所仍可继续运营，不需要降至 200 人以下，无家可归者往往携带病菌和传染性疾病，主要是出于防止过度拥挤引发安全、健康、卫生和防火隐患的考虑。无家可归服务部部长需要向议长提供关于在成人避难所检查过程中发现的各种隐患的季度报告。

7.3.3　紧急援助单位

该部门应该每周 7 天，每天 24 小时开设一个机构，接受和处理有子女家庭住所的申请。任何有孩子寻求庇护的家庭，如果寻求庇护的当天晚上十点钟之前仍在申请中，则应为其当天晚上提供临时住所安置。第二天早上，家人应该返回入口机构完成申请程序。部门应安排家属往返临时安置点的交通。

★**立法经验点评**：对于有孩子的家庭申请庇护，本法律规定无家可归部门须设立一个全天候无休的紧急援助单位，为有孩子寻求庇护的家庭提供安置住房。这也体现了纽约市对于儿童和孕妇福利的特殊关怀。

7.3.4　避难所的医疗和心理健康服务

1. 定义。就本节而言，以下术语具有以下含义：

"成人"是指年满 18 周岁的人。

"成年家庭"是指由成人和无子女组成的家庭。

"儿童"是指 21 岁以下的人。

"家庭暴力收容所"是指由社会服务部门或由服务提供者根据合同或与社会服务部门达成的类似协议提供的为家庭暴力受害者提供庇护的场所。

"入住中心"是指由部门或服务提供者根据合同或类似协议为单身成人提供热餐、淋浴、洗衣设备、衣服、医疗、娱乐空间、就业转介或住房安置服务，但不是过夜住房。

"有子女的家庭"系指有成人和小孩的家庭。

"HASA 设施"是指单一房间入住酒店或由供应商根据合同或与社会服务部门达成的类似协议管理的集体设施，为艾滋病毒/艾滋病服务管理部门的接受者提供住所。

"无家可归的成年人"是指在居住在 SPARCS 中列出的是已知的避难所地址的人，或者被列为无家可归者或未登记的个人。

"入住中心"是指个人或家庭必须向该部门申请庇护的场所。

"庇护系统的新成员"是指从未住过庇护所或过去12个月未曾住在庇护所的人。

"纽约州卫生局全州规划和研究合作系统（SPARCS）"是指纽约州行政医院的出院数据库。

"安全避难所"是指由部门或供应商根据合同或与该部门签订的类似协议运营的设施，该部门向无家可归者提供低门槛、减低伤害的住房。

"住房"是指为无家可归的单身成年人、成年家庭和有子女的家庭提供临时紧急住房，由部门或提供者根据合同或与该部门签署的类似协议提供。

"单身成年人"是指没有成人或小孩陪伴的人。

2. 不迟于2018年9月1日以及不迟于9月1日之后，该部门应向市议会发言人提交报告，并在其网站上发布一份关于前一日历年向无家可归者提供医疗卫生服务信息的报告。第一份报告应为初步报告，并仅限于前一日历年度该部门合理可用的数据。这些报告应包括但不限于以下信息，并应按照是否向单身成年人、成年家庭或有子女的家庭提供此类医疗保健服务分类：

（1）收容所、家庭暴力收容所、HASA设施和现场医疗卫生服务，以及收容所、家庭暴力收容所和HASA设施的总数；

（2）每个入住中心医疗卫生服务的描述；

（3）介绍在收容中心和安全避难所提供的医疗卫生服务；

（4）描述向无家可归人口提供医疗卫生服务的情况，包括但不限于根据合同或与卫生部门签订的类似协议向无家可归者提供医疗服务的服务对象人数，以及运送到医院的数量；

（5）生活在收容所的成年人的10种最常见的医疗卫生问题清单，如摄入/评估时自我报告，以及收容/收集时自我报告的住在庇护所的儿童最常见的10种医疗卫生问题；

（6）根据合同或与卫生部门提供的在住房提供医疗服务的类似协议所报告的，住在避难所的成年人和儿童最常见的10种医疗健康问题的清单；

（7）新入住庇护系统的人员从医院出院到庇护所；

（8）新入住庇护系统的人员从养老院出院到庇护所；

（9）提供此类服务的任何实体向本部门报告的与提供医疗卫生服务有关的任何指标；和

（10）不迟于2020年9月1日和此后每三年，根据通过SPARCS提供的信息，无家可归的成人最常见的住院治疗原因，不包括艾滋病毒/艾滋病。

3. 不迟于2018年9月1日，并且不迟于9月1日之后，该部门应向市议会发言人提交报告,并在其网站上发布有关前一日历年向无家可归者提供精神卫生服务信息的报告。第一份报告应为初步报告,并仅限于前一日历年度该部门合理可用的数据。这些报告应包括但不限于以下信息,并应按照是否向单身成年人、成年家庭或有子女的家庭提供精神卫生服务来分解:

(1) 住所、家庭暴力收容所、HASA 设施和精神卫生服务的数量,并说明这些服务,以及住所、家庭暴力收容所和 HASA 设施的数量;

(2) 每个中心的精神卫生服务描述;

(3) 介绍在收容中心和安全避难所提供的精神卫生服务;

(4) 描述直接和通过转诊向无家可归者提供的精神卫生服务,包括根据精神卫生法第 9.58 条发起的清除人数;

(5) 生活在收容所的成人和儿童最常见的 10 种心理健康问题清单,如摄入量/评估时自我报告,以及收容/收集时自我报告;

(6) 根据合同提供者或与该部门提供精神卫生服务的类似协议所报告的,住在避难所的成年人和儿童最常见的 10 种心理健康问题清单;

(7) 提供此类服务的任何实体向本部门报告的与提供精神卫生服务有关的任何指标。

4. 根据本节要求报告的任何信息都不得以违反联邦、州或地方有关隐私信息的任何适用条款的方式报告。

★立法经验点评:避难所应提供相应的医疗和心理健康服务,无家可归服务部应向议长提交服务报告并同时在部门网站上公布,内容包括向单身成年人、成年家庭或有子女的家庭提供医疗保健服务的种类和精神卫生的服务种类。

7.4 儿 童 服 务 部

7.4.1 寄养儿童教育连续性

1. 就本节而言,"原籍学校"是指儿童或青年在入学寄养或在寄养之前就读的学校。

2. 不迟于 2017 年 2 月 1 日以及此后每年 12 月 1 日或之前,ACS 应向议长提交年度报告并在其网站上发布有关寄养儿童教育连续性的年度报告。这些报告应包括以下信息:

(1) 在学年期间进入寄养的儿童中,在儿童最初进入寄养之后 90 天内留在原来的学校的人数和百分比;

（2）在学年期间进入寄养的儿童中，在转入新的寄养安置 90 天后留在其原籍学校的人数和百分比；

（3）在学年期间进入寄养的儿童中，初次入学时没有返回原籍学校的人数和百分比；

（4）在学年内转入寄养安置的儿童中，转入新的寄养安置后未返回原籍学校的人数和百分比；和

（5）寄养儿童的平均入学率按以下百分比分列：低于 50%，50%—59%，60%—69%，70%—79%，80%—89% 和 90% 或更多，按年龄如下：5—10 岁；11—15 岁；16—21 岁。

3. 根据本节规定不得报告的任何信息均应以违反联邦、州或地方法律的任何适用规定的方式报告，这些规定涉及青少年在寄养方面的信息隐私性或干扰执法调查或与执法部门的利益发生冲突。如果要求的任何类别包含 1 至 5 名寄养青年，或允许其他类别的寄养范围缩小到 1 至 5 名青年，则该号码应用符号代替。根据本节所要求的报告应在 ACS 网站上永久保存。

★**立法经验点评**：对于寄养儿童的教育，此法规定了应保持其教育的连续性，保护儿童的隐私信息。儿童服务管理部门就儿童教育的连续性向议长提交报告，并在网站上公布。

7.4.2　解决永久障碍的五年计划

1. 定义。就本节而言，以下术语应具有以下含义：

"另一个计划的永久性生活安排（APPLA）"是指通过将青年连接到成人永久性资源来帮助寄养青年过渡到自给自足的永久规划目标，为青年提供生活技能，将青年与任何所需的社区或专业服务联系起来。

"亲属监护协助计划（KinGAP）"指亲属通过法院命令成为法定监护人的子女的永久性和放弃性结果，并且亲属和 ACS 根据"家庭监护协助计划"达成了最终的 KinGAP 协议监护协助计划。

2. 到 2017 年 12 月 31 日，ACS 应向市议会发言人提交并在其网站上发布一个五年计划，以解决青少年在寄养方面的永久障碍。该计划应包括但不限于以下信息：

（1）一项具有统计学意义的儿童样本的案例研究，这些儿童至少被寄养两年，但不少于总寄养人口的 5%，包括但不限于以下汇总信息：

（a）年龄、性别、种族/民族，以及可能的性取向；

（b）永久性计划，包括统一、通过，KinGAP，APPLA 或其他；

(c) 照顾月数；和

(d) 永久性障碍，包括但不限于父母无家可归、父母遗弃、父母育儿需求、教育问题、家庭法院延误、缺乏永久性资源、少年监禁、大学入学以及 ACS 确定的任何其他障碍。

(2) 分析 ACS 如何计划解决根据第 1 款要求的案例研究中发现的系统永久性障碍。

3. 这个五年计划应由 ACS 每年审查和更新一次，最新版本应提交给市议会发言人，并在提交初始五年期报告一年后在线发布，之后每年在该日期发布。

4. 在每个这样的五年计划所涵盖的第五年，ACS 应向市议会发言人提交一份新的五年计划，并在其网站上发布，以便在接下来的五年时间内解决永久性障碍，最迟不得晚于六年。添加新报告后，前一份五年期报告将保留在 ACS 网站上。

5. 根据本节规定不得报告的任何信息均应以违反联邦、州或地方法律的任何适用规定的方式报告，这些规定涉及青少年在寄养方面的信息隐私性或干扰执法调查或与执法部门的利益发生冲突。如果要求的任何类别包含 1 至 5 名寄养青年，或允许其他类别的寄养范围缩小到 1 至 5 名青年，则该号码应用符号代替。

★立法经验点评：解决永久障碍的五年计划包括另一个计划的永久生活安排（APPLA）与亲属监护协助计划（KinGAP），以解决青少年在寄养方面的永久障碍。该计划内容包括进行一项儿童样本案例研究，样本数不少于总寄养人口的 5%，时间不少于 2 年，并对此进行分析。这项 5 年计划由 ACS 每年审查与更新一次，在计划的第 5 年 ACS 需要提交一份新的 5 年计划的报告。

7.5　社会援助接受者的教育和培训

7.5.1　评估就业能力计划和重新评估

1. 在评估期内不超过 45 天的期间内，该机构应对每一申请人进行并完成对其就业能力的评估，并根据《社会服务法》第 335 条的规定制定书面就业能力计划，或只要该机构不需要完成对已经参与无补贴就业的食品券申请人和接受人的评估。在评估之前，该机构不得指派个人参加任何工作活动。在评估期间，除了求职活动外，该机构不得将任何个人分配到任何工作活动中。

2. 该机构应在完成此类就业计划后向每位参与者提供该参与者就业能力

计划的副本。

3. 如果申请人表示有兴趣参加或优先参加培训或教育,如果发现不符合规定的培训和教育条件,则应在就业计划中说明理由。

4. 如果参与者从事工作活动 6 个月或更长时间,该机构将对希望停止培训计划的参与者重新评估其就业能力,或者参与者对工作活动的分配结束,并且该机构试图将参与者重新分配给另一个工作活动。

★**立法经验点评**:此条法律规定对参与公共援助者、教育和培训计划的申请人进行就业能力计划与评估,该管理机构需要在完成就业计划后向参加者提供计划副本,如果参加者不符合规定的教育和培训条件,需要在就业计划中说明其不符合的理由。

8 城市教育篇

8.1 同地学校报告

在本标题中使用时，除非另有说明，以下术语具有以下含义：

"校长"是指纽约市学区的校长。

"部门"是指纽约市教育部门。

"英语学习者"或"ELL"是指《纽约州法典正式汇编》中定义的英语水平有限的学生。

"个性化教育计划"或"IEP"应与教育部门颁布的任何规定具有相同含义。

"特殊教育服务或计划"或"特殊教育服务"是指经过认证的特殊教育教师或阅读教师提供的专业教学服务。

"学生"是指截至所报学期9月1日，21岁以下的学生，他们没有高中文凭，在市区内的地区学校或特许学校就读，但不包括幼儿园学前学生。

8.1.1 关于同地学校的年度报告

1. 就本节而言，"同地学校"是指为小学、中学或高中年级的学生提供服务的公立学校或其任何组合，包括纽约市学区同一幢建筑内与另一所公立学校共享空间的特许学校。

2. 不迟于2015年8月30日及其后每年，教育部门须向教育局提交一份有关上一学年所有同地学校的资料的报告，并在该署的网站上公布。这种报告应包括但不限于：

（1）人口资料的比较，包括但不限于种族、族裔、英语学习者地位、特殊教育地位和有资格享受免费和减价午餐方案的学生百分比；

（2）关于学生学业成绩的资料，包括但不限于在国家考试中获得成绩的学生。

3. 本节规定必须报告的信息不得以违反联邦、州或地方法律有关学生信息隐私的任何适用规定或干扰执法调查或以其他方式与执法利益相冲突的方式报告。

★**立法经验点评**：通过法律规定公立的同地学校必须每年向当地教育部门汇报就读学生的人口统计资料和学习成绩统计资料。这种法律上强制信息披露，有利于政府部门对教育质量的管理，但由于美国对于学生的个人信息资料和个人隐私具有严格的法律规定，因此在学校披露信息过程中，特别强调不允许披露颗粒度较细的资料，这也是防止对学生隐私信息的拼图还原效应，同时也避免对基于种族、族裔、英语学习者地位、特殊教育地位信息分类产生新的歧视。

8.2 辅导员和社会工作者报告

8.2.1 关于辅导员和社会工作者的年度报告

1. 就本节而言，以下术语应具有以下含义：

（1）"指导顾问"是指任何由纽约州许可和认证为学校辅导员的人员，被聘用为在纽约市小学、中学或高中年级的学生提供个人或小组辅导服务。

（2）"社会工作者"是指由纽约州许可和认证为学校社会工作者的任何人员，雇用该人员为纽约市的小学、中学或高中年级的学生提供个人或团体辅导援助。

（3）"个性化教育计划（IEP）"是指根据纽约州法规、规则和条例汇编第8篇第200.4节编写、审查和修订的书面声明，以符合独特的残疾学生教育需求。

2. 不迟于2015年2月15日以及此后每年，教育部门应向市议会提交一份关于当前学年指导顾问和社会工作者的信息报告。该报告应包括但不限于：

（1）每所学校的全职和兼职辅导员和社会工作者人数；

（2）每所学校的辅导员和社会工作者与学生的比例；

（3）辅导员或社会工作者是否提供了辅导援助；

（4）截至本学年的12月15日，由IEP授权提供咨询服务的辅导员和社会工作者的人数；

（5）每所学校在上一学年接受专业发展或中学后规划培训的人员数量；以及

（6）每所学校获得许可和认证的双语辅导员和社会工作者人数。此类报告还应包括7至12年级缺席教师储备库中辅导员和社会工作者的人数，以及该部门就大学准备情况发布的任何指导备忘录的信息。此类报告应包括每所学校学生的人口统计信息，包括但不限于种族、民族、英语学习者身份、特殊教育状况以及根据美国农业部联合会颁布指导方针享受免费和减价午餐的学生比例。

3. 本节规定必须报告的信息不得以违反联邦、州或地方法律有关学生信息隐私的任何适用规定或干扰执法调查或以其他方式与执法利益相冲突的方式报告。

★**立法经验点评：**指导顾问和社会工作者是美国中小学校中的重要教育力量。法律规定教育部门应向市议会提交一份关于当前学年指导顾问和社会工作者的信息报告。该统计信息将有助于市议会评价各学校的指导顾问、社会工作者和学生的配比以及指导顾问、社会工作者的质量差距。

8.3 环境数据报告

8.3.1 关于环境数据报告的相关定义

1. 就本节而言：

"污染物"是指任何在暴露、摄入、吸入或同化到任何有机体中或预期可能会导致任何有机体中的疾病、死亡或变形的元素、物质、化合物或混合物。"污染物"还应包括水中的任何物理、化学、生物或放射性物质。

"环境报告"是指关于任何公立学校或任何提议的公立学校的环境评估、调查或补救的最终书面报告，或由纽约市学校建设主管部门要求准备的，包括但不限于根据与美国环境保护机构、美国劳工部门、纽约州环境保护部门、美国环境保护部门的同意命令或协议进行的关于空气、土壤、水或室内环境质量的报告。由纽约州卫生部门、纽约州劳工部门或纽约市学校建设主管部门向该联邦或州机构提交。

"有害物质"是指美国联邦法规第 40 章第 302.4 部分中列出的有害物质。

"最高水平"是指美国环境保护机构、美国劳工部、纽约州卫生部、纽约州环境保护部门、纽约州劳工部或环境保护部门制定的适用监管准则中规定的最高水平，或者，如果尚未制定此类适用的监管准则，则可接受的水平由纽约市学校建设主管部门根据现行行业标准和相关公布的科学数据和指导意见确定的内容。就本节而言，最高水平应包括但不限于室内空气污染，即等于纽约州卫生部规定的空气指示值所允许的最高限度，即在公立学校以下或 100 英尺范围内的土壤气体，相当于纽约州卫生、土壤污染部门规定的指导水平所允许的最高限度。等于纽约州环境保护部门在《纽约州法典、规章、条例正式汇编》第 6 编第 375.6 部分中规定的最高允许水平，以及向公共供水系统的任何用户提供的水中污染物的最高允许污染水平,包括在 100 英尺或 100 英尺以内的地下水。

"污染物"是指美国联邦法规第 40 章第 50 节或任何后续条例中规定的排放造成或导致空气污染的物质。

"公立学校"是指本部门拥有或出租的建筑物中的任何学校,包括特许学校,其中包括从幼儿园前到 12 年级的任何年级组合,以及与学校所在部门拥有或租赁的建筑物相邻的任何场地。

"提议的公立学校"是指该部门或纽约市学校建设局为公立学校的选址签署了租赁协议的财产。

"可报告的环境检查"是指在该部门或纽约市学校建设主管部门的指导下,在被占用或未占用的公立学校或拟议的公立学校内或附近进行的任何环境检查,包括根据美国环境保护机构、美国劳工部、纽约州环境保护部门、纽约州卫生部门或纽约州劳工部门,或根据同意令或协议,由或与一个管理机构,根据行业标准和当前科学数据确定空气、土壤、水或室内环境的质量,并产生超过最高水平的结果。这种检查应包括但不限于:为评估污染物、有害物质或污染物的存在而进行的任何目视检查或抽样检测。这种检查不应包括对石棉、铅或多氯联苯的检测或检查。此类检查还不包括环境检查,当纽约市学校建设主管部门或其顾问合理预期在 24 小时内通过通风或清洁达到或低于最高水平时,并且在上一年内没有在大致相同的空间内发生。

2. 部门应通知目前学生的家长以及任何公立学校的现职员工,这些学校已经成为可报告的环境检查或环境报告的对象。尽管如此,除非联邦、州或地方法律另有要求,否则此类通知不应包括多氯联苯、石棉或铅的环境检查或环境报告的结果;条件是当石棉、铅或多氯联苯的检查显示除其以外的污染物、有害物质超过此类污染物的最高限量时,该部门应通知这些家长和雇员关于学校环境有害物质或污染物的信息。

3. 部门应通知董事在本部门管辖范围内的所有课后计划,包括但不限于任何已知使用学校建筑物或其他学校财产的体育课程,根据本细则 2 要求通知。

4. 部门应通知所有地方当选官员、社区教育委员会和地方社区委员会,代表任何学校的区域,根据细则 2 要求通知。

5. 根据细则 2、3 或 4 规定的任何通知应在收到触发此类通知要求的结果后 10 天内发生;但如果在预定的学校假期超过 5 天时收到此类结果,则通知不得迟于该期限结束后的 10 天。该通知应包括但不限于通过电子邮件向所有父母、选任官员、员工、课后计划负责人以及其他选择以此种方式收到通知的人员发出书面通知。

6. 教育部门应在接到报告或检查后 10 日内,在部门网站上明显张贴环境报告或环境检查报告的链接。这些报告或可报告的检查应由学校、社区学区、市议会区和市镇进行搜索。

7. 不迟于 2015 年 11 月 1 日,此后每年一次,该部门应向市议会提交报告,并在其网站上张贴关于任何公立学校的环境检查和环境报告结果的报告,包括根据联邦要求或州法律或任何管理机构提交的报告。报告应包括但不限于:

(1) 上一学年的任何可报告的环境检查或环境报告的摘要,包括但不限于关于地下水、环境空气、气体、土壤、土壤气体和粉尘的任何检查和取样的信息,除非此类报告已经被当地法律要求。

(2) 为了响应任何可报告的环境检查,为了减轻空气、土壤、水或室内环境条件的影响,部门进行的任何调查或补救工作的信息,包括但不限于为解决存在超过最高水平的有害物质和污染物,采取此类行动的时间范围。员工和学生家长被告知此类行为以及关于此类空气、土壤、水或室内作为这种行动的结果,解决环境问题的时间表。

(3) 关于任何应报告的环境检查或任何与该部门改善公立学校空气质量工作总体进展有关的环境报告的信息,包括与学校装修有关的空气质量可报告环境检查,包括但不限于更换天花板。

(4) 与美国环境保护机构、纽约州环境保护部门或纽约州卫生部门签署同意令或协议的任何场所的现状。

(5) 本分区所需的所有信息应在全市范围内汇总,并由学校、社区学区、市议会区和行政区分列。

★立法经验点评:中小学的环境安全是美国政府和社会公众高度重视的问题,因此本条法律的主要目的是对学校周边的地下水、环境空气、气体、土壤、土壤气体和粉尘以及学校室内的装修污染,强制进行详细的年度检测,报告污染物及有害物质的分布情况,并提交环境检测报告给教育部门,教育部门将在其网站上向全社会公开这些环境检测报告,满足社会公众对公共学校环境安全的知情权。

8.4　接受特殊教育服务学生的报告

8.4.1　特殊教育服务年度报告

1. 就本节而言,以下术语应具有以下含义:

(1)"学术期"是指从本日历年的 7 月 1 日开始,直至包括下一日历年的 6 月 30 日在内的期间。

(2)"特殊教育委员会"的含义与《纽约州法典、规章、条例正式汇编》第 8 篇第 200.1 节的规定相同。

(3)"同意日期"指该部门收到从父母或亲属中书面同意进行初步评估的日期。

(4)"重新评估推荐日期"指该部门接受转诊或将残疾学生转介重新评估的日期。

(5)"个性化教育计划会议"是指特殊教育委员会的会议,目的是确定学生是不是残疾学生,并且是为了任何这样的残疾学生而制定的会议。

(6)"初步评估"是指根据《教育法》第 4401-a 节和第 4402 节以及《纽约州法典、规章、条例正式汇编》第 8 篇第 200.4 节进行的评估,以确定学生是否为残疾学生和是否符合纽约州的规定。

(7)"重新评估"是指根据《教育法》第 4402 条和《纽约州法典、规章、条例正式汇编》第 8 篇第 200.4 节对残疾学生进行的评估,但前提是该条款不包括三年的重新评估。

(8)"学校"是指纽约市学区的一所学校。

(9)"特殊班级"的含义与《纽约州法典、规章、条例正式汇编》第 8 篇第 200.1 节的规定相同。

(10)"学生"是指截至 9 月 1 日第一个学期报告的任何未满 21 周岁的学生。

(11)"残疾学生"的意思与《教育法》第 4401 条规定的意思相同,前提是残疾学生不得包括幼儿园前学生或学龄前儿童。

(12)"三年重新评估"是指至少每三年进行一次重新评估,除非《纽约州法典、规章、条例正式汇编》第 8 篇第 200.4 节另有规定。

2. 教育部门应向市议会发言人提交报告,并在部门网站上公布关于评估学生特殊教育服务和提供上一学年期间服务的年度报告,其中应包括但不限于以下信息:

(1)根据《纽约州法典、规章、条例正式汇编》第 8 篇第 200.4 节按地区分类的初次评估和重新评估转介的次数,免费和减价午餐计划的资格、种族/民族、性别、英语学习者地位、推荐的教学语言和年级;

(2)进行初步评估的次数,包括确定学生是残疾学生的此类评估的次数;

(3)自同意之日少于或等于 60 个日历日召开的 IEP 会议数量,按地区分列,享受免费和减价午餐计划的资格、种族/种族、性别、英语学习者地位、推荐的教学语言和年级水平；

（4）自同意之日起超过 60 个日历日召开的 IEP 会议数量，按地区分列，享受免费和减价午餐计划的资格、种族/种族、性别、英语学习者地位、推荐的教学语言和年级水平；

（5）进行重新评估次数，包括重新评估确定学生不再是残疾学生的次数；

（6）自转诊重新评估之日起少于或等于 60 个日历日 IEP 会议的召开次数，按地区分列，享受免费和减价午餐计划的资格、种族/族裔、性别、英语学习者地位、推荐的教学语言和年级；

（7）自转诊重新评估日期起超过 60 个日历日召开的 IEP 会议数量，按地区分类，享受免费和减价午餐计划的资格、种族/族裔、性别、英语学习者地位、推荐的教学语言和年级；

（8）（i）截至报告学期 6 月 30 日的 IEP 学生总数，按地区分类，享受免费和减价午餐计划的资格、种族/种族、性别、英语学习者地位，推荐的教学语言、年级和残疾分类；

（ii）截至报告学期的 6 月 30 日第（i）项中提及的每个残疾类别中的学生总数，按地区分列，享受免费和减价午餐计划的资格、种族/族裔、性别、英语学习者地位、推荐的教学语言和年级；

（9）学校部门收到父母或有亲属关系的人的同意之日的平均学年天数，以便按照《纽约州法典、规章、条例正式汇编》第 8 篇第 200.5（b）（1）（ii）节的规定提供特殊教育服务以及部门发布的将实施 IEP 的学校的通知日期，前提是这些信息只有在父母或有亲属关系的人士没有同意推迟到下个学期或下一学年实施 IEP，按地区分类，享受免费和减价午餐计划的资格、种族/民族、性别、英语学习者地位、推荐的教学语言和年级；

（10）以下资料按地区分列，享受免费和减价午餐计划的资格、种族/民族、性别、英语学习者地位、推荐的教学语言和年级：

（i）导致 IEP 推荐的特殊班级每周更多时间段的重新评估次数超过学生以前的 IEP 建议；

（ii）导致 IEP 推荐的特殊班级每周更少时间段的重新评估数量比学生以前的 IEP 建议更少；

（iii）导致 IEP 建议将重新评估的次数从针对非残障学生的学校中移除，并将其安置在单独的学校，供以前不推荐这种安置的学生使用；和

（iv）导致 IEP 建议将重新评估的次数安排在一所学校中，该校为那些以前建议安置在单独学校的非残障学生提供服务；

（11）三年重新评估的次数，包括及时进行的评估数量，按地区分列，享受免费和减价午餐计划的资格、种族/民族、性别、英语学习者地位、推荐的教学语言和年级；

（12）接受特殊教育服务的学生人数和百分比：

（i）在学期结束时完全符合他们的 IEP；和

（ii）在学期结束时部分遵守其 IEP；

（13）在学期结束时，按照其 IEP 建议，全部接受本款（i）至（viii）项列举的服务的学生人数和百分比，截至学期结束时，部分接受这种服务的人数以及等待提供此类服务的学生人数和百分比如下：

（i）单语言语言治疗；

（ii）双语言语言治疗；

（iii）单语辅导；

（iv）双语辅导；

（v）职业治疗；

（vi）物理治疗；

（vii）听力教育服务；和

（viii）视力教育服务；

（14）建议参加普通教育课程的 IEP 学生的人数和百分比：

（i）当日 80% 或以上；

（ii）当日 40%—79%；和

（iii）当日少于 40%。

3. 本细则 2 所要求的年度报告应在不迟于 11 月 1 日提交和发布，但须提交 2014 年 7 月 1 日至 2015 年 6 月 30 日期间的第一份报告数据并且不迟于 2016 年 2 月 29 日发布，第二份报告（报告数据为 2015 年 7 月 1 日开始至 2016 年 6 月 30 日的学期）应在 2016 年 11 月 1 日之前提交并发布。

4. 根据本节规定不需要报告的任何信息都应符合执法利益。如果一个类别包含 0 到 5 名学生，或者允许另一个类别缩小到 0 至 5 名学生之间，则该数字将被一个符号替换。

★**立法经验点评**：本法律要求对特殊教育学生每隔三年做一次重新评估。并且规定教育部门应向市议会发言人提交特殊教育报告，并在部门网站上公布关于评估学生特殊教育服务和提供上一学年期间服务的年度报告，较为详细地规定了必须披露的内容。这些信息也必须在教育部门网站上向全社会公开。为保护学生隐私，在数据类别披露方面进行了模糊化处理。

8.5　公立学校人口数据报告

8.5.1　定义

就本章而言,以下术语应具有以下含义:

"招生流程"是指除全市高中入学程序之外的高中生招生流程。

"表现水平"是指将纽约州英语语言艺术和数学考试的考试成绩归类为国家报告的四类成绩。

"住在临时住所"是指满足《律师章程》A-780 中规定的"无家可归孩子"中临时住所的定义。

"学校"是指纽约市的一所学校。

"特别课程"是指学术课程,包括但不限于幼儿园到 5 年级的有天赋和有才能学生课程和幼儿园到 8 年级的双语课程。

8.5.2　幼儿园至 8 年级学生人口统计年度报告

不迟于 2015 年 12 月 31 日,并且在此后每年的 11 月 1 日之前,教育部门应向市议会提交一份关于以下内容的报告:

1. 对于每个社区学区,该区内的学校以及该学校内的特殊课程,上一年级幼儿园到 8 年级的公立学校学生总人数以及这些学生的人数和百分比:

(1) 接受特殊教育服务;

(2) 是英语学习者;

(3) 接受免费或减价学校午餐;

(4) 住在临时住房;和

(5) 在学生居住的社区学区外上学。

2. 根据细则 1 提供的数据应按以下分类:

(1) 年级;

(2) 种族或民族;

(3) 性别;

(4) 对于英语学习者来说,主要的家庭语言。

3. 对于 3 至 8 年级的学生,根据细则 1 提供的数据应表明:

(1) 完成纽约州数学考试的学生人数按性能水平分类;

(2) 完成纽约州英语语言艺术考试的学生人数按性能水平分类。

4. 对于本细则 1 规定的每个学校和特殊课程,部门应报告:

(1) 此类学校或特殊计划使用的入学程序,例如是否通过抽签、学区入学,对这些学校的候选人进行筛选或进行标准化考试;和

(2) 是否使用其他标准或方法入学,包括但不限于等候名单或校长的自由裁量权。

5. 该部门应报告在上一学年的任何努力,以鼓励其学校中的多元化学生团体和特殊计划,包括但不限于战略选址新学校和特殊计划,向社区教育委员会提出建议认识到社区人口特征的学区,为学校和特别项目分配资源,以及有针对性宣传和招聘工作。

6. 根据本节规定需要报告的信息,不得以违反联邦、州或地方法律中与学生信息隐私有关的任何适用规定,或干扰执法调查或与执法利益相冲突的方式报告。如果一个类别包含 1 至 5 名学生,或包含的数量可以推算出另一个包含 1 至 5 名学生的类别,则该数字应以符号代替。一个包含零的类别应被报告为零,除非这样的报告会违反联邦、州或地方法律中有关学生信息隐私的任何适用条款。

8.5.3　高中学生人口统计年度报告

不迟于 2015 年 12 月 31 日,并且在此后每年的 11 月 1 日之前,部门应向市议会提交一份关于以下内容的报告:

1. 对于每所公立高中,上一学年入学的学生总数为 9 至 12 年级,并且这些学生的人数和百分比如下:

(1) 接受特殊教育服务;

(2) 是英语学习者;

(3) 接受免费或减价学校午餐;

(4) 住在临时住房;

(5) 在柜台注册。

2. 根据本细则 1 提供的数据应按以下分类:

(1) 年级;

(2) 种族或民族;

(3) 性别;

(4) 对于英语学习者来说,主要的家庭语言。

3. 对于 9 年级的学生,根据本细则 1 提供的数据应提供:

(1) 完成纽约州 8 年级数学考试的学生人数按性能水平分类;

（2）完成纽约州英语语言艺术考试的 8 年级学生人数按性能水平分类。

4. 对于本细则 1 所规定的每所高中，部门应报告：

（1）该学校使用的入学程序，例如是否通过抽签入学、学区入学，筛选进入此类学校的候选人或标准化考试；和

（2）是否使用其他标准或方法入学，包括但不限于等候名单或校长自由裁量权。

5. 该部门应报告在上一学年的任何努力，以鼓励高中的多元化学生团体，包括但不限于战略选址新学校和特殊项目，为学校和特别项目分配资源，以及有针对性地宣传和招聘工作。

6. 根据本节规定需要报告的信息，不得以违反联邦、州或地方法律中与学生信息隐私有关的任何适用规定，或干扰执法调查或与执法利益相冲突的方式报告。如果一个类别包含 1 至 5 名学生，或包含的数量可以推算出另一个包含 1 至 5 名学生的类别，则该数字应以符号代替。一个包含零的类别应被报告为零，除非这样的报告会违反联邦、州或地方法律中有关学生信息隐私的任何适用条款。

★**立法经验点评**：本法条要求披露保护高中学生人口统计的年度报告的详细内容，但同时也规定了必须保护学生的个人信息隐私。

8.5.4　部门运营幼儿园前计划学生人口统计年报

不迟于 2016 年 11 月 1 日，后每年不迟于 11 月 1 日，该部门应向市议会提交一份关于以下内容的报告：

1. 对于每个提供幼儿园前学校计划的学校，在该计划中上一学年就读的学生总数，按种族或族裔和性别分类。

2. 根据本节规定需要报告的信息，不得以违反联邦、州或地方法律中与学生信息隐私有关的任何适用规定，或干扰执法调查或与执法利益相冲突的方式报告。如果一个类别包含 1 至 5 名学生，或包含的数量可以推算出另一个包含 1 至 5 名学生的类别，则该数字应以符号代替。一个包含零的类别应被报告为零，除非这样的报告会违反联邦、州或地方法律中有关学生信息隐私的任何适用条款。

★**立法经验点评**：本法条要求在披露保护幼儿园前计划学生人口统计的年度报告的粗颗粒信息，但同时也规定了必须保护学生的个人信息隐私。

8.6 体 育 报 告

8.6.1 体育教育报告

1. 就本节而言,以下术语具有以下含义:

"适应性体育教育"是指特别设计的适合于残疾学生的兴趣、能力和局限性的发展活动、游戏、运动和节奏体育教育计划,残障学生可能无法安全地或成功、无限制地参与按照学生的个性化教育计划中规定的定期体育课程。

"认证讲师"是指经纽约州教育部门认证为体育教师的教师。

"共址学校"是指任何为小学、中学或高中年级的学生提供服务的公立学校,或其任何组合,包括任何特许学校,该特许学校与纽约市学校大楼内的另一所公立学校或组织共享纽约市公共空间。

"体育教学"是指符合纽约州教育部门规定的有关体育课程要求的体育健身活动。

"替代"是指任何课外活动,包括但不限于校内和校外运动队的活动,或任何其他计划,该部门认为该计划符合国家对体育教育的要求。

2. 不迟于 2016 年 8 月 31 日,其后每年 8 月 31 日或之前,该部门应向市议会提交,并在该部门网站上以显著方式,以个别学校、学区和行政区域可搜索的方式显示前一学年应包括但不限于以下内容:

(1) 每所学校为每个年级学生提供平均每周的体育教学指导的平均频率和总分钟数;

(2) 每所学校的每个年级都有数据说明该年级学生接受体育教育的每周频率和总分钟数,包括(i)接受所需数量体育教学的学生人数和百分比;(ii)接受较少体育要求的学生人数和百分比;(iii)拥有推荐适应性体育教育的个性化教育计划学生人数和百分比。这些数据应按(i)种族和族裔分列;(ii)性别;(iii)特殊教育状况;和(iv)英语学习者身份;

(3) 在学校提供指导的指定全职和兼职认证教员的人数;以及全日制认证教员与学校学生的比例;

(4) 关于学校用于体育教学的所有指定室内和室外设施的信息,包括但不限于:

(a) 关于学校内或附属的所有指定体育教育空间的信息,包括(i)以平方英尺为单位的空间大小;(ii)该空间是否用于体育教学以外的任何目的;(iii)该空

间是否被任何其他学校使用,包括位于同一建筑物内的同地学校;

(b) 关于学校用于体育教学的所有场外室内和室外空间的信息,包括但不限于:(i)场外空间或设施的名称和位置;(ii)该空间是否被任何其他学校使用,包括位于同一建筑物内的同地学校;

(5) 关于该部门补充体育课程的信息,包括但不限于"改进";

(6) 有关部门允许替换的学生人数的资料;和

(7) 包括同校的学校名单,与至少一所其他学校共享认证教师。

3. 根据本节规定不需要报告的任何信息都应以违反联邦、州或地方法律中与学生信息隐私相关的任何适用条款或会干扰执法调查或其他冲突的方式进行报告符合执法的利益。如果一个类别包含 0 到 5 名学生,推算出另一个类别数量等于或小于 5 名,则应用符号代替该类别。

★**立法经验点评**:本法条要求教育部门向市议会披露每所学校为每个年级学生提供平均每周的体育教学指导的平均频率和平均总分钟数,该年级学生接受体育教育的每周频率和总分钟数,全职和兼职认证教员的人数;以及全日制认证教员与学校学生的比例,学校用于体育教学的所有指定室内和室外设施的信息等详细内容,但同时也规定了必须保护学生的个人信息隐私。

8.7 学生健康服务

8.7.1 学生健康服务

1. 定义。如本章所用,以下术语具有以下含义:

"自动化学生健康记录数据库"是指由卫生和心理卫生部门维护的用于记录学生医疗保健信息的数据库。

"纽约身体素质计划"是指用于确定学生整体身体素质的年度健身评估。

"基于校园的健康中心"是指为学校楼内学生提供现场医疗保健服务、由独立机构运营,包括但不限于医院和社区组织。

"学生"是指截止到学期 9 月 1 日之前的 21 岁以下学生,没有高中毕业文凭,不包括《教育法》第 4410 条规定的幼儿园学生或学龄前儿童。

"学生健康查询"是指任何学生在校卫生室访问自动学生健康记录数据库中的记录。

2. 不迟于 2017 年 4 月 30 日,且不迟于每年 4 月 30 日之后,部门应向市议会提交一份关于上一学年向学生提供的健康服务信息的报告。此类报告应包括但不限于：

（1）全日制护士受雇于学校卫生办公室的校舍数量以及该办事处雇用兼职护士的校舍数量；这类校舍中学生与护士的比例；以及这些校舍中每名护士的学生健康查询的平均数量；

（2）学生健康查询的总次数；

（3）进行的"纽约身体素质计划"总人数，以及评估有体重指数的学生的百分比：(i)低于第 5 个百分位；(ii)在第 5 至第 84 个百分位；(iii)在第 85 至第 94 个百分位；和(iv)等于或高于第 95 个百分位。

（4）由学校健康办公室审查并记录在自动学生健康记录数据库中的药物总数；

（5）向学校健康办公室报告的学生诊断为过敏、哮喘、1 型糖尿病或 2 型糖尿病的总人数；和

（6）由提供者类型分类的学校卫生中心总数，包括但不限于医院和联邦合格的卫生中心；以及每所学校健康中心服务的学校或学校的总人数。

3. 本节要求报告的所有信息应按社区学区分列。

4. 根据本节要求报告的任何信息都不得以违反联邦、州或地方法律或纽约市卫生法规的任何适用规定的方式报告，这些规定涉及学生信息的隐私或干涉执法调查或与执法利益相冲突。如果该类别包含 0 到 9 名学生，或者允许将另一个类别缩小至 0 到 9 名学生之间，则该数字应用符号替换。

★立法经验点评：本法条要求教育部门向市议会披露按社区学区分列向学生提供的健康服务信息的报告，及其关键信息内容。但同时也规定了必须保护学生的个人信息隐私。

8.7.2　健康教育报告

1. 就本节而言，以下术语具有以下含义：

"健康教育"指的是健康教育指导，包括性健康教育和艾滋病毒/艾滋病教育，符合纽约州教育专员颁布的条例和该部门的要求中规定的健康教育学习标准。

2. 不迟于 2016 年 12 月 1 日以及此后每年 12 月 1 日或之前，该部门应向发言人提交，并在该部门的网站上以明显的方式发布，由个别学校搜索，每个社区的前一学年学区和当前学区，其中应包括但不限于以下内容：

（1）至少完成一个学期健康教育的 6 至 12 年级学生总人数和百分比。

（2）从 2017—2018 学年和之后每学年的报告开始，至少完成 5 次艾滋病教

育课程的 6 年级学生总人数和百分比；

（3）从 2017—2018 学年和其后每学年的报告开始，7 至 12 年级的学生完成了至少 6 次艾滋病毒/艾滋病教育课程的总人数和百分比；

（4）关于实施健康教育指导的信息，包括但不限于：(i)该部门如何跟踪健康教育和艾滋病毒/艾滋病教育要求的遵守情况；(ii)校长如何监督教师对部门概述的性健康知识基准的遵守情况，以及(iii)如何评估健康教育课程的有效性；

（5）关于专门针对女同性恋、男同性恋、双性恋、变性者和质疑(LGBTQ)学生的健康教育的信息，以及其他非异性性取向或非同性别身份（包括但不限于同性恋者的性健康知识）性关系；

3. 本节需要报告的所有信息应在全市范围内汇总，并由市议会区、社区学区和学校分列。

4. 根据本节规定不需要报告的任何信息都应以违反联邦、州或地方法律中与学生信息隐私相关的任何适用条款或会干扰执法调查或其他冲突的方式进行报告符合执法的利益。如果一个类别包含 0 到 9 名学生，或者允许另一个类别缩小至 0 到 9 名学生，则该数字将被替换为一个符号。

8.7.3　接受性健康培训的教师

1. 就本节而言，"学校"是指纽约市学区的一所学校。

2. 不迟于 2016 年 12 月 1 日以及此后每年 12 月 1 日或之前，部门应向部门网站发言人提交有关向前一学年的学校教员提供性健康教育培训的信息。这些资料应包括：(i)由专职和兼职教员分类的本部门聘用的持牌卫生教员总人数；(ii)分配至少教授一次健康教育课程的教员总人数；(iii)在前两学年接受本署就性健康教育提供的专业发展训练的教员总人数及百分比；

3. 本部分要求报告的所有信息应在全市范围内汇总，并由市议会地区和社区学区以及学校可用时予以分类。

8.7.4　学校提供女性卫生用品

1. 定义。就本节而言，以下术语具有以下含义。

"女性卫生用品"是指与月经周期有关的棉条和卫生巾。

"学校建筑物"是指任何由该部门出租或由该部门负责照管，保管和控制的设施，其中有一所公立学校，包括一所特许学校，为 6 至 12 年级的女学生提供服务。

2. 该部门应为使用学校浴室的学生免费提供女性卫生用品。

★**立法经验点评**：由于西方较开放，学生容易成为艾滋病受害者，性健康教育是纽约教育部门非常重视的一项内容，本法条要求教育部门向市议会发言人和全社会披露按社区学区分列参与纽约市性健康教育的学生比例，关于实施健康教育指导的信息及其关键信息内容。但同时也规定了必须保护学生的个人信息隐私。必须提交前一学年的学校教员提供性健康教育培训的信息。通过法律规定教育部门应为使用学校浴室的学生免费提供女性卫生用品。

8.8　职业和技术教育报告

8.8.1　职业和技术教育报告

1. 就本节而言，以下术语具有以下含义：

"职业和技术教育"或"CTE"意指旨在为学生提供某些技能的课程，这些技能将使他们能够从事某些学科，包括但不限于农业教育、商业和营销、家庭和消费者科学、健康职业、技术和贸易或技术和工业教育。

"认证讲师"是指已经在特定职业和技术教育学科获得教学许可的教师。

"学生"是指截止到学期 9 月 1 日之前的 21 岁以下学生，他没有高中文凭，并且已就读于纽约市学区学校，不包括幼儿园学生或学龄前儿童，因为学龄前儿童在《教育法》第 4410 条中已经被定义。

2. 不迟于 2017 年 4 月 30 日，以及其后每年 4 月 30 日或之前每年一次，部门应向市议会提交并在该部门网站上显著位置公布前一学年的报告，其中应包括但不限于以下内容：

(1) 纽约市市区学校的高中级 CTE 课程总数，包括(i)课程名称；(ii)课程为学生准备的领域；(iii)与该计划相关的行业合作伙伴的数量；(iv)该方案所在的高中；(v)高中是不是 CTE 指定的高中；(vi)CTE 计划是否已经通过纽约州教育部门的 CTE 批准程序获得批准；(vii)该方案所提供的技能等；和(viii)参加此类课程的学生人数；

(2) CTE 计划中每所高中的学生人数和百分比；

(3) 申请人在上一申请年度的高中申请过程中将 CTE 指定高中列为首选的申请人的数量和百分比；

(4) 申请人在上一申请年度的高中申请过程中将 CTE 指定高中列为第二选择的人数和百分比；

(5) 参加 CTE 指定高中的高中申请程序的申请人的人数和百分比；

（6）CTE 指定高中的 4 年毕业率；

（7）CTE 指定高中的 6 年毕业率；

（8）每所高中指定专职和兼职认证教员的人数；对于每个 CTE 指定的高中，全日制认证教师与该学校学生的比例；和

（9）截至上一学年，每个学校或计划的职员数量由部门管理并与 CTE 有关。

3. 根据本细则 2 第 2 至 7 款要求报告的数据应按（i）学生种族和族裔分列；（ii）学生性别；（iii）学生特殊教育状况；（iv）学生英语学习者身份；（v）免费和优惠午餐计划的学生资格；和（vi）社区学区。

4. 根据本节规定不需要报告的任何信息都应以违反联邦、州或地方法律中与学生信息隐私相关的任何适用条款或会干扰执法调查或其他冲突的方式进行报告符合执法的利益。如果一个类别包含 1 到 5 名学生，或者包含的数额能够导出另一个数字 5 或更少的类别的数量，则该数字应该用符号代替。

5. 本章在添加本章的当地法律生效后五年到期。

★立法经验点评：本法条要求教育部门向市议会披露按社区学区分列的职业和技术教育报告，及其关键信息内容。但同时也规定了必须保护学生的个人信息隐私。

8.9　计算机科学教育报告

8.9.1　计算机科学教育报告

1. 就本节而言，以下术语具有以下含义：

"计算机科学计划"是指为了让学生学习计算概念的计划，包括但不限于抽象、算法、编程、数据和信息以及网络而设计的任何类、组件或课程。

"认证的 STEM 教师"是指授权教授特定 STEM 科目的教师。

"学校"是指纽约市学区的一所学校。

"STEM"意味着科学、技术、工程或数学。

"学生"是指截至报告学期 9 月 1 日之前的 21 岁以下的任何学生，没有高中毕业证书，不包括《教育法》第 4410 条规定的幼儿园学生或学龄前儿童。

2. 不迟于 2017 年 4 月 30 日及其后每年 4 月 30 日或之前每年一次，部门须向该局的发言人提交报告，并在该部门的网站上明显刊登前一学年的报告，其中包括但不限于：

（1）每所学校提供的计算机科学课程的总数，包括有关计算机科学课程性质的信息，以及这些课程是否属于先进的课程安排；

（2）参加计算机科学课程的学生的数量和百分比按以下类别分类：(i)种族和族裔；(ii)性别；(iii)特殊教育状况；(iv)英语学习者身份；(v)免费和减价午餐计划的资格；(vi)年级；和(vii)社区学区；

（3）每所学校指定的全职和兼职认证 STEM 教师的数量；以及每所学校全日制 STEM 教师与学生的比例；

（4）有关由该部门管理的 STEM 研究所的信息，包括但不限于提供培训的性质，受过培训的教师数量，参与的组织，提供的资金以及此类资金的来源；

（5）关于该部门计算机科学举措的信息；和

（6）关于每所学校大楼提供的总可用带宽（兆比特每秒）的信息；并且对于包含一所以上学校的每所这样的学校建筑。

3. 根据本节规定不需要报告的任何信息都应以违反联邦、州或地方法律中与学生信息隐私相关的任何适用条款或会干扰执法调查或其他冲突的方式进行报告符合执法的利益。如果一个类别包含 1 到 5 名学生，或者包含的数额能够导出另一个 5 或更少的类别的数量，则该数字应该用符号代替。

4. 本章在添加本章的当地法律生效日期后十年到期。

★立法经验点评：信息时代，计算机和工程类教育是纽约市教育部门非常重视的一项内容，本法条要求教育部门掌握每所学校认证的 STEM 教师和计算机科学计划和学生受计算机教育的详细分布情况，以及学校的计算机、网络等硬件设备配备。

8.10　性教育工作组

8.10.1　性健康教育工作组

1. 定义。仅为本部分的目的：

"年龄适宜"是指根据年龄或年龄组的典型发展认知、情感和行为能力，适合特定年龄或学生年龄段的主题、信息和教学方法。

"医学准确"是指通过按照公认的科学方法进行研究并在适当情况下发表在同行评审期刊中的重要性研究，或者包含领域具有相关专业知识领先专业组织和机构认可的信息准确、客观和完整。

"学校"是指纽约市学区的学校。

"学生"是指截至报告学期 9 月 1 日之前的 21 岁以下的任何学生,没有高中毕业证书,不包括《教育法》第 4410 条规定的幼儿园学生或学龄前儿童。

2. 应建立由至少 9 名成员组成的性健康教育工作组。工作组成员由市长在与市议会发言人协商后指定。这样的特别工作组至少每季度召开一次会议。市长在与发言人协商后,应指定一名成员担任主席。工作组成员应至少包括三名性健康教育领域专家;至少有一名教师受雇于该部门;至少有一名不是教师部门雇用的工作人员,如辅导员、社会工作者或公共健康教育者;至少有两名上高中的学生;至少有一名男女同性恋、双性恋、变性人、健康教育领域的专家;并至少有一名来自卫生和心理卫生部门的代表。这个特别工作组的所有成员应无偿提供市长满意的服务。工作组成员的任何空缺应按照原来的任命以同样的方式填补。

3. 性健康教育工作组应:

(1) 审查该部门和其他利益攸关方提供的关于该部门目前建议的性健康教育课程信息,包括但不限于:(i)这些建议课程是否与国家标准一致的信息,(ii)这些建议课程是否适合该年龄段学生,(iii)此类推荐课程是否涵盖预防性虐待问题,(iv)此类推荐课程是否涵盖健康关系和同意问题,以及(v)此类推荐课程是否涉及与个人有关的问题,以及除异性恋以外的其他关系,包括但不限于男女同性恋、双性恋、变性人;

(2) 审查学生性健康教育的实施情况,包括但不限于:(i)接受性健康教育的每个年级学生数量和百分比,(ii)专门用于每个年级性健康教育的指导时间,(iii)教师是否由教师、其他工作人员、社区团体提供指导,(iv)该部门建议的性健康教育课程以外课程是否被用于教学,以及每个课程:(a)这些课程是否符合国家标准,(b)这些课程是否适合年龄和医学准确,(c)这些课程是否涵盖了性虐待预防问题,(d)这些课程是否涵盖健康问题,(e)这些课程是否涵盖与异性恋以外的个人和关系有关的问题,包括但不限于女同性恋、男同性恋、双性恋、变性人;

(3) 发布报告:

(a) 描述了该部门建议的性健康课程在多大程度上包括预防性虐待、健康关系和同意以及与异性恋以外的个人和关系有关的问题,包括但不限于女同性恋、男同性恋、双性恋、变性者;

(b) 描述了这些课程在多大程度上符合国家标准,符合年龄和医学准确性;

(c) 为改善和扩大或替代为学生推荐的性健康课程提出建议;

(d) 为改善和扩大为学生实施性健康教育提出建议;

（e）就改善追踪学生性健康教育实施方法提出建议；

（f）就培训或专业发展提出建议，协助工作人员向学生提供性健康教育；

（g）提出有关纳入性健康教育内容领域的建议，这些领域专门处理与认定为非异性恋（包括但不限于男女同性恋、双性恋、跨性别学生）学生相关的问题，包括专门针对同性恋关系的性健康知识建议；和

（h）包括由工作组确定的其他调查结果和建议。

4. 工作组在根据本细则 3 进行审查和提出建议时，将为学生和家长提供向专家组提供意见和反馈的机会。

5. 不迟于 2017 年 12 月 1 日，工作组应按照本细则 3 向市长和市议会发言人提交一份报告，其中包括工作队的调查结果和建议。在提交此类报告后，工作组可以根据认为必要的情况提出持续的调查结果和建议。

★**立法经验点评**：性健康教育是纽约市教育部门非常重视的一项内容，本法条要求市政府建立由至少 9 名成员组成的性健康教育工作组。该工作组的职责是审查该部门和其他利益攸关方提供的关于该部门目前建议的性健康教育课程信息，以及审查学生性健康教育的实施情况，并向市长和市议会发言人提供报告。与国内注重学生的异性性教育不同，纽约市立法者从医学角度还关注学生群体中异性恋以外的其他关系，包括但不限于男女同性恋、双性恋、变性人人群。

8.11　学校膳食参与

8.11.1　学校膳食参与数据

1. 就本节而言，以下术语具有以下含义：

"放学后零食"是指在课后教育或浓缩活动期间提供的两种食物组成的膳食。

"放学后晚餐"是指在课后教育或浓缩活动期间提供的五种食物组成的膳食。

"铃后供应早餐"是指在教室里供应完整的早餐，或者通过抓斗和推车来供应早餐。

"通过指定点取早餐"是指由部门提供的可从食堂或指定地点取得的早餐。

"学校"是指纽约市学区的一所学校，其中包含从幼儿园到 12 年级的任何班级。

2. 不迟于 2018 年 10 月 1 日之后，部门应向市议会发言人提交报告，并在部门网站上发布上一学年的报告，该报告至少应包括：

(1) 学校日开始前,食环署在食肆平均每日供应的早餐数目;

(2) 每天的平均早餐数量;

(3) 提供以下服务的学校总数:(i)在上课日开始前在食堂供应全套早餐;(ii)在上课日开始后在教室里供应完整的早餐,以及(iii)通过指定点取得早餐;

(4) 食堂内有沙拉吧的学校总数;

(5) 该部门每天平均供应的小食数量;

(6) 该部门平均每天上课的次数;

(7) 提供以下每种食物的完整清单:(i)在上课日开始前在自助餐厅供应的早餐;(ii)在上课日开始后在教室内供应早餐;(iii)通过指定点取得早餐;(iv)放学后零食;(v)晚饭后;(vi)沙拉吧;(vii)午餐;

(8) 每天为以下每一项提供的食品清单:(i)在上课日开始前在自助餐厅供应早餐;(ii)在上课日开始后在教室内供应早餐;(iii)通过指定点取得早餐;(iv)放学后零食;(v)晚饭后;(vi)沙拉吧;(vii)午餐;和

(9) 该部门每天平均食用的午餐数量。

3. 此类报告还应包括该部门为增加参加课后小吃和晚饭后课程而采取的步骤;早餐计划,包括响铃后的早餐;沙拉吧和午餐计划,包括但不限于有关部门为提高学生参与此类膳食而采取和提出的特殊举措的信息。从 2019 年 10 月 1 日到期的报告开始,此类报告应逐年比较本节所要求的数据。

4. 根据本节要求报告的所有信息应在全市范围内汇总,并按学校、社区学区和市区分列。

5. 根据本节要求报告的任何信息均不得违反联邦、州或地方法律中有关学生信息隐私的任何适用规定,或与执法利益或学生安全相冲突的方式进行报告。

★立法经验点评:2019 年 3 月 11 日纽约市立法者宣布,从 2019—2020 学年开始,纽约市的每所公立学校都将参加"无肉星期一"。基本上,所有五个行政区的学校自助餐厅在每一周的第一天提供素食,供应早餐和午餐。"无肉星期一"将鼓励更健康的膳食选择,减少温室气体排放,并减少对动物的伤害。"无肉星期一"在技术上是免费学校午餐全部计划的延伸,在全市公立学校提供免费早餐和午餐。为了确保"无肉星期一"与 2017 年首次推出的全民免费学校午餐一样顺利,教育部食品和营养服务办公室将收集学生在整个学年的反馈,以告知秋季菜单。"无肉星期一"并不是教育部为使学校食堂更具可持续性而建立的唯一倡议。纽约市 761 所公立学校目前参与该市的有机收集计划,这意味着他们将食物残渣和其他可生物降解的垃圾送到堆肥处,而不是垃圾填埋场。

8.12　GSA　报　告

8.12.1　GSA 报告

1. 就本章而言,以下术语具有以下含义:

"GSA"是指以学生为主导的团体,专注于性与性别方面的问题,包括但不限于打击同性恋恐惧症和变性恐惧症。这些群体通常被称为同性恋直属联盟或性别—性联盟。

"LGBTQGNC 培训"是指部门提供的与支持男女同性恋、双性恋、变性者学生有关的培训或职业发展。

"学校"是指纽约市学区的一所学校,其中包含 6 到 12 年级的任何组合。

2. 不迟于 2019 年 6 月 1 日,并且在此之后每年 6 月 1 日或之前每年一次,该部门应向市议会提交并在线发布本学年有关每所学校 GSA 状况的报告。报告应包含每所学校的以下信息:

(1) 这样的学校是否有 GSA;

(2) 接受 LGBTQGNC 培训的这类学校的教师人数;

(3) 接受 LGBTQGNC 培训的学校的管理人员人数,包括校长人数;和

(4) 向教师和管理人员提供 LGBTQGNC 培训的叙述性描述,包括任何此类培训是否与 GSA 相关的培训。

3. 根据本节要求报告的任何信息均不得违反联邦、州或地方法律中有关学生信息隐私的任何适用规定,或与执法利益或学生安全相冲突的方式进行报告。

★立法经验点评:要求教育部门应向市议会提交并在线发布本学年有关每所学校 GSA 状况的报告。本条例规定了报告中必须包含关键信息,但不能违反相关学生信息隐私保护法律。

8.13　与非本地执法机构相互作用的信息分发

8.13.1　分发有关与非当地执法相互作用的教育权利和部门政策的信息

1. 就本节而言,以下术语具有以下含义:

"学校"是指纽约市学区的一所学校。

"学生"是指截至9月1日第一个学期的未满21岁的学生,他没有高中毕业文凭并已入学。

2. 如果使用简单明了的语言以电子方式分发其他类似文件,部门应每年向每所学校分发以下书面形式或电子形式信息:

(1) 有关可用法律资源的信息,可以帮助家长和学生了解他们在以下方面的法律权利和选择:(i)不论公民身份或移民身份如何,都可以得到保障的教育权利;(ii)来自学生教育记录的个人身份信息(其披露受家庭教育权利和隐私行为约束)的情况可能会披露给第三方,包括但不限于非当地执法机构;(iii)学生有权拒绝与非当地执法机构通话的情况;(iv)根据《美国法典》第8篇第1101节(a)款第(15)段的(T)和(U)项取得非移民身份的申请程序或后继法规,并为依据对妇女的暴力行为自诉程序采取行动;(v)可用于协助学生及其家属寻求与移民有关法律援助的资源,包括但不限于市长移民事务办公室的联系信息;

(2) 有关部门关于与非当地执法机构互动的议定书和政策信息,包括接受部门管理的有关此类议定书和政策的工作人员数量;和

(3) 如果学生家长根据非当地执法部门行动被拘留或分开,以及有关学生家长如何更新相关紧急联系信息,可以了解有关部门的礼仪和政策信息。

3. 在根据家庭教育权利和隐私法案发布任何名录信息之前,如果其他类似文件以电子方式分发给其信息可能被公布的任何学生,则该部门应以书面形式或电子形式分发硬拷贝,或(i)该部门指定为目录资讯的类别;(ii)18岁以下的学生或18岁或18岁以上的学生的父母如何通知该部门关于他的孩子,或有关他目录信息可能未被披露;(iii)这种电话簿信息可能被披露给第三方,包括但不限于非当地执法机构以及将披露的第三方。

4. 部门应确保在每个学校,各部门提供招生援助的办公室以及部门网站上提供需要由细则2分发的信息。

5. 在非本地执法机构要求学生或学生的记录访问时,除非法律、司法命令或合法发出的传票禁止该通知,否则该部门应通知此类学生的家长,并应通知学生和家长提供有关可用资源的信息,以响应此类请求。

★立法经验点评:要求教育部门每年向每所学校分发以下书面形式或电子形式信息:1.有关可用法律资源的信息;2.有关部门关于与非当地执法机构互动的议定书和政策信息;3.如果学生家长根据非当地执法部门行动被拘留或分开,以及有关学生家长如何更新相关紧急联系信息。因为美国的移民政策,部分家

长可能没有持有合法的身份,如果出现被移民局拘留或者其他违法行为,教育部门必须及时更新信息。在根据家庭教育权利和隐私法案发布任何名录信息之前,如果其他类似文件以电子方式分发给其信息可能被公布的任何学生,则该部门应以书面形式或电子形式分发硬拷贝。

8.14　学校申请、录取通知书、注册和可用座位报告

8.14.1　报告学校申请,入学报名和可用座位

1. 就本节而言,以下术语具有以下含义:

"学校"是指纽约市学区的一所学校,其中包含从幼儿园到 12 年级的任何组合,包括该部门提供幼儿园前期教育的早期教育中心。

"学生"是指截至报告学年 9 月 1 日之前 21 岁以下的任何学生,他没有高中毕业证书并且已经入学,但不包括报告学年 12 月 31 日前 4 岁以下的孩子。

2. 该部门应向市议会发言人提交报告,并在该部门网站上明显发布关于申请、报名、可用座位和报名信息的以下报告:

(1) 不迟于 2018 年 5 月 15 日,以及其后每年 5 月 15 日或之前的每年一次的报告,包括但不限于(i)每个社区学区的个人总数(a)申请下一学年学前班、幼儿园或 6 年级的入学成绩;(b)在下一学年在该社区学区的学校接受入读学前班、幼儿园或 6 年级的录取通知书;(ii)就每所学校而言,(a)在下一学年申请入读学前班、幼儿园、6 或 9 年级的人数(如适用);及(b)在适用的情况下,接受入读学前班、幼儿园、6 或 9 年级的录取通知书。

(2) 不迟于 2019 年 3 月 15 日,其后每年 3 月 15 日或之前每年发布一份报告,包括但不限于:(i)每个社区学区的入学学前班、幼儿园或在当前学区的学校中 6 年级总数;及(ii)就每所学校而言,在本学年入读学前班、幼儿园、6 至 9 年级学生的总人数(如适用)。

根据该细则 2 需要报告的数据应按(i)个人或学生的社区学校、学区分类(如适用);(ii)个人或学生居住的邮政编码(如适用);(iii)个人或学生的主要家庭语言(如适用)和(iv)年级。

3. 不迟于 2018 年 5 月 15 日,以及其后每年 5 月 15 日或之前每年一次,部门应向市议会发言人提交报告,并在该部门网站上显著位置公布一份报告,其中应包括但不限于每所学校预计在下一学年可以获得的席位总数。

4. 根据本节规定不需要报告的任何信息都应以违反联邦、州或地方法律中

与学生信息隐私相关的任何适用条款或会干扰执法调查或其他冲突的方式,进行报告符合执法的利益。如果一个类别包含 1 到 5 名学生,或者包含的数额能够导出另一个 5 名或更少的类别的数量,则该数字应该用符号代替。

★立法经验点评:纽约市的公立学校中优质学校较少,因此学区申请和入学竞争非常激烈,学生家长对于相关信息高度关注,该法条建议教育部门应向市议会发言人提交关于申请、报名、可用座位和报名信息报告,并在该部门网站上公开发布该报告。

8.15　夏季食物信息分配

8.15.1　夏季膳食信息

1. 就本节而言,"夏季膳食"是指在本学年结束后和下一学年开始之前,由该部门或任何与该部门合作的纽约市机构向儿童提供的任何膳食。

2. 不迟于 2018 年 6 月 1 日,并且每年不迟于 6 月 1 日,该部门应提供有关夏季用餐的信息,包括但不限于可用餐的地点,此类用餐的时间以及有关此类膳食资格的任何指南。这些信息应该是:

(1) 张贴在部门网站上,任何与该部门合作的纽约市代理机构的网站以及 311 客户服务中心的网站;和

(2) 分发给市议会成员、区长、社区委员会、社区教育委员会、家长协会和家长教师协会。

8.16　校园欺凌、骚扰、恐吓和歧视

8.16.1　报告学生对学生的欺凌、骚扰、恐吓和歧视

1. 就本节而言,以下术语具有以下含义:

"投诉"是指向部门提交的口头或书面投诉,其中包含违反《校长条例》A-832的指控,涉及学生对学生的欺凌、骚扰、恐吓或歧视。

"重大事件"是指投诉中指称该部门根据并已经确定违反了《校长条例》A-832规则进行调查的事件。

"通知"是指由部门向其子女在投诉中被指控的父母提供的通知,违反《校长条例》A-832 规则而成为欺凌、骚扰、恐吓或歧视的目标或者参与欺凌、骚扰、

恐吓或歧视行为,并建议将调查结果通知父母。

"学校"是指纽约市学区的一所学校,其中包含从幼儿园到 12 年级的任何组合。

"学生"是指截至 9 月 1 日第一个学期未满 21 岁的学生,他没有高中毕业文凭并已入学。

"独特投诉"是指非重复投诉。

2. 不迟于 2018 年 5 月 31 日,以及此后每 6 个月分别在 11 月 30 日和 5 月 31 日或之前,该部门应向市议会提交并在该部门的网站上明显张贴前一学期的报告,其中包括每个社区学区和每个高中:

(1) 独特投诉的总数;

(2) 重大事件的总数,以及与下列各类有关的重大事件的数量:(i)种族,(ii)种族或民族血统或二者皆有,(iii)宗教,(iv)性别,(v)体重,(vi)性别认同、性别表达或性取向或其任何组合,以及(vii)残疾。

3. 不迟于 2018 年 11 月 30 日,其后每年 11 月 30 日或之前,该部门应在其 11 月根据细则 2 提交的报告中列入:

(1) 说明部门向学校提供的任何资源和支持,包括预防、报告和处理学生与学生之间的欺凌、骚扰、恐吓或歧视事件;

(2) 描述细则 2 报告的数据所反映的任何趋势,包括与部门确定的突发事件类型有关的任何趋势,这些趋势是学生对学生欺凌的重大事件、骚扰、恐吓或歧视,违反《校长条例》A-832 规则;

(3) 描述解决这些趋势的任何建议,包括但不限于为有关工作人员提供额外培训;和

(4) 对于每所学校而言,这些学校是否已经完成了根据《校长条例》A-832 规则为(i)学生所需的培训;(ii)工作人员,包括非教学工作人员和(iii)学校尊重所有联络。

4. 从 2020 年 5 月 31 日到期的报告开始,在 5 月 31 日和 11 月 30 日之前根据细则 2 和 3(如适用)要求的报告还应包括每个社区学区和每个高中:

(1) 提供的通知总数,按向学生家长提供的通知进行分类,(i)被欺凌、骚扰、恐吓或歧视所针对或被指控为目标的学生,或(ii)或被指控参与欺凌、骚扰、恐吓或歧视;和

(2) 收到投诉和提供与此类投诉有关的通知之间的平均天数和中位天数,按通知是否提供给学生的家长:(i)被指控以欺凌、骚扰、恐吓或歧视为目标,或(ii)被指控参与欺凌、骚扰、恐吓或歧视。

5. 从 2020 年 11 月 30 日到期的报告开始,11 月 30 日之前根据细则 3 要求的报告还应包括每个社区学区和每个高中:

(1) 由学校决定在一学年内参与两次或两次以上重大事件的学生总数,按学生(i)是否受到欺凌、骚扰、恐吓或歧视进行分类,或者(ii)参与欺凌、骚扰、恐吓或歧视;和

(2) 建议采取后续行动的细则 5 第 1 款中确定的学生总数,包括对推荐的后续行动的描述,按(i)学生是否受到欺凌、骚扰、恐吓或(ii)参与欺凌、骚扰、恐吓或歧视。

6. 根据本节规定不需要报告的任何信息都应以违反联邦、州或地方法律中与学生信息隐私相关的任何适用条款,或会干扰执法调查或其他冲突的方式进行报告符合执法的利益。如果一个类别包含 1 到 5 名学生,或者包含的数额能够导出另一个 5 名或更少的类别的数量,则该数字应该用符号代替。

★立法经验点评:学生之间的欺凌、骚扰、恐吓和歧视是美国相关教育部门高度关注的问题,本法条的主要目的是搜集并公开每个社区学区和每个高中曾经发生过的此类事件并对相关参与欺凌、骚扰、恐吓和歧视的学生总数、学校提供的相关预防此类行为资源,例如人员培训,向家长发放相关通知,缩短学生投诉与学校向家长发放通知之间的时间延迟。纽约市的经验是通过立法来保障校园欺凌行为的数据披露和统计,这有利于制定合适的预防和干预对策。

8.16.2 发布欺凌,骚扰,恐吓和歧视报告的信息

1. 定义。就本节而言,以下术语具有以下含义:

"尊严行为协调员"是指根据《教育法》第 13 条第 1 款第 1 项确定,和根据《纽约法典》第 8 篇第 100.2 条细则规定的人,负责接收骚扰、欺凌和歧视报告并负责履行尊严行为。

"学校"是指纽约市学区的一所学校,其中包含从幼儿园到 12 年级的任何组合。

2. 有关部门网站的信息。教育部门应在其网站上明显发布以下信息:

(1) 为学生、家长和工作人员提供有关如何报告欺凌、骚扰、恐吓或歧视事件指导,包括根据任何部门政策或管理条例可向其报告学校工作人员信息;

(2) 学生、家长或工作人员可通过其指定的任何电子邮件地址报告欺凌、骚扰、恐吓或歧视事件;和

(3) 指导学生、家长和工作人员访问他们学校的网站以获取更多信息。

3. 学校网站上的信息。部门应在每个学校的网站上发布以下信息:

（1）为学生、家长和工作人员提供有关如何报告欺凌、骚扰、恐吓或歧视事件的指导信息，包括根据任何部门政策或校监对其进行报告的学校工作人员；

（2）该学校尊严行为协调员的姓名、电子邮件地址和电话号码；和

（3）部门指定的任何电子邮件地址，学生、家长或工作人员可通过该地址报告欺凌、骚扰、恐吓或歧视事件。

4.更新。必要时，部门应至少每个学年两次更新根据本节公布的姓名和联系信息。

★**立法经验点评：**法律规定教育部门应在其网站上为学生、家长和工作人员提供有关如何报告欺凌、骚扰、恐吓或歧视事件指导，学生、家长或工作人员可通过其指定的任何电子邮件地址报告欺凌、骚扰、恐吓或歧视事件，学校除了提供教育部门的相关指导信息和投诉渠道外，还应公布尊严行为协调员的姓名、电子邮件地址和电话号码。

8.17　临时住房学生报告

8.17.1　临时住房学生报告

1.就本节而言，以下术语具有以下含义：

"生源地区"是指学生在上学时永久居住的自治市镇，或者是该学生上次入学的学校行政区。

"学校"是指纽约市学区的一所学校。

"学生"是指截至9月1日第1学期所报告的任何21岁以下的学生，他没有高中毕业文凭，并且因为在该分部中定义的学校入学，包括《教育法》第4410条定义的幼儿园前学生或学龄前儿童。

"分享他人住房"是指向部门报告由于住房损失、经济困难或类似原因而与其他人共同生活的人。

"临时住房学生"含义与《美国法典》第42篇第11434a小节第2节中定义的"无家可归儿童和青少年"含义相同，前提是这些人是在一所学校注册的。

2.不迟于2018年11月1日，其后每年11月1日或之前每年一次，部门应与无家可归者服务部门协商，并由社会服务/人力资源管理部门，青年和社区部门发展与房屋保护和发展部门，必要时向市议会提交一份关于前一学年临时住房学生信息的报告。此类报告应包括但不限于以下信息：

（1）向部门报告的临时住房学生总数按学校分类，并按以下分类进一步

分类：

（a）住在避难所的学生人数，按学生是否居住在：（i）无家可归者服务部门，（ii）社会服务/人力资源管理部门，（iii）住房保护和发展部门；和

（b）分享他人住房的学生人数；

（2）居住在无家可归者服务部门避难所的学生仍然在原籍区的一所学校就读；

（3）由无家可归者服务部门经营的避难所的学生总人数已转入不同的学校；

（4）临时住房接受地铁交通卡的学生总数；

（5）临时住房接待班车的学生总数；

（6）全市临时住房学生的比例；

（7）临时住房学生出勤率；

（8）临时住房学生的留存率；和

（9）临时住房学生辍学率。

3. 根据本节规定不需要报告的任何信息都应以违反联邦、州或地方法律中与学生信息隐私相关的任何适用条款或会干扰执法调查或其他冲突的方式进行报告符合执法的利益。如果一个类别包含 1 到 5 名学生，或者包含一个可以推导出另一类别中 5 个或更少个体人数的数字，则该数字应该用符号代替。

★**立法经验点评：**立法者对于居住在临时住房中的学生群体相关数据进行了数据统计的安排，这有利于政府部门对于低收入群体和困难群体的子女受教育情况制定相关的扶持政策。

9 城市经济发展篇

9.1 海滨房地产交易与贸易

9.1.1 不在预定的街道边界线之内水下土地

1. 纽约市内水下土地的专利只能向纽约市或岸边所有者提供。凡根据本章规定,预计建造街道十字路口码头的计划,经港口和贸易委员会批准估计可以向国家总务部门的专员申请授予水下土地用于此目的。这样的州委员会在就此事采取行动之前应该通知岸边所有人,然后为本章所指明的目的,向纽约市作出该项批复。但是,该土地应受到岸边所有者的一切权利的约束,在纽约市河岸所有人土地建造这些公共码头或其他建筑物之前,该纽约市须就所有河岸权利的价值,对该所有者给予公正的补偿。

2. 如果河岸所有人向国家总务署署长提出申请,要求批出纽约市内土地或水下土地,则该州委员会应将其通知给港口和贸易委员会,则该专员须将有关申请通知港口及贸易署署长,后者须审查该申请,并向该专员证明他是否认为批给该等土地会与纽约市的权利或者以其他方式损害纽约市的公共利益。该地如获批,则只限于在该批地的河岸所有人面前的水下土地,而该州委员可在批地内加入港口及贸易专员所建议的条款及条件,并可保障纽约市在航行及商业方面的公众利益。任何该等批予或专利的有效性,可在由纽约市提出并以纽约市名义提出的诉讼中作出司法裁定。

★**立法经验点评**:此条法律从权利和约束两方面规定河岸的水下土地管理。美国有全世界最自由的土地制度,土地所有权分为地下权(包括地下资源开采权)、地面权和地上空间权(包括建筑物大小、形状等),这三部分权益可以分别转让,政府无权任意征用与拆迁,土地所有者拥有地下的一切财富,可以自由开采地下资源,或者将地下资源单独出售给别人。美国所有土地都实行有偿使用。美国法律明确规定土地可以买卖和出租。联邦政府为了国家和社会公益事业,兴建铁路、公路及其他设施,需要占用州属公有土地或私人土地,也要通过交换或购买的方式取得。联邦政府通过制定相关的法律法规和政策来约束、引导、影响地方的土地利用及规划管理。因此,建造纽约市码头须征得河岸所有人即水下土地的拥有者的意见及批准,并应根据码头的商业价值对水下土地拥有者给予相应的补偿,这样就保护了土地所有者的合法权益。反过来,如果河岸所有人有意愿批出土地,也要受到纽约市公共利益的约束,首先要经专员的评估和衡量,判断这种批给是否会危害公共安全和利益,然后才会同意这种申请,这是对纽约市公共权利的维护。

9.1.2　码头物业

1. 委员可与所有码头财产的拥有人达成一致,或根据该等物业的价格批出贷款,并须核证该等协议给市长。如果市长批准该协议,则委员应以这种价格从业主那里收取必要的转易契和契约,将这些码头财产或高地转让给纽约市,由纽约市向该所有人支付费用。但如果专员认为纽约市应以特殊方式取得该码头财产或高地,而无须首先尝试与该码头拥有人就其购买事宜达成协议,则专员可在市长的批准下,指示公司法律顾问就纽约市取得财产或高地而开展法律程序。因此,法律顾问须采取相同的法律程序取得市区内为公众街道或地方征用私人财产所规定的码头财产或高地。在提起任何该等法律程序前,须向市长提交一份陈述书,说明为课税目的而评估所得的不动产价值。这种财产所有权应在提交调查或地图时归属本市,该调查或地图显示将被收购的不动产分为与其单独所有权相对应的不动产,属于所在县的这些不动产的该法律程序悬而未决;任何及所有对该码头物业或高地有兴趣的业主或有关人士的所有权利、所有权及权益将于此时停止厘定及偿清。所有在此类诉讼中为获得的财产或取消的利益而作出的裁决,应在纽约市所有权归属时提取利息。

2. 委员会经董事会批准,可以同意、许可和允许任何码头物业的所有者对其财产进行必要的改进,以符合在纽约市将该等私人拥有权消灭前进行干预期间内的水前方案。这种改进应由所有者在专员监督下或由专员进行,可能需要商定,费用由这些所有者承担,首先是在合理条件下补偿这些所有者,以及由此可能商定的码头和其他沿岸权利。

★**立法经验点评**:此条法律阐述了纽约市获得码头物业的两种方式:一种是委员与码头财产所有人达成一致→市长批准协议→转让,付款;另一种是直接走法律程序,无需与码头所有人协商,在这种情况下,该码头物业的所有人的有关权益至此偿清,码头的所有权就归属于纽约市了。另外,在消灭私人所有权之前,法律允许私人业主在专员监督下对码头财产作必要的改进,花费的费用在合理范围内业主可得到补偿。如此,不仅考虑到了码头拥有者的财产实际使用情况,在土地让与之前使该所有者做好整理改善工作,同时又兼顾到了这种改进对码头的负面影响(派专员监督或直接由专员负责),避免波及码头的日后使用。

9.1.3　下沉船舶;禁止在码头物业放置

在码头上放置正在下沉或处于可能沉没或搁浅危险的船只、船舶或结构,均属违法。违反本条应为轻罪,可处以不少于 10 美元和不超过 500 美元的罚款,或根据专员的申诉处以不少于 10 天和不超过 6 个月的监禁,或两者兼施。任何此类罚款的一半应支付给提供信息的人员,而这些信息会导致对违反本节规定的任何人定罪。

★立法经验点评:为避免其他正常运行的船只与处于下沉状态或有此风险的船只碰撞,造成船只损坏,交通堵塞,因此,法律规定码头上不能放置有搁浅危险的船舶,这是出于码头整体秩序有效运转而制定的法规。此外,违法本条的此类罚款应支付一半给提供信息的人员,从物质奖励上肯定了这种行为,鼓励人们发现、举报违规行为,间接地维护了码头的交通秩序。这与我国的处理办法有所不同,我国一般在提供犯罪线索方面给信息提供者物质奖励,其他方面大多是精神、名誉上的补偿,像本条法律规定的奖励违规信息提供行为,值得我国立法部门借鉴。

9.1.4　搬运卡车、商品和船只

如果任何码头财产或边缘街道被未固定在该码头财产或边缘街道上的商品或材料,或被汽车、货车、卡车或手推车,或被任何漂浮的、搁浅的或沉没的船只或飞船所占据或妨碍其自由使用或航行,而其所有者、收货人或负责人在专员根据《城市宪章》第 704 条,发出的命令指示下未能清除这些东西,专员可雇用必要的劳动力和设备来执行该命令。专员可将这些商品、材料、汽车、马车、卡车、手推车、船只或船只存放在仓库或其他合适的地方,费用由所有者承担。该所有者、收货人或负责该商品、材料、汽车、马车、卡车、手推车、船只或工艺品的人,在向专员支付实际和必然发生的所有费用以及任何储存费用后,可以赎回该商品、材料、汽车、马车、卡车、船只或工艺品。专员应被视为此类所有者、收货人或负责人以及他们每个人的债权人,以支付由此产生的费用,专员可对他们或他们中的任何人提起诉讼,以收回这些费用。

9.1.5　出售无人认领卡车、商品和船只

如果这些商品、材料、汽车、货车、卡车、手推车、船只或船舶在送达此类通知给所有者、收货人或个人后,在 30 日内仍然无人认领,则专员可在《纽约城市记录》上刊登为期一周的广告后,在公开拍卖中将其出售给出价最高者。专员应在出售所得款项中扣除所产生的开支,并将该等所得款项的剩余部分以信托形式存放于该业主、收货人手中,为期 12 个月。如该余款仍然无人申索,则须拨入纽约市统筹基金。如因移走、贮存、广告及售卖该等商品、材料、汽车、货车、卡车、手推车、船只而产生的开支超出该等售卖得益,可在专员所进行的诉讼中向该所有人追讨。

★立法经验点评:对阻碍码头或街道交通的船只或车辆,其所有人无权将其移走,只有专员才可以拖走违规交通工具,与此相关的费用由所有人或负责人支付给专员。可以看出,即便是简单清拖处理,也须由执法部门及其工作人员执行。值得注意的是,此条法律对无人认领的货物、车辆或船只的处理办法,也作出了明确规定,即通过公开拍卖出售,价高者得,多余收益以信托或普通基金吸纳,超出部分由所有人补足。这样既清理了道路,又解决了大量无主车辆长期堆积的问题,一举两得。但我国法律、行政法规并没有对"僵尸车"予以清拖处理的具体规定,"黑车"拍卖与解体的有关流程仍缺乏有关法律依据和政策支持,虽然公开处置方式有着充足的法律法规依据,如《行政强制法》和《地方客运出租汽车管理条例》等,但在细化到车辆所有权变更和车辆报废等问题上,如果车主本人不出面仍有不少问题存在。应多部门联合出台规范性文件,对"僵尸车"的认定标准、主管部门、处理方法、执法程序、财政保障等进行明确规定,才能保障顺利执法。

9.1.6　通航水域垃圾排放

1. 以下行为是非法的:

(1) 在纽约港口以任何方法或方式放置、排放或沉积垃圾、桩、木材、漂流木、灰尘、灰烬、灰渣、泥土、沙子、疏浚泥、酸渣或任何其他可浮动的垃圾,除非以上这些行为是在美国海港监督员的监督下,但规定在纽约港口喂鱼或水禽不违反本条规定。

(2) 从任何船舶、轮船或其他船只卸下,或导致或准许将任何油类、油类垃圾或其他易燃物质排入纽约港。

(3) 将来自任何船舶、轮船或其他船只的任何垃圾排放,或安排或准许其排

放到纽约市内任何非排放区的水域,或在距离海岸1 500英尺的距离内与纽约市相邻的水域。就本条而言,"船只垃圾"指经处理或未经处理的海洋厕所污水。

2. 任何人违反细则1第1款或第2款规定,均为犯有轻罪,一经定罪,将处以不超过250美元的罚款或不超过6个月的监禁,该罚款的一半应支付给提供信息的人员,而该等信息将导致犯罪者定罪。

3. 违反细则1第1款或第2款的行为,但不违反第16-119条的,第一次违规行为应承担不少于1 500美元或不多于10 000美元的罚款,并且之后每次违反任何一款时,将处以不少于5 000美元、不超过20 000美元的罚款。这种惩罚可通过以专员的名义提起的民事诉讼或在环境管理委员会的诉讼中得到解决。

4. 本节的规定也可由卫生专员和环境保护专员执行。

★立法经验点评:此条法律是为了保护纽约港口的环境而制定的,禁止排放、堆积可漂浮垃圾,往非排放区排放油类垃圾或船只污水,等等,对这些破坏港口和海洋环境的行为,初次犯法将罚款至少1 500美元,之后每次再犯将罚款5 000美元以上,这种数额的罚金表明了处罚力度相当重,以形成威慑,使人们不敢违规或屡次违规,表明了纽约整治海水环境的决心和实施力度。还可以看到,这些处罚手段卫生和环保专员也有权执行。中国不乏先进而严格的环境立法,但缺少坚决的执行力度,我国环保部只有责令限产、停业的权力,法律没有赋予环保部门贴封条或者关停的权力,所以我国应考虑增加环卫部门的行政强制措施。

9.1.7 废弃码头拆除

1. 每当任何码头、舱壁、平台或其他码头结构被放弃并构成航行障碍时,如果有人知道该业主,应立即通知业主将其移走。如果业主不明或者不在市内,或者不遵守这种通知,则委员会应阻止此类阻碍。这种搬迁的费用可以由业主采取行动予以支付,并且应该是对财产的留置权,直到付清为止。

2. 如果此类财产在搬迁后30天内无人认领,则委员应在公开拍卖会上向最高出价人在纽约市记录中宣传6天。每笔出售的收益都应存入普通基金。

★立法经验点评:此条法律规定了废弃码头物业的处置办法,对于此类私人财产,委员会有权回收或拍卖。这与我国的土地公有制下的解决办法(政府管理和回收)大相径庭。

9.2　富尔顿鱼市场分销区和其他海产分销区

9.2.1　立法调查结果

市议会在此发现,位于曼哈顿下城的纽约批发海鲜产业中心富尔顿鱼市场几十年来受到有组织犯罪的腐蚀影响;有组织犯罪对市场某些职能的腐败影响,包括卸货和装货功能,导致在那里实施了许多罪行和不法行为,包括但不限于人身暴力或暴力威胁、财产损失和盗窃;有组织犯罪对市场的腐败影响促使并维持了一个垄断联盟,迫使海产品供应商和卡车司机以固定价格使用特定的卸货人员进行反竞争计划,并遭到联邦法官的谴责;有组织犯罪腐败的影响导致零售商在纽约市街道和纽约市物业停车,但必须向私人装货人员支付高额费用,这些人员的主要职能是为这些车辆及其货物提供"安全",同时零售商在犯罪横行的环境中购买鱼类市场区域;而且这些腐败的影响进一步导致了海鲜批发价格高于在没有这种活动的情况下必须支付的价格。该委员会进一步发现,尽管执法部门一再努力起诉那里的犯罪行为,并由法院任命的市场管理人员监管,市场上的有组织犯罪腐败问题依然存在。市场的业务,包括批发商、海鲜交付者、卸载机和装载机,它们经常在纽约市物业上运营,尽管没有租赁、许可证和注册,但过去根据现行的公共市场法律和法规,尚未得到有效监管。由于缺乏有效的监管计划,批发商在租约中建立了一个"灰色市场",其价格超过了纽约市的租金,因此剥夺了公众对纽约市财产的合理回报,并进一步说,不法商家利用这种缺乏监管来进行欺诈行为,例如创建"幽灵批发商",在他们从供应商那里获得海鲜付款之前,他们的企业就从市场上消失了,并且这种做法阻碍了供应商。因此,市议会认定并宣布,为了在市场领域提供更有效和有序的业务,确保任何此类活动都能合法进行,促进市场的经济活力和保护公共利益,小型商业服务专员有必要扩大在市场领域的许可或注册业务的权力,并规范这些业务的开展。特别是,市议会发现,为了实现这些目标,应授权小型企业服务专员发出许可申请,以便在市场区域提供卸载和装载服务,并且根据他的判断,根据对这些要求收到的答复的审查和评估,签发一个或多个卸载和加载许可证。如果没有收到适当的答复,委员会应被授权安排小型企业服务部门自己执行卸货或装货服务,或安排由承包商或部门指定人员执行卸货或装货服务。该市议会认识到,有人对市场以外的海产品分销活动进行了投诉,并进一步发现在市场区域引起腐败的条件可能存在于海鲜批发业或其他集中的其他地区商家。市议会还认识到,这些企业的代表威胁要将他们的业务转移到其他地方,并且有些可能会迁往纽约市的其他地区。因此,市议会认定并宣布,小型企业服务专员有必要有权管理海鲜业务集中在市场以外的纽约市区域的海产品分销。本章的应用将提高纽约市处理有组织犯罪腐败的能力,并保护在市场或与其他海产品分销地区开展业务的消费者和许多诚实的商业人士。因此,该市议会旨在授权该市对市场和其他海产品分销领域的行为业务拥有更大的监管权力。

★立法经验点评:此条法律阐述了对富尔顿鱼市场有组织犯罪的调查结果分析。有组织犯罪在鱼市场促成了卡特尔,迫使供应商和卡车司机使用特定的装货和卸货人员,并对这些人员支付高额费用,进而导致海鲜价格高于其正常市场价格。而出现这种现象的原因是鱼市场没有得到有效的监管,从而不法批发商利用监管漏洞进行欺诈交易,非法占有市场份额,损害了供应商的市场交易活动和公共利益。鉴于此,市议会应加强小型企业服务专员批准许可申请的权力和赋予专员管理市场以外地区的海鲜分销的权力。本条主要通过对犯罪的表现形式、原因及危害的分析,针对性地提出打击和防止措施。

9.2.2 照片识别卡

1. 市场经理应向根据本章许可的任何企业的负责人、雇员和代理人发放附有照片的身份证,以执行与在市场区域内或从市场区域处理或运输海鲜直接相关的任何功能。这种卡将被称为 A 类照片的身份证,并由专员建立这样的卡。市场经理指定的市场操作时间内,应显示此类卡片以便其他人随时可见。

2. 市场经理可酌情向已提交本章规定的信息和费用或根据其颁布的任何规则的被许可人或注册人的雇员或代理人发放临时照片身份证。根据本细则签发的附有照片的身份证件,在委员签发或拒发永久性身份证之前,除非该临时证件已根据本章规定的程序被撤销或暂停,否则该证件有效。市场经理可自行决定提供临时身份证,这些身份证的有效期不得超过六周,将发给卸货人员、装载机人员、批发商和海产品递送人员或其他具有季节性或临时性特征的人。

3. 根据本条发出的附有照片的身份证,须贴上发给其的人的照片及署长指明的其他识别资料。

★立法经验点评:要求市场经理向与鱼市场海鲜运输相关的企业负责人或员工发放身份证,根据上述立法调查结果,这是为防止某些不法分子进入市场收取"保护费",设置出入门槛,同时也是给合法企业工作人员一个职业保障,这种带有照片的证件是本人身份证明,也是从业资格证明。此外,给所有相关人员发放身份证,也就是相当于做了一个统一的从业人员身份信息数据库,违法分子若想浑水摸鱼就不容易了。

9.2.3　卸载营业执照

1. 未经首长依照本条规定取得的卸载营业执照,在富尔顿鱼市场配送区进行卸货业务或者以其他方式提供卸货服务,即构成违法。盗版营业执照不得转让。

2. 专员应发出许可提议申请,并应根据对该请求所收到答复的审查和评估,自行决定颁发一个或多个卸载营业执照。此类征求建议书应征求关于提议者的资格、建议的卸货方法、在卸货作业中使用的人工和设备、向批发商收取的费率,拟用于遵守卫生要求的程序以及与执行人员认为适当的执行标准、责任和服务有关的任何其他信息。

3. 根据本条发出的营业执照须述明持牌人的姓名、地址及电话号码,以及该持牌人的所有委托人的姓名及营业地址。卸货业务应根据要求提供给任何批发商。

4. 根据本节签发的许可证还应包含以下条件:

（i）详细说明向批发商收取的最高税率;

（ii）指明卸货和客户服务的执行标准和水平,在许可证的有效期内应保持这种标准和水平,以确保在市场区域继续有效地卸载海鲜;

（iii）要求卸货业务取得履约保证金,并由专员决定是否适当并足以支付纽约市根据本章提供或执行卸货服务所产生的任何费用,在执行许可证中规定的条件时撤销执照或违约,并规定履约保证金或担保的金额;和

（iv）规定与绩效标准、客户服务、业绩保障、纽约市财产使用有关的任何其他适当要求,或专员认为适当和必要的其他事宜以实现本章的目的。

5. 根据本条规定领有营业执照的卸货业务,未经该委员会的书面许可,不得提供更多的卸货服务的费用,即该许可证所规定的最高税率,或卸货业务或其本人、雇员或代理人要求或接受执行卸货服务的任何其他费用或小费。

6. 任何卸货经营许可证持有人均不得通过合同或其他方式转让或委托任何其他商业实体提供许可证中规定的卸货服务,无论是紧急情况还是其他原因,除非委员已为此提供了特定的书面授权。

7.（i）专员应在收到适当通知并有机会参加听证会后,根据在执行该许可证中规定的条件时出现违约情况,暂停或撤销根据本节发出的许可证。专员还应被授权在履行许可证中规定的条件时寻求其他补救措施,包括但不限于偿付部门在市场区域内提供卸货服务所发生的任何费用。

（ii）根据许可申请提出的新许可应在原许可的剩余期限内有效。专员还可以征求商业实体提供临时卸货服务的意向表示，并可以在暂停或撤销的情况下，向市场上最合格的实体发放临时许可证，以便在市场区域提供卸货服务或持牌人停止卸货业务导致市场卸货服务短缺，或现有卸货业务因其他原因无法提供足够的卸货服务时使用。根据此细则签发的临时许可证有效期最长为一年，条件是该许可证不得超出原许可证的剩余期限。这种临时许可证的费用应按照原始许可证的期限分配。

8. 根据本节发布的许可期限届满之前，专员应根据细则 2 发出新的许可提议请求。如果根据本章的规定，该许可证的期限已延长一段时间，则新的许可证提议请求应在期限届满前发布。

★**立法经验点评**：对卸货业务进行了严格而详细的规定。专员在征求卸货方法和设备、执行标准、责任、收取的费率等的基础上，通过审查和评估，然后发放卸货营业执照，这种卸货营业执照受到种种约束，比如个人信息、有效期、保证金、卸货服务的税率限制、不可转让等，并且一旦违约即被撤销。从这些许可证的种种条件可以看出，纽约对富尔顿鱼市场的卸货实施了规范化、制度化的管理，将卸货工作处于专员的管理和监督之下，这种严密的管理办法有利于遏制和预防犯罪。

9.2.4　装载许可证

1. 在富尔顿鱼市场分销区进行装货业务或以其他方式提供装货服务，或在该市场区域的批发商向海产品采购商提供此类服务，首先要参考本节规定获得由委员会颁发的装货营业执照，且装货营业执照不得转让。

2. 专员应发出许可提议申请，并应根据对该请求收到答复的审查和评估，自行决定颁发一个或多个装货营业执照。这种许可提议请求应征求关于拟议在市场区域提供装货服务的费率，建议进行装货操作的地区，拟用于提供装货服务的劳动力以及任何其他与委员认为合适的绩效标准、责任和服务有关的信息。

3. 任何装货经营执照持有人均不得通过合同或其他方式转让或委托给任何其他商业实体在市场区域提供装货服务，无论是紧急情况还是其他方式，除非委员会已经为此提供了具体的书面授权。

4. 专员应经过适当通知并有机会举行听证会，根据本节的规定暂停或撤销许可证发放，但须确定在执行该许可证规定的条件时存在违约或出于本章中的原因。专员还应被授权在履行许可证中规定的条件时寻求其他补救措施，包括但不限于偿付部门在市场区域内提供装货服务所发生的任何费用。

★**立法经验点评**：此条从法律上对装货业务作出明确规定，颁发装货营业执照，也是出于规范装载业务、整治非法装货的目的。

9.2.5　批发商注册和展位许可证

1. 任何商业实体在富尔顿鱼市场分销区进行批发海鲜业务而未事先向委员登记并获得登记号码是非法的。注册申请应按照委员规定的格式提交，包括委员规定要求提供的信息，并由该批发商的所有委托人签字。注册号码不得转让。批发商不得将该场所或批发商已经注册其批发海鲜业务的任何部分转租给另一批发商或转让给其他批发商，除非该建议的转租人或受让人向该委员会注册并获得批发商注册号码。在本章中通知委员会该企业的所有权构成发生任何变化，或在登记后的任何时间增加或删除任何委托人。

2. 在许可证颁发后的批发海鲜业务的注册期满、撤销或暂停期内，展位许可证不再有效。但是，如果展位许可证的持有人根据本细则 d 或 e 的规定允许另一个注册批发商使用发放该许可证的部分空间，则允许其他注册批发商继续在暂停期间在该空间开展业务。

3. 市场经理应维护并公布在市场经营场所注册并持有许可证的市场区域所有批发商的名单，以及此类批发商的注册号码和许可证号码。市场经理应向供应商、托运人和卡车司机提供此类清单，并应要求向供应商、托运人和卡车司机核实此类业务实体目前是否向委员会登记或拥有有效的展位许可证。

9.2.6　海鲜配送业务注册

在富尔顿鱼市场分布区进行海鲜配送业务，而未事先与该专员注册该业务，并获得该专员的注册号码是非法的。注册申请应由海鲜配送业务送货商按照委员规定的格式提交，其中包含委员要求提供的信息，并由该海鲜配送业务的所有负责人签字。市场经理可能要求海鲜送货商在运送车辆上贴上包含此类注册号码的标签。海鲜配送登记号码或贴纸或贴花不得转让。

9.2.7　处罚

1. 除本细则 2 另有规定外，违反本章应承担民事责任，每次违法行为处罚不得超过 10 000 美元。这种民事处罚可以在环境管理委员会提起的具有管辖权的法院或行政程序的民事诉讼中追回。

2. (i) 任何人违反本章第 9.2.3 节细则 1、第 9.2.4 节细则 1，均属犯有轻罪，并且一经定罪,处以不超过 10 000 美元的刑事罚金或不超过 6 个月的监禁,或两者兼施;并且任何此类人员也应受到违法行为每天不超过 5 000 美元的民事处罚,以便在环境管理委员会提起的具有司法管辖权的法院或行政诉讼附带民事诉讼中追回。

(ⅱ) 任何人干扰或企图干扰依照本章授权的装货或卸货服务的行为,即属轻罪,一经定罪,将被处以不超过 10 000 美元的刑事罚款或不超过 6 个月的监禁,或两者兼施。在侵权行为持续的每一天,向主管法院或环境管理委员会提起民事诉讼,每项此类违法行为不超过 5 000 美元。

(ⅲ) 任何人故意或未经业主或拥有合法占有这些财产的其他人的许可,毁坏或损坏与本章授权的装卸服务有关的财产或设备,一经定罪,应处以不超过 10 000 美元的刑事罚款或不超过 6 个月的监禁,此类人员也应被判处不超过 5 000 美元的民事罚款,而每一次该等违法行为,须在向具有司法管辖权的法院或向环境管理委员会提起行政诉讼附带民事诉讼中追讨。

★**立法经验点评**:此条法律规定,批发商须先向委员会登记注册,然后才可以批发海鲜产品,换句话说,只有持有批发商注册号码才有资格从事批发或承转批发业务,这是为了防止不法商家组建"幽灵批发商"来损害供应商的市场利益,确保每个批发商登记在册,阻止不良商家随意进出鱼市场,取缔投机倒把,保证海鲜供应和批发业务的合法交易活动。类似地,海鲜配送业务同样需要登记注册,且不可任意转让。任何干扰、破坏装卸服务或违反以上规定的行为均属轻罪,将处以 10 000 美元以下的罚款或 6 个月以下的监禁,这种负面激励手段对改善、维持和发展富尔顿鱼市场的正常贸易有着推动作用。

9.3   其他公共市场

9.3.1   访客通行证

部门或该部门的指定人员应被授权签发访客通行证,作为任何人进入公共批发市场的要求,包括但不限于:进入市场购买产品及其雇员和临时雇员的零售商;并受规定限制本章所涵盖的工会或组织的官员和商业代理人,以及其关联公司的官员和商业代理人,包括国际工会、养老金和福利基金等。该通行证应采用委员规定的格式,应包含该人的照片,并应说明该人访问市场的原因,无论此人是否定期走访市场,还应包含该通行证的有效日期。专员可以规定向经常访问市场的人发放永久访问证,并规定在市场入口处为希望单独或偶尔进入市场的人快速签发通行证。部门指派人员应被授权在某种情况下拒绝访问者通行证和进入市场,因该人的存在可能会对某市场的有序运作构成威胁,或该人没有提供专员或专员指定人员所规定的识别资料。本条规定不适用于任何直接在本规定生效日期之前不少于一年的时间内,在无控制、限制或其他规定的情况下允许公众进入的公共批发市场;但条件是,专员可以在确定存在必须临时限制进入这种市场的紧急情况时适用这些规定。就本节而言,"该部门的指定人员"是指该市的一个机构,或者由该专员酌情决定的批发商合作社或类似组织。本条中的任何规定均不得解释为拒绝访问工会或劳工组织的代表进入,因为此人试图在公共批发市场内从事根据《国家劳动关系法》等的工作,其中包括但不限于合法纠察批发业务或市场业务与合法劳工纠纷有关的营业场所,除非由法律规定可能禁止进入。然而,该人不得妨碍该部门的警务人员或认可雇员在该批发市场或在任何街道、大道、主街、广场、场地或其他指定为公众地方的管制车辆及行人交通采取合理措施。在根据《国家劳动关系法》确定某项活动是工会或组织的代表不属于合法行为之前,专员应与劳资关系专员协商。

★**立法经验点评:**本条规定任何人进入公共市场都首先获得通行证,按定期访问与否,发放临时通行证和永久通行证,该通行证附带可识别访问者身份的资料,这样做的原因是防止某些不正当、不合格的企业雇员、代理人或零售商等破坏市场的有序运行,也是规范市场秩序、保护合法经营和正当竞争、保障消费者权益的内在要求。

9.3.2　扣押没收

1. 任何警察或经授权的官员或部门雇员,在向车辆或其他财产或设备的所有者或经营者送达违规通知或传票后,可扣押该警察或经授权的官员或雇员有合理理由认为正用于构成违反本章规定行为的车辆或其他财产或设备,而该车辆或其他财产或设备是由以下人员拥有。该车辆或其他财产或设备是由受该分节规定约束的人拥有、租赁或租用的,或者该车辆或其他财产或设备是由雇员以外的人拥有,并由受该分节规定约束的人直接使用。根据本款规定扣押的任何车辆、财产或设备应交付给该部门或其他适当机构保管。如果违规通知书已经送达,环境管理委员会应在扣押后的 5 个工作日内举行听证会,对扣押的违规行为进行裁决,该委员会应在听证会结束后的 5 个工作日内作出决定。如果传票已经送达,应在有管辖权的法院举行听证会,以裁定扣押的违法行为。如果法院或环境管理委员会认定没有违法行为,被扣押的车辆、财产或设备应立即释放给车主或车主授权的任何人员,以接管这些车辆、财产或设备。

2. 除非细则 1 另有规定或已发出将根据细则 5 第 2 款要求没收的通知,根据细则 1 没收的车辆或其他财产或设备支付罚款后,根据部门规则的规定,扣押、搬迁和储存费用的违规车辆或财产将被释放。

3. 如果有管辖权的法院或环境管理委员会认定车辆或其他财产或设备未被用于构成违反第 9.2.3 节细则 1 的行为,则第 9.2.4 节细则 1 规定,车辆或其他财产或设备应立即交还给车主或车主授权接管此类车辆、财产或设备的任何人。

4. 任何车辆或其他财产或设备,如果由车主管辖区的法院或由环境管理委员会通过第一类邮件邮寄给该车主的决定通知后 10 个工作日内,尚未被车主要求,违反或车辆或其他财产或设备未被用于违反第 9.2.3 节和第 9.2.4 节细则 a 的内容,被部门视为放弃。根据本细则规定无人认领的车辆,应按照《车辆和交通法》第 124 条的规定处置。除车辆以外的财产或设备应在公开拍卖之后出售,并在出售前至少 10 个工作日内在《纽约市记录》中发布描述此类财产或设备的通知。该通知应规定,业主可以收回此类财产或设备,直至其日期不得迟于通知发布之日起 10 个工作日。

5. (i) 除本章规定的任何其他罚款、处罚、制裁或补救措施外,根据本细则 1 扣押的车辆或其他财产或设备及其中的所有权利、所有权和利益,如果该车辆或其他财产或设备的拥有人已被具有管辖权的法院或环境管理委员会在一次或多次事先使用该车辆或该等其他财产或设备的情况下涉及违反本章细则 1 的行为。

(ii) 在收到车主要求退还车辆、其他财产或设备的请求后 10 个工作日内可以开始没收程序。如果没收手续在这 10 天内未开始,则应在支付罚款或民事罚款以及搬运和存储费用后将财产归还给车主。作为此类诉讼主体的车辆或其他财产或设备,应在最终确定没收行为之前留在部门或其他适当机构的监管之下。

(iii) 没收行为机构的通知应以下列方式通过第一类邮件送达:(a) 车辆的拥有者,其地址由机动车辆部门保存的记录中所列的地址或未登记的车辆在纽约市记录中;(b) 所有持有该车辆担保权益的人,其担保权益已根据《车辆和交通法》第 10 条的规定向机动车辆部门提出,并按照该部门记录中规定的地址,或未在纽约州注册的车辆,所有在这种车辆中拥有担保权益的人,其担保权益已经以这种登记状态提交,并且这些人员通过该登记州提供的地址告知该人员;(c) 对于除车辆以外的财产和设备,应在《纽约市记录》中公布并描述,并以第一类邮件的形式通知发现此类财产或设备的人的地址。如果此人不是此类财产或设备的所有人,则通知应以第一类邮件的形式发送给此人以及此类财产或设备的所有人,此类财产或设备的所有人可以通过合理努力知道或可以确定,或如果这些所有人不知道或不能通过合理的努力确定,则向财产或其他设备被扣押的人的雇主提供信息。通知还应以第一类邮件的形式发送给任何持有该财产或设备的担保权益的人,当该人的名称和地址由该财产或设备的所有人或其他人提供,或以其他方式已知或可以通过合理努力查明。

(iv) 收到没收行为机构通知的任何所有人如果希望在车辆或其他财产或设备中享有权益没收,可以在此类行为中主张索赔,以追回车辆或其他财产或设备,或满足车主对该车辆或其他财产或设备的兴趣。任何在这类车辆或财产或设备上拥有担保权益的人收到没收行为机构的通知,并声称对此类车辆或其他财产或设备拥有权益时,可以在此类行为中主张索赔以满足该人的担保权益。

(v) 根据本款规定进行的没收,应考虑到根据本款第(四)项要求对车辆或其他财产或设备拥有权益的人的利益,如果该人能够证明。(a)该车辆、财产或设备的使用与构成违反本章的行为有关,而该行为是扣押的依据,该人并不知情,或者如果该人知道这种使用,该人没有同意这种使用,没有采取一切可以合理阻止的措施,而且该人不是为了避免被没收而有意获得该车辆、财产或设备的权益。或(b)作为扣押依据的行为是由声称对车辆、财产或设备拥有权益的人以外的任何人实施的,而该车辆是由违反美国或任何州的刑法而获得占有的人非法占有。

(vi) 根据本条规定的没收应取决于根据本条第(iv)段要求对车辆或其他财产或设备拥有权益的人的利益,如果该人证明:(a)使用这类车辆或财产或设备的违规行为是在此人不知情的情况下,或者如果此人知道此类使用,则此人未采取一切合理措施来防止此类使用和不同意此类使用。此人并未故意获得该车辆、财产或设备的此类权益,以避免被没收;(b)作为此类扣押基础的行为是由声称对车辆、财产或设备拥有权益的人以外的任何人实施的,而该被非法占有车辆违反了美国联邦或任何州的刑法。

(vii) 司法部门裁决没收后,应酌情决定:(a)保留这些车辆、财产或设备供纽约市正式使用;或(b)通过至少5天的公告向公众销售这种被没收的车辆、财产或设备。任何此类销售的所得款项净额均应存入纽约市统筹基金。

★**立法经验点评**:此条法律是关于没收、扣押的车辆或其他设备财产的管理办法。对于没收物品,交由相关部门或适当机构保管后,再经环境管理委员会或法院举行听证会来裁定是否违法,若没有违反规定则会将扣押物品还给业主。可以看出,这种处理方式尊重了业主的正当权利,尽管其财产被没收,但是有 5 日的保管期和可供申诉和裁定的听证会,在调查清事情原委后,才会作出相应的判决。

本条允许业主可以在公开拍卖通知发出前 10 个工作日收回自己的财产,或者可以发出退还请求,在未举行没收程序的 10 日内拿回自己的财产,而且,车辆或设备的拥有人享有担保权益,可以在此类行为中主张索赔。总之,业主可以在不同情况下通过不同方式拿回自己被没收的物品,即使可能违规,但在规定的工作日内仍有索要的空间和余地,体现了美国法律对私人财产的注重和保护。不同于我国的没收物品管理办法,除了必须没收、禁止流通的文物、易燃易爆危险品、毒品和吸毒用具以及淫秽书刊、光碟等必须保存、销毁的物品外,比如不适宜拍卖的易腐烂物品、鲜活品和动植物,经卫生检疫合格的,直接交有关经营单位收购;对仍有一定使用价值,不危害人体健康和人身财产安全的物品,且不适合拍卖和再进入市场流通的商品,在不损害权利人合法权益的前提下,经办案机关负责人批准,可由相关企业回收或依法另行处理;报废汽车、摩托车、非法组(拼)装汽车、摩托车、劣质钢材和机器等废旧金属,交有经营权的废旧金属回收公司收购处理;确实无法拍卖的,上报办案机关负责人批准同意后,交合法的经营单位或物资回收企业收购;等等。从中可以看到,我国对于没收的可再使用的财产,直接交由相关单位或企业收购、经营,业主基本没有收回的机会,由政府机关全权控制和包办。

9.4　公用事业服务

9.4.1　公用事业服务授权

根据《国内一般法》第 14A 条,纽约市特此建立公用事业服务,该条款在第 360 条中定义,建立、建造、租赁、购买、拥有、获取在纽约市区域范围内使用或操作设施,目的是向其居民提供任何类似于《公共服务法》第 4 条规定的公共事业公司。为此目的,纽约市可向国家、任何国家机构、其他市政公司或任何私营或公共公司,购买电力和其他形式的能源,并可向自己和住宅、商业、工业和其他客户出售或分配这种电力。根据《国内一般法》第 14 条和纽约市法律的任何其他适用条款,该市应拥有授予公用事业服务的任何和所有权力。

9.4.2 能源和设施收购

纽约州、州政府、任何州政府机构、任何其他市政公司或任何私营或公共公司，都应向纽约州的权力机构提供水电或其他形式的能源，并应安排使用、出租或获得向纽约市提供此类电力所需的传输、变电站和配电设施，并为住宅、商业、工业和其他客户提供补偿。但是，纽约市不会购买或建造与纽约市内任何公用事业公司业务平行或重复的电力或天然气输送或配送设施，亦不采取任何行动损害任何协议、特许经营权、纽约市内任何公用事业公司的权利或义务，包括为在纽约市开展业务提供安全、充分和高效的服务，并保护其资产，除非得到进一步的地方法律和公民投票的授权。

9.4.3 分配和销售能源

市政府应安排公用事业公司通过在这些公司的服务区域内使用、租赁或购买变电站和配电设施来分配能源，并让这些公司代表纽约市在这些服务领域内提供这种能源收取费用，或者向这些公司出售能源以便转售给这些公司的服务区域内的客户。

9.4.4 价格

确定向住宅、商业、工业和其他客户提供水电和其他形式能源的费率应包括：(1)纽约市向这些客户购买、分配和交付此类能源的实际成本，(2)管理公用事业服务所需的实际费用，包括研发费用，以及(3)法律允许的任何其他费用或收费，包括但不限于公共经营造成的税收损失公用服务。这些费率不低于完全收回此类费用和开支所需费用。这些费率须经市议会批准。

9.4.5 市政能源基金

公用事业经营所得的收入应当存入一个被称为市能源基金的基金中。支付给该基金的收入不应为纽约市的收入，该款项的支付不作为拨款，不得纳入纽约市费用预算。本规定不得禁止纽约市拨付与公共事业服务有关的费用或资金，也不得禁止市政能源基金向普通基金支付。

★**立法经验点评**：此条从法律上赋予了纽约市提供公共事业服务的权力，纽约市有权从国家机构或公司购买或租赁能源资源，供纽约市的各个领域使用。如果纽约市在公共事业方面不积极作为，不提供安全高效的服务，须经法律和公民投票决定，这说明提供公共事业服务不仅是纽约市应被授予的权利，也是其因应尽的责任,公共事业即整个社会的事业或者社会全体公众的事业,是关系到社会公众基本生活的事业,从产生意义上讲是公共组织的一种职能,包括以政府为主导的公共组织和以公共利益为指向的非政府组织为实现公共利益,为社会提供公共产品和服务的活动,与纽约市经济发展密切相连,不可或缺,具有不可替代的特殊职能。在供给方式上,由公用事业公司代表纽约市来经营、售卖,对于所收取的费用法律也作了明确的规定,总之是由公共企业生产,按盈利原则定价,并向使用人收费的提供方式。

9.5　私　人　就　业

9.5.1　向陆军、海军或海军陆战队现役人员颁发执照和许可证

1. 尽管有任何法律、规则或条例的规定,或与审查这些许可证的申请人或为此支付费用有关的任何许可证的条款或条件,但获授权签发许可证的纽约市各机构负责人应将该机构颁发的任何许可证延长或续延至下列人员:

(1) 从事美国军队、海军或海军陆战队的现役军人;

(2) 光荣出狱或免除现役,无过错,无犯罪;

(3) 在执行现役任职时,持有这种执照。

2. 在任何此类人员向有关机构提出申请后,在其履行职责的一年内,并且未对申请人的资格进行进一步审查,该机构的负责人应续签该许可证。

3. 如果许可证中有年费,并且在被许可人正在服务期间业务或职业已经中止,则该机构的负责人应将新的许可证的费用记入等于十二分之一申请人就该职位的每个月所持牌照缴付的年费,直至该牌照届满为止。许可证的续展申请应在申请人卸任后60天内提出。如果在更新时按上述计算得出的信用额度大于重新获得的许可证收取的费用,则剩余的信用额应适用于下一次续展此类许可证时收取的费用。

4. 本节中的任何规定不影响任何与进行业务或职业的场所或与其位置或卫生条件有关的任何机构的法律、规则或规定。

5. 本部分使用的"许可证"一词应包括许可。

6. 尽管有本节的规定,下列人员有权根据以下条款和条件获得出租车许可证:

(1) 任何人持有出租汽车执照,并在进入美国陆军、海军或海军陆战队行现役工作前转让执照,以期参与执行此类现役任务,随后光荣退伍。

（2）任何人在美国军队、海军或海军陆战队执行现役工作时持有出租车执照，并在从事此类工作时转让了这种出租车许可证，随后光荣退伍。

（3）在此细分项下的出租车许可证申请必须在出院后的 120 天内向出租车和豪华轿车委员会提出。

（4）根据本细则发放的出租车许可证不得转让，除非向第二次世界大战退伍军人发放的许可证可以转让，前提是以前没有提前许可证自愿撤销。如果此类许可证的持有人在 1976 年 3 月 27 日之前已经去世，则应向已故持证人的法定代表签发可转让许可证，前提是该代理人为此提交了适当的申请，并且有资格持有这种许可证。

★立法经验点评：本条规定了有关现役军人许可证的颁发和获得，军人在任职期间，除非违规犯罪，如果正常履职并通过资格审查即可获得证书；另外军人在入伍之前转让的出租车许可证，在服役结束后仍可获得，这考虑到了退伍军人的职业需求，利于其再就业。对于第二次世界大战退伍军人及其家属持有的出租车许可证，法律上也给予了这类特殊许可证可转让的特殊权利。

9.5.2　军队退伍成员从业经验

无论何时，根据细则的规定，特定行业的经验是获得任何颁发执照、证书或许可证的先决条件，美国武装部队在美国总统指定的地区的服务期限，根据行政命令作为"战区"，在总统指定的期间内作为战区活动期间的任何时间，申请这种执照、证书或许可证的光荣退伍军人，应视为相当于每年一次的这种经验，并应予以相应的接受，但是，如果申请人在加入该武装部队之前拥有不少于一年的细则所要求的经验，并且进一步规定，这种经历被这种武装部队所中断。申请人可以适用本节的规定以满足特定行业的适用执照、证书或许可证的经验先决条件。本部分的规定不适用于起重机械操作员、主操纵员、主管道工、现场安全协调员、现场安全管理员和高压锅炉操作工程师执照的许可证，除申请高压锅炉操作工程师执照的申请人外，他在紧接提交本申请之前的 10 年内，至少有 5 年的经验，或者至少有一年的入职经验，而在所述的武装部队担任消防员、注油器、锅炉工、机械师、水投标或工程师，或者在上述武装部队执行相当于消防员、注油器、锅炉工、机械师、水投标人或工程师执行额外一段时间的职责时，总共有 5 年的经验，应被视为拥有作为高压锅炉操作工程师执照申请人的经验。尽管有本条的其他规定，每个发行任何特定行业经验的执照、证书或许可证的纽约市机构的负责人都有权决定是否需要有额外的经验才能颁发任何此类执照、证书或许可证。本部分的规定仅适用于至少年满 18 岁的申请人，并且能够读写英文。

★**立法经验点评**:本条是阐述关于退伍军人从业证书的申请和获得的条件和要求的,如法律中所说,"特定行业的经验是获得任何颁发执照、证书或许可证的先决条件",即一定年限的入职经验是职业的敲门砖,对于特定的岗位,颁发机构有权提高经验要求。将经验与许可证申请挂钩,体现了对退伍军人从业的职业化、专业化的管理和规范,职业资格证书是表明劳动者具有从事某一职业所必备的学识和技能的证明,它是劳动者求职、任职、开业的资格凭证,经验越多,证书的含金量就越大。职业资格与职业劳动的具体要求密切结合,更直接、更准确地反映了特定职业的实际工作标准和操作规范,以及劳动者从事该职业所达到的实际工作能力水平。所以为了保障证书的有效性和可信性,有必要在证书的申请上设定条件和门槛。

9.5.3 流离失所建筑服务人员

1. 就本节而言,以下术语具有以下含义:

"建筑服务"是指与现有建筑物的护理或维护有关的工作,包括但不限于由看守、警卫、安全官员、消防安全主任、门卫、建筑清洁工、搬运工、勤杂工、看门人、园丁、场地管理员、固定消防员、电梯操作员和起动员、窗户清洁工和监督员从事的服务。

"建筑服务合同"是指提供建筑服务的合同,并包括此类服务的任何分包合同。

"建筑服务人员"是指任何被雇用从事建筑服务的人员,任何职位转换之前,在紧接任何就业转换之前的全部或部分时间内,(i)管理人员、监督人员或保密雇员,但这种豁免不适用于建筑监督人或常驻管理人员;(ii)从雇主那里获得超过每小时 35 美元收入的人,条件是这一数额应在 2017 年 1 月 1 日进行调整,其后每年由市长办公室根据前一个 12 个月的百分比增加,如果有的话,在所有纽约市消费者对所有项目的消费者价格指数中,正如美国劳工部劳工统计局公布的那样;和(iii)定期在建筑物每周工作少于 8 小时的人员。

"雇主"是指雇用或保留建筑服务人员或建筑服务承包商的任何人,包括但不限于商业空间承租人、住房合作社、共管公寓协会、建筑物管理代理人或任何其他人在纽约市内拥有、租赁或管理不动产,不论是以自己的名义还是为另一人,但本条的要求不适用于(i)不足 50 个单位的住宅,(ii)小于 10 万平方英尺的商业办公室、机构或零售大楼,(iii)任何商业办公空间的租户少于 35 000 平方英尺的承租人,或(iv)如果这些要求与国家财政法冲突。

"前建筑承包商"是指在合同终止前依照建筑服务合同提供建筑服务的任何人。

"后继建筑物服务承包商"是指任何人根据合同提供的建筑服务基本上类似于根据已终止的建筑服务合同提供的建筑服务,或者是以前受雇于雇主。

2. 终止建筑服务合同。

(1) 在终止任何建筑物服务合同之前不少于 15 个日历日,或者在该合同涵盖多个建筑物的情况下,终止一个或多个建筑物的合同,任何被保险的雇主应要求前任建筑服务承包商提供无论何人打算与已终止的建筑服务合同下提供的建筑服务大致相似的服务,应提供一份完整而准确的清单,其中包含每栋建筑的名称、地址、雇用日期和就业分类在终止合同涵盖的建筑物内受雇的员工。前建筑承包商应在收到被承保的雇主要求后的 72 小时内提供该清单。在前建筑服务承包商提供此类清单的同时,前建筑服务承包商应在通知中向建筑服务工作人员发布清单,清单中也规定了本节提供的权利,与其他地点和方式相同法定要求的员工通知张贴在受影响的建筑物上。如果有的话,还应提供给雇员的集体谈判代表。

(2) 在建筑服务合同终止时,任何有保障的雇主或接替的建筑服务承包商,无论哪一方打算提供与已终止的建筑服务合同所提供的基本相似的建筑服务,均须保留合同所涵盖的楼宇内受雇的建筑服务雇员,为期 90 天的过渡雇用期。

(3) 如在任何时间,受保雇主或继任建筑服务承包商(以拟提供与已终止的建筑服务合同所提供的服务大致相同者为准)决定,须在受影响楼宇提供的建筑服务雇员,较前建筑服务承包商所提供的服务少,则该雇主或接任建筑服务承包商须在职务分类中按资历保留建筑服务雇员;但在 90 天的过渡期内,受保雇主或后续建筑服务承包商应保持一份优先雇用名单,列明那些未留用在建筑物内的建筑服务雇员,他们应有权优先考虑在此期间内在其分类范围内的任何工作。

(4) 除本细则第 3 款规定的情况外,在 90 天过渡期内,被保险的雇主或后继服务,无论哪个人打算提供与已终止的建筑服务合同下提供的服务实质上类似的建筑服务,不得无故解雇根据本条保留的建筑服务人员。

(5) 在 90 天过渡期结束时,受保雇主或后继建筑服务承包商,无论谁打算提供与根据终止的建筑服务合同基本相似的建筑服务,均应对根据本条保留的每一名建筑服务雇员进行书面业绩评估。如果该雇员在 90 天过渡期内的表现令人满意,则受保雇主或后继建筑服务承包商应按照受保雇主或后继建筑服务承包商规定的条款和条件,继续雇用该雇员。

(6) 就本分部而言,"受保雇主"包括受影响建筑物中的控股权益已经或正在转移到的任何人。

3. 控制权转移。

（1）在转让受雇于任何建筑物服务雇员的建筑物的控制权益前不少于 15 个日历日，转让该建筑物的控制权益的受保雇主须向获转让该控制权益的受保雇主提供一份完整而准确的列表，列明每名受雇于该大厦的服务雇员的姓名、地址、雇用日期及雇用类别。转让这种控制权益所涵盖的建筑物。同时，转让该建筑物的控制权益的受保雇主，须将该名单张贴在其建筑服务雇员的通知书内，而该通知亦载列本条所规定的权利，其地点及方式，与其他法定向雇员发出的告示在受影响楼宇张贴的地点及方式相同。如有雇员的集体谈判代表，亦须向雇员集体谈判代表发出通知。

（2）控制权转移到的受保雇主，应保留那些在控制权转让所涵盖的建筑物内受雇的建筑服务人员 90 天过渡期。

（3）如果在控制权转移到的承保雇主的任何时间确定，在受影响的建筑物中，需要较少的建筑服务人员进行建筑服务，而不是为正在转让控股权益的承保雇主提供此类服务，控制权转移到的被担保的雇主应在工作分类中按资历保留建筑服务雇员；在 90 天的过渡期内，这些被保险的雇主保留那些未被留在建筑物中的建筑服务人员的优先聘用名单，这些雇员应被给予优先拒绝任何在此期间可用的分类内的工作的权利。

（4）除本细则第 3 款规定的情况外，在 90 天过渡期内，转让控制权的被担保雇主不得无故解雇根据本节保留的建筑服务雇员。

（5）在 90 天过渡期结束时，控制权转移到的被担保雇主应对依照本节保留的每位雇员进行书面表现评估。如果此类员工在 90 天过渡期内的表现令人满意，则控制权转移到的受保雇主应根据被保险雇主确定的条款和条件向该雇员提供续聘。

4. 进入建筑服务合同。

（1）在签订建筑服务合同之前不少于 15 个日历日，雇主将签订该合同，应向后继建筑物服务承包商提供完整而准确的清单，其中包含名称、地址、雇用日期和就业情况，每个正在执行这些服务的建筑服务员工的分类。与此同时，将要签订合同的被保险雇主提供这样的清单，该雇主应向建筑服务人员发出通知，该通知还规定了本节规定的权利，以与其他法律要求的通知相同的地点和方式被张贴在受影响的建筑物上。如果有的话，还应提供给雇员的集体谈判代表。

（2）后继建筑服务承包商应保留那些为承保雇主提供这些服务的建筑服务

人员,为期 90 天的过渡期。

(3) 如果后继建筑物服务承包商在任何时候确定需要较少的建筑服务工作人员,在受影响的建筑物内执行建筑服务的人数比为承保的雇主提供此类服务所需的多,则后继建筑物服务承包商应保留建筑服务人员工作;在 90 天的过渡期内,后继建筑物服务承包商应保留那些未留在建筑物内的建筑服务人员的优先聘用名单,这些雇员应享有优先获得工作职位的权利。

(4) 除本细则第 3 款规定外,在 90 天过渡期内,后继建筑服务承包商不得无故解雇依照本节保留的员工。

(5) 在 90 天过渡期结束时,后继建筑服务承包商应对依照本节保留的每个建筑服务雇员进行书面绩效评估。如果此类员工在 90 天过渡期内的表现令人满意,后继建筑服务承包商应根据该承包商确定的条款和条件为该员工提供持续的工作。

★**立法经验点评**:此条法律侧重于建筑服务人员即雇员的就业保障,涉及建筑服务合同、建筑服务人员、受保雇主、前建筑服务承包商、后继建筑服务承包商等几个方面。在合同终止之前,前承包商应列一份清单,包括合同内涵盖的所有受雇员工;合同终止后,后继承包商须保留原先受雇人员,时长为 90 天的雇用过渡期,在此期间,不得无故解雇雇员;若后继承包商需要的建筑服务人员数量少于前承包商,则按资历录用;对于未录用的员工,在这 90 天内要优先考虑其工作范围和内容。从这些规定可看到,法律关注并切实保障建筑服务人员的工作机会和权利,政策上向处于相对弱势地位的劳动者倾斜,设立 90 天的过渡期,避免了因承包商转换而导致的集体失业,给了建筑工人缓冲时间和再就业的机会。考虑到承包商的利益,承包商可对每位保留工作的员工进行业绩评价,在过渡期结束后,续聘表现良好的员工,这样做可筛掉那些能力不达标的、业绩不令人满意的雇员,让后继承包商雇用自己满意的优秀雇员,有利于减少原建筑服务工人和后继建筑服务承包商之间的矛盾和摩擦,进而有利于建筑服务工作的顺利开展。

9.6　商业租户骚扰

9.6.1　定义

如本章所用,以下术语具有以下含义:
"商业租户"是指依照租赁合同或其他租赁协议合法占用商业建筑财产的

人或实体。

"被保险财产"是指任何建筑物或部分建筑物(i)合法用于购买、销售或以其他方式提供商品或服务,或用于其他合法的业务、商业、专业服务或制造活动,以及(ii)为此,尚未颁发批准住宅使用该建筑物或该建筑物部分的占用证书。

"基本服务"是指房东必须根据该商业租户和房东之间的租赁协议或其他租赁协议或根据适用法律向商业租户提供的服务。

"房东"是指被保险财产的拥有人或该业主的代理人。

9.6.2　商业租户骚扰

1. 房东不得对商业租户进行骚扰。除本细则 2 规定的情况外,商业租户骚扰是由房东或其代表作出的任何行为或不行为:(i)意图使商业租户腾空物业,或放弃租赁或其他租赁协议或根据适用法律就此类被保险财产提供担保,以及(ii)包括以下一项或多项:

(1) 针对商业租户或租户的被邀请人使用武力明示或暗示的威胁;

(2) 导致一次或多次重要服务的重复中断;

(3) 长时间中断基本服务;

(4) 如果此类中断严重干扰商业租户的业务,导致基本服务中断;

(5) 多次开始对商业租户进行轻微的法庭诉讼;

(6) 将属于商业租户或租户的被邀请人的任何个人财产从保险财产中移出;

(7) 拆除商业租户占用的商业建筑财产入口处的门;去除、堵塞或以其他方式使该入口门上的锁不能操作;或者在没有向新锁上提供钥匙的情况下更换该入口门上的锁;

(8) 防止商业租户或该租户的被邀请人进入该租户占用的商业建筑财产;

(9) 通过在有保障的财产上或附近开始不必要的建造或修理而大幅干扰商业租户的业务;

(10) 从事任何其他重复或持久的行为或疏忽,严重干扰商业租户业务的运作。

2. 业主合法终止租赁,合法拒绝续租或延期租赁或其他租赁协议,或合法再入并收回被保险财产,不得构成本章目的的商业租户骚扰。

9.6.3　私人诉权

1. 商业租户可以就骚扰向有管辖权的任何法院提起诉讼。如果有管辖权的法院认定房东已从事与该商业承租人有关的骚扰,法院应对每一被保险财产施加不少于 1 000 美元但不超过 10 000 美元的民事罚款,其中这种商业租户一直是骚扰的主体,并可能进一步:

(1)发出命令限制房东进行商业租户骚扰并指导房东确保不再发生违规行为;

(2)授予法院认为适当的其他救济,包括但不限于禁令救济、公平救济、补偿性赔偿、惩罚性赔偿和合理的律师费以及法院费用。

2.商业租户不应免除支付商业租户承担的任何租金的义务。根据本细则 1 给予商业租户的任何金钱补救措施,应减少法院认定该商业承租人对房东负有责任的任何数额的拖欠租金或其他款项。

3.本节不限制或废除任何人根据普通法或法律规定提出的诉讼或诉讼理由。本节的规定是对任何此类普通法和法定补救措施的补充。

4.本章中所包含的任何内容都不应被解释为商业租户的被邀请人创建任何行动的原因。

5.本章中所包含的任何内容均不得被解释为对纽约市或其任何机构或员工制定任何私人诉讼权利。

★**立法经验点评**:此条法律侧重于保护商业租客的权利,若租客受到房东的恶意骚扰如武力威胁、打断服务、轻微诉讼等,租客可向法院提起诉讼,房东将处以一笔数目不小的罚款,并受到强制性的命令或减少租金等惩罚。本条一定程度上帮助租客免受房东骚扰,有利于保护长期租客和弱势群体的租房权利。其实美国许多地方政府的住房管理法规,对于低收入人群,还有年龄超过一定岁数例如 60 岁的老年人,或者租住时间超过一定年限例如 10 年的老租户,颁布了许多防止被强迫搬迁的规定。这与美国的房屋租赁市场的实际情况有着密切关系,美国的租赁市场处于严重的供不应求状态,使得出租人在租赁市场上具有绝对的强势主体地位,他们不必重视出租房屋的适居情况,就可以在市场上拥有主动权,而承租人的权益往往遭受损害,这也是导致美国租赁制度整体上以出租人权利限制和承租人权利救济为中心的主要原因。

在住房资源紧张的纽约市等地,房屋空置率通常都比较低,甚至低于 4%,在这种情况下,租金价格会不断上涨,如果将依据原来较低租金合约住进来的住户撵走,哪怕是需要付出一定的费用,但是可以用更高的租金租出去,长期效果合算得多。因此,纽约在保护租客和受保护的弱势群体方面是比较严格的,制定出保护租客的法律来减少、防止某些刁钻房东对租户的骚扰及驱逐。

9.6.4　肯定性防御

对于第 9.6.2 节细则 1 第 2、3、4、6、7、8、9 和 10 款所述的商业租户骚扰指控，以下是一个肯定的抗辩，即(i)此类情况或服务中断并无意引致任何商业租户腾空有关物业或豁免或放弃有关该等有关物业的任何权利，及(ii)业主以合理的方式善意行事以及时纠正有关条件或服务中断，包括在适当情况下，向所有受影响的合法租户通知此类工作的涵盖财产。

★**立法经验点评**：此条法律站在房屋业主角度上考虑，业主有申诉和抗辩的机会，如若不属于上述法律罗列的几种骚扰形式，业主则不会受到惩处，这保护了房东的权益。

在美国，作为出租人，在将房屋出租的过程中，一旦出现权利救济的需要时，往往可能处于不利地位。出租人想要终止与承租人之间的租赁法律关系，必须基于法律明确规定的事由。在这一规则下，出租人实际上并不享有合同的任意解除权，而这一规则也因应了美国租赁法律制度遵循的原则，即对承租人权益的倾斜保护和对出租人权利的限制。因此，法律有必要兼顾房东的利益和正当权益。

10　城市环境保护篇

10.1　概 念 厘 清

在纽约市空气污染控制规范中使用时：

"空气"是指所有可用于人类、动物或植物呼吸的可呼吸气体混合物。

"空气污染物"是指除露天水外的任何微粒、气溶胶或任何气体或其任何组合。

"空气污染物检测器"是指在特定浓度、密度或不透明度的空气污染物存在的情况下产生听得见或可见信号的装置或装置组合。

"空气污染物记录器"是指记录空气污染物的时间、持续时间、浓度和密度或不透明度的仪器。

"空气污染"是指在空气中存在一种或多种污染物，其数量、性质和持续时间可能会对人类、动物或植物生命或财产造成伤害，或不合理地干扰舒适享受生命和财产。

"变更"是指设计、容量、过程或安排的任何修改或改变，或任何会影响排放的空气污染物种类或增加排放的空气污染物的量的设备的连接负载的任何增加。更改不包括更换或修理磨损或有缺陷的设备。

"无烟煤"是指根据 ASTM 标准 D388-12 分类的无烟煤。

"环保设备"是指防止、控制、检测或记录燃料燃烧设备排放的任何空气污染物的任何设备。

"建筑涂料"是指将涂料应用于安装场所的固定结构及其附件、施工现场的便携式建筑物、路面或路缘石。在商店应用或非平稳结构（如飞机、船舶、船只、有轨车和汽车）中应用的黏合剂和涂料不属于本规范的建筑涂料。

"生物柴油"是指一种名为 B100 的燃料，其仅由源自原料的长链脂肪酸的单烷基酯组成，并符合 ASTM 标准 D6751-12 的规定。

"生物加热燃料"是指由生物柴油和石油加热油混合而成的燃料，其符合 ASTM 标准 D396-12 的规定或由行政长官确定的其他规格。

"委员会"是指纽约市的环境管理委员会。

"**锅炉**"是指用于加热水以产生热水或蒸汽的设备。由锅炉产生的热水或蒸汽可用于加热、加工、发电或用于其他目的,包括但不限于烹饪和卫生。

"**英国热量单位**"或"**Btu**"是指将一磅水加热一华氏度所需的能量。

"**容量等级**"是指燃料燃烧设备制造商保证的最大热输入额定值,以每小时百万英热单位或最大 4 小时平均实际速率中的较高者为准。

"**操作证书**"是指由授权操作可能排放空气污染物的特定设备或设备的部门颁发的文件。

"**链条式商业烧烤炉**"是指一种商业化烧烤炉,它是一种半封闭式烹饪设备,带有机械链,可通过设备自动将食物移动。

"**宪章**"是指纽约市的宪章。

"**市政府**"是指纽约市、县、行政区、部门、局、委员会或政府的公司、机构,其费用全部或部分由纽约市财政支付。

"**清洁木材**"是指未涂漆、染色或用任何涂料、胶水或防腐剂处理过的木材或木材颗粒。

"**热电联产系统**"是指同时从单一燃料来源(如天然气、生物质、废热或石油)生产电力和热量的设备。

"**燃烧控制器**"是指自动持续保持合适的燃空比以实现燃料最佳燃烧的设备。

"**燃烧关闭**"是指设计成当没有保持合适的燃烧条件时自动停止燃烧过程的设备。

"**商业烧烤炉**"是指主要由烤架和热源组成的设备,用于在食品服务机构烹饪供人类食用的肉类,包括牛肉、羊肉、猪肉、家禽、鱼类和海鲜。

"**行政长官**"是指环保行政长官。

"**控制设备**"是指防止或控制空气污染物排放的任何装置。

"**厨灶**"是指任何用于烹饪食品的燃木或无烟煤燃烧器具,用于在食品服务机构进行现场消费,该条款定义见《纽约市公共卫生法》第 81.03 节。

"**拆除**"是指对建筑物或构筑物的任何外部部分进行全部或部分拆除。

"**部门**"是指环保部门。

"**粉尘**"是指通过自然力或通过手动或机械过程释放到空气中的固体颗粒。

"**应急发电机**"是指仅当通常的电源不可用时才作为机械或电源运行的内燃机。

"**排放**"是指将空气污染物分散到纽约市的露天环境中。

"**排放率潜力**"是指在没有空气污染控制设施或其他控制措施的情况下,将空气污染物排放到露天的每小时磅数。循环操作的排放速率潜力应通过考虑循环时间段内的瞬时排放潜力和总排放潜力来确定。

"**排放源**"是指发生排放的点。

"**发动机**"是指将能量转化为有用的机械运动的电动机。

"**环境评级**"是指《纽约宪章,规则和条例》第 6 部分第 222 条规定的评级。

"**排污设备**"是指任何能够将空气污染物排放到露天的设备,或任何连接或附着于或供应该设备的烟囱、管道、烟道、通风口或类似设备。

"**排气**"或"**通风源**"是指将空气污染物移除或运输到建筑物或其他结构的外部的系统。

"**实验装置**"是指以前未在纽约市使用过或未经过测试的设备,或者使用未受本规范或本规则下规定的燃料限制的设备。

"**原料**"是指大豆油,来自年度覆盖草的油、藻油、生物废油、脂肪或油脂或非食用级玉米油,条件是委员会可以根据植物油、动物脂肪或《联邦法规》第 80.1426 部分中列出的纤维素生物质。

"**壁炉**"是指炉膛和消防室或类似的准备好的地方,其中可能会发生火灾,并与烟囱一起建造。

"**火炬**"是指用于燃烧不需要的气体或可燃气体的开放式或封闭式火焰气体燃烧装置。火炬可能包括以下部分或全部组件:基础、火炬头、结构支撑、燃烧器、点火、燃烧控制,包括空气喷射或蒸汽喷射系统、阻火器、分流罐、管道系统和集管系统。

"**燃料燃烧设备**"是指设计用于燃烧石油、天然气或可再生燃料的机动车辆以外的设备。

"**1 号燃油等级**"是指符合燃油等级 No.1 的燃油。1 按 ASTM 标准 D396-12 分类。

"**2 号燃油等级**"是指符合燃油等级 No.2 的燃油。2 按 ASTM 标准 D396-12 分类。

"**4 号燃油等级**"是指符合燃油等级 No.4 的燃油,根据 ASTM 标准 D396-12 分类。

"**6 号燃油等级**"是指符合燃油等级 No.6 的燃油。根据 ASTM 标准 D396-12 分类。

"**发电机**"是指任何作为机械或电动力源运行的内燃机。

"**热量输入**"是指在完全燃烧条件下,以英国热量单位测量的燃料进入设备的热量。热量输入包括计算在华氏 60 度以上的显热,其可通过引入燃烧区的材料获得。

"马力"是指美国习惯系统中的一个功率单位,等于 745.7 瓦每分钟。

"安装"是指在使用设备的场所放置、组装或建造设备,并包括在此类场所进行的所有准备工作。

"千瓦"意味着一个等于一千瓦的电力单位。

"流动食品售货单位"的含义与《纽约市公共卫生法》第 89.03 条规定的含义相同。

"机动车辆"是指由发动机推进的设备,其中人员或物质可以在地面上运输。

"有异味的空气污染物"是指以足够的浓度释放的任何空气污染物,以便被人的嗅觉检测到。

"露天"是指可用于人类、动物或植物呼吸的所有空气,但不包括设备和私人住宅中的空气。

"明火"是指任何室外火灾或烟雾生产过程,其中燃烧产物直接排放到露天并且不通过烟囱、导管、烟道、管道、通风口或类似装置被引导到其中。

"室外木材锅炉"是指设计用于燃烧木材的装置,该装置位于室外或由制造商指定用于室外安装或安装在通常不被人类占用的结构中,并且用于通过气体或水加热建筑物空间。

"所有人"是指并包括房屋所有权人或其中的房地产所有人或其抵押权人,上述任何人的承租人或代理人,设备的承租人或其代理人、经营人或其他人定期控制设备或仪器的人。

"微粒"是指除水之外的以液体或固体存在的任何空气或气体携带的材料。堆垛中的微粒数量应按照行政长官规定的排放测试方法确定。如本规范中所用,颗粒物质应与颗粒具有相同的含义。

"调峰"是指在主要电力供应商的要求下,利用现场发电能力在设施中使用的做法,但前提是当普通的热源、电力和照明源暂时不可用。

"允许的排放率"是指允许空气污染物排放到露天的最大每小时磅数(磅/小时)。

"个人"是指个人或合伙公司、协会、公司、组织、政府机构、行政部门或其他组织,或其任何官员或雇员。

"便携式"是指(i)设计为能够从一个地点搬运或移动到另一个地点,以及(ii)不在一个地点连续超过 12 个月。指示物体被设计成能够从一个位置搬运或移动到另一个位置的机构,包括但不限于轮子、滑板、手提把手或平台。

"便携式设备"是指设计用于临时运行并提供热量或热水的设备。

"便携式发电机"是指任何内燃机,其使用可能包括但不限于电力的产生,设计为能够从一个地点运载或移动到另一个地点。

"工艺"是指任何工业、商业、农业或其他活动、操作、制造或处理,其中材料的化学、生物或物理性质发生变化,或者材料改变(如果这种运输或储存系统装备有通风口并且是不可移动的),并且将空气污染物排放到室外空气中。这个过程不包括明火、燃烧装置的操作或垃圾焚烧过程中的副产品。

"专业认证"是指根据《教育法》第 722 部分获得工程执照或建筑执照的专业工程师或登记建筑师的认证。

"专业工程师"是指根据《教育法》颁发并登记执业工程专业的人员。

"垃圾焚烧设备"是指设计用于燃烧来自医院或火葬场的生物材料,以能源生产为目的燃烧的废料或由部门按规定指定的其他材料。

"注册建筑师"是指根据《教育法》获得执照和登记以执行建筑专业的人员。

"注册设计专业人员"是指专业工程师或登记建筑师。

"登记"是指通知部门使用或操作可能导致空气污染物排放的设备。

"可再生物质"是指来自现有农地、树木残留物、动物废料和副产品的农作物和农作物残余物,非联邦林地的斜坡和商业前伐木,从建筑物和其他地区附近清除的生物量,以降低风险野火、藻类和分离的庭院垃圾或食物垃圾。该条款不包括刨花板,经过处理或涂漆的木材和三聚氰胺树脂涂层面板等加工材料。

"可再生燃料"是指由可再生物质产生的燃料或从垃圾填埋场或废水处理中捕获的燃料。

"残余燃料油"是指符合 ASTM 标准 D396-12 分类的燃料油等级 No.5 和 No.6 的当前定义的燃料油。

"洗涤器"是指使用水或其他流体从排气流中除去空气污染物的控制装置。

"标准烟雾图"是指由美国矿山局出版的林格尔曼图,照片缩小到 1/18 的大小以便在该领域使用。

"固定"是指(i)不能被设计成能够从一个位置运送或移动到另一个位置,或(ii)在一个位置保持连续 12 个月以上。

"固定式往复压缩点火式内燃机"应与《联邦法典》第 60 章第 4219 节中规定的含义相同。

"此法规"是指空气污染控制法规。

"超低硫柴油"是指含硫量不超过百万分之十五的柴油。

"未燃烧的商业炭烤鸡" 是指具有烤架,高温辐射表面和位于食物下方的热源的商业炭烤鸡。

"热水器" 是指用于加热和储存水的锅炉。

"木材燃烧加热器" 是指任何封闭的、永久安装的室内设备燃烧颗粒,主要用于美学目的。

"工作许可证" 是指为安装或更改设备而签发的许可证。

★**立法经验点评:** 本条通过列举方式详细规定了与空气污染相关的大量重要概念,这些也是纽约市主要的空气污染来源。详细的精细化定义使得空气污染相关法律在执行时可以避免很多模糊区域,减少了执法人员的自由裁量空间。

10.2　城市环境保护总则

10.2.1　行政长官的一般权力

1. 在符合本细则规定的情况下,行政长官可以采取必要的措施控制任何空气污染物的排放,这些空气污染物本身或与其他空气污染物一起导致或可能造成对安全、公众或其部分的健康、福利或舒适,植物和动物生命受伤,或财产或商业损害。行政长官可以行使或委托本细则赋予他的部门的任何职能、权力和职责。行政长官可以采取必要的规则、条例和程序来实现本章的目的,包括制定收费的规则、条例和程序,以及授权和鼓励开发和使用有利于环境的技术。

2. 行政长官应委任一个咨询委员会研究烹饪设备有关空气污染物对大众健康的影响,该委员会须包括但不限于餐饮业及相关行业的代表;建造业代表;环境保护及环境司法界代表,并且可能包括该部门和其他相关纽约市机构的雇员。市议会可以任命一名代表担任委员会成员。该委员会应向该部门提供有关开发和使用商业焦炭肉鸡排放控制技术的建议,并应协助该部门制定有关排放控制技术的规则。行政长官应就该规则提出的任何修正案与委员会进行磋商。在制定这些规则时,行政长官应考虑诸如提议技术的可用性和成本等因素。

★**立法经验点评:** 此条从法律上规定行政长官在环境保护方面的权力,明确权利的范围有利于管理者更高效地行使权力,不会滥用权力也不会因为受到过多拘束而无法作为。关于咨询委员会的委任,其成员覆盖面较广,能提供更多方面的信息和建议。

10.2.2　行政长官进行调查和研究

行政长官可以为了执行本细则或控制或减少空气污染物的数量或种类而作出或安排进行任何调查或研究。为此目的，行政长官可以进行测试，举行听证会，强迫证人出庭，并在宣誓后作证，并可能强制为审理事项合理地提供书籍、文件和其他物品。

10.2.3　按行政长官命令进行测试

1. 如果行政长官有合理理由相信任何设备或燃料违反本规范，行政长官可以命令设备所有人或燃料进行行政长官认为必要的测试，以确定设备、操作或燃料是否违反本规范，或任何制造过程中使用的材料是否有助于违反本规范，并在测试完成后 10 天内向行政长官提交测试结果。

2. 这种试验应以行政长官批准的方式进行。试验应由行政长官接受的实验室进行认证。整个测试结果应由专业工程师审查和认证。

3. 业主应在试验开始前至少 7 天将试验时间和地点通知行政长官。行政长官可以提供合理的设施以见证测试。

4. 如果行政长官认为有必要进行测试，行政长官可以命令业主在堆栈、导管、烟道、管道或通风口的这些点处提供：

（1）取样孔，因为行政长官可以合理地要求提供适合测试点的电源，并提供专用设备，不包括取样和传感装置；

（2）燃气设备的测试端口。这些规定应以设备所有者为代价。业主应提供所收集样品分析结果的副本。

5. 如果根据本节进行的测试结果显示设备或燃料违反本规范，则行政长官应命令业主在 30 天内修复缺陷。

★立法经验点评：本部分从法律上规定行政长官在环境保护方面的权力。行政长官可以进行测试、举行听证会、强迫证人出庭，并在宣誓后作证，并可能强制为审理事项合理地提供书籍、文件和其他物品。明确权利范围有利于管理者更高效地行使权力，不会滥用权力，也不会因为受到过多拘束而无法作为。测试的方式和实验室都必须是指定的，这保证了测试过程的标准性。该法条也对违反规范的业主规定了修复缺陷的期限，避免了发现违规后不及时处理的后果。

10.2.4　登记

1. 任何人除非首先在该部门登记,否则不得引发或允许以下事项:

（1）任何建筑物或其他构筑物在建造、改建或修葺期间或之上喷洒任何绝缘材料。

（2）拆除任何建筑物或其他建筑物或其部分,除非拆除建筑物或构筑物是由纽约市代理机构或代表纽约市代理机构根据《纽约市法典》第 17 条第 1 部分或根据第 2 章第 28 条的规定,由建筑部门发布。

（3）单个锅炉或热水器的安装、改造、使用或操作,其输入热量等于或大于每小时 35 万英热单位但小于每小时 420 万英热单位。

（4）在单一建筑物内由同一人拥有的任何锅炉（包括热水器）的安装、改造、使用或操作,并且不会单独要求登记或操作证明,但总体而言,此类锅炉具有热量输入等于或大于每小时 35 万英热单位。这些锅炉应在登记中一起登记。

（5）除本节另有规定外,燃料燃烧设备或便携式设备,使用或操作输入热量等于或大于每小时 35 万英热单位但小于 420 万英热单位。

（6）任何输出功率等于或大于 40 千瓦的应急发电机的使用或操作。

（7）输出等于或大于 40 千瓦的便携式发电机的使用或操作。

（8）输入功率等于或大于 50 千瓦但小于 600 千瓦的便携式发动机的使用或操作,除非该发动机用于驱动自走式建筑或景观美化设备。

（9）输出功率等于或大于 40 千瓦但小于 450 千瓦的固定式发动机（应急发电机除外）的使用或操作。

（10）输入功率等于或大于 50 千瓦但小于 600 千瓦的固定式发动机使用或操作。

（11）输入功率等于或大于 50 千瓦的专用于建筑工地的发动机使用或操作,除非该发动机用于驱动自走式建筑或景观美化设备。

（12）使用或操作环境等级为 C 的设备,其产生流量等于或大于每分钟 100 标准立方英尺但小于每分钟 2 000 标准立方英尺。

（13）热电联产系统的使用或运行,其总输入量等于或大于每小时 35 万英热单位但小于每小时 420 万英热单位。

（14）任何火炬的安装、使用或操作。

（15）任何汽油分配站的安装、使用或操作。

（16）任何商业烧烤炉的安装、改装、使用或操作。

（17）本细则第 1 款至第 16 款中未列出的任何其他排放源或活动,即行政长官需按规定向部门登记,但该行政长官不应通过规则要求登记用于推进机动车辆或位于一个或两个家庭住宅的任何排放源或活动。

2. 根据细则 4 要求有操作证书的燃料燃烧设备,无需登记。

3. 登记应以部门规定的表格形式提交。

(1) 任何锅炉的登记申请应包括锅炉已通过燃烧效率测试文件。行政长官应按规则说明这种测试要求。

(2)(i) 任何发电机组的登记申请应包括发电机组已通过按照"方法 9-目视确定固定源排放不透明度"中规定的程序进行的烟雾测试的文件,附录 A-4 至 40 CFR 第 60 部分,或由专业工程师或登记建筑师以认证形式存档的文件,说明堆栈测试已按照部门规则进行。

(ii) 在处理登记申请前,部门可规定首次登记的便携式发电机可供本署进行烟雾测试。如果该部门进行烟雾测试,则不需要本款第(i)项所要求的文件。

(iii) 本段的要求不适用于任何首次登记并装备有符合美国环境保护机构制定的四级排放标准的发动机的新装发电机,《联邦法规》第 1039.101 节或美国环境保护署任何后续的环境保护机构排放标准,至少应严格遵守本条款的规定,但本条的要求应适用于此类发生器的续展登记。

4. 登记应由以下人员提交:

(1) 根据本细则 1 第 1 款的规定进行登记的情况下,由承包商负责喷涂绝缘材料。

(2) 根据本细则 1 第 2 款的规定,由负责拆除活动承包商进行登记。

(3) 根据本细则 1 的其他段落,由设备的拥有者或其授权代理人进行登记。

5. 在登记获得批准后,部门应将批准的副本返还给登记人。批准的副本应按本分章节显示。

6. 除本细则 1 第 7 款或第 8 款所述设备的登记人外,任何登记人应在登记中提交的信息发生任何变化后 15 天内通知本部门。如果信息的变化与设备所有权的变化有关,那么新所有人应通知变更部门。

7. 登记自批准之日起有效期最长为三年,除非该部门取消。登记应在到期前及时更新。已经过期一年或以上的登记应视为被该部门已取消。申请续展申请应以部门规定的格式提交。

8. 新设备登记申请应说明新设备是否正在更换现有登记设备。新设备登记后,现有的登记将被取消。

9. 登记人在撤销登记设备时应通知部门,登记应在通知后取消。

★立法经验点评:此条规定了必须登记才能做的事项,并在以下方面作了详细规定：锅炉设备的安装及要求，燃烧设备的安装及规格，发电机的使用和规格，发动机的使用和规格，热电联产系统的使用，火炬的安装和使用，汽油分配站的使用，商业烧烤炉的使用。也规定了有哪些人员提交登记。使得《环境保护法》在实施时有确切的依据。

10.2.5　干扰或阻碍部门人员

任何人不得干涉或妨碍任何部门员工履行公务。

★**立法经验点评**：此条规定了环境部门人员在履行公务时的权威性，被赋予了权力的环境部门才能更好地依法行政。

10.2.6　安装垃圾焚烧设备、焚化炉和火葬场

任何人不得安排或允许安装《纽约市行政法典》所界定的用于焚烧固体垃圾的设备，但不得禁止下列设备：

1. 由任何医院、生物实验室或其他医疗设施运营的焚化炉，该焚化炉根据任何州或当地法律或规则规定焚烧敷料、生物和产科垃圾，具有传染性和感染性的材料，一次性注射器和针头，截肢装置和其他材料或根据其颁布的规定。

2. 本部门运行的污水处理厂发电设备。

3. 由卫生部门或代表卫生部门为固体垃圾处置或处理进行能源生产或其他资源回收或本部门规则可能允许的其他目的的设备。

4. 用高热将人或动物的遗骸还原成其基本元素的火葬场。

★**立法经验点评**：焚烧设备确实是纽约市环境和纽约市安全的一大隐患，对于这些设备，必须严格管控。而有些设备又是纽约市运行必不可少的一部分。此条从法律上认可了医院和生物实验室的焚化炉、污水处理厂发电设备、卫生部门的能源生产设备和火葬场这些焚烧设备的合法性。这些设施有利于处理纽约市的医疗垃圾，为污水处理和固体垃圾提供能源，有助于纽约市环境治理，可以借鉴此经验，对我国城市内的焚烧设备进行精细化管理。

10.2.7　安装和改造工作许可

除非本章第 10.2.8 节规定，没有首先获得行政长官的工作许可证，并且其他政府可能要求的其他执照或许可证，任何人不得引起或允许安装或更改设备或设备机构和部门。

10.2.8　工作许可豁免

1. 安装或改装以下设备不需要工作许可证：

（1）空调、通风或排气系统的设计不是为了去除由设备或排气系统产生或释放的用于控制蒸汽和热量的空气污染物。

（2）空气污染物检测器或记录器。

（3）除发电机外的施工设备。

（4）除冰储罐。

（5）用于控制焊接烟雾和气体的稀释通风系统。

（6）环境评级为 D 的设备。

（7）燃料燃烧设备，其热量单位为英制热量或总产量低于每小时 420 万英热单位，并使用 1 号或 2 号燃气、天然气、汽油或燃油等级。

（8）为现场消费或零售购买准备食物的安装，除非本规范的其他地方或委员会颁布的规则另有规定。

（9）用于驱动任何机动车或输出功率不超过 600 马力固定式发动机。

（10）专门用于非放射性物质化学或物理分析的实验室设备。

（11）用于冷藏的制冷设备。

（12）蒸汽安全阀。

（13）用于储存燃料油、生物柴油、液体肥皂、液体洗涤剂、牛油或植物油、蜡或乳液的专用储罐。

（14）完全用作卫生或雨水排水系统一部分的通风口。

（15）专门用于工业、商业或住宅清洁的真空清洁系统。

（16）用于油漆、墨水或溶剂的储藏室或橱柜的通风或排气系统。

（17）水冷却塔和水冷却池不用于蒸发冷却工艺用水，也不用于蒸发冷却喷射或气压冷凝器的冷凝水。

（18）根据细则需要登记的设备。

（19）运输部门使用的防冰卡车。

（20）高效微粒空气过滤装置（HEPA）。

（21）行政长官通过规则豁免的任何其他设备。

2. 在一户和两户住宅中安装或更改设备不需要工作许可证。

3. 虽然安装或更改本细则 1 和 2 所列设备不需要工作许可证，但此类设备应符合本规范。

4. 如设备或器具的更改延迟可能危及生命或基本服务的提供，则无须取得工作许可证。变更开始后的 24 小时内或者第一个工作日内,应当书面通知本部门,并在变更开始之日起 14 天内提出工作许可证申请。

5. 本节中的任何内容不得以任何方式改变,影响或改变任何其他政府机构或部门的其他要求或法律。

★**立法经验点评:** 本节规定了设备安装的人员需要工作许可证,以及免许可安装的设备及其规格,这对于我国城市的各种设备安装的规范化也有借鉴意义。在细则 4 中,人性化地规定了紧急情况下的应急措施,我国的城市治理相关条款也应规定紧急情况下的处理办法。

10.3　石　棉　减　排

1. 本小节的目的是为了保护公众健康和安全以及环境,当建筑物或含有含石棉材料的建筑物经过翻新、改造、修理或拆卸时,尽量减少纽约市空气中石棉纤维的排放。

2. 就本节而言,以下术语应具有以下含义:

"**石棉**"是指可分离成商业可用纤维的任何水合矿物硅酸盐,包括但不限于温石棉(蛇纹石)、铁石棉、青石棉、透闪石、叶蜡石和阳起石。

"**石棉调查员**"是指由行政长官证明的能够识别建筑物或结构中存在并评估石棉状况的能力的人。

"**含石棉材料**"是指石棉或任何含重量百分之一以上石棉的材料。

"**石棉处理证书**"是指已经完成认可的石棉安全和健康计划的人发给的证书。

"**石棉项目**"是指在建筑物或构筑物中进行的任何形式的工程,或与替换或修理不在建筑物或构筑物中的设备、管道或电气设备相关的任何形式的工作。

"**石棉项目通知**"是指通知部门石棉项目将要开展工作的表格。

"**AHERA**"是指经修正的《美国法典》第 15 章第 2641 条 186 项石棉危险应急措施。

"**工作场所安全计划**"是指由注册设计专业人员编制并提交给部门以获得石棉消除许可证的文件。

3.(1)除非是现行有效的石棉处理证书持有人,否则任何人在石棉项目的工程进行期间处理石棉材料,即属违法。

(2)雇用或以其他方式准许任何人在石棉项目上处理石棉材料,如该人并非现行有效石棉处理证书的持有人,即属违法。

4. 行政长官应颁布有关保障公众健康和安全程序的规则,包括在石棉项目工作或在石棉项目附近工作的人应遵循的程序。委员会在与消防委员会和建筑行政长官协商后,应颁布有关规定,以便进一步指导承包商如何在石棉项目中保持出口,因为这些项目在部门规则中定义,并符合所有适用的法律、守则、规则和条例。

5. (1) 行政长官应颁布有关确定符合接受石棉处理证书资格标准的规则。行政长官可限制石棉处理证书的某些监督和非监督职能和责任。

(2) 行政长官应颁布有关确定石棉调查人员认证标准的规则。

(3) 根据本细分条款签发任何证书有效期为两年,除非尽快暂停或撤销,并且在提交令人满意的证明文件后,可以延期两年,以使该人继续达到建立的标准根据。

(4) 如果持有人违反了本节或者根据本规则颁布的任何规定,行政长官可以暂停或撤销根据该细则发行的任何证书。由环境管理委员会发布的违规通知作出的判定应被视为违法证明。违法通知应通过挂号信方式发送给持有人的地址通知其撤销,并在 15 个日历日内给予持有人机会作出反应。听证会应按照部门的规定进行。持票人的证明书应从通知之日起暂停,直至举行听证会并由行政长官作出最终决定。

(5) 行政长官须收取不超过 200 美元的费用以处理个别人士作为石棉调查员的申请,处理申请以发出或更新石棉处理证书及收费不超过 500 美元。

(6) 当行政长官确定根据《劳动法》第 30 条颁布的关于这些人的证明条例基本上等同于行政长官颁布的规则时,行政长官可以暂停石棉处理者或调查员的个人证明申请。

(7) 如果持有人未能全额支付因违反本条或其下发布的任何规定而被委员会处以民事罚款,则本细分项下的证书不得续签。

6. (1) 行政长官须向部门订明石棉项目通知书的表格及内容。此类通知应要求提供委员认为与项目相关的信息,用于评估项目的范围、复杂性和持续时间以及遵守本节规定,其下发布的任何规则以及任何适用的联邦、州或地方法律、规则或法规。

(2) 如果要进行的工作会造成含石棉物质的垃圾的产生,则石棉项目通知应包括:(i)将清除垃圾的人的姓名和工业垃圾运输人许可证的数量根据《环境保护法》第 27 条发给该人;和(ii)这些垃圾将被处置的地点。

7. 行政长官可以颁布他认为有必要的任何规则,以保护公众健康和安全以及与不构成石棉有害或有可能受到干扰的石棉项目有关的工作。

8. 行政长官或其授权代表可在发现工作违反本条规定或根据该条颁布的任何规则或条例，并对人类安全构成威胁的任何时候，发出停止工作的命令。发出停工令后，除另有规定外，所有工程均须立即停止。该命令可以口头或书面向有关财产的拥有人、承租人、占用人、其中任何一人的代理人或向进行该项工作的人发出，规定建筑物或处所内或其周围的所有人立即腾空，并规定开展行政长官为消除危险所需的工程。口头停工令发布后应立即发出书面命令，并应包括发出停工令的理由。依据本条发出的停工令，可按照本署的规则提出上诉，而处长须在该项上诉提交后 14 天内提供通知及陈词机会。停工令须予取消的情况：(i)如处长在上诉后裁定发出该命令不恰当，或(ii)如裁定导致发出命令的条件已获更正，则须取消该命令。即使本条有任何不一致之处，但如督察在检查后决定该条件立即可治愈，则只可停止工作，直至该情况得到纠正为止。

9. 行政长官可以在特定地点，根据本规则规定的与石棉有关的特定要求，以及根据该规则颁布的行政长官规则或命令，在发现充分证据的情况下，可以给予石棉项目区别对待。在给予区别对待时，行政长官可以施加本守则政策可能要求的条件。

10. (1) 除提交石棉项目通知外，行政长官可以在石棉项目开始之前通过规定向部门另行通知。任何人不得在不遵守任何此类额外通知要求的情况下造成或允许任何减少含石棉材料。

(2) 行政长官可以按规定修改石棉项目通知的情况，以及向部门提交新项目通知的情况。行政长官可考虑建议修订的范围，包括但不限于楼面面积的变化，涉及含石棉材料的数量、项目分阶段、项目期限以及替代减排承包商。

11. 行政长官应制定具体规定建造石棉消减活动临时搭建物的标准。除了任何其他要求外，此类规则还应规定，用于构造此类结构的材料应符合参考标准 NFPA 255-06 或 NFPA 701-99 的不可燃性或阻燃性，因为此类标准可由当地进行修改法律或由建筑部门根据适用的规则。

12. 分享检查结果。委员会应与建筑行政长官和消防委员协调，根据守则第 28-103.7.1 条的要求，建立一个程序，以分享根据本节发布的违规行为的信息。

13. (1) 除本细则及本署另有规定外，不得在建筑物内同时进行石棉消减活动，以全面拆卸该建筑物，或同时拆除该建筑物的一层或多于一层。

(2) 在建筑部门颁发全面拆除许可证之前，被拆除建筑物的所有者应向建筑部门提交(i)认证证书，其格式由部门规定提供；(ii)环境保护行政长官根据本细则 9 和部门规则发布了与此要求不同的文件，但须符合细则第 4 款规定的附加条件。

（3）在建筑部门发布变更许可证以拆除建筑物的一个或多个楼层之前，建筑物的所有者应以建筑物部门规则提供的形式向建筑部门提交环境保护部门认证：(i)要移除的楼层不含石棉物质，并且在开展该建筑物许可的拆除工作的同时不得在建筑物的任何地方进行石棉消除活动；(ii)环境保护委员会根据本细则9和部门规则发布了与此要求不同的文件，但须符合本细则第4款规定的附加条件。

（4）在根据本细则9规定的任何差异之前，有关全面拆除建筑物或拆除建筑物的一个或多个楼层，允许在同一建筑内拆除的同时进行减排活动工作的，环境保护行政长官应该通知建筑行政长官和消防行政长官，并就此项工作的适当保障进行咨询。尽管第10.3.1节有任何不一致的规定，如果在同一建筑物内同时进行消除活动和拆除工作发生矛盾，在没有根据本章第10.3.1节颁发的石棉许可证情况下，不得进行石棉消除活动，无论这种许可证是否会被要求进行这种活动。

（5）行政长官应在7天内在本细分批准的任何差异发布网上通知，说明导致其决定的原因。

（6）该细分条款不适用于根据本法典的规定，如果紧急情况需要立即开始工作，需要完全拆除根据《纽约宪章》第56-11.5条授权的现有石棉，则可以作为紧急工作进行一层或多层建筑的完全拆除。

14. 发生石棉消减活动或含石棉材料受到干扰的建筑物或建筑物所有者应对代理人、承包商、雇员或该所有人的其他代表履行工作负责。

★立法经验点评：截至目前，石棉在众多国家已被明确列入禁用物质清单，但在我国还没有明确条文禁止使用，只是在某些行业应用中有涉及石棉规范文件。石棉本身并无毒害，其最大危害来自它的粉尘，当这些细小的粉尘被吸入人体内，就会附着并沉积在肺部，造成肺部疾病。既然石棉本身无毒，生产加工时严格防范，避免粉尘，这样是不是就万事大吉了？并非如此。例如，如果房子内部的防火门、厨房橱柜、天花板、石膏板夹层都含有石棉，如果想要进行旧房改造或者装修，比如切开一块石膏板，石棉就必然会泄露。即使移除人员穿戴了全身性的防护，但石棉如果沾染在衣服上，建筑工人回家之后就会把粉尘带给他的家人。由于石棉会造成严重的健康问题，自20世纪后期开始，越来越多的国家开始减少或禁用这种有害物质。目前，世界卫生组织（WHO）的附属机构国际癌症研究机构（IARC）已经宣布石棉是第一类致癌物质，许多国家选择了全面禁止使用这种危险性物质。石棉目前在我国是局部被限用禁止。随着各国对石棉制品的规范,我国也要更严格地规范石棉制品,对产品中禁用和限用物质进行针对性排查,按要求进行相应的检测认证,避免出口后因为不符合相关规定而遭遇贸易纠纷和经济损失。为了保护公众健康和安全以及环境,当建筑物或含有含石棉材料的建筑物经过翻新、改造、修理或拆卸时,尽量减少空气中石棉纤维泄露和排放。纽约市提供了一整套非常成熟的石棉消减法律程序和处置经验。

10.3.1 石棉消减许可证

1. 行政长官应制定影响建筑物安全的石棉项目的许可证要求。在确定这种许可证要求的规则中规定的日期之后,除非委员为此类项目颁发减排许可证,否则开始或参与此类项目将是非法的。

2. 相关规则应与消防委员会和建筑行政长官协商后通过,并应规定发放此类许可证的标准和要求,以提高此类项目的安全性。许可证要求的标准应包括但不限于项目对维护建筑物出口设施的影响,符合纽约市建筑规范火灾的适用规定法规和其他适用的法律规定,项目对建筑物防火系统的影响以及该项目是否包括仅用于石棉项目的工作,否则这些工程可能需要建筑部门的工作许可证。

3. 申请石棉许可证时,应向部门提出,并包含部门规则中规定的信息。此类许可证的费用应在部门规则中规定。建设工程监理署署长、其正式授权的代表,或者由建设工程监理署指定的具有建筑施工、设计经验的注册设计专业合格的环境保护部门工作人员,代为批准或者接受该施工文件。建筑主管部门按照《纽约行政法规》第 28 篇的所有适用规定,未经批准或验收,不得颁发减排许可证。

4. 行政长官可以书面通知许可证持有人,撤销不遵守本节规定,或在有关申请中的重要事实或向该署提交许可证的基础上提交的其他文件有任何虚假陈述或失实陈述时的任何减排许可证;或者每当发布减排许可证时出现错误,许可证不应该发布。应通知许可证持有人撤销建议的理由,并且申请人有权交付通知的 10 个工作日内或在邮寄 15 个日历日内向委托人或其代理人出示,为什么许可证不应被撤销的信息。如果行政长官确定存在生命或财产即将面临的危险,行政长官可立即暂停许可而无需事先通知许可证持有人。行政长官应立即通知许可证持有人,该许可证已被暂停,因此建议撤销的理由以及许可证持有人有权在 10 个工作日内向行政长官或其代表提交书面通知并在 15 个日历日邮寄该通知信息,申诉为什么不应该撤销许可证。

5. 许可证应按石棉项目期间部门规则的规定张贴。

6. 所有工作应符合批准或接受的施工文件及其批准的任何修改。

7. 被许可人应遵守本章第 10.3.1 节和依据该条款采用的部门规则以及依照该条款通过的《劳动法》第 30 条和规则。根据本章第 10.3.1 节细则 8 规定的程序,行政长官可以在违反本节或第 10.3.1 节的情况下进行工作的任何时候发布通知或命令停止工作。根据此类章节和此类工作采用的本守则或规则对人类安全构成威胁。

★立法经验点评:对已有建筑中的石棉开展发现和消减活动,本身具备一定的专业性和危险性,可能引发石棉纤维泄漏和火灾,因此纽约市实施的是许可证管理制度。

10.3.2 在石棉减排地点吸烟

1. 在该部门有关石棉控制的规则中所定义的消除活动正在进行的建筑物的任何楼层,都禁止吸烟。

2. 禁止在工作场所内使用烟草,因为该部门在石棉控制部门规定中已有规定。

3. 打火机和火柴不得在工作场所使用,因为这个区域在石棉控制部门的规定中有规定。

10.3.3 禁止喷洒石棉

任何人不得在其建造、改建或修理期间,在建筑物或其他建筑物内或上面喷洒任何含有石棉的物质。

★立法经验点评:石棉作为一种建筑材料,在过去的纽约市建设中应用广泛,但其实这种物质对人体有很大的危害性。暴露一定量的石棉纤维可引发下列疾病:肺癌、胃肠癌、间皮癌—胸膜或腹膜癌、石棉肺。德国 1980—2003 年期间,石棉相关职业病造成了 1.2 万人死亡。法国每年因石棉致死达 2 000 人。美国在 1990—1999 年期间报告了近 20 000 个石棉沉着病例。1998 年,世界卫生组织重申了纤蛇纹石石棉的致癌效应,特别是其可能导致间皮瘤的风险,继续呼吁使用该种石棉替代品。欧盟成员国已经禁止使用该种石棉。国际癌症研究中心已经将石棉确认为致癌物,许多国家也已经选择了全面禁止使用这种危险物质。在以上四条规定中,详细规定了有关石棉处理工作的要求,保证当建筑物或含有石棉材料的建筑物经过翻新、改造、修理或拆卸时,尽量减少纽约市空气中石棉纤维的排放。但是目前我国对于石棉的使用量并没有加以控制,仍然在使用这种建筑材料,甚至有石棉服、石棉鞋和石棉手套这些产品。关于控制纽约市中石棉的排放,也没有严格的规定。我国的环境保护和公共卫生部门都应该注意到石棉问题的严重性,并通过立法实现管理。

10.4 空 气 污 染 物

10.4.1 排放有臭味的空气污染物

任何人不得导致或准许排放有臭味的空气污染物、蒸汽、水蒸气,如空气污染物、蒸汽、水蒸气引致或可能损害任何人的健康、安全、福利或舒适,或对动植物生命造成伤害,或对财产、业务造成或可能造成损害,或导致或相当可能会与任何人士作出反应。其他空气污染物,或由太阳能诱导产生固体、液体、气体或其中的任何组合,而该等物质或气体会对任何人的健康、安全、福利或舒适造成损害,或对动植物生命造成伤害,或对财产、业务造成或可能造成损害。

★**立法经验点评**:此条从法律上禁止散发有臭味的空气污染物,除了保护纽约市居民的健康,也强调了对植物和纽约市财产的保护。

10.4.2 空气污染物标准烟雾图

1. 任何人不得造成或允许排放下列空气污染物:

(1) 在标准烟雾图上表现为比标准烟雾图上的第 2 种更深或更暗的密度或使标准烟雾图上的视觉模糊度等于不透明度密度;

(2) 在标准烟雾图上表现为比第一种颜色暗的密度,但小于图表上的第 2 种,或者这种不透明度使得视觉模糊程度等于或大于第一密度的烟雾如果在任何 60 分钟内排放持续时间超过两分钟,则在标准烟雾图上小于第 2 种。

2. (1) 空气污染物的密度或不透明度应按照"方法 9-目视确定固定污染源排放的不透明度",附录 A-4 至《联邦法规》第 60 部分。

(2) 空气污染物的密度或不透明度应在其排放点进行测量,只要:

(i) 当排放点不容易观察到时,可以在最接近排放点的羽流上的可观察点进行测量;

(ii) 如果纽约市以外的来源发出空气污染物,则应在羽流穿过纽约市的管辖范围后进行测量。

★**立法经验点评**:此条款确立了污染标准,即标准烟雾图的法律地位。以标准烟雾图上的数字为刻度,评价空气污染物的等级,对空气污染物的评价,不仅考虑了透明度,还考虑了持续排放时间,能更加全面地判定某一污染源对环境的影响。对于纽约市以外的来源发出的空气污染物,也要在其穿过纽约市区域的羽流内进行测量,此举将纽约市内和纽约市外的空气污染物的排放区分处理,更利于在追责时找到责任主体。

10.4.3 排放微粒

1. 垃圾焚烧设备。

(1)《纽约州法典、规章、条例正式汇编》第 6 篇第 219-4 部分涵盖的火葬场所使用的垃圾焚烧设备必须符合第 219 节中规定的颗粒排放限值。

(2)《纽约州法典、规章、条例正式汇编》第 6 篇第 219-3.3 条分部所涵盖的用于焚烧传染性垃圾的垃圾焚烧设备必须符合该分部所规定的颗粒物排放限值。

(3)用于燃烧废弃物的燃烧设备,用于能源生产,或者本细则第 1 或第 2 款未涉及的燃烧设备,新的第 6 篇第 219-3.3 条分部 b 所涵盖的设备条例、规则必须符合本节规定的颗粒物排放限值。

2. 过程中使用的设备。

(1)《纽约州法典、规章、条例正式汇编》第 6 篇第 212.3 节涵盖过程中使用的设备必须符合该部分中规定颗粒物排放限值。

(2)《纽约州法典、规章、条例正式汇编》第 6 篇第 212.4 节涵盖过程中使用的设备必须符合本节所述颗粒物的排放限值。

3. 满足新燃油锅炉定义的燃料燃烧设备,该条款在《联邦法规》第 63 部分的 J 条款中使用,热量输入量为每小时 1 000 万英热单位或以上,且不符合季节性锅炉或有限使用锅炉的定义(在此类子部分中使用此类术语),必须符合适用于此类子表中所列新型燃油锅炉颗粒物的排放限制。

★立法经验点评:此条从法律上规定了垃圾焚烧设备和新燃油锅炉等设备排放微粒标准。作为一个备受雾霾困扰的国家,我国应该在关于颗粒排放限值的立法方面多向其他城市借鉴和学习。明确的颗粒排放限值规定使得环境保护法律更具有科学性、针对性和可操作性,有利于限制空气污染物排放的执法活动的实践。

10.4.4 防止灰尘进入空气

1. 本节目的是通过尽量减少纽约市空气中的灰尘排放来保护公共健康和安全以及环境。

2. 任何人不得致使或允许任何可能产生粉尘的物质运输或储存,而不采取行政长官可能要求的或根据部门规定防止灰尘变成空气的预防措施。

3. 任何人不得在没有采取委员会可能下令或由部门规定防止尘土飞扬的预防措施的情况下建造、修改或修理建筑物或其附属设施或道路。

4. 任何人不得引起或允许按照纽约市分区决议第12-10条的规定使用或维持任何用途,而不采取部门规则所规定的合理预防措施,但不限于种植或覆盖,以防止灰尘进入空气。

5. 任何人不得在建造、改建或修葺期间在建筑物或其他构筑物内或上面喷洒受本守则所禁止的绝缘材料,除非他遵守了该部门关于喷涂绝缘材料的规则。

6. 除非遵守以下预防措施,否则任何人不得造成或允许拆除建筑物或其他构筑物:

（1）根据本规范第24-109条的规定,由行政长官批准或由市代理机构或其代表根据守则第17章,由建筑部门发布命令。

（2）在拆除墙壁、地板、屋顶或其他结构的任何部分之前,必须按照本节所述预防措施防止尘土飞扬。所有碎屑在装载前以及在倾倒入卡车、其他车辆或集装箱时应彻底润湿。在所有情况下和拆除的各个阶段,润湿程序应足以清除灰尘。卡车应有足够的覆盖或封闭,以防止灰尘在运输途中进入处置点。

（3）任何结构构件不得从任何地面跌落或抛出,但应小心降低至地面。

（4）不得将瓦砾从任何楼层扔下或扔出建筑物外墙以外的任何楼层。在12层或更高的建筑物中,在建筑物外墙外运输的任何碎片,应通过封闭式、防尘槽或桶或其他容器从上层运出。凡建筑物内或外使用滑槽或沙坑,则须在碎片从溜槽或轴道排放之前,使用浸水喷雾使其饱和。如使用桶或其他容器,则在倾倒桶或其他容器时,应充分润湿碎片,以防止粉尘扩散。

（5）（i）如果颗粒物连续15分钟内悬浮在空气中,尽管采用了本节规定程序和部门规定,或因为冻结温度阻碍了水铺设拆除粉尘,应立即停止拆除工程,直至采取其他适当措施,并在开工前由行政长官进行评估程序,但前提是拆除工作根据纽约市准则第17章第1条的规定,或根据第2章第250条规定,可能会持续下去以完成拆迁过程。

（ii）行政长官或其授权代表可以在任何时候发现违反本条规定的工作或其下发布的任何规则的情况下发布减排令,并且此类工作对人类健康和安全构成威胁。发布减排令后,除非另有说明,否则引发违规行为的活动应立即停止。该命令可以口头或书面形式向所涉财产的所有人、承租人或占有人,或任何人的代理人或执行该工作的人员提供。除第(iii)项规定外,口头命令应立即通过书面命令进行,并应包括发布减排令的理由。

(iii) 根据本款第(ii)项发出的减排令可以按照该部门的规定提出上诉,而行政长官应在提出上诉后14天内提供通知和机会予以听证。如果在上诉时,行政长官确定发布此类命令不合适,或者在提交令委员满意证明满足该命令要求时,则应解除减排令。在口头减排令情况下,如果行政长官确定导致该命令情况已经立即得到纠正,该命令应立即解除。

★**立法经验点评**:此条强调了立法目的:尽量减少纽约市空气中的灰尘排放来保护公共健康和安全以及环境,也提出了三点有针对性的内容:1.对于在建筑物内外喷涂绝缘材料,作出了禁止性规定。绝缘材料在生产制造和使用过程中,作为有机及无机高分子聚合物或复合材料,将不可避免地排出有毒有害物质,损害人的健康,污染周围环境。所以此规定从源头上限制了绝缘材料在建筑上的应用,防止此类材料造成污染。2.在拆除和修葺建筑物的过程中,要控制扬尘,也提出了具体办法,对建筑垃圾的处理提出了具体要求,具有实践性。3.规定了行政长官在处置违反该条法律时的权力,从法律上对其行为进行了认可和限制。

10.4.5　建筑涂料溶剂

任何人不得使用《纽约州法典、规章、条例正式汇编》第6篇第250部分涵盖的建筑涂料,除非此类建筑涂料符合该部分第205.3节规定的挥发性有机化合物限量。

★**立法经验点评**:此条对建筑涂料作出了规范性要求,使得纽约市建筑在使用建筑涂料时有法可依。建筑涂料,特别是溶剂型涂料,其中的有机溶剂和助剂可直接或分解后向空气中挥发有害污染物,并且污染物种类多,若不对其使用进行限制,市面上质量参差不齐的建筑涂料恐怕会对纽约市民健康带来难以弥补的损害。

10.4.6　禁止明火

任何人不得引起或允许点燃、维护或使用任何明火,以致将空气污染物排放到户外,除非以下例外:

1. 凡有其他法律、法规或规章允许的明火,设备总面积不超过10平方英尺,设计利用木炭或装有燃气燃烧器的设备,户外住宅野餐和烧烤场明火;

2. 室外非商业烧烤和野外火灾,由设在纽约市公园内的设备提供,并由相

关政府机构允许;

3. 官方火灾用于培训消防队或类似目的的人员或公司需要这种培训,但只有在行政长官和消防行政长官的批准时才行;

4. 与焦油罐、沥青和融雪设备以及容量小于 15 000 BTU/小时的开放式天然气燃烧加热器一起使用的户外明火;

5. 用于电视、电影、戏剧和其他娱乐节目的特殊效果的明火,但只有在消防行政长官和行政长官的批准下才能使用。

★**立法经验点评**:该条对纽约市内的明火进行了禁止性规定。中国救援装备网 2017 年的统计数据称,在电气、玩火、自然、吸烟、放火、生产作业、生活用火不慎、雷击等原因引起的较大火灾中,由玩火、生产作业、生活用火不慎引发火灾占比分别为 4.53%、4.77%、16.23%,这三种原因中有不少情况都是明火导致的,所以对纽约市中明火的禁止具有在立法层面的必要性。该条列出的例外情形,也可考虑借鉴。只有例外情形规定得越详细,立法才更具有针对性和实践性。

10.4.7   室外木质锅炉

1. 任何人不得在除清洁木材外的室外木材锅炉中燃烧任何燃料,但报纸或其他无光泽、无色纸可用作起动燃料。

2. 任何人不得操作室外木质锅炉,以致造成:

(1) 在毗邻物业上启动烟雾探测器的排放物;

(2) 妨碍公共街道或公路上的能见度;

(3) 导致与相邻房产上的建筑物接触的可见羽流。

3. 任何人不得使用热输出额定值为 250 000 Btu/小时或更低的室外木质锅炉,除非此类户外木质锅炉:

(1) 符合《纽约市法典、规则、条例正式汇编》第 6 篇第 247.8 节中规定的所有适用的认证标准;

(2) 离最近的物业界线至少 100 英尺;和

(3) 配备了一个永久堆栈,至少延伸至地面以上 18 英尺。

4. 任何人不得使用热输出额定值超过 250 000 Btu/小时的室外木质锅炉。

10.4.8   壁炉

1. 定义。正如本节所使用的:

"现有壁炉" 是指在添加本节的当地法律生效之前安装的壁炉。

"新壁炉"是指在添加本节的当地法律生效之后安装的壁炉。

"经过处理的木柴"应具有《纽约市法典、规则、条例正式汇编》第 6 篇第 192.5 节第 13 分节中规定的含义。

2. 任何人不得将壁炉作为主要热源运行,除非通常由于火灾、爆炸、建筑物失去动力,根据适用的州或当地法律向建筑物供热的源不能运行,或者自然灾害,包括但不限于地震、洪水、风或风暴,或者其他部门规定允许的情况。

3. 任何人除非仅以天然气或可再生燃料运行,否则任何新的壁炉均不得运行,因为本规范中定义了该术语,或者为了实施该细则而按照部门规则的其他规定,如果在添加本节的当地法律生效日期之前,向建筑部门提交了批准这种壁炉的施工文件申请,则该细则不适用。任何这样的壁炉应被视为现有壁炉,并应遵守有关现有壁炉操作的法律规定。

4. 任何人不得操作现有的壁炉,除非其使用含水量为 20% 或更少重量的经过处理的木柴作为可再生燃料,因为该代码在本规范中定义或按规则另有规定为执行该分部而设的部门,或部门规则所指定的其他资料。

5. 任何人不得操作壁炉,除非该壁炉符合《联邦法典》第 532 条中规定的适用的颗粒物联邦排放标准。

10.4.9　商业烧烤炉

1. 定义。正如本节所使用的:

"新"是指在添加本节的当地法律生效后安装的。

"现有"是指在添加本节的当地法律生效前安装的。

"星期"是指从星期日开始连续 7 天的时间段,除非根据本规范第 24-109 条在注册中指定了不同的开始日期。

2. 任何人不得经营新的商业烧烤炉或现有的链式商业烧烤炉,以烹制超过 875 磅的肉类,包括但不限于牛肉、羊肉、猪肉、家禽、鱼类或海鲜,除非这种商业焦炭肉鸡装备有符合部门规则要求的排放控制装置。

3. 2018 年 1 月 1 日或之后,行政长官可颁布现有的用于每周烹制 875 磅或更少肉类的链条驱动商业烧烤炉的规定。

4. 2020 年 1 月 1 日或之后,行政长官可颁布用于每周烹制 875 磅或更少肉类的新商业烧烤炉排放物的规定。

5. 商业烧炭厂的经营者应保存有关任何排放控制装置的安装、更换、清洁和维护日期的记录。此类记录应根据要求提供给该部门。

6. 没有配备符合部门规定要求的排放控制装置的商业烧炭厂的经营者应

保存记录,显示每月购买肉类的数量。应该推定在特定月份购买的所有肉都是用商业炭火烤制的。根据该细则所要求的记录应保存不少于一年,并应要求提供给该部门。

7. 尽管有本条的其他规定,如果一个设施使用一个以上的商业烧烤炉来烹制肉类,每周烹调的肉类量应根据基于商业烧烤炉在同一设施全部烹制的肉类总量计算。

★**立法经验点评**:纽约市里的锅炉、壁炉和商业烧烤炉都是会产生空气污染物的设备,国内城市里也有大量商业用的锅炉、壁炉和烧烤炉,对其进行精细化管理是有必要的。以上三条从法律上对这些燃烧设备作出了详细的规定,从燃料、设备规格、摆放位置、向主管部门提交记录、烧烤炉适用的肉类,每周烹制肉类不能超过 875 磅等量化标准方面列出了具体要求,使立法具有适用性和可操作性,值得国内城市的环境治理借鉴。

10.4.10　空气污染物探测器和记录仪

1. 当本规范要求使用空气污染物探测器时,空气污染物探测器必须自动使听觉信号足够大,以便距离探测器 20 英尺的地方,正常听觉的人能听到,并且在标准烟雾图上发出密度比第一种空气污染物颜色暗的可见闪烁红色的信号。

2. 空气污染物探测器的信号装置也应位于监督设备人员的主要工作地点。

3. 如果两台或更多台设备连接到一个烟道,如果安装了一台空气污染物检测器,可以用来监测所有的设备。

4. 如果光电式空气污染物探测器的光源无法正常工作,探测器必须自动产生足够大的可听信号,以便距离探测器 20 英尺远的正常听力的人能听到,并且容易看见闪烁红灯应持续运行,直到手动复位。

5. 本规范要求使用空气污染物探测器时,空气污染物探测器必须:

(1) 持续记录在标准烟雾图上浓度比第一个浓度更暗的空气污染物时间,持续时间、浓度和密度,或遮蔽视力大于第一级的不透明度记录;

(2) 按重量连续记录二氧化硫和氮氧化物按体积和颗粒物质的时间、持续时间和浓度。

6. 空气污染物探测器应记录日期并保留在记录器所在处,距离记录上最后一个日期为 60 天。

7. 行政长官可以向委员会建议,如果在违规通知中规定的返回日期后 45 天内被投诉人承认违反本条款的违规责任,并向部门提交证明,并包含部门规则中规定的信息和文件,证明已经执行该项工作以永久纠正违规行为。如果委员接受这种合规证明,他应向委员会建议不对违规行为给予任何民事处罚。然而,这种违规行为可能会成为对随后违反本节规定处罚措施的一个判断。

★**立法经验点评:**使用空气污染物探测器和记录器能够准确地检测并记录空气污染物的排放,目前大多数空气污染物探测器和记录器都能检测出甲醛、PM2.5、TVOC和温湿度,并能及时报警,给监管部门以提醒,这样的设备安装将节约环境监管部门的人力,提高执法效率,并能提供规范化的数据。在未来的城市环境治理中,国内城市也应该在条件允许时普及这样的检测设备,这将使空气污染物的监管真正成为严格的、不间断的、智能的特征。

10.4.11　燃料含硫量限制

除从事国际或跨州贸易的远洋船舶外,任何人不得引起或允许其在纽约市使用或准备在纽约市购买、出售、储存或运输:

1. 燃油等级 No.2 含有超过《环境保护法》第 19-0325 条规定的硫含量或根据该条款发布的州长行政命令规定的含硫量。

2. 剩余燃油和燃油等级 No.4 含有以下重量百分比以上的硫:

(1) 对于残油 0.30%,和

(2) 燃油等级 No.4 超过 0.15%,但是如果行政长官发现燃油等级没有足够的数量,委员可以放弃本段的要求。No.2 含有不多于 0.001 5%重量的硫。根据本分部发放的任何豁免应在 3 个月后终止,除非行政长官以书面形式更新。该细则第 1 款中规定的百分比应适用于燃油等级 No.4 在这种豁免有效期内。

3. 按重量计的硫应按 ASTM D2622-10 的方法计算。

★**立法经验点评:**燃料油中的硫含量过高会引起金属设备腐蚀和环境污染。硫化物的污染主要是二氧化硫和三氧化硫的污染。二氧化硫是重要的大气污染物,主要来自矿物燃料燃烧、含硫矿石冶炼和硫酸、磷肥生产等。全世界二氧化硫的人为排放量每年约 1.5 亿吨,矿物燃料燃烧产生的占 70% 以上。自然产生的二氧化硫数量很少,主要是生物腐烂生成的硫化氢在大气中氧化而成。二氧化硫的排放源,90% 以上集中在北半球的纽约市和工业区,造成这些地区大气污染问题。英国伦敦曾多次发生由煤烟引起的大气污染的烟雾事件,这类烟雾被称为伦敦型烟雾。为了对硫污染进行控制,纽约市法典对燃料含硫量所应该符合的规定作了明确的定量化指定,更利于环保部门在执行时有据可依,这对燃料制造商和使用者都有制约作用。

10.5 噪音控制

10.5.1 一般禁止

1. 任何人不得作出、准许作出或继续发出任何不合理的噪音。

（1）出于任何商业目的或在进行任何商业活动过程中；

（2）使用除个别住宅单位生活空间内装置以外的装置,安装在多个住宅或部分或全部用作非住宅用途的多层住宅或建筑物内或其上。

2. 不合理的噪音应包括但不限于可归因于任何设备的声音超过以下禁止噪音水平：

（1）可归因于来源的声音以外的脉冲声音,在下午 10 点或之后和上午 7 点之前在 7dB(A)或更高的环境声级上测量,指向接收建筑物内的点,或者在公共通行权距离信息源 15 英尺或更远的地方测量。

（2）在任何时间测量的声源,可归因于震源,除在上午 7 点之前和晚上 10 点之前的环境声级上的 10dB(A)或更高的水平测量外,指向接收建筑内的点,或者在公共通行权距离信息源 15 英尺或更远的地方测量。

（3）可归因于震源的脉冲声音,在接收特性内的任何点测量,或在 15 英尺或更远的距离处测得的,在环境声级以上 15dB(A)或更高水平上测量的脉冲声音来源于公共路权。脉冲声级应在 A 级加权网络中进行测量,并将声级计设置为快速响应。环境声级应在声级计设置为响应缓慢的 A 权重网络中进行。

3. 尽管有细则 2 的规定,在特定声源或设备受分贝等级限制和本规范其他地方对此类声源或设备专门规定要求的情况下,本节规定的分贝等级限制应为不适用于此类声源或设备。

4. 本节规定的分贝水平限制不适用于施工设备和活动产生的声音。

5. 行政长官发现卫生部门规定的垃圾收集设施发出的声音超过本节规定的分贝数限制时,行政长官应命令该设施的操作人员提交专业工程师的证明,无论该设施是否符合卫生部门规定的噪音标准(16RCNY 第 4 章),如果不符合,将采取缓解措施使该设施达标。必须在发布此类订单后的 45 天内将测试和认证提交给卫生部门。符合根据本节发布的命令和任何必要缓解措施的设施应被视为符合本节的分贝限制。对于卫生部门拥有或运营的任何垃圾收集设施,如果该设施符合本部门制定的最佳管理规范计划,则该设施应被视为符合本节的分贝级别限制。违反通知只可依据本条为垃圾收集设施发出,但该设施的经营者未能遵守根据本分部发出委员命令或证明书所载的缓解措施。对于卫生部门拥有或运营的任何垃圾收集设施，如果该设施符合本部门制定的最佳管理规范计划，则该设施应被视为符合本节的分贝级别限制。违反通知只可依据本条为垃圾收集设施发出，但该设施的经营者未能遵守根据本分部发出的委员的命令或证明书所载的缓解措施。对于卫生部门拥有或运营的任何垃圾收集设施，如果该设施符合本部门制定的最佳管理规范计划，则该设施应被视为符合本节的分贝级别限制。违反通知只可依据本条为垃圾收集设施发出，但该设施的经营者未能遵守根据本分部发出的委员的命令或证明书所载的缓解措施。

★**立法经验点评**：对环境噪声的依法控制是纽约市的重要特色，本法条对不合理的噪音作出了非常技术化的法律定义，并且对卫生部门规定的垃圾收集设施发出的声音超过本节规定的分贝数限制时，应该采取的措施作出了明确规定。在我国城市，垃圾收集车往往配合大型铲车在凌晨5点的垃圾箱附近作业，产生了大量的城市噪音，但并未受到严格的限制。纽约市的立法经验为我国城市垃圾收集噪声和普通噪声管理提供了成熟的法治经验。

10.5.2　在公众场合使用受限移动电话

1. 定义。为了本部分的目的：

（1）"移动电话"是指可用于访问互连到公共交换电话网络的双向实时语音电信业务的蜂窝、模拟、无线、数字或其他类似的电话或通信设备并由商业移动无线电服务提供。

（2）"使用"是指接收通过可听声音发出的移动电话呼叫，拨打移动电话或在移动电话上通话或收听。

（3）"公开演出场所"是指任何室内剧场、图书馆、博物馆、美术馆、电影院、音乐厅或建筑物的区域或房间，其中戏剧、音乐、舞蹈、电影、讲座或其他类似的表演。本术语不包括发生职业或业余体育赛事的任何区域或场地。

2. 在戏剧、音乐、舞蹈、电影、演讲或其他类似表演正在进行时，任何人不得在公开演出场所使用移动电话。

3. 例外。本部分的规定不适用于在紧急情况下或在任何情况下使用移动电话与应急响应操作员、医院、医生办公室或诊所、救护车公司、消防公司、急救小组或警察局联系的个人和其他可能被视为紧急的情况。

4. 通知顾客。

（1）控制公众表演的任何场所的拥有人、经营人、管理人或其他人应在每场戏剧、音乐剧、舞蹈、电影、讲座或其他类似表演中,以通告的方式向观众发出突出而显著的通知、标牌、印刷材料或其他类似手段,表示按本细则2规定禁止使用手机。环境管理委员会可以就这种通知的大小、风格和位置发布规则,但在颁布这些规则时,环境管理行政长官应考虑到这里规定的各种类型的场所关于场地的风格和这种通知的设计。

(2) 此外,拥有控制任何向公众展示电影的电影院拥有人、经营人、管理人或其他人,须在每部电影的展示前,在电影屏幕上显著指示根据细则2规定禁止使用手机。

★**立法经验点评**:该条从法律上规定了在需要限制噪音的公共场合使用移动电话应该受到的限制。关于控制公共场合使用手机产生的噪音,在我国,一直靠公众的道德和自我约束进行管理,并没有从立法上确立管理者的权力。很显然,在没有法律约束的情况下,仅靠公民的自律并没有达到很好的效果,在电影院、图书馆等场合,不时会产生由手机等电子设备发出的噪音。这些公共场合的噪音使人感觉到公众的权利被侵犯,但却无法强制性进行阻止,因为没有确切的法律依据。想要城市变得更有秩序、更文明,也许我们也应该迈出这一步,从立法上禁止公众场合手机带来的噪音。

10.5.3　施工噪声管理

10.5.3.1　噪音缓解规则

1. 行政长官应采用规定在施工现场使用噪声缓解策略、方法、程序和技术的规则,只要使用或执行下列任何一种或多种施工设备或活动时:

(1) 空气压缩机。

(2) 打桩机。

(3) 大锤。

(4) 推土机。

(5) 气动锤。

(6) 蒸汽铲。

(7) 井架。

(8) 起重机。

(9) 蒸汽或电动葫芦。

(10) 卡车以外的越野工程车辆。

(11) 泵。

(12) 气动工具。

(13) 爆破。

(14) 电动工具。

(15) 隧道机器。

(16) 带内燃机的建筑装置。

(17) 发出脉冲声音的施工设备。

(18) 产生振动的施工设备。

(19) 用于街道建设的金属板暂时挖盖。

(20) 此类规则中规定的任何其他施工设备或活动。

2. 这些规则应包括但不限于：

(1) 在适当情况下使用隔音围栏。

(2) 在适当情况下使用带隔音材料的便携式屏障。

(3) 适当情况下使用声学橡皮布绝缘。

(4) 以规范中规定的形式和方式测试排气消声器和认证,消声器在现场施工开始时满足工厂规定的最大载荷噪声排放规范。

(5) 酌情制定通用噪音缓解计划。

(6) 适当时,对敏感受体(如医院和学校)的其他缓解措施。

3. 行政长官应委任一个咨询委员会,其中应包括但不限于公用事业公司和建筑业的代表,包括与重型建筑相关的行业,具有声学专业知识和健康知识的人员,市议会的代表以及该部门和其他相关纽约市机构的雇员。委员会须就减低建筑噪音问题向部门提供意见和建议,并协助部门制定本条所规定的噪音消减规则。行政长官应就该规则提出的任何修正案与委员会进行磋商。在制定这些规则时,行政长官应考虑可用性。

★立法经验点评：该条对该法律规定的施工工具作出了详细的列举,使法条更具有针对性和适用性。细则 3 所规定的咨询委员会以及其成员构成,保证了其专业性,是立法中应该坚持的理念。

10.5.3.2　工作时间授权

1. 尽管有本小节的规定,授权发布施工许可证的机构可以连同该许可证一起发布工作时间之外授权。在工作日之外,根据本节规定的条件和限制,上述工作时间后的授权可能允许在上午 7 点前或下午 6 点之前在工地进行施工。

2. 颁发此类授权的机构必须从其持证人那里获得证明,证明被许可人已按照本细则制定了该地点的噪音缓解计划,并且该计划符合噪音缓解规则。在紧急工作情况下,应在工作开始后的 3 天内提交证明。

3. 如果没有按照这种计划进行，或者计划没有生效，那么发出这种授权的部门或机构应委员的要求或为其自己的账户，可以采取适当的行动，包括但不限于拒绝延期授权。

4. 如果完全符合噪音缓解计划，但仍然有效的工作时间以外的场地的噪音总量超过任何住宅单元（含有）的环境声级的 8dB（A）可能影响测量结果，行政长官可以要求执行工作的人与部门代表就可能在现场采用的附加噪声缓解措施进行协商，以减少总体声级。在会议之后，行政长官可以指导修改现场的噪音缓解计划。未能在会议通知中规定的时间内回应会议要求或修改噪音缓解计划应认为违反本准则。

5. 只有在下列情况下才可以颁发工作时间之外的建筑工程授权：

（1）紧急工作。机构应授权此类工作时间以外的紧急情况下的建筑工程，以防止对公共安全造成威胁，或导致或可能导致法律、合同或特许经营所要求的服务即将中断。根据本款签发的紧急授权应在机构确定但不迟于发布后第 90 天终止，并应在紧急情况持续时按照代理程序予以续展。

（2）公共安全。由于交通堵塞或对工作人员的担忧，机构可以授权在工作日之后，在上午 7 点至下午 6 点之间的工作日内合理地或实际地执行工作。根据本款发布的授权应在机构确定后但不迟于发布后第 90 天过期，并应按照代理程序予以续期。

（3）纽约市建设项目。代理机构可以授权由市政府代办工作，或代表市政机构为司法授权的项目或同意命令的事项或为了公共利益需要项目，包括但不限于设施、设备和基础设施，为公众健康或安全提供必要的水、污水、卫生、交通和其他服务。根据本款为纽约市建设项目签发的授权在项目期间仍然有效。

（4）噪音影响最小的施工活动。委员会应颁布规则，列出施工活动清单，减少噪音影响及适用于该等活动的特定噪音缓解措施。根据这些规定，机构可以授权在数小时后进行这种建筑活动。

（5）过度困难。如果委员证实许可证持有人由于独特的场所特征、不可预见情况、计划承诺和许可证持有人无法控制的财务考虑而导致的过度困难，并且申请人已收到依据第 24-221 部分的规定，由部门批准替代噪声缓解计划，详细说明用于此类工余时间建造的活动和设备，并规定额外的缓解措施，超出根据该部门规则对此类设备和活动所需的其他措施，申请人将在工作时间外使用大大限制噪音排放的设备。申请认证的申请应以部门规定的形式和方式提交给部门。根据本款进行工作时间授权的申请人应将此类证明提交给发证机构。

★立法经验点评：本条从法律上规定了施工授权的相关事宜。其中，严格规定了施工被允许的时间,保证了不对纽约市居民的正常休息造成严重的噪音影响。获得授权的施工者需要提前制定噪音减缓计划,这是对施工噪音的事前控制。国内不妨借鉴这种噪音减缓计划,使施工者更自觉地去减少噪音。

10.5.4 商业音乐

1. 任何人不得在任何商业机构或企业的经营活动中产生任何音乐或与其有关的音乐:

(1) 用声级计测量超过 42dB(A);

(2) 中心频率在 63 赫兹和 500 赫兹之间的任何三分之一倍频带(ANSI 波段编号 18 至 27,包括)中超过 45dB,根据美国国家标准协会标准 S1.6-1984;要么

(3) 使环境声级以上的总声级增加 6dB(C)或更多,如环境声级超过 62dB(C)时,以"C"加权网络中的分贝数衡量。

规则证明企业完全符合本节规定的声级。如果委员接受这种合规证明,他应向委员会建议不对违规行为给予任何民事处罚。然而,这种违规行为可能会成为对随后违反本节规定的处罚措施的一个判断。

(4) 如果在违规行为发布后 30 天内完成适当的永久性改进或修改和测试,将导致被申请人过度困难,则被申请人可向行政长官申请额外时间提交适当的合规证明,但不能超过 30 天。申请这样的额外时间必须在违规发布后的 30 天内提交给行政长官,同时承认责任和适当的文件以支持过度困难的要求。

(5) 本细则中的任何内容均不得解释为禁止执法人员在声明级别超过细则 1 规定的限制期间发布违规、传票或出场机票的附加通知,提供第一次违规合规证明的两个细则部门。

2. 在根据本节进行的任何诉讼过程中,接受财产住房单位在违法时未被合法占用应为肯定性答辩。

在给予差异时,行政长官可以施加他认为必要的条款和条件来实现本节的意图,以尽量减少现场的噪音排放。豁免申请应按照部门规定提供的形式和方式提交,并应详细包含申请人提出的建议措施,以尽量减少网站的声音。根据该细则所授予的差额不得转让,但应在该部门规则改变商业机构或企业的所有权、规模或地点后终止。违反任何差异的条件应视为违反本条。

★立法经验点评:商业音乐是纽约市中最常见的噪音污染,要对其进行控制和管理是一项十分艰难的任务。该条从公众利益出发,对商业音乐作出了精确的可直接用仪器测度的音量限制,使法律具有适用性和实践性。

10.5.5　个人音频设备

1. 任何人不得操作或使用或安排操作任何个人音频设备,以造成不合理的噪音。

2. 就本条而言,不合理的噪音应包括但不限于:

(1) 在任何公共通行权上操作或使用个人音频设备,以便在距离信号源 25 英尺或更远的距离处,从该设备发出的声音明显可以让另一个人听到。

(2) 在机动车辆上或内部操作或使用个人音频设备,无论是移动、停放、停止或站立,距离声源 25 英尺或更远,此类设备发出的声音清晰可闻。

3. 如本条不得被解释为允许其中这样的操作或使用否则将禁止个人音频装置的操作。

10.5.6　在高铁、公共汽车或渡轮上运行或使用音频设备

在具有个人耳机的个人音频设备以外,在任何高速铁路、公共汽车或渡轮中或其上运行或使用声音再现设备都是非法的。

★立法经验点评:以上两条对纽约市中常见的个人音频设备作出了限制。目前,国内由于缺少相关规定,公民公众场合经常会不够自律,例如在公园等公众场合携带音箱或手机发出噪音,对他人造成影响。很多人在乘坐公共交通时都备受噪音的困扰。国内航空公司开放飞机上使用手机等电子设备后,会有更多乘客受到邻座不戴耳机看视频而产生的噪音骚扰。因此,相关立法的推进在这个时代就显得尤为必要,只有从法律上规定了城市公民应尽的义务,城市才能在有效的管理中更加文明。

11 城市住房与建筑篇

11.1 搬 迁 服 务

11.1.1 搬迁租户

1. 房屋保护与发展部门应享有权力并履行其职责：

（1）提供和维护租户搬迁服务：

（i）房屋保护与发展部门有权维护和监督的不动产租户；

（ii）为公共目的而获得的不动产租户，不包括由纽约市房屋管理局或三区桥和隧道管理局或其代表取得的不动产；

（iii）在纽约市规划委员会指定的任何邻里改善区内的不动产租户，如因执行任何有关该等物业的保养及经营或其居住者健康、安全及福利的法律、规例、命令或规定而迁离；

（iv）经市长授权，依法依照市区重建计划自行改造的私有建筑或者其他改善的住户；和

（v）对于任何私人建筑物租户，如果有关这类建筑物的维护或运营或其居住者的健康、安全和福利的任何法律、法规、命令或要求期间，腾出这样的建筑物。

这些服务应包括专员认为有需要、有用或适当的活动，以迁移该等租户，包括但不限于收集及提供有关适当空置居所的资料，进行研究及调查，以找出该等住所，以及提供设施，以便在房屋保存及发展署登记该等房屋。由业主、出租人和不动产管理代理人及其他人提供。署长不得施加任何期限或时限，使租客可依据本段第（v）节申请搬迁服务。

（2）在市长批准的前提下，修改并颁布及不时修订为支付或协助租户搬迁的付款明细表。关于纽约市内由州政府援助的计划或活动产生或与之有关付款的这种明细表也须经国家预算司署长和主管这类方案、活动或援助的国务院或机构主管批准。此类明细表应规定在类似情况下对租户的平等待遇，按照此处规定的方式适用，并可包括但不限于向该等租户支付的自愿搬迁费用以及重

新安排住宿费用,这些租户被重新安置并向个人提供寻找此类租户将要搬迁的住宿服务。这样的明细表可能包括最大或最小付款,或两者兼有。房东、业主或授权代理接受按照此类时间表提供的付款不应被视为违反任何租金法规或违反法定禁止的行为。

(3) 在市长批准的前提下,通过并颁布及不时修订与本条规定有关拆迁做法和程序的补充规则和条例,按本规定适用。

(4) 安排和协调根据本节颁布的规章制度适用的机构、人员、公司和公司的租户搬迁业务。

(5) 审查用于住宅用途的纽约市所有住房的条件,并在个人检查后由该机构的两名合格雇员提交报告,陈述任何此类住宅处于危及生命、健康或居住者的安全的情况,并且如果他接受这种报告,则专员可核证住所的条件是这样的。要求迁出住所,在这种情况下,他应该:

(i) 命令这些居住者在收到书面通知 30 天后迁出;和

(ii) 根据任何此类命令和部门颁布的规定为搬迁的居民提供搬迁服务和补贴。

2. 在市长授权下,专员有权让合同提供必要的、有用的或适当的维修服务、付款和福利,以协助将细则 1 第 1 款第(i)、(ii)、(iii)及(iv)项所述的不动产租户迁移,但须为该等租户支付的款项。

3. 即使其他法律条文另有规定,依据细则 1 第 2 款颁布的附表,以及根据细则 1 第 3 款颁布的规则,在不抵触依据该等条文发出的任何联邦法令或规例的范围内,须适用于从事租客迁移的每一机构及公营公司,包括但不限于房屋保护与发展部门、纽约市房屋委员会及大桥隧道管理局,亦须按该条例的规定,并在不抵触依据该条例发出的任何联邦法令或规例的范围内,适用于须受运输署监督的个人、公司,但本章规定,凡专员根据细则 1 第 1 款第(iv)项的规定,向任何租客提供搬迁服务,则该附表适用于已与纽约市订立合约,以修复该等租户所居住的建筑物或其他改善工程的人、公司或法团,而该人、公司或法团须付款。按照该附表给予或惠及该等租户,但须就提供联邦补偿的付款作出调整。

4. 专员有权调查、审查和视察受本节条款约束的搬迁作业。

5. 专员须每年向市长、预算委员会及市政局提交一份关于受本条及有关建议所规限的租客迁移活动的详细报告,并须协调及考虑公营及私营机构及民间团体在有关方面的报告、建议及意见。

6. (1) 设置机构间安置协调委员会,由市长指定的副市长、建筑部门代表、纽约市规划部门、卫生和心理卫生部门、房屋保护与发展部门、纽约市房屋管理局、人权委员会、教育委员会、三区桥梁和隧道管理局以及社会服务部门代表组成。每个这样的委员会、权力机构以及每个这样的部门负责人应当指定一名官员或雇员。他们是该委员会权力机构、委员会、部门或机构的成员,并且如本规定有资格参加委员会的职能。这些代表应代表其各自的机构作为委员会成员。市长指定副市长为委员会主席。为了协助委员制定最符合公众利益的纽约市搬迁方案,应建议委员会进行房屋保护和开发。委员会成员不需要额外的补偿。

(2) 尽管有任何其他法律规定,纽约市的官员或雇员或其他公职人员均不具备委任或担任委员会成员的资格,且任何此类官员或雇员均可接受此类委任。

7.(1) 房屋保护与发展部门专员可以要求私人建筑物的租户根据本细则1第1款的规定提供住房核查以便获得搬迁服务。如果专员确定了这样的要求,专员应建立一个系统,根据该系统至少提供两种方法来验证这种占用情况:

(i) 向委员提交租约、转租或许可协议,确认租客居住在该建筑物;

(ii) 向委员提交以下任何两个文件:

(a) 政府颁发的有效的身份证明,如该租户的地址等;

(b) 政府机构将此类建筑物列入此类承租人地址的有效记录;

(c) 有关医疗的有效记录,包括处方,将此类建筑物显示为此类承租人的地址;

(d) 该建筑物的拥有人经公证的书面陈述,以核实该租客是否居住在该建筑物内,但该拥有人陈述书述明该租客并非居住在该建筑物内,不得用以阻止该租客获得搬迁援助;

(e) 在该建筑物内给该租户的有效水电费账单;

(f) 来自第三方非政府服务提供者的经公证的书面声明,该声明写在提供者的正式信笺上,核实向该租户提供服务并显示该租户驻留在该建筑物内;

(g) 房屋保护与发展部门专员认为适当的任何其他形式的核实。

(2) 房屋保护与发展部门应试图从适用于该租户的社会服务/人力资源管理部门获取本细则1第1款第(ii)项(b)项所述的记录,但租户须签署由房屋保护与发展部门决定的任何所需的释放书。

(3) 房屋保护与发展部门专员应向被拒绝提供此类服务的任何此类租户提供:

(i) 此类决定的书面通知;

(ii) 此类决定的依据;以及

(iii) 如何对此类决定提出上诉的信息。

★**立法经验点评**:此条从法律上规定了:(1)房屋保护与发展部门应有的权利和应尽的义务;(2)由专员在授权下为租户提供服务和福利;(3)对房屋搬迁机构、公共公司等提供搬迁服务的机构的费用明细表作了明确规定;(4)专员负责审查搬迁作业;(5)专员每年向市长、预算委员会及市政局提交一份详细的搬迁活动报告并将各方建议囊括在内;(6)设立机构间协调委员会,主席协助委员会制定最符合公众利益的搬迁方案,委员会成员不需要额外补偿,并对公职人员或雇员的任职资格作了额外规定;(7)专员核查租户搬迁条件并建立一个系统,该系统至少通过两种方法验证居住情况,房屋保护与发展部门可在租户签订由房屋保护与发展部门决定的任何所需的释放书的情况下从社会服务/人力资源管理部门等相关部门获取租户建筑物地址。这对我国搬迁租户方面具有以下借鉴经验:(1)从组织机构上,建立专门的委员会,指定特定专员负责对租户搬迁资格进行审查、核实,同时形成年度报告,广纳各方建议,并且专员有责任向被拒绝提供服务的租户提供书面通知、依据以及上诉等信息;(2)在立法上建立明确的法律法规保障租户的合法利益,确定相关机构应提供的服务和福利;(3)给主动搬迁的租户予以适当的补贴政策从而正向鼓励搬迁行为;(4)对提供搬迁服务的公司制定相应的规定,其明细表需经相关机构予以审核通过。通过以上立法规定,从政府、租户个人、社会公司机构各方面对搬迁作了全面的规定,从而能够解决我国搬迁方面存在的问题,使得搬迁有序合法地进行下去。

11.1.2　搬迁咨询委员会

应有一个由 15 名成员组成的搬迁咨询委员会,由市长任命。咨询委员会成员的任期为一年,无偿提供服务。在作出这种任命时,应适当考虑代表性协会、公民和专业团体一般关心或从事佃农搬迁领域的建议。

★**立法经验点评**:此条从法律上规定了搬迁咨询委员会的组成、人员任命。

11.1.3　权利和义务

搬迁咨询委员会每月至少召开一次会议。房屋委员会应通知房屋保护与发展部门,并就其迁移管辖权的房地产租户的搬迁程序和政策问题向公民提供咨询意见。

★**立法经验点评**:此条从法律上规定了咨询委员会的权利义务。

11.1.4　搬迁费用

1. 房屋保护与发展部门根据"搬迁租户"一节细则1第（v）项规定为租户提供搬迁服务发生的费用，包括但不限于为租户提供临时住房的费用。如果由于搬迁的疏忽或故意行为而导致需要搬迁的情况出现，部门有权从搬迁该租户的建筑物的所有者那里获得此类费用的补偿。业主，或由于业主未能按照住房维护规范、建筑规范、健康规范或任何其他适用于此类建筑的法律规定的标准来维护或修理此类建筑，该部门应向该业主追讨该等费用。就本节而言，"所有者"是指并包括永久业权的所有者或其中较小的财产的所有者，或该所有者或所有者的利益的继承人、抵押权人、占有权人、留置权人、受让人。

2. 根据本条规定应向部门支付的费用包括但不限于部门费用、提供临时住房的所有费用、奖金、搬家费用和租户的津贴。根据部门规定自愿搬迁。

3. 部门可对业主提起诉讼，要求收回该等费用。提起此类诉讼不应中止或禁止寻求本节或其他法律规定的任何其他补救措施以收回此类费用的权利。

4. 如果此类费用是由在增加本细则4的当地法律生效之前发布的任何腾空令引起的，除非部门完全收回，并且除非本条款另有规定，否则这些费用应构成留置权或留置该建筑物及其所在地段，该留置权的效力和执行受管理机械设备留置权的法律规定和细则1、2、3的规定约束。

（1）在任何目的之前，该部分留置权不得有效，直至部门提交留置权通知书，其中包含与参照机械设备留置权所述相同的详细资料，并进一步声明费用是由于根据本章第11.1.1节细则1第1款第（v）项提供的搬迁服务产生的，并连同有关费用说明。该部门可以在发生任何此类费用后的一年内为建筑物产生的搬迁费用申请一项或多项此类留置权。在计算该一年期间，与提交该通知有关的任何费用发生的最晚日期应视为该通知中所述的所有费用发生的日期。

（2）此类留置权应自提交通知之日起持续10年，除非在此期间采取了强制执行或解除此类留置权的诉讼程序，该诉讼可在此期间的任何时间进行。此类留置权的延续，或除非在记录法院或其法官提交任何此类留置权后的10年内下令继续此类留置权，在这种情况下，此类留置权应自下达该命令之日起重新计算，并根据该命令作出继续该留置权的声明。该命令自授予之日起不得继续留置超过10年，但可以在每个连续的10年期间作出新的命令和条目。在强制执行或解除此类留置权的程序中的任何判决应以与原始留置权相同的方式和相同的日期构成。任何此类程序的启动不应暂停或禁止寻求本节或其他法律规定的其他补救措施以收回此类费用的权利。

（3）尽管本细则 2 有任何相反规定,在本段增加本款的当地法律生效前已经存在并留有留置权应被视为自该日期起计 10 年所述留置权的最后更新或托管日期,以较晚者为准。

★立法经验点评:本条在法律上对搬迁费用作了严格规定,目的是促使业主按照有关规定履行责任和义务,促使租户自愿、主动搬迁。

11.2　租　赁　管　制

11.2.1　声明和结果

1. 安理会在此发现,该市有相当数量的住房中仍然存在严重的公共紧急情况,这种紧急情况是由战争、战争影响和敌对行动的后果造成的;这种紧急情况需要联邦、州和地方政府进行干预,以防止投机、无端和异常的租金上涨;住房仍然严重短缺;除非住房租金和驱逐继续受到管制和控制,否则破坏性做法和异常情况将对公共健康、安全和一般福利构成严重威胁;为了防止这种危害健康、安全和福利的情况发生,安理会通过制定地方立法采取预防措施仍然是必不可少的;这样的行动,作为临时措施才能生效,直到市议会确定此种紧急情况不再存在为止,以防止滥用不公平、不合理和压迫性的租金和租赁协议,并防止牟取暴利、投机和其他破坏性做法,对公共健康构成威胁;从监管到正常的房东与租客之间的自由谈判市场的过渡,同时仍然是国家和纽约市政策的目标,必须适当考虑到这种紧急情况;为了防止不确定性、困难和错位,本章的条款被宣布是必要的,旨在保护公共健康、安全和一般福利。

2. 市议会进一步宣布,以符合其目的和规定的方式利用本章赋予的权力,鼓励和促进本合同规定的住房调剂改善和恢复是纽约市政策,目的是保护公众健康、安全和一般福利。

★立法经验点评:此条从法律上保障了紧急情况下公民的住房,防止破坏性做法和异常情况对公共健康、安全和一般福利构成严重威胁,防止不确定性、困难和错位,保护公众健康、安全和一般福利。

11.2.2　增加最高可收租金

尽管本法有任何相反规定,凡在本条法律生效后占用住房的所有住户都腾空了住房,但这些腾空的住户或住户家庭成员有权并继续占有受本法保护的住房,如果在这种家庭成员腾空后仍然服从这项法律,则在出现这种空置时,可收取的最高租金应增加一笔金额,该金额等于 1969 年《租金稳定法》所涵盖的住房空置租赁当时有效的津贴。这一增加应该是本法规定的其他任何增加的补充,包括根据重大资本改进进行的调整,居住空间大幅增加或减少,或房屋内提供的服务、家具、陈设或设备发生变化,依照本法的规定,并应以同样方式适用于以后的每一次继承。

★**立法经验点评**:本条对住房空置租赁可增加的最高租金作了法律上的规定,保障房主与租户之间的公平合理的交易。

11.2.3 减免租赁税物业

1. 根据《不动产税法》第 467(b)条的规定,对于根据本法发出免税令的任何不动产,应减免税收,包含任何住房的租客。免税令构成减免税证明。

2. 对获发出租赁豁免令的任何不动产征收的房地产税应予以减免,减免额等于:

(1) 此类订单下可收取的最高租金总和与

(2) 如果没有根据“城市租赁机构的一般权力和职责”相关规定给予豁免,可以从这种住房的租户收取房地产税。

3. 对于任何个人住房,根据本细则 2 计算的减免税应在自最初租赁豁免令生效之日起计算,1972 年 1 月 1 日(以较晚者为准)至该命令期满日期或终止租赁豁免令生效日期的期间。尽管有其他法律规定,如果根据获得当时有效减税证明的户主将其主要住所迁往受本章规定管制的后续住宅单位时,户主可以向财政部或市长指定的其他机构申请与后续住房有关的减税证明,该证明可规定户主免交后续住房最高租金中最少的以下部分:

(1) 下一居住单位的租金超过最后租金的数额(按家庭户主实际需要在原来的住宅单元支付);

(2) 从最高租金或法定管制租金中扣除的最后一笔金额,指根据租金稳定“为某些老年人或残疾人占用的受租金管制的财产申请加租豁免和同等税收减免”或租金稳定“租金增加豁免令/减税证明”相关规定,申请人在原居住单位的最近一个月的扣除额;或者

(3) 如果户主没有根据《社会服务法》领取每月住房津贴,下一居住单位的最高租金或法定管制租金超过家庭所有成员合并收入的三分之一,但本款不适用于已获得 1 月 1 日起或在 2015 年 7 月 1 日或之前生效的租金增加豁免令的合格户主。

该证书自租户申请豁免的月份的第一天起,或者在租户占用下一个住宅单

元之日(以较晚者为准),在本法生效后发生。

4. 在每个财政年度开始前,财政部应确定根据本条应减缴的税款总额,这些税款涉及前一个日历年度全部或任何部分对62岁或以上的人发出的免租令有效的每项财产。在每个会计年度开始之前,市长指定的机构应确定,如果该机构不是财政部门,须就给予残疾人士的租金豁免令在上一个日历年的全部或任何部分有效的每项财产,通知财政部根据本条须予宽减的税款总额。财政专员应当对该财政年度应缴纳的房地产税进行适当调整。

5. 依照本条规定的减税,除法律授权的任何其他税项减免外,不得减少任何低于零的财政年度的税款。如果减税证明书授予超过房地产分期付款的扣除额,则余额可用于任何后续分期付款,直至用尽。在这种情况下,业主应按照财务专员规定的格式提交一份经核实的报表,列明结转金额和以前使用的金额,连同其房地产税单和汇款;但条件是,应业主的请求,财务专员应将此余额支付给业主,以代替适用于任何后续分期付款,除非业主拖欠任何财产的房地产税。就该细则而言,如果所有人是公司,则当其中任何人员、董事或持有超过百分之十的该公司已发行和未偿还股票的权益的任何人员拖欠任何财产的房地产税时被视为所有人拖欠;如被提名人持有所有权,当该持有权益的人拖欠任何财产的房地产税时,该所有人应被视为拖欠。

★**立法经验点评**:此条对财政部减免租赁税、房地产税的各种情况进行明确规定,从根本上改变了租房市场现状,减轻了租房者负担,真正激活了租房市场。

11.2.4 劳动力成本传递

1. 尽管本章有任何规定,根据"城市租赁机构的一般权力和职责"规定,在1972年7月1日或以后任何租户要求增加租金,不得超过本章规定的本条生效日期之后最高租金调整幅度。

2. 所有此类超过最高租金的加租,现宣布无效。租户支付任何这种超额增加的租金,应从1978年1月1日起,以现金退还或信贷的方式偿还,并按实际收取此类增加租金的相同月数分期支付未来租金。

★**立法经验点评**:此条对劳动力成本传递的最高租金调整幅度作出明确规定,对于不合规的加租的退还方式作了明确规定,保障租户合法利益,防止租金不合理增加。

11.2.5 根据空置率解除管制

当城市租赁机构在进行其认为必要的研究和调查后，或处理由利害关系方根据规定提交的充分证据支持的申请后，发现所有或任何特定类别的空缺百分比市住房的数量（由城市租赁机构确定）为 5% 或以上，对于此类发现的住房，本章规定并根据本章对租金和驱逐施加的控制已作出，应立即按照该机构的命令安排有序解除管制，同时适当考虑防止不确定性、困难和混乱；但是，尽管本节有任何相反的规定，如果发现空置率低于 5%，该机构不得下令取消对任何特定类别的住房的控制；此外，除非该机构应就此类提案举行公开听证会，并给予利害关系人合理的发言机会，否则不得下达此类命令。此类听证会的通知应通过在听证会开始前 15 天期间的至少 5 天内发布在《纽约城市记录》和至少在该市广泛发行的两份日报上发布。

★**立法经验点评**：此条在法律上对住房空置率作了明确规定。空置率越高，房屋使用率就越低，房屋泡沫越大，当空置率大于等于 5% 时，对住房租金管制进行有序放开，从而保证住房入住率，使得国民住房需求得以满足。我国住房市场投资属性和投机属性越来越强，大量的房子被投资者们占据，因此，当空置率大于某一百分比时对租金和驱除管制进行放开，这对我国降低空置率、提高房屋入住率和保障国民住房需求具有借鉴意义。

11.3 非法驱逐租客

11.3.1 非法驱逐

1. 任何人如连续 30 天或以上合法占用住宅单位，或已就该住宅单位订立租约，或已根据《稳定租金法》的规定要求出租该住宅单位，则任何人驱逐或企图驱逐该住宅单位的占用人，即属违法。在法律允许的范围内，根据有管辖权的法院的驱逐令或其他命令或政府撤销命令：

（1）使用或威胁使用武力诱使居住者迁离居住单位；或者

（2）在使用或占用住宅单位时，进行干扰或意图干扰或扰乱该占用人的舒适、安歇、安宁或安静的行为，以诱使占用人迁出该住宅单位，包括但不限于基本服务的中断；要么

（3）从事或威胁从事任何其他行为，以阻止或旨在阻止该占用人合法入住该居住单元或诱使占用人腾出该居住单元，包括但不限于移走占用人的财物，

取下居住单元入口处的门;移除、堵塞或以其他方式使该入口门上的锁无法操作;或在不向占用人提供钥匙的情况下更换此类入口门上的锁。

2.住宅单位的拥有人如不采取一切合理和必要的行动,将因本细则1订明的任何作为或不作为而迁出、迁离或以其他方式阻止占用住宅单位的占用人迁出或以其他方式阻止占用,即属违法,并向该占用人提供服务。在该占用人或该占用人的代表提出要求后,如该拥有人作出该等非法作为或不作为,或知道或有理由知道该等非法作为或不作为,或如该等非法作为或不作为在提出要求前7天内发生,则适宜继续占用该住宅内的住宅单位。

★**立法经验点评**:此条从法律上对非法驱逐作了明确规定,对于业主企图以各种非法方式来达到将租户驱逐出其租住的住房的各种情况作详细规定,防止业主以非法方式驱逐或迫使租户搬离住房,保障租户的合法租住权。纽约市对于租户的保护非常严格,对于房屋租金上涨非常严格,只要房屋租赁合同未到期,即使租户付不起租金,房东也无权强制租户搬迁。房东怕租户付不起房租,又不能驱逐租户,因此如果信用度不高的人,没有稳定收入或者经济担保,在纽约根本租不到房子。纽约市房租每年上涨幅度有政府法律的管制,对租户的保护要远远大于对房屋出租人的保护,这是我们需要借鉴的主要内容,从而才能使得租赁市场健康发展。

11.3.2 刑事和民事处罚

1.任何故意违反或协助违反本章规定的人均属于 A 级轻罪。每一次这种违规行为都应该是一项单独的、不同的罪行。

2.对于每次违规行为,处 1 000 美元以上 10 000 美元以下的民事罚款。每种此类违规行为都应该是单独的和明确的罪行。如果未依照本章第 26-521 条 b 部分的规定采取一切合理和必要的行动来恢复占用人的租住权,该人应被处以自要求恢复居住之日起至恢复之日止每天不超过 100 美元的额外民事罚款,但不得超过 6 个月。

★**立法经验点评**:此条对故意违反规定驱逐租户业主的刑事和民事罚款作了明确规定,对每次违规行为处 1 000 美元以上 10 000 美元以下的民事处罚,未按规定采取行动者每天额外加收 100 美元民事罚款,从而反向约束激励业主,保障租户的合法利益。

11.4　增　加　租　金

11.4.1　关于增加租金

1. 在根据《私人住房金融法》的规定,对房屋保护与发展部门作为"监督机构"的住房租户和合作者提出的提高每间房最高租金的申请或动议采取行动之前,应举行公开听证会。上述听证会应在向租户发出不少于 20 天的书面通知后举行,所述通知应随附一份申请书副本或增加租金的动议,并列出申请或动议所依据的事实。

2. 自"监督机构"要求提高同一住宅的最高租金的日期或以前的任何命令之日起,在两年期间内,不得受理或采取任何增加每间房屋最高租金的申请或动议。

3. 如果房屋保护与发展部门是"监督机构",则不得因未授权财务专员向"监督机构"核实其纽约州或纽约市所得税申报表上的收入数额,而向任何租户或住房租户—合作者收取或评估每间房屋的最高租金或附加费或任何其他罚款。

★**立法经验点评**:此条法律规定租金的增加需举行公开听证会,并在两年后不得再次提出此类申请,不得以未授权财务专员向"监督机构"核实所得税申报表收入数额来增加租金,保障租金增加的合理性、公平性,保障租户的居住权益。

11.5　低收入老人和残疾人租金豁免

11.5.1　不动产税免税

房屋公司的不动产应免征不动产税,数额相当于依照本章规定实际记入合格户主名下的免缴租金。除法律授权的其他豁免或减税外,任何此类豁免均应适用。

★**立法经验点评**:此条对低收入和残疾人的不动产免税额作了法律上的规定。

11.5.2　租金豁免补偿

如果由于根据本节规定的最高租金豁免或其他情况,包含一个或多个住宅单元的住房公司的不动产应完全免除任何会计年度的地方和市级不动产税,监督机构可以向住房公司支付或承付款项,金额不超过偿还住房公司所需的金额,但金额不应超过根据本章给予的最高租金的所有免除金额。住在这种不动产的居住单位的家庭应该设立一个被称为免税租金的基金,以便根据本节规定支付款项。(1)根据《私人住房金融法》第2、4、5和11条组织和存在的住房公司收取的所有租金附加费,以及(2)为这一基金拨付或以其他方式提供的任何款项。

★**立法经验点评**:此条设立免缴租金基金,以对租金豁免进行补偿。

11.6　合作共管转换

11.6.1　设立储备基金

1. 在根据发行计划完成转换后的 30 天内,要约人应建立并转让给合作社公司或管理公司一笔专用储备基金,专门用于对这些建筑物居民的健康和安全进行必要的资本修理、更换和改进。这笔储备金不包括根据州检察总长的计划或适用的法律或法规需要预留的任何其他资金,但基本维修、更换和改进基金除外,其目的和数额与本节规定的储备金基本相似不得少于本节规定的储备基金。该储备基金不包括任何周转基金,不得因分摊结算而减少。

2. 该基金的设立金额等于

(i) 总价格的 3％,或

(ii)(a)要约人出售的所有合作社股份或公寓单位的实际销售价格的 3％,但是,如果这一数额不足总价的 1％,那么该基金应至少占总价的 1％;加上(b)要约人应按照合作股份或公寓单位实际销售价格的 3％或要约人持有并在计划生效日期之后并在转换结束后 5 年内根据该计划出售给真正购买者的可分配股份的比率作出补充供款,尽管供款总额可能超过总价格的 3％;并且还规定,如果在根据该计划完成转换后 30 天起的 5 年内,报价人对基金的总捐款低于总价格的 3％,则报价人应支付所捐款额与总价格的 3％之间的差额。补充供款应在每次出售后 30 天内缴纳。

3. 根据本节规定的捐款可以提前缴纳,也可以超过规定的数额缴纳。要约人可就其在计划提交国务院备案并在计划宣布生效之前开始支付的资本置换的实际费用,从储备金的强制性初始缴款中要求并获得信贷;但条件是任何此类替换必须在计划中与其实际或估计的费用一起列出,并进一步规定,这种信贷不得超过资本替换的实际费用或总价格的 1%。

4. 在根据发行计划完成转换之前的 3 年内完成的任何建筑应不受本节规定的限制。

★**立法经验点评**:此条在法律上设立储备基金,并对基金金额来源作了明确限制,以用于必要的资本修理、更换和改进,从而保障建筑物居民的健康和安全。

11.6.2 张贴违规情况

要约人不得迟于美国国务院根据《一般商业法》第 352 条接受提交计划后第 30 天,直到根据该计划完成转换为止,应在该计划所涵盖的每一幢建筑物内的所有租户均可进入的显眼地方张贴和保存一份所有违反记录的清单。所有新发布的违规行为均应在发布后的 40 小时内张贴并按上述规定进行维护。要约人可以通过在房屋里指定一名代理人来满足本节的要求,该代理人应将该清单提供给承租人检查。

★**立法经验点评**:此条规定将违规行为的人的记录张贴在所有租户可看到的显眼位置以示警告,反向约束其规范自己的行为,按规行事。

11.6.3 不放弃权利

任何旨在根据转换计划免除要约人与合作公司或管理人员共管委员会之间的采购合同或协议中有关本章规定的规定,对于公共政策而言均属无效。

★**立法经验点评**:此条从法律上规定不得放弃公共政策要求的权利。

11.6.4 刑事和民事处罚强制执行

1. 除本细则 2 另有规定外,任何人明知而违反或协助违反本章任何一节,即属轻罪,一经定罪,应处以不少于 100 美元或不超过 1 000 美元的罚款。除本细则 2 另有规定外,任何人违反或协助违反本章任何一节,如建筑物不符合本章任何一节的规定,应处以每单位每天 100 美元的民事罚款;但此种民事处罚不得超过每单位 1 000 美元。

2. 任何人故意违反或协助违反本章第 11.7.1 节规定,即属犯有轻罪,一经定罪,将处以不超过第 11.7.1 节所要求未保留金额两倍以下的罚款。任何违反或协助违反本章第 11.7.1 节的人,如未设立储备基金,也将受到每天 1 000 美元的民事处罚;但是,这种民事处罚不得超过根据本章第 11.7.1 节要求保留的金额。

3. 此外,为执行本章规定而在任何有管辖权的法院提起的其他适当或必要的诉讼或程序,可以纽约市的名义提起,包括采取行动确保永久性禁令,禁止构成违反本章任何规定的行为或做法,要求遵守本章规定或采取适当的其他救济措施在任何此类诉讼或程序中,纽约市可向有管辖权的法院或其法官申请临时限制令或初步强制令,禁止和限制所有人不得违反本章的任何规定,强制遵守本章的规定,或要求采取适当的其他补救措施,直至对该诉讼或程序进行审理和裁定为止。现授权获提出该项申请的法院或其法官或其司法人员立即作出上述申请所规定的命令(不论是否有通知),并作出所需的其他或进一步的命令或指示,以使该等命令或指示具有效力。任何承诺均无须作为批给或发出该命令的条件,或以该命令为理由。

4. 本节中所包含的任何内容均不得损害合作社股份或公寓单位购买者的任何权利、补救措施或诉讼权利。

5. 房屋保护与发展部门有权执行本章的规定。

★**立法经验点评**:此条对故意违反规定者定罪,并规定民事和刑事处罚内容,反向激励约束人们的行为,保障合作社股份和公寓单位购买者的权利。

11.7　优先购买权和首次购买机会

11.7.1　即将转换通知

1. 业主应向租户协会,或者如果无租户协会,则向每个租户和业主提供通知拟采取任何行动,将辅助租住房屋改建。

2. 该通知应在业主采取此类行动之前不少于 12 个月发出。该通知应包括以下信息:

（1）对于属于公司的任何所有者,通知应包含公司高级职员和董事的姓名和地址,以及直接或间接持有公司任何类别未发行股票 10％以上的任何人的姓名和地址。对于合伙企业或合资企业的所有人,通知中应包含作为委托人或对此类实体行使控制权的每个人的姓名和地址;

（2）受援助出租房屋的地址、名称以及项目种类;

（3）业主打算采取的导致转换的行动的性质;

（4）导致转换的行动预计发生的日期;

（5）批准此类行为所依据的法律、规则或条例的规定;

（6）需要转换的住宅单位的总数和类型;

（7）住宅单元的现行租金时间表以及转换后预期租金增加的估计数；

（8）通知前 12 个月的收入和支出报告，包括资本改进、不动产税和其他市政费用；

（9）截至通知日期的未偿还抵押金额；

（10）美国住房和纽约市发展部房地产评估中心最近提交的两份检查报告，涉及在同一所有权下共同经营的辅助租赁住房或多套住房单元组，需要提交此类检查报告，或该部或纽约州住房和社区重建部最近提交的两份全大楼范围全面检查报告；

（11）以部门批准的方式通知租户协会的通知声明，或如果不存在租户协会，则通知每个租户本章第 26-806 节要求的首次购买机会或本章要求的优先购买权；

（12）部门可能要求的其他信息。

3. 在本细则 2 规定的 12 个月通知期内，业主不得出售或订约出售协助租赁房屋，但可与其他有关方面进行此类讨论。

4. 对于有意将房产维持为受援助出租房屋或打算转让、出租或再融资抵押以维护房产为受援租赁房屋的业主，不需要通知。

5. 如果业主决定不转换辅助租赁住房计划，则该业主可撤回转换辅助租赁住房计划的意向通知，但须遵守任何已接受的购买要约或已签署的购买和销售协议的条款以及现有的法律和普通法补救措施。在这种情况下，业主应通知租户协会，或如果不存在租户协会，应通知每个租户，或如果适用，通知合格的实体和部门。但是，如果业主在任何时候决定采取导致转换的行动，则应遵守本节的 12 个月通知期以及本章的所有其他适用要求。

6. 尽管有上述任何规定，如果任何适用的监管法规或计划的通知要求与本节的通知要求基本相似，则本节中的通知要求应为临时法规或计划的通知要求。

7. 尽管有上述任何一项规定，如果本节所要求的通知比适用的纽约市、州或联邦法规或程序所要求的信息更多，则应在临时法规或程序规定的期限内提供这些补充信息。

★立法经验点评：此条规定业主需向特定对象发送即将转换的通知，并对通知应包含的具体信息加以规定，以保障被通知对象了解通知相关信息的完整性和有效性，从而行使其权利。

11.7.2　善意购买要约通知

1. 如果业主收到真正的购买意向并拟考虑或回应购买此类善意要约，则业主应自此类善意购买要约之日起不超过 15 天向租户协会或者如果不存在租户协会,则向每个承租人或适用的合格实体和部门发出通知。该通知应包含以下信息:

(1) 拟议善意购买者的名称和地址;和

(2) 要约的价格和条款及条件。

2. 如果提出要约的善意购买者同意将经协助的出租房屋维持在负担得起的水平,则业主无须按照本细则 1 的规定提供通知。该善意购买者应该告知该部门打算如何使协助租住的房屋维持在负担得起的水平。

★立法经验点评:此条对于真正的善意购买者要约通知进行明确规定,并确定善意购买者须尽的义务。

11.7.3　评估确定

1. 部门应召集咨询小组,该咨询小组应在租户协会或(如适用)合格实体向业主和该部发出通知后 30 天内确定辅助租赁住房的评估价值。

2. 咨询小组应包括一名由业主选定的评估师、一名由租户协会或合格实体选定的评估师,以及一名由业主和租户协会或合格实体共同商定的评估师,或由业主选定的评估师和租户协会或合格实体选定的评估师共同商定的评估师。如果业主和租户协会或合格实体认为这种条件可以接受,并达成书面协议,但如果业主和租户协会或合格实体之间没有协议,或业主选择的评估师和租户协会或合格实体选择的评估师之间没有协议,那么评估师将由部门选择。评估师的费用应由负责提供该评估师的一方承担。然而,如果该部门必须选择第三名评估师,则该评估师的费用应由业主和租户协会,或如果适用,合格的实体平均承担。

3. 在该咨询小组开始进行评估的预定日期前 15 天,由部门向业主和租户协会或适用的合格实体发出通知。如果业主未能在通知发出后 15 日内提供评估师,或者如果租户协会或合格实体未能在通知发出后 15 天内提供评估师,则该部门应代表未能选择评估师的一方或多方选择评估师。在这种情况下,部门选定的评估师的费用由提供该评估师的责任方承担。

4. 该部门应颁布及时确定评估价值的规则,这些规则应符合本章规定的通知要求。该部门应在咨询小组作出决定之日起 15 天内公布评估值。

5. 如业主与租户协会或(如适用)合格实体在咨询小组召开前已就协助租住房屋的估价达成相互协议,业主与租户协会或(如适用)合格实体可书面向该部申请豁免根据本细则 1、2 所产生的费用。部门应在收到豁免申请后 15 天内作出决定。

★**立法经验点评**:此条在法律上规定建立评估小组,对评估规则、评估值以及评估费用的支付进行法律上的规范。

11.7.4 优先购买权

1. 租户协会或(如适用)合格实体应在收到业主根据本章第11.7.2节细则1发出的通知后60天内,将其行使优先选择权的意图书面通知业主和部门。

2. 租户协会或(如适用)合格实体在业主按照本章第11.7.2节细则1发出通知后,应自确定评估价值通知之日起120天内提交其购买要约。

3. 租户协会或(如适用)合格实体在业主按照本章第11.7.2节细则1发出通知后,应自善意购买要约之日起120天内提交其购买要约。

4. 如非租户协会或(如适用)合格实体或业主的过失,本细则2或3所规定的期限需要延长,则该部门可延长该期限。如果该期限延长超过本章第11.7.1节细则1规定的通知期限,则适用的辅助租赁住房计划的规定应在法律允许的范围内保持完全有效。

5. 除非业主和租户协会或(如适用)合格实体同意以低于其评估价值的价格购买协助租赁住房,否则业主应以评估价值或以诚意提供购买部门批准的价格。

6. 部门应颁布规则,及时完成所有贷款计划申请、信贷审查和贷款关闭。

7. 如果租户协会或(如适用)合格实体在所有者遵守以下规定的通知后,未在本细则2或3规定的期限内向业主和部门提交书面要约,则该权利将被视为放弃,并且所有者无义务根据本条承担进一步的义务。但是,如果租户协会或(如适用)合格实体先前按照本细则1提交了通知,并决定不行使该权利,则可以向该所有人发出书面通知,撤销该通知。

★**立法经验点评**:此条在法律上对具有优先购买权者通知的发出及其期限进行规范,保证合格者优先购买权的行使。

11.7.5 首次购买机会

1. 租户协会或(如适用)合格实体应在收到业主根据本章第11.7.1节细则1发出的通知后60天内,以书面形式通知业主和部门其打算行使首次购买权。

2. 租户协会或(如适用)合格实体在业主按照本章第11.7.1节细则1发出通知后,应自确定评估价值通知之日起120天内提交其购买要约。

3. 如并非因租户协会或(如适用)合格实体或拥有人的过失,本细则2所规

定的期限需要延长,则该段期限可由部门延长。如果该期限延长超过本章第
11.7.1 节细则 1 规定的通知期限,则适用的辅助租赁住房计划规定应在法律允
许范围内保持完全有效。

4. 除非业主和租户协会或(如适用)合格实体同意以低于评估值的金额购
买辅助租赁住房,否则业主应接受根据本节提出的任何要约。

5. 如果租户协会或(如适用)合格实体在业主按照本章第 11.7.1 节细则 1
发出通知后,未能在细则 2 规定的时间内向业主和部门提交书面要约,则该权
利将被视为放弃,业主不再承担本节规定的义务。然而,如租户协会或(如适
用)合格实体先前已按照细则 1 呈交通知书,决定不行使该项权利,则租户协会
可藉向业主及部门发出书面通知,撤回该项通知书。

★**立法经验点评**:此条对首次购买机会的行使及其相关具体细节作了明确
规定,保障租户的首次购买权得以合法行使。

11.7.6 事先通知

尽管本章有任何其他规定,但如果业主在本章生效日期之前已发出通知,
且该通知的目的是启动程序,从本章规定程序中收回辅助租赁住房,且该通知
是根据任何其他适用法律规定正确发出的,且在适用于该通知的期限到期前还
剩余 45 天以上,租户协会或(如适用)合格实体可以在该期限届满之前的任何
时候完成本章第 11.7.3、11.7.4 和 11.7.5 节授权的任何行动。

★**立法经验点评**:此条对本章生效之前已发出通知的合法与否进行界定,
对于合乎法律规定的通知可继续行使相关法律条文授权的行动,保障了法律衔
接时租户协会或合格实体权利行使的合理过渡。

11.7.7 长期负担能力

选择行使本章第 11.7.4 节或第 11.7.5 节规定的权利的租户协会或(如适
用)合格实体(包括所有利益继承人)有义务将辅助租赁住房维持在负担得起的
水平。

★**立法经验点评**:此条在法律上规定了行使优先购买权和首次购买机会者
需要承担的责任义务。

11.7.8 转让权

1. 在本章规定的通知期内,经居住在同一辅助租赁住房内至少 60% 被占用
住房单元的租客书面同意,可将本章第 11.7.4 节或第 11.7.5 节规定的权利转让

给合格实体。

2. 此类转让通知应在收到业主根据本章第 11.7.1 节发出的通知后 60 天内以书面形式提供给业主和部门。

★立法经验点评：此条规定转让优先购买权和首次购买机会所需遵守的程序，使得该两种权利的可转让性、保障转让权合法行使。

11.7.9 财产转让

尽管有本章第 11.7.4 节或第 11.7.5 节的规定，当转让发生时，业主或真正的买方应允许当前的一个或多个租户在转让生效之日起 6 个月内或直到租户的租赁期满，并按照与转让前相同的条款和条件继续留在各自的住宅单元中。该业主或购买人可在租户协议下，根据部门规则制定的程序，将该租户转移到租金相当的单位。

★立法经验点评：此条在法律上规定，转让生效后租户可继续居住至租赁期满，业主可在与租户协商下将其转移到租金相当的单位，从而保障了租户合法居住权，维护租户利益。

11.7.10 罚款

发现违反本章任何规定的业主，除了业主可能承担的任何其他金钱或公平的损害赔偿外，还应承担每个辅助租赁住房单位每月 5 000 美元的民事罚款，并且还应支付租户协会，或者如果不存在租户协会，则向每个租户或（如适用）合格实体支付执行程序所产生的费用和成本。每个住宅单位的民事处罚总额不得超过 10 万美元。本节中的任何内容不得解释为禁止租户协会或（如果不存在租户协会）租户或（如适用）合格实体针对不符合规定的所有者寻求禁令救济。这种诉讼应提交有管辖权的法院。

★立法经验点评：此条对违反本章规定的业主需承担金钱、公平损害赔偿、民事处罚以及向租户协会或合格实体支付因其违法行为执行程序所产生的费用作了法律上的规定，从而约束其行为合法。

11.7.11 排除

1. 本章任何规定概不影响租户协会与业主之间关于管理和经营辅助租赁住房或将辅助租赁住房转让给租户协会或类似组织的任何现有协议，但在当地法律生效之日或之后发生的此类协议的任何续签、修改或修订均应遵守本章规定。

2. 本章的任何规定概不影响业主与一个或多个政府实体之间关于管理和经营不受《私人住房金融法》或联邦法律管辖的多户住房的任何现有协议。

3. 本章的任何规定均不影响业主或购买者希望再融资以维持参与辅助租赁住房计划。

4. 本章规定不适用于行使其征用权的政府实体的购买；受司法监督的财产出售或转让；任何破产程序；或法律的实施。

5. 如果本章第 11.8.6 节所述的通知是根据任何其他适用法律规定适当发出的，并且在此类适用通知期期满之前还有 45 天或更少的时间，则本章的规定不适用。

★**立法经验点评**：此条对于不受本章规定影响的情况作了明确规定，将其排除在本章适用范围之外。

11.7.12　司法审查

任何人因依据本章第 11.8.3 节作出的评估决定或者由于部门未能批准善意要约购买意愿而感到不满，可在该部门作出评估决定或采取根据《民事惯例法》和《规则》第 78 条，向援助租赁住房所在县的法院寻求司法审查。如果法院认为该部门的评估或行动相当于不给予公正的赔偿，则法院应要求作出新的评估或裁定。本章规定的时限应在该程序待决期间并在必要时作出新的评估或裁定为止。

★**立法经验点评**：此条对租户因评估决定或善意要约购买未获批准产生不满可要求的司法审查进行法律上的规定，法院可对于不公平的决定要求重新评估裁定，从而保障租户的申诉权。

11.8　住房开发项目报告要求

11.8.1　资格预审名单报告

1. 对于每个资格预审名单，该部应在其网站上公布名单识别符和该部用来确定一个实体是否符合这种名单的标准。

2. 对于每份被取消资格的名单，部门应在其网站上提供名单标识，该名单上每个实体的名称和地址，以及该实体的每名主要官员和主要所有者的姓名和职务以及该部门用以确定一个实体是否被取消资格的标准。

★**立法经验点评**：此条规定必须在网站上公布预审名单是否合乎资格的名

单识别符及其判断标准,对于不合资格者应使其能够在网站上了解到相关的必要信息。

11.8.2　住房开发项目报告

1. 对于每个住房开发项目,部门应在其网站上提供以下信息:

(1) 项目标识符;

(2) 部门确定的程序名称和与该程序有关的所有资格预审名单的名单标识;

(3) 地址;块;批号;层;基地建筑的平方英尺;按收入限额和所有初始法定租金和实际租金分列的拟议住房单元数量,包括卧室数量;以及建议的商业单位数目;

(4) 纽约市提供的所有纽约市财政援助和其他财政援助的来源、类型和价值,按来源和类型分列;

(5) 该工程预计竣工日期;

(6) 对于这样的项目的开发商、承包商和分包商:

(i) 名称和地址;

(ii) 该等开发商、承包商或分包商的每名主要人员及主要拥有人的姓名及职衔;

(iii) 适用时,本章第 11.8.3 节细则 1 所述的工资信息是否已提供给开发商、承包商或分包商的部门;

(7) 开发人员在选择时是否资格预审合格;

(8) 选择开发商的方式,包括但不限于直接洽谈、征求建议书、竞标、招标、拍卖、部门以外其他单位的选择和申请;

(9) 用于评估潜在开发者和选择开发者的标准;

(10) 开发商或承包商是否执行了《劳动法》第 220 条规定的任何工程工作的法律文件;

(11) 开发商或承包商是否执行了任何法律文件,将任何项目工作置于《美国法典》第 31 章第 4 分部或任何适用的法规或规则;

(12) 在该部门所知悉的范围内,根据发展商向该部门报告的有关部门认为合理和完整的资料,说明任何司法诉讼或诉讼的最终结果,包括作出或结算的任何最终判决;关于《劳动法》第 220 条或《美国法典》第 31 章第 4 分章或任何适用的规章或规则,在该部门选择开发商之前的 5 年内,开发商、现任主要拥有人或其主要负责人,或其前任主要拥有人或主要负责人,如该人在该部门选择发展商前的 5 年内持有该职位或地位；

（13）工程竣工日期；和

（14）建造条件的总数，每项该等条件的性质，以及就该等条件而采取、命令或要求采取的补救行动的描述。

2. 对于在本章生效后选择开发商的房屋开发项目，部门应每 6 个月更新本细则 1 所要求的信息，直至该项目完成为止，但第 14 段要求的信息应每隔 6 个月更新一次至该项目完成后 5 年为止。

3. 对于在本章生效之日前选择开发商的住房开发项目，部门应在 2014 年 1 月 1 日前提供本细则 1 所要求的信息，并应在此后每 6 个月更新一次信息，直至该项目完成，以下情况除外：

（1）第 6 段要求的分包商的信息应限于与承包商或部门订立合同或与其他协议或以其他方式聘用的分包商；和

（2）第 14 段要求的信息应每 6 个月更新一次，直至该项目完成后 5 年。

★立法经验点评：此条对于每个住房开发项目需要提供的具体信息、部门需要更新的项目信息等作了详细的法律规定，以确保项目开发商选择的公开、公平、公正，保证相关信息的及时性。

11.8.3　工资信息报告

对于在本章生效日期后选择此类项目的开发者的所有房屋开发项目，每个开发者应至少每季度向部门报告下列信息：

1. 被开发人员雇用或以其他方式从事项目工作的个人或任何涵盖的承包商：

（1）该人的职称、职务或者其所从事的工作类型的说明；

（2）《劳动法》第 195 条第 3 分章所述的信息，其中包括个人姓名；雇主姓名；雇主的地址和电话号码；无论是按小时、轮班、日、周、薪金、件、佣金或其他方式支付的薪酬和基础费率；工资总额；作为最低工资和净工资一部分的津贴（如有）；

2. 对于不是承保承包商的承包商或分包商，由该承包商或分包商的主要负责人宣誓发出书面证明，证明此类承包商或分包商不是承保承包商。

★立法经验点评：此条规定每个开发商应按季度向部门报告开发人员的工资信息，使得部门可对相关者的工资信息进行监控。

11.8.4　没有资格列入资格预审名单

1. 除法律规定的其他处罚外，任何未按照本章第 11.8.3 节提供工资报告信息的承包商或分包商都无资格列入承包商和分包商的预审资格清单。

2. 除法律规定的任何其他处罚外,由部门确定的任何具有施工条件历史的承包商或分包商均无资格列入承包商和分包商的预审资格清单。

★**立法经验点评**:此条在法律上规定了未按规定提供工资报告信息以及具有施工条件历史的承包商不能被列入资格预审名单,从而约束承包商按规定向部门提供部门需要的合资格的合法信息。

11.9 租户和业主住房信息指南

11.9.1 定义

为了本章的目的,下列术语定义如下:

"部门"是指房屋保护与发展部门。

"居住单位"是指该守则第 27-2004 节第 13 段所定义的居住单位。

"多住宅"是指该守则第 27-2004 节 a 部分第 7 段中定义的住宅。

"业主"是指该守则第 27-2004 节 a 部分第 45 段定义的业主。

"租户"是指任何合法居住在多住宅单元的居住者。

★**立法经验点评**:此条对于本章相关的概念进行界定,明确其在本章所指的确切含义。

11.9.2 租户和业主住房信息指南

1. 部门应为租户和业主备存一份英文、西班牙文以及由部门决定的其他语言的住房信息指南。该指南应在部门网站上公布,并可根据要求以印刷形式提供。

2. 根据本节留存的指南应包括但不限于以下信息:

(1) 业主在下列方面的责任:驱逐,热量和热水,虫害管理,维修和保养,租户组织,租金管制租约,为老年人或残疾租户提供租赁援助以及住房歧视方面;

(2) 租户在回应所需通知方面的责任,允许检查和修理,并且不会导致违规行为;

(3) 提供免费和低成本的法律服务;和

(4) 该部门认为相关的其他主题。

★**立法经验点评**:此条规定了部门应为租户和业主提供多种语言的住房信息指南,并列出指南所需包含的信息,使得租户的住宿方便、舒适,并同时在指南中规定租户所需尽到的责任和义务。

11.9.3　关于租户和业主住房信息指南通知

1. 需要张贴。多户住宅的每一位业主应张贴一份关于根据本章第26-1102节维护的租户和业主住房信息指南可用性的英文和西班牙文通知。此类通知应张贴在邮件送达地点所在区域内的显眼位置。

2. 根据占住多户住宅单元的租户的要求,多住宅单元的所有人应尽最大努力以英语或西班牙语以外的语言提供细则1所需的通知。

3. 本细则1所要求的通知应至少表明根据本章规定维护的指南包括以下信息:

（1）业主在下列方面的责任:驱逐,热量和热水,虫害管理,维修和保养,租户组织,租金管制租约,为老年人或残疾租户提供租赁援助以及住房歧视方面;

（2）与租户责任有关的话题;和

（3）提供免费和低成本的法律服务。

4. 发布通知的内容。部门应根据本细则1确定所需通知的格式。

★立法经验点评:此条对关于租户和业主住房信息指南的通知作出法律规定,保障相关人员及时了解到住房信息的通知,促使业主、租户按照法律规定履行自己的责任。

11.9.4　违规和处罚

任何业主违反本章第11.9.3节细则1的规定,应承担250美元的民事罚款。就本节而言,业主未能按照本章第11.9.3节细则1的要求张贴通知的每栋多层住宅应被视为单独的违反行为。

★立法经验点评:此条对于违反规定的行为和违法者给予民事处罚,以促使其规范自己的行为,保障住房住宿合法性。

11.10　包容性住房方案定期报告

11.10.1　定义

1. 除非另有说明,本章使用的下列术语应具有《纽约市分区决议》赋予这些术语的含义:可负担的楼面面积;经济适用住房基金;经济适用住房单位;补偿发展;居住单元;发电场;包容性住房指定区域;收入带;军事情报发展;MIH场地和分区地段。

2. 如本章所用,"部门"是指房屋保护与发展部门。

★**立法经验点评**:此条对本章所使用的相关概念赋予特定含义,有利于清晰理解本章法律法规。

11.10.2　年度报告

部门应在每年 9 月 1 日之前,在征询建筑部门和纽约市规划部门的意见后,在该部门的网站上公布互动式地图,并将用于编制该地图的数据公布在表格中允许自动处理和下载。此类地图应为每个包含发电站点,补偿开发,MIH 开发或 MIH 站点的分区批次指示或提供以下信息的链接:

1. 该批次是否包含发电站点,补偿发展,MIH 发展或 MIH 场址;

2. 对于每个发电站点,该站点是否位于 R10 区或包容性住房指定区域内;

3. 该地段的地址、区块和批号;

4. 所有财政援助的来源和类型,包括但不限于任何联邦、州或地方机构或部门为促进创建、保存或恢复负担得起的建筑面积而提供的赠款、贷款、补贴、税收减免;

5. 按收入类别分列的位于此类地段或与此类地段相关的经济适用住房单元数量;

6. 位于该地段或与之相关的经济适用住房单位管理机构;和

7. 如该地段载有补偿发展或 MIH 发展,则该发电站或该地段的 MIH 场址的地址、区块及地段编号。

★**立法经验点评**:此条在法律上规定房屋保护与发展部门须每年 9 月 1 日在其网站上公布互动式地图,其中要包含具体所需的各种相关信息。

11.10.3　经济适用住房公积金报告

在 2018 年 9 月 30 日或之前以及此后每年,部门应在其网站上公布经济适用住房公积金的供款和支出报告。此类报告中的信息应按区和社区分区编制索引,并应包括可在每个社区分区专用和在每个区(不考虑社区分区)使用的资金总额。此类报告应至少包括关于向该基金捐款的每个分区地段的下列信息:(i)该地段的所有者的名称;(ii)地址、区块和批号;(iii)位于该地段的住宅单位总数;(iv)根据《纽约市分区决议》第 23-154 节的规定,在该地段以其他方式代替该等供款所需的可负担楼面面积;(v)与该地段有关的捐款总额。

★**立法经验点评**:此条规定房屋保护与发展部门应每年在其网站上作公款

和支出报告,详细列出法律规定所需包括的相关信息,从而保证了经济适用住房公积金的公开透明。

11.11　住房门户网站

11.11.1　住房门户网站

1. 不迟于 2020 年 7 月 1 日,该部门应在所有其他相关机构的合作下创建并维护一个网站,该网站:

(1) 允许负担得起的单位的业主或代表该单位的人利用该网站提供该单位供出租或出售,或提供合作社公司的股份出售,使股东有权根据专有租赁占用该单位,并接受占用该单位的申请,并且按部门规定的时间和方式向其提供完整的单位信息,但该部门须在 2021 年 7 月 1 日前,以电子方式向市长及议会议长提交建议,内容涉及允许经济适用住房单位以外的其他住房单位业主使用此类网站提供此类住房单位供出租或出售,并接受此类住房单位的入住申请,但本章不得解释为禁止(i)按部门规定的方式在建筑物范围内或项目范围内提供此类单位;或(ii)按照部门要求提供随后出现空置的可负担得起的单位;及

(2) 允许此类网站的用户:

(a) 查看所列单位的有限单位信息和提供单位信息;

(b) 如果此类用户以部门规则确定的方式验证此用户是此类单位的合法租赁持有人或所有人,或者是拥有合法公司股权的合法所有人,则查看所列单位的全部单位信息(i)仅在 2021 年 1 月 1 日之后需要,但可以早于该日期实施,并且(ii)可通过住房门户之外的系统实施;

(c) 根据用户输入的搜索标准查看所列单元的选择;

(d) 申请入住其拥有人通过该网站接受入住申请且该用户似乎有资格入住的所列单位;

(e) 跟踪该用户通过该网站提交的申请的进展情况,包括该用户在列入等候名单上的位置;

(f) 用所列单位用户提供的资料自动填写入住申请;

(g) 当发布新的列出单位时,通过电子邮件和短信接收通知,该新单位与该用户指定的标准相符或发布的信息变化适用于该用户指定的列出单位;

(h) 以允许自动处理的非专有格式获取所列单位的有限单位信息;和

(i) 在该网站上指明该用户是否有兴趣考虑后来出现空缺的负担得起的单

位,但前提是这些单位的用户可以按照该部门确定的方式进行考虑,否则只能考虑用户满足其指定偏好的此类单位和此类网站可能会定期要求用户查看和更新其相关简介信息。

2. 从 2020 年开始,除纽约市房屋局拥有和经营的住宅单元外,住宅单元的所有人应:

(1) 如果居住单位(i)是一个负担得起的单位或(ii)符合被认为是负担得起的单位的标准,但该单位不符合第 1 款和第 2 款规定的附加条件,负担得起单位的定义,每年按部门规定的时间和方式向部门提供该单位的全部单位信息;和

(2) 如果住宅单位是一个负担得起的单位并可供出租或出售,或者如果合作公司的股份可供出售,使股东有权根据专有租赁占用该单位,则向该部门提供的单位信息以部门规则确定的时间和方式为该单位提供服务。

3. 负担得起的单位的定义第 1 款和第 2 款中规定的附加条件,可能使该单位通过门户网站变得空缺,前提是该业主按部门规定的时间和方式向该部门提供该单位信息。尽管本章有相反的规定,任何需要根据部门要求通过门户提供的单位必须按照本章进行。

4. 该部门应对本细则 3 所述单位的业主进行宣传,鼓励他们提供其被占用的负担得起的单位,然后通过门户网站空出来。

5. 当用户在门户中输入的信息表明用户的收入低于该用户家庭规模的平均收入的 80% 时,部门应通知该用户链接到纽约市房屋管理局的网站。

6.(1) 本章中任何内容均不得解释为要求向部门提供或披露有关任何住宅单位的信息,如果该部门确定此类信息披露可能导致无理侵犯该单位的居住者或申请人的个人隐私。

(2) 本市不保证房屋门户网站上提供的任何信息的完整性、准确性、内容或适用于任何特定目的,也不保证或暗示其中提供的任何信息。

(3) 对于任何特定目的的完整性、准确性、内容或适用性方面的任何缺陷或使用由第三方提供并在房屋门户网站上提供的信息,纽约市不承担任何责任。

(4) 本章不应被解释为创建一个私人的行为权来执行其规定。不遵守本章不应对机构承担责任。

★立法经验点评:此条规定了住房保护与发展部门创建和维护住房门户网站所需在网站上为用户提供必需的信息,同时对住宅单位所有人的有关权利义务进行规定。此条在法律上保证了人们可通过住房门户网站获取到与负担得起的单位有关的及时、完整、准确的信息。

11.11.2　违规

1. 未能依照第 11.11.1 节细则 2 提供有关住宅单位信息的业主应按下列规定处以民事罚款,直至该违法行为得到纠正为止,但(i)对于在最初 6 个月内发生的违规行为,该部门可向该单位的业主发出书面警告,以代替施加此类处罚,并且(ii)房屋署可根据《私人房屋金融法》第 11 条的定义,就拥有 4 个或 4 个以下住宅单位的楼宇、拥有 6 个或 6 个以下住宅单位的楼宇或拥有 10 个或 10 个以下住宅单位的楼宇内的任何住宅单位,订定替代民事罚则,但该替代民事处罚不得超过根据第 1 款至第 4 款及细则 2 可施加的民事罚则:

(1) 第一个 6 个月期间,每月 100 美元;

(2) 第二个 6 个月期间,每月 250 美元;

(3) 第三个 6 个月期间,每月 1 000 美元;和

(4) 第四个 6 个月期间和之后的每个月,每月 2 000 美元。

2. 对于涉及同一住宅单位的第二次或其后违反本章的行为,本部门可酌情判处并追偿相当于细则 1 规定数额两倍的民事罚款。

3. 在管辖法院或诉讼程序中,本部门可依据本节追回民事罚款。

4. 在收到可信的投诉,指称业主违反本章有关经济适用单位的任何规定时,该部门应进行调查,并在以部门规则确定的方式核实此类指控后,根据本节对该业主处以民事罚款。该部应根据规则制定标准,以确定这种申诉是否可信。

★立法经验点评:此条对于违反第 11.11.1 节住房门户网站相关规定者按照不同情况给予民事处罚,从而约束业主按规行事,保障住房门户网站信息的准确、及时、完整、透明,且易于获得。

11.12　适合经济适用房发展的纽约市空置物业

11.12.1　纽约市自有空置房产由房屋保护开发部门管辖,可能适合经济适用住房的开发

在 2018 年 11 月 1 日以及此后每年 11 月 1 日之前,房屋保护与发展部门应在所有其他相关机构的合作下,向市长和议会议长报告按区分列的下列信息:关于该部管辖范围内的空置建筑物或地段的报告,根据这些建筑物或地段的潜在开发或可行性状况分类为经济适用住房。

★**立法经验点评**:此条规定房屋保护与发展部门应将自己管辖范围内控制地段或建筑物报告给议会会长和市长,分析其是否能够作为经济适用房以进行开发利用,提高建筑和地段利用率。

11.13　社区土地信托监管协议

11.13.1　社区土地信托监管协议

1. 就本节而言:

"合格的社区土地信托"是指符合以下标准的公司:(i)(a)依据《私人房屋金融法》第11条和《非营利公司法》第402条注册成立;(b)公司注册证明书专门规定以社区土地信托的形式为低收入者提供住房;(c)已经按照监管机构的要求提交了披露报表,并经监理机构批准;(d)完全按照该公司的公司注册证书以及与政府实体就该财产或该公司达成的任何协议合法获得其所有不动产;及(ii)在附例中规定:(a)收购主要用于在长期土地租赁下的运输;(b)将位于该租赁地块上的任何结构性改进的所有权转让给承租人;(c)保留优先购买权,以按公式确定的价格购买此类结构性改进,该公式旨在确保低收入家庭仍然负担得起此类改进;(d)拥有一个由与该实体相关联的住房承租人、该组织章程中指定特定地理区域的成年居民以及所述任何其他类别的人组成的董事会。

"低收入人士"是指《私人房屋金融法》第2(19)条所界定的"低收入人士"。

"监督机构"是指房屋保护与发展部门。

2. 监管机构应当与符合条件的社区土地信托基金签订监管协议,并符合监管机构规范的协议条款。此类监管协议还应要求社区土地信托基金与受监管协议约束的土地上的建筑物或改良设施的所有者签订99年期土地租赁协议。

3. 监管机构可以与合格的社区土地信托订立监管协议,前提是该信托同意其认为必要的条款和条件;(i)是纽约市的贷款或赠款的接受者;(ii)从纽约市获取不动产或其中的利益;或者(iii)根据监管机构的建议,获得纽约市议会批准的免税。

★**立法经验点评**:此条对社区土地信托公司的标准和资格进行规定,界定低收入人士和监督机构的指代对象,明确监管机构与监管机构签订监管协议的条款和条件,从而能够保障社区土地信托监管协议签订的合法性、合理性。

12 城市规划和历史建筑保护篇

12.1 城市规划

12.1.1 城市规划委员会职责

1. 纽约市规划委员会根据《纽约行政法典》第 197 条第 2 款和第 210 条的规定,在适用的情况下,有权管理和限制建筑物的高度和体积,以规范和确定场地、法院和其他开放空间的区域,并调节人口密度。该委员会受到相同的限制,可能会将该纽约市划分为数量、形状和面积等认为最适合实现此类目的的地区。

2. 各区的各类建筑物,建筑物的高度和体积、场地及其他空地和人口密度的规定应统一。一个或多个地区的规定可能与其他地区的规定不同。这些条例的设计应确保安全,防止火灾和其他危险,促进公众健康和福利,包括在条件允许的情况下,为充足的光线、空气和便利的通道提供条件。

3. 委员会应适当考虑每个地区建造的建筑物性质、土地价值和可能用途,最终这些可以促进城市公共卫生、安全和福利以及最理想的用途,为此可以调整每个地区的土地,并可能倾向于保存建筑物的价值,提高整个纽约市的土地价值。

12.1.2 工业以及为特定用途设计建筑物

1. 纽约市规划委员会根据《纽约行政法典》第 177 条和第 210 条的规定,在适用的情况下,可以规范和限制行业和行业的位置以及为具体设计的建筑物的位置使用,并且可以将纽约市划分为它认为最适合实现这种目的的数量、形状和面积的区域。

2. 对于每个这样的地区,可能会施加规定,指定应被排除或受到特殊规定的行业,并指定建筑物不得竖立或改变的用途。这些规定的目的应该是促进公共健康、安全和一般福利。

3. 除其他外,委员会应根据经过深思熟虑的计划,合理考虑该地区的特点,特殊用途的特殊适用性,财产价值的保护以及建筑发展的方向。

12.1.3 私人拥有的公共空间

1. 就本节而言:

"私人拥有的公共空间"是指:

(1) 广场,住宅广场,纽约市广场,公共广场,高架广场,拱廊,街区街廊,街区广场,露天广场,遮蔽行人空间等在现在或以前生效的分区决议中规定的无障碍空间或人行道;

(2) 私人拥有的户外或室内空间需要向公众开放,纽约市规划部门通过与纽约市链接的开放数据门户网站访问私人拥有的公共空间数据集,政府或后继网站;

(3) 根据 2001 年 1 月 1 日或以后发生的任何下列行为需要向公众开放的其他私人拥有的室外或室内空间:

(i) 由以下机构签发的决定、授权、证明或特别许可证:纽约市规划委员会;

(ii) 纽约市规划委员会主任颁发的证明;

(iii) 由标准委员会和上诉委员会发布的分区决议或特别许可的差异;或

(iv) 市议会根据宪章第 197-d 条采取的行动。该术语不包括根据《纽约市分区决议》第 6 章第 2 节规定的任何海滨公共通道区域。

2. 2019 年 7 月 1 日及此后每年,纽约市规划部门应向市长和议会议长提供一份报告,该报告至少应包含以下有关每个私人拥有的公共空间的信息报告:

(1) 地址;

(2) 私人拥有的公共空间类型;

(3) 如果私人拥有的公共空间是根据现在或以前生效的分区决议的条款成立的,则引用该条款;

(4) 私营公共场所依据纽约市规划委员会,纽约市规划委员会主席或者标准委和审查委员会发布的决定、授权或证明成立的授权,或认证;

(5) 私人拥有的公共空间的运营要求,包括通行时间和所有必需的设施;和

(6) 如果适用法律要求此类私人拥有的公共场所向该部门提交定期合规报告:

(a) 这种报告是否按要求提交;和

(b) 该报告所表明的遵约状况。

3. 部门应在部门网站上向公众提供有关私人拥有的公共场所的以下信息和功能:

（1）根据本细则 2 编制的所有报告；

（2）交互式地图,显示每个私人拥有的公共空间的位置,本细则 2 第 1、2 和 5 款中指定的每个私人拥有的公共空间的信息；

（3）对于 2017 年 10 月 1 日或之后建立的所有私人拥有的公共空间,私人拥有的公共空间相对于分区和其他相邻街道或公共场所的其他建筑物的轮廓的网站地图；

（4）向指定的建筑部门和机构申请私人拥有的公共场所的投诉机制；和

（5）部门认为适当的其他信息。

4. 该部门应被授权与一个或多个根据非营利公司法成立的组织签订合同,履行根据细则 3 所要求的部分或全部职责。

即无论分区决议的要求如何,每个私人拥有的公共空间的拥有者都应在这样的公共空间中张贴规定的规模、设计和内容,并且在纽约市规划部门规定的地点陈述该业主负责人的姓名和联系信息,并监督对这类私人拥有的公共场所的投诉。除纽约市规划部门可能要求的任何其他信息外,此类标志还应包括一项声明,表明此类私人拥有的公共空间对公众开放,其开放时间需要提供的主要便利设施,以及可以通过致电 311 进行投诉的声明。

5. 市长或市长的指派人应指定一个机构执行分区决议和适用私人拥有的公共空间法律的规定。

（1）该机构应至迟于 2019 年 6 月 30 日以前至少每三年检查一次私人拥有的公共空间,以确保此类空间符合适用法律,并应发出可退回到行政审判办公室的违规通知和听证会。

（2）每年 12 月 31 日,该机构的委员应向市长和议会议长报告与每个私人拥有的公共空间相关的以下信息:收到的投诉清单;采取的执法行动;是否建筑部门授权关闭这种私人拥有的公共空间,如果是这样的话,每次关闭的时间和原因。执法行动包括但不限于检查、发布违规通知、行政审判和听证办公室内的行政法庭裁决以及实施处罚。

12.2　地标和历史街区保护

12.2.1　公共政策目的

1. 市议会发现,如本章所定义的许多改进以及如本章所定义的景观特征具有特殊的特征或特殊的历史或美学兴趣或价值,并且许多改进代表了纽约市历史中不同时期最优秀的建筑产品,尽管有保留和继续使用这种改善和景观特征的可行性,但没有充分考虑纽约市人民以这种改善和景观特征为代表的美学、文化和历史价值的不可替代的损失。此外,不同区域历史建筑可能会被彻底破坏,或者可能破坏其独特性,尽管其保存可能既可行又可取。

2. 特此宣布,保护、加强、延续和使用具有特殊性质或特殊历史或审美利益或价值的改善和景观特征是公共必需,并且是为了健康繁荣的需要、人民的安全和福利。本章的目的是:

(1) 影响和完成对这些改善和景观特征以及代表或反映纽约市文化、社会、经济、政治和建筑历史要素的地区的保护、加强和延续;

(2) 保护纽约市的历史、美学和文化遗产,并体现在这种改善、景观特色和地区;

(3) 稳定和改善这些地区的财产价值;

(4) 培养过去美丽和高尚成就的公民自豪感;

(5) 保护和增强纽约市对游客的吸引力,以及对所提供的商业和工业的支持和刺激;

(6) 加强纽约市的经济;

(7) 促进利用历史街区、地标、内部地标和景点为纽约市人民的教育、娱乐和福利服务。

★**立法经验点评**:美国是个年轻国家,其对建筑的保护有着突出的"地标特色"。地标,是指有 30 年以上历史,作为城市、国家和民族的发展、传统或文化特征的一部分,具有特殊历史或美学意义或价值的不动产或其一部分。地标分五类:室内地标、地标、风景地标、地标基址、历史地段。虽然美国历史不长,但对建筑的保护却可以追溯到 1794 年,而在美国城市之中,纽约又走在前列。在1966 年美国《联邦历史保护法案》出台之前,纽约就于 1965 年制定了《地标保留和历史街区法》(Landmarks Preservation and Historic Districts),并成立了城市地标保留委员会(Landmarks Preservation Commission)。纽约《地标保留和历史街区法》立法的主要目的包括:对代表或反映城市文化、社会、经济、政治和建筑的历史改建区、景观外貌和区域,实施保护、完善和永久保存;保护体现在改建区、景观外貌和区域等城市的历史遗产、美学遗产和文化遗产。城市地标的认定报告要提交给城市各部门,包括城市规划委员会。如果没有得到城市地标保留委员会批准,对任何城市地标的任何改动都将受到惩处。如相关单位或个人违反《地标保留和历史街区法》,可以追究刑事和民事责任。由于土地私有制,《美国宪法》第五修正案规定:"未经正当的法律程序不得剥夺任何人的生命、自由或财产。没有补偿不能为公共利益征收私人财产。"而要保护城市地标,就必须对其所有人的财产权进行限制,使他们不能随意破坏、修改甚至重新装修这些建筑。纽约《地标保留和历史街区法》的合宪性源自 1966 年联邦最高法院对纽约中心火车站的扩建的判例。城市地标保留委员会拒绝纽约中心火车站的扩建,理由是这一地区已被授予地方城市地标。原告声称这等于对其财产的"征收",要求补偿。美国联邦最高法院认为,通过这种方式行使行政权,不构成"征收",不违反《美国宪法》第五修正案。有两个原因:第一,大量的历史建筑物、标志性建筑和区域没有考虑到它们本身所内含的价值或其他经济利用而遭到破坏;第二,具有特殊历史、文化或建筑意义的建筑物可以提高公众的生活质量。保护历史建筑和街区的法律是保护社会公众的整体利益,而不是少数个人的利益。

从立法动机和目的上看,保护、加强、延续和使用具有特殊性质、特殊历史或审美利益或价值的改善和景观特征是公共利益需要,并且是为了健康、繁荣的需要以及人民的安全和福利。立法目的主要包含以下几点:(1)加强和延续对这些景观以及反映纽约市文化、社会、经济、政治和建筑历史地区的保护改善;(2)保护纽约市景观特色和地区的历史、美学和文化遗产;(3)稳定和改善这些地区的财产价值;(4)培养高尚成就的纽约市公民自豪感;(5)保护和增强纽约市对游客的吸引力,以及对所提供的商业和工业的支持和刺激;(6)加强纽约市的经济活力;(7)促进利用历史街区、地标、内部地标和景点为纽约市人民的教育、娱乐和福利服务。

12.2.2　定义

如本章所用,以下术语具有以下含义:

1."改造"是指任何被纽约市建筑规范定义为改变的行为。

2."适当的保护性利益"是指改善地块或其任何部分的任何权利或权益,包括但不限于费用所有权和风景或其他地役权,纽约市能否取得该利益取决于委员会是否必要和适当实现本章的目的。

3."能够获得合理的回报"是指有能力,在合理有效和谨慎的管理下,获得合理回报。

4."主席"是指地标保留委员会主席。

5."纽约市援助项目"是指任何物质改善的不动产,其中:

(1) 未经一个或多个纽约市官员或机构批准,不得建造或生效;和

(2) 完成后,将由纽约市以外的任何人全部或部分拥有;和

（3）计划全部或部分通过纽约市提供的任何形式的援助（根据本章除外）构建或实施，包括但不限于任何贷款、赠款、补贴或其他模式财政援助，纽约市征用权，纽约市财产的贡献，免税或减税的授予等；和

（4）将涉及建设、改建或拆除历史街区或地标的任何改进。即"佣金"地标保留委员会。

6."天"是指除周六、周日或法定假日外的任何一天；但是，为了第12.2.3节和第12.2.17节的细则4的目的，术语"天"是指每周的每一天。

"指定报告"是指委员会编写的报告，用作根据本章指定地标或历史街区的基础。

7."外部建筑特征"是指与由所述外表面包围的内表面区分的改进的所有外表面的建筑风格、设计、总体布置和部件，包括但不限于建筑材料的种类，颜色和纹理以及所有窗户、门、灯光、标志和其他固定装置的类型和样式都属于这种改进。

8."历史街区"是指任何区域具有：

（1）包含以下改进：

（a）具有特殊性格或特殊的历史或审美趣味或价值；和

（b）代表纽约市历史上一个或多个时代典型建筑的风格；和

（c）由于这些因素导致该区域构成纽约市的一个独特部分；和

（2）根据本章规定被指定为历史街区。

9."改进"是指任何构成不动产物质改良的建筑物、结构、地点、艺术品或其他物体或此类改善的任何部分。

10."改善组合"是指：

（1）包括构成改良的物质改良和包含该土地的不动产单位，以及

（2）被视为单一实体以征收房地产税，但条件是"改善组合"还应包括任何未经改善的土地，作为单一实体用于此类税收目的。

11."室内"是指改进内部的可见表面。

12."室内建筑特色"，包括但不限于建筑材料的种类，颜色和质地以及所有窗户、门、灯、标志和其他固定装置的类型和样式，包括但不限于建筑风格、设计、总体布局和内部组件。

13."室内地标"是指内部或其一部分，其任何部分历史在30年以上，通常对公众开放或公开访问，或通常邀请公众参与的内部或部分内容，并且具有特殊的历史或审美利益或价值，如部分纽约市、州或国家的发展，遗产或文化特征，并根据本章的规定被指定为内部地标。

14. "地标"是指任何改进,其任何部分年满 30 年,具有特殊性质或特殊历史或审美兴趣或价值,作为纽约市、州或国家的发展,遗产或文化特征的一部分,并且已被指定作为本章规定的里程碑。

15. "地标站点"是指一个改良地块或其部分,位于地标以及作为该地标所在的场地的一部分的任何邻接改善地块或部分并且该地块已被指定为地标地点。

16. "景观功能"是指任何等级、水体、溪流、岩石、植物、灌木、树木、小径、人行道、道路、广场、喷泉、雕塑或其他形式的自然或人造景观。

17. "小型施工",包括但不限于其外部建筑特征或其内部建筑特征以及受委员会法规规定并且根据委员会法规规定的任何改变,添加或从中除去包括改进在内的部件、元素或材料根据本章第 25-319 节公布,外观建筑特征或室内建筑特征的表面处理、表面修复、绘画、修复或以任何实质上改变其外观的方式对其进行处理,增加或移除不构成普通的维修和保养,并且性质使得它可以在没有建筑部门许可的情况下合法生效。

"罪行"用于"第二次和随后的犯罪"一语中,是指违反或传唤的事先通知所述或包含的部分或全部条件或行为。为了这个定义的目的,应该推定第二次或随后的罪行所涵盖的条件,在被申请人承认责任或被认定对先前罪行负责或犯罪之前的每一天都存在,第二次或随后发出违规或传票通知。

18. "普通维修和保养":

(1) 完成任何改进的工作;要么

(2) 更换改进的任何部分;工程或替换的目的和效果是为了纠正这种改进或其任何部分的恶化、衰减或损坏,并且恢复到近似的在可能的情况下,在发生这种恶化、衰减或损坏之前,对其状况进行评估。

19. "所有者"是指任何有权或有利于改进的人,在获得有管理建筑施工的纽约市机构必要许可和批准后,有法定权利就该物业执行任何拆除、施工、重建、改建或其他根据本章第 12.2.9 条要求授权或批准委员会的工作。

20. "负责人"是指持有改良或改善宗地或较少遗产的人,持有的抵押权人或买受人、租金的受让人、接管人、遗嘱执行人、受托人、承租人、代理人或任何其他直接或间接控制一个改进或改进的组合。

21. "受保护的建筑功能"是指室内地标的任何外部建筑特征或任何内部建筑特征。

22. "合理的回报"是指:

(1) 改善地块估值的年净回报率为 6%。

（2）这种估价应为该市现行评估估价，该估价在提交适当证书申请时有效；条件是：

（a）委员会可以确定，改进地块的估值不同于这种评估估值，如果在当前评估估值生效日期前一年的评估估值下降，提出此类请求的时间；和

（b）如果其间真正出售这种组合，委员会可以确定改善组合的价值与评估估价不同，由于交易按公平原则和正常融资条款以易于确定的价格提交，并且不受特殊情况的影响，例如但不限于强制出售、交换财产、一揽子交易，出售给合作社。在确定出售是否按正常融资条款时，委员会应适当考虑以下因素：

（i）卖方收到的现金付款与（a）改善组合的销售价格和（b）该组合的年度总收入的比率；

（ii）与这类组合的评估估值相比，对改善组合（包括购买款项抵押）的未偿还抵押贷款总额；

（iii）改善地块的销售价格与年度总收入的比率，考虑到改善受住宅租金控制的影响，与先前授予的租金调整总额相比较，不包括因居住空间、服务、家具或设备，重大资本改进或重大复原而发生的租金调整；

（iv）采购货币抵押贷款中存在递延摊销或以折扣方式转让此类抵押贷款；

（v）围绕此次出售任何其他事实和情况，根据委员会判断，这可能与融资问题有关。

（3）就本细则而言：

（a）净年回报应为测试年度内改善地块所赚取的收入超过此类地块在该年度的经营费用，不包括抵押贷款利息和摊销，并且不包括废弃和储备津贴，但包括改良评估值的 2% 折旧补贴，不包括土地，或最新所要求的联邦所得税申报表中的折旧金额，以较低者为准；但是，如果为了联邦所得税目的或所有者的账簿而改善了全部折旧，则不得包括折旧补贴。和

（b）测试年度应为：

（i）最近整个日历年，或

（ii）所有者最近的财政年度，或

（iii）任何连续 12 个月结束不超过 90 天提交①根据本章第 12.2.9 节的规定，视情况而定，要求提供证书，或②申请延长税收优惠。

23. "风景地标"是指任何具有特殊性质或特殊历史或审美趣味或价值的景观特征或景观特征的集合，其任何部分为 30 年或以上，作为该纽约市、州的发展，遗产或文化特征的一部分，并根据本章规定被指定为风景名胜。

24. 正如第 12.2.18 节中所使用的：

（1）"A 型违规"。除非委员会另有规定，否则未经委员会的适当批准，已完成的下列工作违反本章规定或维持的条件：

（a）移除或更改（除了绘画）外部建筑特征的重要部分，包括但不限于：删除或改变：

（i）在单一门面上的窗户，或存在原始、历史或特殊窗户的情况下，在单一门面上移除或改变这些原始、历史或特殊窗户的重要部分；

（ii）由金属、玻璃、木材、砖、陶瓷或石制成的装饰元件，包括但不限于檐口、门楣、格栅或模制品；

（iii）人行道的铺路石或路缘石；

（iv）外部门口或门廊；

（v）墙壁、栅栏、栏杆、门廊、阳台或屋顶，包括天窗、山墙和护墙板；和

（vi）店面但不包括安装标志、檐篷、旗杆或横幅；

（b）指定报告中所描述的内部地标受保护特征的重要部分的移除或改变；

（c）在具有里程碑意义的地点或历史街区范围内建造新建筑，结构、增建或任何其他改善的全部或部分建筑物。在不限制前述内容的一般性的前提下，对建筑物现有的大体积或外壳进行任何重大修改均属于本款规定的违规行为；

（d）通过铺设或其他建造方式消除区域道路、种植区域前、后或侧院的重要部分，其中此类特征是地标或历史街区的重要组成部分；

（e）如果改善的不是建筑物或内部地标，则应取消或改变此类改善的重要部分；

（f）未向委员会提交任何定期检查报告，这些定期检查报告是根据在该委员会管辖范围内改进的任何区域许可证、认证或授权记录的限制性声明条款所要求的。

（2）"B 型违规"是指除非委员会另有规定，违反本章第 12.2.11 节未能保持良好修理状况的改善，并且如果这种情况导致或可能导致部分重大恶化的改进或者这种改进的角色定义、保护、建筑特征。

（a）就本细则而言，并且在不限制其范围情况下，"重大恶化"一词应包括未能保持：

（i）改善结构合理或合理的水密条件；要么

（ii）结构完好或合理的水密条件下的字符定义，受保护的建筑特征，否则不能保存这种特征的完整历史材料。

（b）就本细则而言，"重大恶化"一词不应包括：

（i）任何可能允许水渗透或证据轻微结构恶化的条件，除非这样的条件已

经存在一段时间,从而导致相当大部分门面或屋顶重大渗水;要么

(ii) 整体而言,未能保留一小部分单一的、特征定义的、受保护的建筑特征或装饰性建筑特征的一小部分。

(3)"C 型违规"是指所有违反本章的行为,除违反本章第 12.2.11 节规定外。

★**立法经验点评**:立法的精细化还体现在准确的法律定义上,使得执法部门在落实该法律时几乎不存在歧义或模糊区域。该法律总共对 29 个法律定义进行了详细说明。分别是"改造""适当的保护性利益""能够获得合理的回报""主席""纽约市援助项目""委员会""天""指定报告""外部建筑特征""历史街区""改进""改进包裹""室内""室内建筑特色""室内地标""地标""地标地点""景观功能""小型施工""违法行为""普通维修和保养""所有者""负责人""受保护的建筑功能""合理的回报(改善组合估值的年净回报率为 6%)""风景地标""A 型违规""B 型违规""C 型违规"。

12.2.3 地标、标志性遗址、内部地标、风景名胜区和历史街区

1. 为了实现和促进地标、内部地标、风景名胜区和历史街区的保护、保存、增强、延续和使用,委员会应在公开听证后拥有权力:

(1)为了实现本章的目的,作为补充的附加名称,指定并按照细则 10 中的规定,列出由说明其一般特征和位置的描述所标识的地标列表;

(2)指定并实现本章的目的,补充指定内部地标列表,不包括用作宗教礼拜场所的内部装饰物,这些内部装饰物是通过描述一般特征和位置;

(3)为了实现本章的目的,指定和补充名称,作为纽约市所拥有的景点地标清单的补充,这些景点通过描述一般特征和其位置;和

(4)指定历史街区及其位置和边界,并为了实现本章的目的,指定这些位置和边界的变化,并指定更多的历史街区及其位置和边界。

2. 委员会有责任在公开听证后为每个地标指定一个地点,并指定该地点的位置和边界。

3. 委员会在公开听证后有权修改根据细则 1 和 2 的规定所作的任何指定。

4. 委员会在公开听证后可以在其指定风景标志时或之后的任何时间指定任何建筑,改建或根据第 12.2.19 节的细则 3 发布报告拆除任何可能在此类风景标志上进行的景观特征的性质。委员会在公开听证后有权修改根据本细则规定作出的任何规定。

5. 在符合本细则 7 和 8 的规定的前提下,委员会根据本细则 1、2 和 3 的规

定对指定进行的任何修改应自由委员会通过后生效。

6. 在作出任何此类指定或修改后的 10 天内,委员会应向市议会、建筑部门、纽约市规划委员会、标准与上诉委员会、消防部门和卫生部门提交相同的副本。

7.(1)纽约市规划委员会在提交申请后 60 天内,应:(a)就历史街区的任何指定举行公开听证会,并(b)向市议会提交关于该指定关系的报告,无论是历史街区还是地标性建筑、室内地标、景点地标,还是将此类设计修改为分区决议,预计公共改善以及所涉及区域的发展、改善或更新计划。纽约市规划委员会应将任何此类报告的建议(如有)列入市议会对任何此类历史街区的指定采取行动。

(2)市政局可以在提交副本之后的 120 天内,通过多数表决修改或不批准委员会的任何指定或修改,但纽约市规划委员会已提交本分区所要求的报告或自向市议会提交指定或修订以来,已有 60 天。市议会根据该细则的所有投票应由市议会向市长提交,并且除非市长在提交此类申请后 5 天内不批准,否则将为最终决定。市长的任何此类不同意见应由市长提交市议会,并在市议会提交后 10 天内由市议会投票三分之二通过。如果市议会不赞成这种指定或修改,此类指定或修改应继续具有完全效力,直至市长的不批准期限届满为止;但是,如果市长不赞成这个市议会的否决,它将继续保持完全的效力,除非市议会否决市长的反对。如果市议会修改这种指定或修改,委员会通过的指定或修改应继续具有完全效力,直至市长不批准时间届满为止,并且在此时间之后,该修改应有效;但是,如果市长不同意这种市议会的修改,委员会通过的指定或修正应继续具有完全效力,除非市议会否决市长的不批准。

8.(1)委员会在公开听证后有权通过一项决议,全部或部分撤销本条的上述分部所述的任何指定或修改。在通过决议后的 10 天内,委员会应将其副本提交市议会和纽约市规划委员会。

(2)纽约市规划委员会在提交申请后的 60 天内,应向市议会提交一份有关此类建议的撤销报告,无论是历史街区还是地标、室内地标、风景标志或具有里程碑意义的地点,或对其进行修改,以适应分区决议,预计的公共改善以及有关地区的发展、增长、改善或更新计划。

(3)市议会可在提交该决议的副本 120 天内批准、拒绝或修改该建议的撤销,如果在这样的 120 天内没有对此类建议撤销采取行动,则应被视为拒绝此类建议撤销的投票。市议会根据该细则的所有投票应由市议会向市长提交,并且除非市长在提交此类申请后 5 天内不批准,否则将为最终决定。任何市长不同意的行为都应由市长向市议会提出，并在市议会提交后 10 天内由市议会投票三分之二通过。如果该建议撤销由市议会批准或修改，则撤销或修改该建议在市长不批准期限届满之前不生效；但是，如果市长不同意这种撤销或修改，除非市议会否决市长的不批准，否则不得生效。

9. 委员会可随时向纽约市规划委员会提出建议，修改适用于改善历史街区的分区决议的规定。

10. 按照细则 1 所做的地标，地标性遗址、内部地标、风景名胜区和历史街区的所有名称和补充标识，应按照第 12.2.13 节规定的公开听证会通知进行。除此通知外，委员会还应在与此类指定有关的任何公开听证会之前通知纽约市规划委员会，所有受影响的社区委员会以及该区域的行政区总统办公室。

11. 委员会在指定任何改善地块为地标和任何地标遗址、内部地标、风景地标或历史区时，或对任何此类指定的修订或撤销时，应安排在该地标、内部地标、风景地标或地区所在区域的纽约市登记办公室进行记录，或在地标、内部地标、风景地标和地区所在县的书记办公室进行记录。如果是里士满县的地标、内部地标、风景地标和地区，则应在该里士满县的书记员办公室记录下这种指定、修正或取消的通知，说明受影响的一方，如果是里士满县，则说明其土地图块编号或数字，以及其税收图块和地段编号或数字，如果是所有其他县，则说明其土地图块和地段编号或数字。

12. （1）根据本细则 1 至 11，委员会应在通过一项动议后，在举行公开听证会之前，将考虑指定为地标、室内地标、风景名胜或历史街区的项目列入日程表。

（2）委员会应在公开听证会后，在委员会通过列入日程的动议之日起 12 个月内，将考虑指定的项目指定为地标、室内地标或风景名胜。如果委员会未能在 12 个月内指定该项目，则该项目应从委员会的日历中删除，除非委员会或根据委员会授权行事的主席可以在确定有必要和经所有者书面同意，将指定此类项目的时间延长至多 12 个月。

（3）委员会应在公开听证会后，在委员会通过该项目的日程安排动议之日起 24 个月内，将考虑指定的项目指定为历史街区。如果委员会未能在 24 个月内指定该项目，该项目应从委员会的日历中删除。

12.2.4 委员会的权力

1. 本章中所包含的任何内容均不得解释为授权委员会对任何历史街区或其中的改进，或通过与其有关的规定，调节或限制建筑物的高度和体积，调节和确定该区域场地,法院和其他休憩用地,以规范人口密度或规管和限制行业或工业的位置或为特定用途而设计的建筑物的位置,或为任何此类目的设立地区。

2. 除本细则 1 的规定外,委员会在行使或履行本章规定的权力、职责或职能时,可对历史街区或地标遗址上的任何改善,或包含内部地标的任何景观特征,适用或强加。对于建造、重建、改建、拆除或使用这种改进或景观特征,或在其上进行小型工程,适用或强加比适用于这种活动、工程或使用的其他法律规定或根据这些规定更严格的条例、限制、决定或条件。

★**立法经验点评:**参见第 12.2.7 节。

12.2.5　建设、重建、改建和拆除规定

1. (1) 除非细则 1 第 2 款另有规定,否则位于历史街区的地标性场地或改善地块或其部分的任何负责人或包含内部地标的改善部分的任何负责人更改、重建或拆除构成该场地一部分或该地块部分且位于该区域内或包含内部地标的任何改良,或在该场地或该地块内且位于该区域内的土地上的任何改良,或促使或允许在此类改善或土地上进行任何此类工程,除非委员会之前已签发对受保护建筑特征无影响的证书、适当性证书或授权开展此类工程的开工通知,而任何其他人执行或安排执行该等工作均属违法,除非该等证书或通知已事先发出。

(2) 本细则 1 第 1 款的规定不适用于本章第 12.2.19 节细则 1 所述的任何改进,或任何纽约市资助的项目,或在符合第 25 条规定的情况下。

(3) 本细则 1 第 1 款所述任何改善或土地的负责人在违反第 1 款规定的情况下,将其保持或促使或允许其保持在任何工程所创造的条件下,均属违法。

2. 除第 12.2.19 节细则 1 所述的任何改进外,以及除城市资助项目外,不得批准任何施工、重建申请,也不得批准任何许可证或经修订的许可证,位于或将位于地标性场地或历史街区或包含内部标志性建筑的任何改善设施的变更或拆除应由建筑部颁发,且不得批准任何申请,也不得为此类施工、重建或变更颁发特别许可证或经修订的特别许可证,如果分区决议第 7 条有要求,则应获得城市规划委员会或标准和上诉委员会的批准,直到委员会颁发对受保护建筑特征无效的证书,根据本章规定,其可以作为此类工作授权的适当性证书或开工通知。

3. (1) 在向建筑部提交原件时,每份申请或经修订的许可证副本,以建造、重建、更改或拆除位于或将位于地标性场地或历史街区或包含内部地标的任何

改进,由申请人向委员会提交。根据分区决议第 7 条,任何工程(包括任何此类改进的施工、重建或变更)的特别许可证申请的副本,应在城市规划委员会或标准和上诉委员会提交此类申请或修订申请时,视情况而定,提交给委员会。

(2)向委员会提交的申请或修订申请的每份副本应包括所涉及工程的计划和规范,或建筑部根据《建筑规范》可接受的拟议工程的其他声明。申请人应向委员会提供与该申请有关的其他信息。

(3)每一申请人连同该申请或经修订申请的副本,须向委员会提交一份关于受保护建筑特征或与该申请所指定的建议工程有关的适当证明书无效的证明书。

★立法经验点评:参见第 12.2.7 节。

12.2.6　确定对受保护建筑特征无影响的证书申请

(1)申请建设、改建、改造、拆除地标建筑、历史街区、室内标志性建筑等项目的,或者申请特别许可的城市规划委员会或标准和上诉委员会根据分区决议第 7 条或其修正案授权任何此类工作,向委员会提交此类申请或修订申请的副本,并要求提供不合格证明对受保护建筑特征的影响,委员会应确定:

(a)建议的工程是否会改变、破坏或影响在具有里程碑意义的场地或历史街区上改善的任何外部建筑特征,或是要完成工作的内部地标的任何室内建筑特征;和

(b)在建造新的改良工程的情况下,该建造工程是否会影响该地点或该地区的其他邻近改善的外观,或与该等外观不协调。如果委员会以否定方式确定此类问题,则应授予该证书;否则,将拒绝该请求。

(2)在提出申请和要求后的 30 天内,委员会要么给予该证书,要么向申请人发出拒绝该请求的通知。根据提出拒绝通知后提交给委员会的申请人的书面要求,委员会应与申请人进行协商。委员会应在提出此类要求后 30 天内确定证书申请。如果在提出拒绝通知后 10 天内没有提出要求,委员会应在这种10 天期限届满后的 5 天内确定该要求。

(3)如果拒绝该证书,申请人可以向委员会提交关于该申请中指定的拟议工作的适当证书的请求。

★立法经验点评:参见第 12.2.7 节。

12.2.7　发布适当证书的因素

1. 在任何情况下,如果申请人申请在地标遗址、历史街区或包含内部地标

的地方建造、重建、改建或拆除任何改善的许可,应向委员会提交此类申请和适当性证书的请求。在任何情况下,如果对受保护的建筑特征无影响的证书被拒绝,而此后申请人根据本章第 12.2.6 节的规定提交了适当性证书的请求,委员会应确定拟议的工作是否适合并符合本章的目的的实现。如果委员会对这一问题的判断是肯定的,则应颁发适当性证书,如果委员会的判断是否定的,则应拒绝申请人的请求,但本章第 12.2.9 节规定的情况除外。

2. (1) 在对任何此类许可证申请作出关于建造、重建、改变或拆除历史街区改善许可证的决定时,委员会应考虑:

(a) 拟议工作在创建、改变、销毁或影响改进工作要完成的外部建筑特征,以及

(b) 这类工作的结果与该区其他相邻改进的外部建筑特征之间的关系。

(2) 在评估这种效果和关系时,委员会除了考虑其他相关事项外,还应考虑美学、历史和建筑价值与意义、建筑风格、设计、布置、质地、材料和颜色等因素。

(3) 委员会根据本细则 2 作出的所有决定应遵守本章第 25-304 条的规定,委员会在作出任何此类决定时,不得对建筑物的高度和体积、院子、球场或其他空地的面积、人口密度、行业和工业的位置或为特定用途设计的建筑物的位置适用任何规定、限制、确定和限制,但由适用法律条款(不包括本章)规定或作出的关于此类事项的规定、限制、确定或限制除外。但是,第 12.2.4 节或本细则 2 中的任何内容都不应被解释为限制委员会拒绝为拆除或改建历史区中的改善而申请适当性证书的权力(无论这种申请是否也寻求批准)。适当考虑本细则 2 所述的因素,以这种拆除或改建不适合和不符合本章的目的为由,拒绝拆除或改建历史区的改善的适当性证书的请求(无论这种请求是否也寻求批准任何改善的建设或重建)。

3. 在作出本细则 1 中提到的关于许可证的任何申请的决定时,修建、重建、改变或拆除地标性地点的任何改进,而不是地标。委员会应考虑:

(1) 拟议工作在创造、改变、破坏或影响改进的外部建筑特征方面的影响;

(2) 这些外部建筑特征之间的关系,以及这些影响和地标的外部建筑特征;以及

(3) 此类工作的结果对此类遗址上地标的保护、增强、保全和使用的影响。在评估此类影响和关系时,除了任何其他相关事项外,委员会还应考虑本细则 2 第 2 款中提到的因素。

4. 在作出本细则 1 关于申请许可证修改、重建或拆除地标的决定时,委员会应考虑拟议工作对保护、改进、延续和使用这种地标的外部建筑特征使其具

有特殊的特征或特殊的历史或审美兴趣和价值。

★**立法经验点评**：该法律还对地标保留委员会的权力范围进行了精细化界定。首先，本法律任何内容均不得解释为授权地标保留委员会对任何历史街区或其中的改进，或通过与其有关的规定，调节或限制建筑物的高度和体积，调节和确定该区域场地、场所和其他休憩用地，以规范人口密度，规范和限制行业或工业的位置或为特定用途而设计的建筑物的位置，或为任何此类目的设立区域。其次，除以上情况外，地标保留委员会可以根据该法律行使或履行其权力、职责或职能，以改善历史街区或地标场地或包含内部地标或任何景观特色，例如施工、改造、改建、拆除；使用改造景观特征，或对其进行小型工程的施工施加限制性规定或者限制性条件。

法律制度上的独特设计既保障地标保留委员会能够独立工作，又使得地标保留委员会与其他行政机构之间的权力相互制衡。**第一，委员构成的多元化**。该委员会应当由11名成员组成，成员应包括至少3名建筑师、一名历史学家、一名城市规划师或景观建筑师和一名房地产经纪人。成员资格应包括五个行政区中每一个区的至少一个居民。委员专业背景的广泛性避免了单一部门的武断决策造成地标破坏对城市建筑美学、文化和历史价值的不可替代损失。**第二，地标保留委员会与城市规划部门的制衡和合作**。由于城市规划具有前瞻性、预定性，而地标和历史街区的授予具有一定随机性，而且一旦授予称号，地标建筑不能随意改动和利用。因此地标保留委员会作出的授予称号的决定被设计为并非终局性。在授予地标称号法律流程中，主要是市规划部门对地标保留委员会进行制衡，在其职责范围内提出专业意见，避免或者协调授予地标称号与规划之间发生的冲突。城市规划委员会可以对地标保留委员会的决定向纽约市议会提出建议报告，在写建议报告之前，要召开听证会。在授予称号过程中，第一次由地标保留委员会主持召开，第二次由城市规划委员会召开，给利益相关者两次参与的机会，避免地标保留委员会的一家之言，最后由市议会51名议员进行投票表决，再提交给市长。除非市长在提交此类申请后5天内不批准，否则将为最终决定。市长的不同意见应由市长提交市议会，并在提交后10天内由议会投票三分之二通过。如果市议会不赞成修改，此类指定或修改应继续具有完全效力，直至市长的不批准期限届满为止。**第三，授权委员会对其他行政部门的工程进行审查并提出报告**。由纽约市拥有或将在纽约市拥有的财产上，位于或将位于地标地点或历史街区或包含内部地标上建造、改建或拆除都必须由负责编制此类计划的纽约市的政务机构向委员会提交报告。此类报告应提交给市长、市议会和负责此类责任的机构，并应在转交后45天内在纽约市记录中发布。对于纽约市财政资助的工程,根据法律授权批准建造或执行的官员或部门,需通知地标保留委员会以便委员会做出报告,在同意批准之前,必须获得地标保留委员会对该工程的报告,地标保留委员会应当向每一位官员或每个部门递交此报告。

12.2.8　确定适当证书申请的程序

委员会应对每一项适当证书申请举行公开听证会。除本章第 12.2.9 节另有规定外,委员会应在提出申请后 90 天内对此要求作出决定。

12.2.9　要求获得适当证书,以回收不足为由批准拆除、改建或重建

1.(1)除本细则 1 第 2 款另有规定外,在任何情况下,如果申请将位于标志性地点或历史街区或含有内部地标的任何改进项目拆除,应同时向委员会提交并要求提供授权此种拆除的适当证书,并且在任何情况下,申请批准改变或重建标志性地点的任何改进或包含内部地标的申请都应提交给委员会,并且申请人要求证明该项工作是否适当,以及申请人确认委员会满意:(a)改善组合,包括在提交此类请求时存在的改进,无法获得合理回报;和

(b)这种改进的所有者:

(i)在申请拆除许可的情况下,诚意寻求立即拆除此类改进①为了在其现场建造新的建筑物或其他收入产生设施,或②为终止亏损改善的运作;要么

(ii)申请许可证进行变更或者重构的,应当诚恳地寻求改变或者重新制定改进措施,并以合理及时的方式提高效益;委员会如果确定根据本章第 12.2.7 节规定的适用标准拒绝该证书的请求,则应在提交适用证书请求后 90 天内,初步确定回报不足。

(2)如本细则 1 第 1 款所述的任何适用证书的申请和要求向委员会提出有关改进的任何情况,本节的规定不适用于该要求,如果改进组合其中包括在提交此类请求之前的三年内已收到这种改进,并且在此类提交继续获得时,根据法律的任何规定,全部或部分免除不动产税;

(a)这种改善的所有人已签订真正的协议,出售永久产权的房地产,或在这种改善地块中给予至少 20 年期限,该协议取决于颁发证书适当性或通知继续进行;

(b)包括上述改善措施在内的改善组合,如果不是全部或部分免除不动产税,就不能获得合理的回报;

(c)这种改进已不再适用,不适用于:(i)其所用业主的目的和(ii)被获得时

用于该用途的目的,除非该业主不再追求这种目的;和

(d) 潜在购买者或承租人:

(i) 申请拆除勘查许可证的,并有意真诚地立即拆除此类改进,以便在其场地内以合理及时的方式进行新建筑物或其他设施的施工;要么

(ii) 申请许可证进行改建或重建的,应寻求并有意以合理及时的方式善意改变或重建此类改进。

2. 如果申请人根据本细则1第1款提出的申请,不需要确定该分部段第2款规定的条件,则在根据第1款的规定作出初步决定后尽快这样的规定,委员会在其认为必要的专家的帮助下,应努力与申请人协商制定一项计划,据此改进可能:

(1) 以某种方式或形式保存或延续以实现本章的目的,和

(2) 也能够获得合理的回报。

3. 任何此类计划可能包括但不限于:

(1) 给予部分或完全免税,

(2) 减免税款,以及

(3) 授权进行适合且不违背事实的改建、建设或重建。

4. 在委员会制定任何此类计划的情况下,它应立即将其副本邮寄给申请人,无论如何应在发出其初步确定回报不足的通知后的60天内。委员会应就该计划举行公开听证会。

5.(1) 如果委员会在根据本细则4举行公开听证后确定其制定的仅包含免税或减免税收的计划符合细则2所规定的标准,由于该计划原本是作为此计划制定的,或经过委员会认为必要或适当的修改,委员会应拒绝申请人提出的适当证书的要求,并应批准最初制定的计划或此类修改。

(2) 经批准的此类计划应规定委员会认为为达到此类标准所必需的税收豁免或减免税额。

(3) 委员会应立即将经批准的计划的核证副本邮寄给申请人,并将其核证副本立即转交税务委员会。根据本细则5第5款的规定,根据此类改进的所有者提出的申请,税务委员会应在该计划批准之日后的下一财政年度给予免税或减免税收。

(4) 根据委员会规定的程序,应在每个下一会计年度之前进行改进的所有者的申请,确定免税和减免税收的金额,如果有的话,作为下一年该计划的更新,它认为有必要满足本细则2规定的标准,并应立即将任何批准更新计划的核证副本邮寄给申请人以及传送给税务委员会。根据本细则5第5款的规定,

根据此类改进的所有者提出的申请,税务委员会应在该财政年度给予该决定中规定的税收豁免或减免。

（5）如果任何此类计划或其更新被委员会批准,则根据本细则前款的规定,在该计划或其更新的税收优惠的财政年度之前下一个1月1日之前适用,除非所有者在该财政年度的前一个2月1日至3月15日（包括首尾两天）期间向税务委员会提出申请,否则该所有者无权享受该财政年度的此类福利。如果任何此类计划或其更新在1月1日至6月30日期间（包括首尾两天）,即该计划或其更新适用的税收优惠的财政年度之前下一个财政年度期间获得委员会批准。

6.（1）在委员会根据本细则4举行公开听证后,确定其已制定计划的任何情况,包括全部或部分提案,而不包括免税或减免税收,符合本细则2所规定的标准,或者经过委员会认为必要或适当的修改,委员会应批准原计划中的此类修改,并且应立即将其副本邮寄给申请人。

（2）拟议受益于本细则6第1款所述计划的改进业主可通过向委员会提交的书面接受或拒绝接受或拒绝该计划。如果提出这种接受,委员会应拒绝该申请人提出适当证明的要求。如果新的建筑部门许可申请和新的适用证书申请被提交,申请和请求符合该建议的计划,委员会应在任何情况下提交此类文件后30天内尽可能及时地批准该证书。

（3）如果这种被接受的计划包括部分免税或减免税收,则细则5第2、3、4和5款的规定应规定免除或减免税。

7.（1）除了要求申请人确定本细则1第2款规定的条件的情况外,如果：

（a）委员会在本细则4规定的时间内不制定并按照本细则2、3和4的规定邮寄计划;要么

（b）该委员会在将该计划邮寄给申请人后60天内不根据本细则5或6的规定批准计划;要么

（c）委员会根据本细则6第1款规定批准的计划,根据本细则第2款的规定,该项改进的所有人拒绝;该委员会可在本款第（a）和（b）项所述适用期限届满后10天内,或在根据本细则6第2款提出拒绝计划后10天内,本条（视情况而定）向市长转交一份书面建议,表明该纽约市在改善组合中获得了特定的适当保护利益,其中包括提出适当证明请求的改进,并应及时通知申请人这种行为。

（2）如果在此类推荐发送之后90天内,或者如果没有发送此类推荐,则在此类传输规定的期限届满后90天内,纽约市不会：

（a）根据第382条"通知业主购买财产的程序"发出通知,要求谴责市长和

委员会同意的此种利益或任何其他适当的保护性利益;要么

（b）与此类改良地块的所有者签订合同以获取所建议或商定的此类权益;委员会应立即向所有人发出通知以代替申请人要求的适当性证明书,以便继续进行。

8. 在本节规定的由委员会批准该计划的期限内,除非得到市长和议会的批准,否则根据本章规定全部或部分地给予部分或全部免税或减免税收的计划均不应被视为已获得委员会的批准。

9.（1）在任何情况下,如果申请人需要确定本细则 1 第二段规定的条件,在按照本细则 1 第一段的规定对这些条件作出初步确定后,在实际可行的情况下,在作出这种初步确定后的 180 天内,委员会应单独或在其认为必要和能够争取到的人员和机构的帮助下。应努力获得与申请有关的改善地块的购买者或承租人（视情况而定）,该购买者或承租人将同意在没有与颁发适当性证书或进行通知有关的条件或意外情况下,并根据本条第一分节第三段的规定,以合理的同等条款和条件,购买或获得与作为申请基础的潜在购买者或承租人拟获得的权益相同的权益。

（2）申请人须在委员会通知其已取得买方或承租人的合理时间内,在本细则 1 第 1 款规定的 180 天内送达该通知,转让给出售或出租（视情况而定）与买方或承租人如此获得的协议。该通知应指明执行该协议的日期,该日期可由委员会根据申请人的要求推迟。

（3）在该协议完成后,本条规定不适用于该买方或承租人或该承购人或承租人的继承人或受让人。

（4）（a）如果在委员会根据本细则 1 第 1 款作出初步决定后的 180 天内,委员会未成功获得改良地块的购买者或承租人,根据第 i 条第 1 款,或者,如果该购买者或承租人在获得此类购买者或租户后,未能在细则 9 第 2 款规定的时间内签订该第 2 款规定的协议,则委员会在本分节第 1 款规定的 180 天期限届满后 20 天内,或在委员会根据第 1 款的规定获得的买方或承租人未能签订该款规定的协议之日起 20 天内,以上述日期中较晚的日期为准,可以向市长发送一份书面建议,要求市政府在一个或多个改进地块中获得特定的适当保护权益,该地块或多个地块包括改进或属于提交适当性证书请求的地标地点的一部分,并应立即通知申请人行动。可以向市长发送书面建议,要求该市在一个或多个改善地块中获得特定的适当保护权益,这些地块包括改善地或属于已提交适当证明请求的地标地点的一部分,并且应立即将此类行动通知申请人。可以向市长发送书面建议,要求城市在一个或多个改善地块中获得特定的适当保护权益,这些地块或多个地块包括改善或属于已提交适当证明请求的地标地点的一部分,并且应立即将此类行动通知申请人。

(b) 如果在此类推荐发送之后 90 天内,或者如果没有传送此类推荐,则在此类传输规定的期限届满后 90 天内,该纽约市不会申请谴责这种权益或市长和委员会同意的任何其他适当的保护性权益,或未与此类改良地块的所有者签订合同以获取此类权益,因此推荐并同意;委员会应立即向所有人发出通知,以代替申请人要求的适当性证明书,以便继续进行。

(5) 此类继续进行的通知应授权对提出申请的一个或多个改进地块进行拆除、改建或重建工作,前提是此类工作(a)由买方承担和执行或根据本细则 1 第 2 款的规定在申请中指定的承租人或该购买者或承租人的善意受让人、继承人、承租人或转承租人(提出申请的业主除外),以及(b)在该通知发出后以合理的及时性进行并执行。

★立法经验点评:参见第 12.2.12 节。

12.2.10　小型工程规定

1.(1) 除本章第 12.2.12 节另有规定外,任何负责改善位于地标或历史街区或包含内部地标的人士均不得对其进行任何小型工程,或允许进行此类工作,以及任何其他人从事此类工作或致使其工作,除非委员会根据本条颁发许可证,授权此类工作。

(2) 任何负责此类改进的人员在违反本细则第 1 款规定的情况下进行的任何工作所产生的条件下,维持其同一性或事业或许可性,应属于违法行为。

2. 希望取得该许可证的改进业主或业主授权进行此类工作的任何人可向委员会申请该许可证,其中应包括拟议工作的说明,如委员会可能规定的那样。申请人应按照委员会不时要求的方式提交有关拟议工作的其他信息。该委员会应立即将此类申请转交给建筑部门,并应尽快向委员会证明法律是否要求该部门发布的此类拟议工程的许可证。如果该部门证明需要这样的许可证,委员会应拒绝该申请,并应立即通知申请人。

3.(1) 委员会应确定:

(a) 建议的工程是否会改变、破坏或影响位于地标性地点或历史街区的改善外部建筑特征或改善内部地标的内部建筑特征;和

(b) 如果此类工作会产生这样的效果,无论按照本章第 12.2.7 节细则 2、3、4 和 5 中关于改进类似分类的标准来判断,此类工作都将是适当的并符合本章实施目的。

(2) 如果委员会确定本细则 3 第 1 款(a)项中提出的问题是否定的,或确定该款(b)项中提出的问题为肯定,则应授予此类许可,并且如果它对(a)项中提出的问题作出肯定决定,而(b)项中提出的问题是否定的,则应拒绝此类许可。

4. 委员会对任何此类申请作出决定的程序应按本章第 12.2.6 节细则 1 第 2 款的规定,但该分段中提及的任何 30 天的期限,应参考细则 4 的目的被认为是 20 天。

5. 本节的规定不适用于本章第 12.2.18 节细则 1 和任何纽约市资助项目中提到的任何改进。

★立法经验点评:参见第 12.2.12 节。

12.2.11　维护和修理改进

1. 负责改善地标或历史街区的每个负责人应保持良好的维护状态:

(1) 此类改进的所有外部部分,以及

(2) 所有内部部分,如果不这样保持,可能会导致或倾向于导致这种改进的外部部分变质、腐烂或被损坏或以其他方式陷入失修状态。

2. 负责改善内装地标的每个负责人应保持良好的维护状态:

(1) 该内部地标的所有部分,

(2) 其他所有改进部分,如果不这样做,可能导致或倾向于导致内部包含在这样的改进中的地标恶化、腐烂或被损坏或以其他方式陷入失修状态。

3. 每个负责景区的人员应保持良好的维护状态。

4. 本部分规定应该是所有其他法律规定的补充,要求任何此类改进必须保持良好的修理状态。

12.2.12　修复危险情况

1. 在任何情况下,建筑物部门、消防部门或健康和心理卫生部门或其官员或代理机构,或任何申请的法院或此类部门,官员或机构的实例,应命令或指示修复、重建、改建或拆除标志性地点或历史街区的任何改善设施,或装有内部地标的建筑改造或拆除,或被认为是危及生命、健康和财产的条件而进行的改善,本章中所包含的任何内容均不得解释为在未事先签发对受保护的建筑特征或适当性证明无效的证书或根据本章进行小规模工作的许可证的情况。

2. 建筑部门、消防部门或健康和心理卫生部门(视情况而定)应在实际可行的情况下尽早通知委员会发布任何此类命令或指示。

★立法经验点评:《地标保留和历史街区法》中的建筑遗产施工的双许可制

度是纽约市避免对建筑遗产匆忙拆毁的有效措施。纽约市对建筑遗产进行严格保护,在建筑遗产上的行为分为两种,一种是对建筑遗产的新建、重建、改动、损毁;而另一种是对建筑遗产的小型工程。对建筑遗产上的行为控制,不是资格审查,而是对这类行为进行事先审查、事中监督、事后处罚。1.对建筑遗产的新建、重建、改动、损毁事先审查。采取城市规划委员会(或标准董事会)和地标保留委员会的双许可制对在地标坐落地或历史区域的建筑或包含内部地标的建筑进行新建、重建、改动、损毁的,首先获得委员会颁发的"对保护的建筑外观无影响证书""适当证书"或授权通知,然后得到城市规划委员会或标准董事会的许可,才能实施。因而,对在地标坐落地或历史区域的建筑或包含内部地标的建筑进行新建、重建、改动、损毁的,申请人在向建筑部门提交申请的同时,应向地标保留委员会提交一份申请副本,同时应向委员会申请颁发"对保护的建筑外观无影响证书"或者"适当证书"。如果没有"对保护的建筑外观无影响证书"或者"适当证书",不许施工;即使获得"对保护的建筑外观无影响证书"或者"适当证书",但是没有城市规划委员会或标准董事会的许可的,也不能动工。2.对建筑遗产的小型工程建筑部门和地标保留委员会的双许可制。"小型施工"指改变、增加或移动建筑的结构、元素或者材料,包括但不限于外部建筑特征或内部建筑特征,例如粉刷外层、再涂层、油漆、修复、翻新、改造外部或内部建筑特征或使用的方法实质改变外观。如果这种改变、增加、移动不属于普通修复和维护,在法律上是允许的,不必获得建筑部门的许可。地标保留委员会收到对建筑遗产的小型工程申请后,应当及时将该申请递交至建筑部门,建筑部门应尽可能及时向地标保留委员会求证是否颁发许可。如果委员会认为应该驳回申请,地标保留委员会应及时将此决定通知给申请人。如果建筑部门认为不该颁发许可,委员会应当决定:(1)是否申请的工程会改变、破坏、影响任何建于地标坐落地之上或者历史区域内建筑遗产的外部建筑特征,或包含内部地标的建筑遗产的内部历史特征;以及(2)如果该工程可能会产生影响,无论是否依据《地标保留和历史街区法》第12.2.7节的b、c、d、e条款中制定的相关标准来衡量,该工程应当遵守并贯彻该法的目的。如果委员会认为本条款c中(a)项中涉及的问题是否定的,或者认为本条款c中(b)项涉及的问题是肯定的,委员会应当颁发许可;如果委员会认为本条款c中(a)项涉及的问题是肯定的,或者认为本条款c中(b)项涉及的问题是否定的,委员会应当拒绝颁发许可。如果没有获得委员会许可,移除、改变大部分外部建筑特色或窗户的改动、改变装饰性元素、修改外部门廊或游廊、墙壁、栅栏、栏杆、门廊、阳台、屋顶包括天窗、隔间、山形墙和女儿墙等就是属于"A类违规",会受到行政处罚。

12.2.13　公开听证会

1. 委员会应根据本章的规定,通过在纽约市记录中公布至少 10 天之前,要求或授权召开任何公开听证会。拥有地标或建议地标的任何改良地块的拥有者,或者是标志性地点或拟议地标地点的一部分,或包含内部地标或拟议内部地标的任何改良地块的拥有人,或包含景点地标或建议地标的任何房产景区标志物应通知任何与指定此类建议地标、地标场所、室内地标或景点有关的公开听证会,对其任何指定的修改建议撤销。委员会可以通过挂号邮件向委托人或其最后的已知地址发送该通知,如财务专员办公室的记录中所示,或者如果没有名称在这些记录中,此类通知可以通过普通邮件发送给改善宗地或财产街道地址的"所有人"。委员会未提供此类通知,不应使根据本章有关此类改善组合或财产的任何程序失效或受到影响。

2. 在任何此类公开听证会上,委员会应提供合理的机会给事实陈述和希望听取意见的人的意见表达,并可自行酌情采取证人的证言和证据;但是,只要委员会在确定举行任何此类听证会的事项时,不应局限于考虑在此类听证会上提交的事实、观点、证词或证据。

3. 委员会可以授权任何成员进行此类公开听证会,并根据第 12.2.6 节和第 12.2.10 节的规定举行任何必要的会议。

4. 委员会可自行决定,指示申请人将任何此类公开听证会的通知、通知申请适当性证明书或委员会制定的与此相关的任何计划,由申请人向该财产的所有者发出委员会认为适当的与此类请求相关的改进。收到此指示后,申请人应将听证会通知邮寄给这些所有者,地址与财务专员办公室记录中的地址一致,并同样应将听证会通知邮寄给已向委员会提交此类书面请求的其他人。根据委员会的规定,一段合理的时间,须向申请人发出向该等业主及人士发出有关听证的通知。任何未能发出或收到此类通知,均不得使此类听证会或委员会就此类证书请求或此类计划作出的任何决定无效。

★立法经验点评:公开听证制度可以让委员会广泛听取社会各界以及地标建筑的利益相关方的意见。

12.2.14　延长委员会采取行动的时间

每当根据本章的规定在必要或授权的情况下,在规定的时间内,委员会对任何关于受保护的建筑特征没有影响的证书的请求作出决定或采取行动时,适当性或小型修复工作许可证,申请人可以通过提交给委员会的书面同意延长此期限。

12.2.15　委员会通知

1. 任何关于授予或拒绝对受保护的建筑特征没有影响的委员会的任何决定,适当性证明或小型工作许可证应阐明这种决定的原因。

2. 委员会应立即通知任何此类决定以及根据本章第 12.2.9 节细则 1 第 1 款作出的对退货不足的初步裁定。该通知应包括该决定的副本。

3. 根据本章第 12.2.4 节的规定,任何关于授予对受保护的建筑特征无效的证书的委员会的决定,适当的证书或者用于小型工作的许可证可以规定进行拟议工作的条件,为了实现本章的目的,并且可以包括委员会就这些工作的执行提出的建议。

12.2.16　将证书和申请转交给适当市政机构

在任何情况下,如果委员会向已向委员会提交建筑部颁发的许可证申请副本的申请人颁发了对受保护建筑特征没有影响的证书、适当性证书或继续进行的通知,则委员会应将此类证书或此类通知的副本转交给建筑部门。在向根据《纽约市分区决议》第 7 条向城市规划委员会或标准和上诉委员会提出特别许可申请的申请人发出任何此类证明或通知的情况下,委员会应转交该证明或向规划委员会或标准和上诉委员会(视情况而定)的此类通知的副本。

12.2.17　刑罚和罚款

1. 任何人违反本章第 12.2.5 节的任何规定或主席就此规定发布的任何命令,均属犯有轻罪,并将处以不少于 5 000 美元或不超过 10 000 美元的罚款,或者不超过一年的监禁,或者两者兼施。

2. 任何人违反本章第 12.2.10 节细则 1 的任何规定或第 12.2.1 节的任何规定或主席针对此类规定发布的任何命令,将被处以罚款,初犯者可处以罚款不低于 500 美元不超过 1 000 美元或处以不超过 30 天的监禁,或两者兼施,第二次或随后的犯罪应处以不低于 2 500 美元不超过 5 000 美元罚款,或处以不超过 90 天的监禁,或两者兼施。

3. 任何人在向委员会申请或要求提供证书、许可证或其他批准或在提交给委员会的任何证明纠正违规行为的文件中故意作出虚假陈述或遗漏重要事实的,将受到处分。罚款不低于 1 000 美元但不超过 5 000 美元,或处以不超过 90 天的监禁,或两者兼施。

4. 就本细则而言,每一天存在违反本章第 12.2.5 节细则 1 第 3 款或本章第 12.2.10 节细则 1 第 2 款的规定或违反本章第 12.2.11 节的规定或主席就这些规定发布的任何命令均构成单独的违规行为。

12.2.18　民事处罚

1. 任何人违反本章第 12.2.5 节、第 12.2.10 节、第 12.2.11 节或第 12.2.17 节的任何规定,主席就该等规定发布的任何命令,应承担民事处罚责任,该民事处罚可由公司律师在具有管辖权的法院提起的民事诉讼中追偿。此类民事处罚应按以下方式确定:

(1) 违反该规定或命令的,被告应承担最高为改善地块公平市场价值的民事罚款,无论有无改善,以较大者为准:

(a) 标志性地点或历史街区内的所有或基本全部改善已被拆除;

(b) 工作已经进行或者创建或维护的条件严重损害了标志性地点或历史街区内改善的结构完整性;

(c) 已经进行工作或创造或维持一项条件,导致在标志性地点或历史街区的一个改善的两个外墙 50% 以上的面积的毁坏、拆除或重大改变,包括侧壁;要么

(d) 被告没有采取行动阻止本段 a、b 或 c 项所述的任何情况发生。

(2) 违反此类规定或命令,进行的工作或创造或维持的条件导致内部地标指定报告中确定的受保护特征的重要部分遭到破坏、移除或重大改变,被告应承担相当于复制被拆除、移除或更改的受保护特征的估计成本两倍的民事罚款。

(3) 所有其他违规行为。被告应当承担不超过 5 000 美元的民事罚款。

(4) 就本细则而言,每一天存在任何违反本章第 12.2.5 节细则 1 第 3 段或本章第 12.2.10 节细则 1 第 2 段的规定或本章第 12.2.11 节细则 1、2 或 3 或主席就此类条款发布的任何指令均构成单独违规。

2. 除本章规定的任何补救办法和处罚外,或作为本章规定的任何补救办法和处罚的替代办法,任何人违反本章第 12.2.5 节、第 12.2.10 节、第 12.2.11 节、第 12.2.17 节的任何规定或依据这些规定发布任何命令,应处以民事处罚,该民事处罚可在行政审判和听讯办公室的行政程序中追回,环境控制委员会或其他具有管辖权的行政法庭,如下文所述。

(1) 民事处罚的行政诉讼应根据适用的法律和有关行政法庭程序的规则,或根据委员会规则的其他规定,通过送达违规通知书开始。违规通知书应合理

具体地指出被指控的非法条件或工作。在本分节中,术语"合理的具体性"是指对工作或条件的描述,在当时的情况下进行合理的描述,足以让一个合理的人知道:①工作已经或正在未经主管部门的适当批准而完成。②条件已经建立或正在违反本章的规定,或者③没有采取行动来防止违反本章的情况。该行政法庭有权依照本章规定进行民事处罚。行政法庭作出民事处罚的判决可以通过在法院启动民事诉讼或根据管辖该行政法庭程序的适用法律的其他授权实施。在发出违规通知之前,主席应以委员会规则规定的方式亲自或通过邮寄方式向答辩人发出警告信。警告信应告知答辩人,主席认为答辩人违反了本章规定,应一般性地描述涉嫌违法的条件或活动,应提醒答辩人,法律授权对此类违规行为进行民事处罚,并应向被告提供宽限期,以取消或申请许可证,以合法化或以其他方式处理据称非法的情况。在以下情况下,在送达违规通知之前不需要此类警告信:(i)违规行为是第二次或随后的违规行为,(ii)违规行为被指控为故意违规,或(iii)主席因未能遵守根据本章发布的停工令而寻求民事处罚。

(2)除本章另有规定外,被申请人在行政诉讼中被认定有违反本章规定或者承认责任的,应当按照规定的期限给予以下民事处罚:

(a) A类和B类违规。

(i) 初犯。被申请人应承担不超过5 000美元的民事罚款。

(ii) 第二次及以后的犯罪。被申请人应对每天不超过250美元的民事处罚承担责任,即先前侵权行为的条件继续存在,从被申请人被认定对先前违反行为负责或承认的责任之日起计算,但在任何情况下,民事罚款都不得低于初犯时可能的最高刑罚。

(b) C类违规。

(i) 初犯。被申请人应承担不超过500美元的民事罚款。

(ii) 第二次及以后的犯罪。被申请人每天应承担不超过50美元的民事罚款,从先前违反行为的条件继续存在(从被申请人被认定对先前违反行为负责或被认罪的时间)开始算起,但在任何情况下,民事处罚都不得低于初犯时可能的最高刑罚。

(3)尽管有上述处罚表,主席可以在有充分理由的情况下,酌情建议在行政诉讼中对被申请人进行较轻或不进行民事处罚。

(4)对第二次或以后的违法行为的通知服务的限制。

(a) 主席不得对第二次或以后的违法行为发出违规通知,除非(i)自被告在先前的诉讼中被认定负有责任或承认责任以来,已超过25天;(ii)在先前的诉讼中,被告已向委员会提交申请,要求适当批准使其合法化或进行必要的工作以纠正先前诉讼的基本条件,自该申请被全部或部分不批准或拒绝,或如果被批准,该批准按其条款已过期,已超过 30 天。如果被申请人向委员会提交了一个以上的此类申请,则 30 天的期限应从第一个此类申请全部或部分不被批准或拒绝,或者如果被批准,根据其条款已过期后开始。

(b) 本分区的任何规定均不应禁止主席根据对程序拥有管辖权的行政法庭规则发布修正的违反通知,以澄清违反事先通知中提到的据称非法条件,或者发送后续的违反本章规定的单独违反通知。修改后的违规通知应在同一日期和同一行政机构之前作为初始违规通知书予以退回。

(5) 同一项工作发生多次违规的。如果违规通知中合理确定的工作未经委员会的适当批准而进行,则此类工作的任何民事罚款总额应在可行的范围内通过单独考虑和评估每种类型的罚款来确定工作或对历史街区的地标、内部地标或改进的受保护特征的每种不同影响。在任何情况下,初犯的民事罚款不得超过 5 000 美元。如果被申请人是业主,如果非法工作是在房屋出租给其他人并在其控制下进行的,则不应针对每种类型的工作或每种不同的影响评估单独处罚。

(6) 宽限期。

(a) 如果在违规通知的归还日期之前,答辩人对违规行为承担责任并向委员会提供令委员会满意的证据,则不应对第一次违规的行政程序实施民事处罚。如果被申请人对委员会作出的关于违规行为的错误陈述或遗漏实质性事实,被申请人应承担不超过 10 000 美元的民事罚款。

(b) 如果在违规通知的归还日期之前,在第一次违规的行政程序中不得对民事行为进行民事处罚,被告承担违规责任,并向委员会提出申请,要求其合法化或承担为治愈违规行为所必需的工作。

(c) 本款规定不适用于第二次或以后的罪行,或者被告人被指控违反停止工作令或被告在根据第(1)分段发出警告信之后(b)申请并获得治愈许可或以其他方式处理侵权行为,且答辩人未能根据该许可的条款处理违规行为。

本段的规定不适用于第二次或随后的违法行为,或者被投诉人被指控违反停工令,或者被投诉人在根据第 12.2.17 节第(b)款第 1 项发出警告信后申请并获得了纠正或以其他方式解决违规行为的许可证,但被申请人未能根据此类许可证的条款纠正违规行为。

在民事处罚方面,该法律还详细制定了 A 类、B 类和 C 类违法的民事处罚责任时间表,以及委员会主席对违法行为发出违规通知的程序和期限以及宽限期。

★**立法经验点评**：对地标保护违法行为的刑事处罚和罚款作出了严格和详细的规定。不仅给予民事处罚，同时还可以给予刑事处罚，或者两者兼施。处罚对初犯和重犯进行了区别处理。

12.2.19　违反地标法：执法

1. 停工令

（1）主席或其授权代表可在主席合理地认为工作违反本章规定的任何时间下令停止工作。主席下达的每一条命令均应有其签名，但主席可授权任何下属签字。

（2）该命令可以口头或书面形式发给负责或明显负责改善工作或参与正在其上进行工作的人，也可以按照其他规定送达改善包裹的所有者或负责人在委员会的规则中。警察部门和建筑部门应根据主席的要求，协助主席执行这些命令。如果命令是口头发出的，则该命令的书面通知应在口头命令送达后 48 小时内邮寄给命令所针对的人或附在违规发生的场所。

2. 订单内容。主席发出的所有停工令都应明确指出涉嫌非法的条件或工作的合理性。在本小节中，"合理的特殊性"是指对工作或条件的描述，根据情况合理描述，足以告知合理的人：（1）工作已经或正在未经主管部门的适当批准而完成。（2）违反本章规定已经创造或者正在维持的条件。该命令还应通过税区和地段或街道地址来识别标的场所，并应发送给负责改善的人，或被指控创造非法条件或执行、授权监督或监督的人。允许非法工作。

3. 除了本节规定的任何补救措施或处罚外，如果不遵守停工令，则每天应支付 500 美元的民事罚款。在以主席的名义提起的民事诉讼中或在行政审判和听证办公室、环境管理委员会或其他具有管辖权的行政法庭之前的行政程序中被追回。

4. 执法程序。

（1）违反本章的任何规定，或未能遵守主席根据该章发出的任何停工令，或当任何人即将或正在从事任何可能构成违反本章的任何规定，主席可以要求公司法律顾问采取所有必要的行动和程序来限制、纠正或减轻此类违规行为或潜在违规行为，强制遵守此类命令和寻求民事处罚。公司法律顾问可以为此目的采取必要和适当的行动或程序。

（2）此类诉讼可由公司法律顾问以城市的名义在任何具有适当管辖权的法院提起。在此类诉讼或程序中，纽约市可以在通知或不通知的情况下申请限制令、初步禁令或其他临时补救措施。

5. 违规通知；推定证据。在主席声称违反了委员会可执行的任何法律或规则，或主席发布的合法命令未得到遵守的任何诉讼或程序中，违规通知应作为任何证据的推定证据。

6. 除警察外，委员会官员和雇员以及主席指定的其他城市机构的雇员可以执行本章规定，并可发出可在刑事法院退回的传票和出庭罚单以及可在环境控制委员会、行政审判和听证办公室或其他有管辖权的行政法庭退回的违规通知。

12.2.20　拟议项目计划报告

1. 建造、改建或拆除任何改进或拟议改进的计划：

（1）由纽约市拥有或将在纽约市拥有的财产上建造；和

（2）将位于地标地点或历史街区或包含内部地标；应在纽约市行动批准或以其他方式授权使用此类计划以确保此类工作的执行之前，由负责编制此类计划的纽约市的代理机构向委员会提交报告。此类报告应提交给市长、市议会和负责此类责任的机构，并应在转交后 45 天内在纽约市记录中发布。

2.（1）根据法律要求批准建设或实施纽约市资助项目的纽约市官员或代理机构，应批准该项目的计划或建议或申请批准，除非在批准之前，该官员或机构从委员会收到关于此类计划、建议或申请批准的报告。

（2）所有此类计划、建议或批准申请应在报告前提交给委员会，然后由此类官员或机构进行审议，委员会应将报告提交给每位此类官员和机构，报告应在提交后的 45 天内在《纽约市记录》中公布。

3. 除第 12.2.3 节细则 4 规定外，在委员会要求下，景区地标的任何景观特征的建设、改造或拆除计划，在纽约市行动批准或以其他方式授权使用此类计划以确保此类工作的执行之前，由负责编制此类计划的市的机构转交委员会提交报告。此类报告应提交给市长、市议会和负责此类责任的机构，并应在转交后 45 天内在《纽约市记录》中发布。没有这样的报告应该建议不要批准任何需要进行土地轮廓工作或土方工程的计划，以符合有关地段监管、雨水处理和水道的适用法律。

4. 除本章赋予的权力外，委员会应具有《行政法规》第 37 章特别赋予的权力。

12.2.21　条例

委员会可能会不时颁布、修改和废止其认为有必要实现本章目的的规定，其中包括但不限于：

（a）根据本章第 12.2.4 节的规定，保护、保存、改进、延续和使用地标、内部地标、景点地标和历史街区。这些规定可能适用于一个或多个历史街区或一个历史街区的一个或多个区域，并可能在其规定中因地区而异；

（b）有关委员会根据本章第 12.2.9 节确定改进地块的收益能力；

（c）有关委员会根据本章履行其职责、权力的程序，包括委员会通过邮件或其他方式发出通知的程序，如果本章要求通知的话；和

（d）与委员会审理程序中使用的表格有关。

12.2.22　调查和报告

委员会可以对与地标、内部地标、风景名胜区和历史街区的保护、改进、延续或使用的相关事宜进行调查研究，并对历史街区内的地标、室内地标、景点地标和建筑物进行修复，例如该委员会可能会不时认为必要或适合于实现本章的目的，并可向该市市长和其他机构提交关于此类事宜的报告和建议。在进行调查和研究时，委员会可以举行其认为必要或适当的公开听证会。

12.2.23　适用性

本章的规定不适用于在标志性建筑或历史街区内建造、改建或拆除任何改善设施，或包含内部地标或景观地标的任何景观特征的建筑改建或拆除，这类作品的展示是由建筑部门发布的，或者在景观标志的景观特征的情况下，在指定生效日期或修改后的指定生效日期之前，根据本章第 12.2.3 节的规定，首先使本章的规定适用于这种改善或景观特征，或适用于改善或景观特征所在或将要位于的改进地块或财产。

12.2.24　租赁通知

1. 在委员会指定任何改进或财产为地标和任何地标遗址、内部地标或历史区，或对这种指定的任何修正时，应将委员会的这种指定书面通知该改进或财产的所有者。该通知应寄给业主的最后一个或多个已知的地址，这些地址在财政专员办公室的记录中都有，如果这些记录中没有名字，该通知可以寄给有关改善地块或财产的街道地址，地址为"业主"。委员会未按本款规定发出指定通知，不应导致根据本章采取的与该改善地块或财产有关的任何行动或程序无效或受到影响，但在发出此类通知后 30 天内，不得根据本细则 4 开始行动或程序。

2. 作为地标、内部地标或位于地标地点或历史区域内的装修或财产的业主

或负责人有责任确保业主或其他负责人作为出租人与作为承租人的非住宅租户之间关于该装修或财产的每份租赁或分租或续租都应包含一份通知。根据本章第 12.2.5 节，第 12.2.6 节，第 12.2.9 节，第 12.2.10 节，承租人在开始对改善或财产进行任何外部或内部工作之前，必须获得委员会的许可，但本章第 25-302 条 r 项中定义的普通维修和保养除外。当某项改进或财产在该改进或财产的全部或部分的租赁或转租期间被指定为地标、内部地标或历史区的一部分时，该租赁或转租的出租人应在收到委员会或负责人关于该指定的书面通知后 30 天内，向该出租人的所有非住宅承租人发送上述书面通知。该通知应以保真或挂号信的方式寄给改善或财产的前两层的所有非住宅承租人，并以任何合理的方式寄给所有其他非住宅承租人，以确保通知的发出。

3. 委员会应颁布其认为必要的规定，以遵守本节的规定，关于其管辖范围内所有非住宅租赁的通知要求。

4. 任何违反本细则 2 或本条例规定的人员，每次违规应处以不超过 500 美元的民事罚款，该罚款应归还环境管理委员会。

图书在版编目(CIP)数据

城市精细化管理的法治研究/王宇熹编著.—上海：
上海人民出版社,2023
ISBN 978 - 7 - 208 - 18152 - 6

Ⅰ.①城…　Ⅱ.①王…　Ⅲ.①城市管理-法治-研究
-中国　Ⅳ.①F299.23

中国国家版本馆 CIP 数据核字(2023)第 028119 号

责任编辑　夏红梅
封面设计　一本好书

城市精细化管理的法治研究
王宇熹 编著

出　　　版　上海人民出版社
　　　　　　(201101　上海市闵行区号景路 159 弄 C 座)
发　　　行　上海人民出版社发行中心
印　　　刷　上海新华印刷有限公司
开　　　本　720×1000　1/16
印　　　张　25
插　　　页　2
字　　　数　428,000
版　　　次　2023 年 3 月第 1 版
印　　　次　2023 年 3 月第 1 次印刷
ISBN 978 - 7 - 208 - 18152 - 6/D · 4084
定　　　价　98.00 元